当代中国的代际文化和谐研究

李学勇　著

中国书籍出版社
China Book Press

图书在版编目（CIP）数据

当代中国的代际文化和谐研究/李学勇著．—北京：
中国书籍出版社，2020.8
ISBN 978－7－5068－7930－9

Ⅰ.①当… Ⅱ.①李… Ⅲ.①文化社会学—研究—中
国—现代 Ⅳ.①G12

中国版本图书馆 CIP 数据核字（2020）第 143266 号

当代中国的代际文化和谐研究

李学勇 著

责任编辑 李 新

责任印制 孙马飞 马 芝

封面设计 中联华文

出版发行 中国书籍出版社 光明日报出版社

地 址 北京市丰台区三路居路 97 号（邮编：100073）

电 话 （010）52257143（总编室） （010）52257140（发行部）

电子邮箱 eo@chinabp.com.cn

经 销 全国新华书店

印 刷 三河市华东印刷有限公司

开 本 710 毫米×1000 毫米 1/16

字 数 350 千字

印 张 18

版 次 2020 年 8 月第 1 版 2020 年 8 月第 1 次印刷

书 号 ISBN 978－7－5068－7930－9

定 价 75.00 元

序

文化是民族的血脉，人民的精神家园。"文化兴国运兴，文化强民族强。没有高度的文化自信，没有文化的繁荣兴盛，就没有中华民族伟大复兴。"当今世界，文化在综合国力竞争中的地位日益凸显，可以说谁占领了文化的制高点，谁就掌握了竞争中的主动权。在建设社会主义现代化强国的历史新征程上，我们必须坚持中国特色社会主义文化发展道路，激发全民族文化创新创造活力，建设社会主义文化强国，不断铸就中华文化新辉煌。毫无疑问，新时代中国特色社会主义文化建设是当前学界研究的热点和难点问题。《当代中国的代际文化和谐研究》一书在此时出版，可谓恰逢其时，既跟上了时代发展的步伐，又回应了时代之需。作为作者的博士生导师，我熟悉本书的创作背景、思想观点、主要内容，也见证了作者从选题、构思、写作、答辩和修改完善成书的全过程。因此，作者邀我作序，我欣然允诺。

"和则一，一则多力。"文化的力量是和谐的力量。没有文化和谐，就没有中国特色社会主义文化的繁荣兴盛，也不可能建成社会主义文化强国。而文化是人的文化，人是文化的人。文化和谐不仅包含横向的不同文化形态之间的和谐，更包含着纵向的不同代文化之间的和谐，即代际文化和谐。研究代际文化和谐，既是深刻把握文化建设规律的理论需要，也是从文化和谐的深层上凝聚中国力量的现实需要。但是，研究代际文化和谐无疑是一项具有相当挑战性的艰难工作。一方面，文化本身就十分复杂。文化无所不包，无所不容，文化与人如影随形，又无影无踪。尤其在现代社会，文化显然是使用频率最高的词语。我们在媒体上、在生活中、在工作中无时无刻不以某种方式"遭遇"文化，我们都在以各种方式"文化着"。然而，当我们停下来，追问什么是文化时，却常常是茫然失措，不知如何下手。要把它讲清讲明，尤其让大家接受、信服，很艰难。另一方面，代际文化和谐的纵向研究，也在一定程度增加了研究难度。代际文化和谐的研究，把文化和谐的研究从共时转向了历时，横切改为了纵贯，静态转向了动态，不仅增加了考察难度，而且要求对文化的整体性、系统性、规律性要有全面深刻的把握，难度可想而知。作者选择以此为题开展研究，不仅视角独特，颇有新意；而且还充分显示了作者"明知山有虎，偏向虎山行""敢啃硬骨头"的理论勇气和寻根求真的探索精神。

本书坚持鲜明的问题导向，以马克思主义和中国化马克思主义理论为指导，以代际为主轴、文化为对象、和谐为目标、当代中国为场域，综合运用马克思主义理论、思想政治教育学、文化学、社会学、人口学等多学科的知识，对当代中国的代际文化和谐问题作了系统的分析和深入的探讨，形成了一系列颇有见地的思想和观点。在我看来，主要有以下几方面的贡献。

一是阐释了代际文化和谐的基本理论。本书从主体、客体、内核三个层面阐释了代际文化和谐的内涵；正本清源，从马克思主义理论、文化哲学、文化人类学等方面分析了代际文化和谐的主要理论支持；深刻阐明了代际文化和谐价值导向、整合凝聚和规范塑造功能。进而勾勒了代际文化和谐的基本轮廓，为我们深入理解认识代际文化和谐提供了理论参考和借鉴。

二是坚持系统视域，搭建了代际文化和谐的基本分析框架。本书指出，完整的代际结构应该包含三个层面：宏观领域的类代际、中观领域的社会代际、微观领域的家庭代际。由此，以代际为主轴的代际文化和谐，也应该包含三个层面：类代际文化和谐、社会代际文化和谐、家庭代际文化和谐。类代际文化和谐是宏观层面的代际文化和谐，是人类整体视域观照下的代际文化和谐，具体来说就是前代、本代和后代的文化和谐。社会代际文化和谐是中观层面的代际文化和谐，是以在场各代人为对象的代际文化和谐观照，具体来说主要是老年、中年和青年的文化和谐。家庭代际文化和谐是微观层面的代际文化和谐，是以血缘为纽带，家庭作为场域的代际文化和谐观照，具体来说就是以亲子关系为主轴的代际文化和谐。本书三个视域的系统关照，为我们深入考察代际和谐问题，提供了基本的分析框架。

三是坚持鲜明问题导向，系统考察当代中国的代际文化和谐现状，分析了存在的问题，并针对问题，有的放矢，提出了一系列解决建议和对策。在类代际文化和谐上，本书指出类代际文化和谐实质是要遵循文化传承的代际规律，让前代、本代和后代的文化兼容互补、协调有序、充满活力，进而形成推进人类社会的发展的文化合力。但是，从类代际文化和谐的角度来看当代中国存在着对前代的文化挖掘和传承不足，本代文化创新不够，对后代的文化权利有所忽视等困境。我们要沿着树立文化发展的代际自觉，走中国特色社会主义文化道路，推进文化综合创新的进路，实现类代际文化和谐。

在社会代际文化和谐上，本书指出社会代际文化和谐是共时性的文化和谐，是对同一时空下不同年龄群体文化关系的关注。处于不同年龄段的老年、中年、青年虽然共场但由于在成长环境、知识经验、社会阅历存在差异，导致了他们在思想观念、生活方式、情感方式等方面存在明显的差异，在当代中国剧烈的社会变迁中这些差异不断扩大，甚至形成某些方面的文化鸿沟。因此，构建当代中国的社会代际文化和谐，要在培育和践行社会主义核心价值观、传承优秀的传统思想观念、借鉴优秀的外来思想观念中进行观念的代际整合；要构建平等、互信、宽容的代际沟通模式，在代际沟通中增进了解，消除隔阂，凝聚共识；要深入推进文化反哺，增强年长一代的社会适应能力，让老年、中年、青年携手并进共赴美好明天。

在家庭代际文化和谐上，家庭是社会的细胞，是人最基本的生活单位，它全息地反映着社会的变迁。伴随着当代中国激烈的社会变迁，中国的家庭呈现出结构小型化和核心化、代际重心下移、人口流动频繁等新变化和新特点，这些新变化和新特点改变了家庭的结构、功能和关系，也深刻影响着家庭各代的思想观念、生活方式和情感，给家庭代际文化和谐提出了新的挑战。针对这些新挑战，我们要在孝文化的现代重塑中整合各代的家庭观念；要在家庭功能的现代提升中增强家庭的代际凝聚力；要通过人口流动的家庭化、农民工回流、增进代际沟通等方式破解因人口流动带来的家庭代际文化冲突。

本书主题鲜明、结构合理、逻辑严密、论证深入，研究中既注重理论探索，又注重现实观照；既继承前人，又不因循守旧；既坚持宽广视域，从整体上把握，又善于从细微处入手，深入挖掘；既大胆假设，也小心求证；既强调立意高远，也强调落实落地。总之，本书是凝结了作者很多心血的力作，值得品读。当然,由于本书所作的代际文化和谐研究是一次新尝试,研究中也还有很多不足。比如,一些提法和观点还值得商榷,有待于进一步推敲;实证研究略显不足,一定程度上削弱了说服力;对策建议较为宏观,操作性略显欠缺等。但是,瑕不掩瑜,遗憾是一种残缺的美,这些不足恰好说明了本课题有很大的深化拓展空间,值得进一步深入探究。

　　本书是作者在博士论文的基础上修改、充实、完善成书的,而博士论文选题的确立洽值 2011 年 10 月《中共中央关于深化文化体制改革 推动社会主义文化大发展大繁荣若干重大问题的决定》出台之际。本书不仅集中反映了作者在博士学习阶段的研究成果,也汇入了近年来作者关于代际问题的一些新认识、新思考、新见解,是作者学术成长进步的重要成果和标志。著作出版在即,作为他的博士导师甚感欣慰。李学勇博士,理论功底扎实、思维敏捷、勤奋刻苦又富有创造活力,尤其是,近年来相继获批了国家社科基金项目、教育部示范马克思主义学院和优秀教学科研团队重点选题等多项高级别的课题,在《思想理论教育导刊》等刊物上发表了多篇高水平的学术论文,显示了良好发展势头和强劲的发展潜力。我真诚期望李学勇博士谦虚谨慎、戒骄戒躁、再接再厉,在学术的道路上不懈怠、不犹豫、不观望,执着笃定、砥砺前行,取得更丰硕的研究成果!

　　是为序。

林伯海

2020 年 8 月于西南交通大学蓉杏园

目 录

第一章

绪 论

　　人之所以成为宇宙之精华，万物之灵长，就在于人是文化性的存在物。人总要生活在一定的文化之中，"只有在文化包裹的气氛中人才能呼吸，文化如同人体内的血管系统是人的一部分一样"①。同时，生活在文化中的人又在不断地创造新的文化，人始终与文化同在，人的发展就是文化的发展，文化的发展也是人的发展。关注文化就是关注人自身，所有关于文化的探讨最终都要落脚到人上。因此，关于文化和谐的探讨也不能只停留在表层的文化关系上，而是要透过文化表象深入文化创造者的人上。一旦深入文化创造者的人上，代际问题就不可避免了。因为，人是历史的、发展的，代际更替就是人不断发展、生生不息的直接标志和最好证明。也就是在人类的代际更替中，每一代人既继承了前人的文化，又在创造新的文化，进而形成了文化的绵延不绝、繁荣灿烂。因此，文化和谐不仅包含横向的不同文化形态之间的和谐，更包含着纵向的不同代文化之间的和谐，即代际文化和谐。

第一节　问题的缘起与研究意义

　　凡事皆有缘由，代际文化和谐的研究也自然有其缘由。这些缘由不仅是本课题研究的内在动因，而且还是课题研究的目标指向。有了这些目标指向，课题研究的任务才变得愈加清晰，课题研究的价值也因此而凸显。

---

　　① ［德］米夏埃尔·兰德曼：《哲学人类学》，阎嘉译，上海译文出版社 1988 年版，第 56 页。

一、问题的缘起

"文化兴国运兴，文化强民族强。"① 没有文化的繁荣兴盛，就没有中华民族的伟大复兴。文化繁荣兴盛，要"按照时代的新进步，推动中华文明创造性转化和创新性发展，激活其生命力，把跨越时空、超越国度、富有永恒魅力、具有当代价值的文化精神弘扬起来，让收藏在博物馆里的文物、陈列在广阔大地上的遗产、书写在古籍里的文字都活起来，让中华文明同世界各国人民创造的丰富多彩的文明一道，为人类提供正确的精神指引和强大的精神动力"②。其实质就是要遵循文化发展的代际规律，薪火相传、代代守护、与时俱进、勇于创新，在促进代际文化和谐中，推动文化繁荣兴盛。

第一，代际文化和谐是凝聚中国力量，实现中华民族伟大复兴的中国梦的内在要求。中华民族伟大复兴的中国梦，凝聚了几代中国人的夙愿，是每个中华儿女的共同期盼。伟大的梦想，需要伟大的力量来实现，"实现中国梦必须凝聚中国力量"③。中国力量就是亿万中国人民众志成城、团结一心、坚忍不拔、开拓创新的力量，其内核是文化的力量。因为，文化是民族的血脉，人民共有的精神家园，它深深熔铸在民族的生命力、凝聚力和创造力之中，只有在文化的感召、吸引和整合之下，每一个中国人，每一个群体，每一个阶层，才会眼往一处看，心往一处想，劲往一处使，做到真正"给力"，从而汇集起磅礴的中国力量。"和则一，一则多力"，文化的力量是文化的合力，是不同文化和谐并存、兼容互补、协调有序所形成的合力，也就是文化和谐的力量。而文化是人类历史的积淀，是代际传承的产物，文化存在和发展都彰显着十分清晰的代际主轴。因而，代际文化和谐是文化和谐的应有之维度，必需之内容。没有代际文化和谐，就没有真正的文化和谐；没有文化和谐，就无法形成文化的合力；没有文化的合力，就无法汇集起磅礴的中国力量；没有强大的中国力量，中华民族伟大复兴的中国梦就会变成空想。

第二，代际文化和谐是化解深层次社会矛盾，实现社会和谐的现实需要。社会和谐是人类的美好追求。尤其在当下，中国正处在全面建设社会主义现代化强国的重要历史时期，这是一个战略机遇期，也是矛盾多发期，各种新情况、新问题层出不穷，各种社会矛盾交织在一起，我们比历史上任何时期

① 习近平：《决胜全面建成小康社会 夺取新时代中国特色社会主义伟大胜利——在中国共产党第十九次全国代表大会上的报告》，人民出版社2017年版，第40-41页。
② 习近平：《习近平在联合国教科文组织总部的演讲》，《人民日报》2014年3月28日第3版。
③ 《习近平谈治国理政》第1卷，外文出版社2014年版，第40页。

都更加需要社会和谐。它要求我们积极主动地化解社会矛盾，最大限度地增加和谐的因素，凝聚社会的整体合力。而文化和谐是社会主义和谐社会的重要组成部分和内在的精神支撑。一方面社会主义和谐社会"不仅意味着经济的发展、物质的富足、社会的进步以及政治的民主，也意味着文明的进步、思想的充实，精神血脉的融合以及文化纽带的维系"①，文化和谐是和谐社会不可或缺的有机组成部分。另一方面，文化还是一个社会的灵魂和精神支撑，它深刻地影响和左右着人们的行为，今天很多社会矛盾在深层根源上都是文化的冲突，因此要从深层次上化解社会矛盾，实现社会和谐，就必须建构根源上的文化和谐。而实现文化和谐，关键在于树立文化自觉，即能够清晰认识文化的过去、现在和未来，并能将它们有机统一。这种自觉内含着遵循文化发展的代际传承规律，让不同代的文化和谐共生、协调有序、兼容互补，也就是要实现代际文化和谐。

第三，代际文化和谐是坚定文化自信，建设社会主义文化强国的本质要求。当今世界"文化越来越成为民族凝聚力和创造力的重要源泉、越来越成为综合国力竞争的重要因素、越来越成为经济社会发展的重要支撑"②，"没有高度的文化自信，没有文化的繁荣兴盛，就没有中华民族伟大复兴"③。而文化是历史的积淀，是代际传承的结果。文化的发展繁荣，必须遵循文化发展的代际传承规律，既要继承前人的文化，又要创造本代的文化，还要将既有的文化传递给下一代，否则文化传承的链条就会断裂，文化发展的脚步亦会停止，文化的发展繁荣无从谈起。文化的发展和繁荣，是代际传承中的发展和繁荣，是各代文化和谐共生、协调有序、兼容互补的良好状态。文化的发展繁荣与代际文化和谐是有机统一的，实现代际文化和谐的过程就是推动文化发展繁荣的过程。文化的发展繁荣，必定意味着各代文化是和谐的，各代文化的和谐又必将推动文化的发展繁荣。因而，实现代际文化和谐是推动文化大发展大繁荣，建设社会主义文化强国的本然要求。我们应该牢固树立代际文化和谐的自觉，积极谋求各代文化的和谐，并在代际文化和谐的自觉建构中增强文化的生命力、创造力和吸引力，让文化绵延不绝、创新不断、繁荣灿烂。

---

① 许士密：《文化和谐与和谐社会》，《云南行政学院学报》2007 年第 5 期。
② 《党的十七届六中全会决定学习辅导百问》，党建读物出版社、学习出版社 2011 年版，第 5 页。
③ 《十九大以来重要文献选编》（上），中央文献出版社 2019 年版，第 29 页。

二、研究意义

研究代际文化和谐既是深入探索文化发展的内在规律的需要，也是推动文化大发展大繁荣，建设社会主义文化强国的现实需要。因此，研究本课题具有十分重要的理论意义和现实意义。

1. 理论意义

本课题紧紧抓住文化的代际传承规律，把对文化和谐的关注从横向的不同文化形态之间转到纵向的代际之间，探索更加深入，视角更加独特。通过本课题的研究，必将深化我们对文化建设和代际关系的规律认识，由此所形成的成果也必将丰富文化和代际关系的相关理论。一是有助于深化文化建设规律的认识，丰富文化理论。本课题是以代际为主轴，以文化为对象，以和谐为目标所展开的研究。但是本课题对文化的关注，不是一般意义上的泛泛而谈，而是要探索文化发展的内在规律。本课题的研究过程，就是透过文化表象深入文化本质，探寻文化内在规律的过程，因此而形成的成果必将为文化理论的宝库增添新的内容。二是有助于深化代际关系的认识，丰富代际相关理论。世代更替是人类社会发展的客观现象，代际关系也是社会关系中最为重要的关系之一。代际关系的内容十分广泛，经济、政治、文化等都包含在内。其中文化关系是代际关系中最为深层和复杂的关系。文化渗透在经济、政治等内容之中，深刻地影响着代与代之间的关系。但正是由于文化的无形、复杂和潜隐，代际文化关系往往为大家所忽视。本课题将代际关系的关注聚焦到最为深层的文化关系上，对构建和谐的代际文化关系，进行了充分的论证和深入的探讨，由此所形成的成果必将深化我们对代际关系的认识，进一步丰富代际相关理论。

2. 现实意义

本课题缘起于现实，研究立足于现实，研究成果也指向现实。解决现实问题是本课题的目标和旨趣所在。因此，本课题具有十分重要的现实意义。一是有助于推进文化的发展繁荣，增强文化软实力。推动文化大发展和大繁荣，努力建设社会主义文化强国，是中国社会主义现代化建设的文化战略。文化和谐正是文化发展繁荣的本质要求和动力源泉。没有文化和谐，文化将处于无序的竞争、激烈的冲突之中，文化的生命力和创造力也会因此而受损。而代际文化和谐是更高层面和更深层次的文化和谐，没有代际文化和谐，就没有真正的文化和谐。因此，本文对代际文化和谐所做的思考和探索，必将为文化和谐的构建实践提供重要的参考，从而为文化的发展繁荣，社会主义文化强国的建设起到积极的推动作用。二是有助于推进社会和谐。我们要建设的社会主义和谐社会，不仅指横向的人与人之间的和谐，而且指纵向的代与代之间的和谐。没有代际和谐，人际和谐也无法维系。而代与代之间要和谐，最关键的就是文化上的和谐，即代际文化和谐。因为文化深深熔铸在人的血脉之中，左右着人的思想和行为。正因为此，本文的探讨，旨在由代际文化和谐推进代际和谐，进而实现整个社会的和谐。由此而提出的相关建议，不仅能积极推进代际和谐的建设，而且也有助于社会主义和谐社会的构建。三是有助于推进社会的可持续发展。可持续发展是人类对自工业化以来的发展模式进行深刻反思之后做出的正确战略选择。可持续发展要求公平地对待每一代人尤其是后代人，在场的本代人不能利用自己在场的优势损害后代人的利益。因此，可持续发展的本质是要实现人类社会发展的代际和谐。而本文对代际文化和谐所做的研究，正是要把人类的过去、现在和未来有机统一起来，从深层次的文化出发，试图通过代际文化和谐的建构来推进代际和谐。由此所形成的研究成果，必定有助于代际和谐的建构和人类社会可持续发展的推进。

第二节　研究现状及评析

如果将代际文化和谐中的关键词"代际""文化""和谐"分开来看，它们早就引起了专家学者的高度关注，相关的著述颇丰，其中也不乏代际文化和谐的意蕴，但是将"代际文化和谐"作为一个命题做系统研究还比较欠缺。因此，在本课题的研究中对相关的理论成果做系统的梳理和分析很有必要。一方面只有对这些研究做系统的梳理、深入的挖掘才能找寻到本课题研究的理论源泉和有机养分，否则本课题的研究就成了没有根基的空中楼阁；另一方面只有对这些研究做科学的分析才能发现它们存在的不足，从而找到本课题研究的努力方向。

一、研究现状

关于本课题的直接研究虽然不多，但是与之相关的研究却很丰富。大致可以做如下梳理：

（一）关于文化与代际的关系的研究

人是文化的主体，文化由人创造、享用和发展。而人的发展又是以代际更替作为基本方式的，人类总是在代际更替中发展。因而，文化与代际之间存在着十分深刻的关联。这样的关联自然会受到相关专家学者的高度重视，尤其在文化人类学和文化哲学的研究中几乎是无法回避的。研究文化与人的关系原本就是文化人类学的主旨,"文化人类学是把不同的生活方式当作一面镜子来研究我们自己本身的科学"①,研究文化最终是为了研究人。而且这种对人的关注强调以人类整体为视角,"整体性视角,即人类学的基本原则,即在最宽广的背景下观察文化的各个部分,以便理解他们的相关关系和相互依存性"②。在人类整体的视域下,文化与代际的关系更加明晰。而对于文化哲学来说,作为文化的元理论,是对文化本体的研究,是对文化的本源的追问。文化即人化,对文化本源的追问,必然要论及人以及人存在和发展的基本形式——代。因此,在文化人类学和文化哲学的研究中不乏揭示文化与代际之间的关系的理论成果。

著名的文化人类学家马凌诺斯基从种族延续的角度揭示了文化与代际的关系,他指出:"种族需要绵续并不是靠单纯的生理行动及生理作用而满足的,而是一套传统的规则和一套相关的物质文化的设备活动的结果。"③ 种族的延续不仅是生命的接续,更是文化的代际传递。著名的文化人类学家博厄斯就对"优生学之父"高尔顿所断言的"遗传的力量在产生人的差异方面不仅比任何单个的环境因素强大得多,而且比全部环境因素加在一起强大"④ 提出了强烈的质疑。他认为,文化的发展不同于自然的演化,不是靠基因遗传的而是人为传承的。他的弟子克娄伯等人,更是在此基础上将生物学因素完全排除在外,认为"文化现象是超有机的、超个人的及超心理的,文化是自治的"⑤,提出了文化决定论。著名的文化人类学家威廉·A.哈维兰进一步指出,"所有文化都是习得的而不是生物学遗传的"⑥,文化的习得需要代际传承来完成,并将文化在代际间的传递称之为文化濡化。"人们与文化一起成长,因而学会自己的文化,文化借以从一代人传递到下一代的过程被称为濡化。"⑦ "经过濡化,人们学会在社会上恰如其分地满足自己的生物需要",人

---

① 陈山:《痛苦的智慧——文化学说发展的轨迹》,辽宁人民出版社 1997 年版,第 1 页。

② [美]威廉·A.哈维兰:《文化人类学》,瞿铁鹏、张钰译,上海社科院出版社 2006 年版,第 2 页。

③ [英]马凌诺斯基:《文化论》,费孝通译,华夏出版社 2002 版,第 30 页

④ [美]德里克·弗里曼:《米德与萨摩亚人的青春期》,李传家等译,光明日报出版社 1990 年版,第 3 页。

⑤ 林惠祥:《文化人类学》,上海世纪出版社 2011 年版,第 42 页。

⑥ [美]威廉·A.哈维兰:《文化人类学》,瞿铁鹏、张钰译,上海社科院出版社 2006 年版,第 42 页。

⑦ [美]威廉·A.哈维兰:《文化人类学》,瞿铁鹏、张钰译,上海社科院出版社 2006 年版,第 42 页。

和动物之间才有了本质的区分。因而，代际是文化得以存在和发展的纽带，文化在代际传承中一旦出现了断裂，文化前进的脚步就会停止。美国解释人类学的代表人物克里福德·格尔兹更是直接用代际传承来解释文化，他指出："文化是一种通过符号在历史上代代相传的意义模式，它将传承的观念表现于象征形式中。通过文化的符号体系，人与人得以相互沟通、绵延传续，并发展出对人生的知识及对生命的态度。"① 由此可见，在西方学者那里，文化和代际的关系引起了他们的高度重视，而且他们已经意识到了代际传承是文化发展的客观规律。

文化和代际之间的关系，同样受到了中国学者的高度重视。费孝通先生指出，文化是具有历史性的，中国的文化尤为如此，究其原因来说，人出生之后就要进入社会，"所谓的'进入社会'，就是接受一套这个社会的文化内容。如果已有的文化内容不能适应客观的变动，文化里就要出现新的东西。生物人成为社会人，是靠'学而时习之'，靠模仿，对模仿不满足后，就要创造，个人的创造为社会接受后，改变为集体的东西，就超越了个人，成为集体的和不朽的文化"②。正是从文化的历史性出发，费孝通先生进一步揭示了文化发展的代际规律，他指出"祖宗和子孙之间是一个文化流，人的繁殖指的不仅是生物体的繁殖，也是文化的继替"③，当然文化的继替不是下一代对上一代文化的简单复制，"文化是流动的和扩大的，有变化有创新。个人是一个文化的载体，但也是在文化的不断创新中成为的变体"④。在文化的代际传承中有继承也有创新，这是文化之所以绵续不绝、不断发展的内在奥秘。著名的文化哲学学者李鹏程，从文化的时间性出发，揭示了文化与代际的内在关系。他指出，文化是时间的，文化总是在时间的框架内存在，在时间中流传，而文化在时间中的流传"是通过一代一代人的生命存在的世代接续而实现的，人一代一代地逝去，而文化还活着；文化以仍然生存着的人的活动而'活着'"⑤。"文化就在人类的世代繁衍中与时间同行"⑥，"后人继前人，新人替旧人。个体的人在文化时间中一代一代地、不断地死去，而另外一些个体的人在文化时间中又一代一代地成长起来。个体的人，生而死，但作为文

---

① Clifford Geertz, The Interpretation of Cultures：Selected Essays［A］. 1973：3-32，参见王铭铭：《想象的异邦——社会与文化人类学散论》，上海人民出版社 1998 年版，第 250 页。
② 费孝通：《对文化的历史性和社会性的思考》，《思想战线》2004 年第 2 期。
③ 费孝通：《对文化的历史性和社会性的思考》，《思想战线》2004 年第 2 期。
④ 费孝通：《对文化的历史性和社会性的思考》，《思想战线》2004 年第 2 期。
⑤ 李鹏程：《当代文化哲学沉思》，人民出版社 2008 年版，第 276 页。
⑥ 李鹏程：《当代文化哲学沉思》，人民出版社 2008 年版，第 277 页。

化生命存在的族类的人，却绵延不断，与时间同行，正是他们把文化'充满'于时间之中，因为他们的生命存在及其活动就是文化"①。正是文化的代际传承，让文化在时间中绵延，实现了文化的不朽。文化学者衣俊卿则指出，文化在时间中的存在有两个维度：历时性维度和共时性维度。而文化的历时性维度就是"通过一代又一代文化主体的传递，在特定共同体及其个体的生存中保持和发挥自己的生命力，其中包含着对这一文化形式和文化模式的基本精神和文化特质的继承和发扬光大，也包含着更新和扬起的可能性。"② 从而从文化的历时性维度，揭示了文化在代际间传承的必然性，以及传承是继承和变异的统一。

（二）关于文化和谐的研究

文化构成的复杂性、文化形态的多样性以及文化的变动性，让如何处理不同文化之间的关系成了现实而又棘手的问题。自然也是学者、专家普遍关注的热点问题，他们各自站在不同的角度，结合自己的知识背景，做出很多很重要的思考，提出了很多建设性的意见。文化和谐也就是在此种背景下产生的，是具有深刻而广泛的影响力的思想。

著名文化人类学家威廉·A. 哈维兰从文化系统功能发挥的角度，对文化和谐进行了揭示。他指出："就如在任何系统中，为了发挥作用，文化的各个方面必定合理地整合在一起"，也就是说"文化的各个不同部分在任何时候都必须以完全和谐的方式运行。这一类比就是机器的运转；所有零件都必须是相容的和互补的，否则它不会运转。如果你试图把柴油燃料注入靠汽油运转的汽车油箱里，那么你就会遇到麻烦；这个系统的一部分就不再与其他部分相容"。③ 文化和谐才能产生出文化黏合应力，"如果文化黏合应力失效了，那么文化危机的情景就会接踵而至"④。在此基础上，哈维兰站在文化系统和谐的角度，对当今的文化关系进行了审视。在审视中他发现当今世界遍及全球的现代化运动，挑战着人类文化的调适极限和变迁张力，引发了很多全球性的问题，他把这些全面性和系统性的问题称为"结构性暴力"，即"由处

---

① 李鹏程：《当代文化哲学沉思》，人民出版社 2008 年版，第 277-278 页。
② 衣俊卿：《文化哲学——理论理性和实践理性交汇处的文化批判》，云南人民出版社 2005 年版，第 85 页。
③ ［美］威廉·A. 哈维兰：《文化人类学》，瞿铁鹏、张钰译，上海社科院出版社 2006 年版，第 44-45 页。
④ ［美］威廉·A. 哈维兰：《文化人类学》，瞿铁鹏、张钰译，上海社科院出版社 2006 年版，第 45 页。

境、制度以及社会、政治和经济结构造成的暴力"①。这种暴力包括人口过剩、食品短缺、污染、普遍不满等，要解决这些问题"必须抛弃固执、偏见和种族中心主义"，实现文化的多元主义，"多元主义的安排是达成世界平衡与和平的唯一可行的措施"②。德国学者米勒指出在全球化的背景下，更要加强不同文化之间的共存和对话，并且认为"全球化的发展使得我们有理由相信，不同文化背景的国家之间，共同点会更广泛地得以扩大，而不是缩小，只要我们努力寻求，就能在世界各地找到对话的伙伴和合作的意向"③。美国学者萨义德也在其著作《东方学》中，指出东西方文化的地位是平等的，东方应该争取同西方平等的话语权。这些观点和见解，虽然没能直接表达文化和谐的主张，但是仍有不少文化和谐的意蕴。

和谐与冲突相对立，冲突是和谐的反面。与文化和谐的主张形成鲜明对比的是"文化冲突论"。"文化冲突论"虽不能成为文化和谐的思想源泉，但是却可以从反面加深我们对文化和谐的认识。说到文化冲突论，亨廷顿无疑是最为重要的代表。1993年亨廷顿在美国权威的《外交事务》上发表了一篇题为《文明的冲突?》的长文，1996年又出版了《文明的冲突与世界秩序的重建》一书，对他的文化冲突论进行了系统的阐释。他指出冷战之后"新世界冲突的主要根源，既不是意识形态也不是经济，而文化将是截然分隔人类和引起冲突的主要根源"，"文明的冲突将左右全球政治，全球之间的断层线将成为未来的战斗线"④。并且对冷战之后世界文明冲突形势做出了他的判断，"国际政治已迈出西方阶段，中心转移到西方与非西方文明，以及非西方文明之间的相互作用上"⑤，其中对西方文明构成严重挑战的就是儒家文明和伊斯兰文明。但是这一切都只是他的铺垫，他之所以制造和夸大世界文化的冲突，根本原因就在于他对西方（其实是美国）霸权地位的衰落产生了担忧，希望以"严峻"的文化冲突来唤醒西方，从而达到重振西方文明，恢复霸权地位的目的。"西方可能经历一个复兴的阶段，扭转它对世界事务影响力下降的局

① ［美］威廉·A. 哈维兰：《文化人类学》，瞿铁鹏、张钰译，上海社科院出版社2006年版，第514页。
② ［美］威廉·A. 哈维兰：《文化人类学》，瞿铁鹏、张钰译，上海社科院出版社2006年版，第525页。
③ ［德］哈拉尔德·米勒：《文明的共存——对亨廷顿"文明冲突论"的批判》，新华出版社2002年版，第298页。
④ ［美］赛缪尔·亨廷顿：《文明的冲突?》，《外交事务》（美国），1993年（夏季号）。
⑤ ［美］赛缪尔·亨廷顿：《文明的冲突?》，《外交事务》（美国），1993年（夏季号）。

面，再次确立它作为其他文明追随和仿效的领袖地位。"① 这才是他真正的希望和最真实的目的。亨廷顿的文化冲突论是赤裸裸的文化霸权主义，他不是主张不同的文化之间和谐相处、共存共在，而是鼓吹所谓的对抗和冲突，企图用一种文化去控制、奴役甚至是取代另一种文化，这样的结果不是世界的秩序而是世界的混乱。文化冲突论，让我们从反面深化了对文化和谐的认识，更加体会到了文化和谐的弥足珍贵。

文化和谐是国内学术研究的热点问题，尤其在党的十六届六中全会提出构建社会主义和谐社会的重大战略以后，更是掀起了文化和谐的研究热潮。纵观目前的研究，既有关于文化和谐的内涵、特征、功能、思想渊源等基本理论方面的研究，也有关于文化和谐的关系处理、原则把握、建构路径等实践方面的研究。

在基本理论方面，费孝通先生提出要以文化自觉的思想来处理不同文化的关系，要做到"各美其美，美人之美，美美与共，天下大同"②。汤一介先生在对文明冲突论的批判中，指出"'文明共存'才应是人类社会的出路，是人类社会必须争取的目标"③，不同文化之间应该通过交往和对话来取得共识，应该把"和而不同"作为处理不同文化关系的基本原则。方克立先生进一步认为，"'和而不同'就是'相反相济''相反相成''相灭相生''一本万殊'"，不同文化之间要通过"'以他平他'的交流与交锋，互相启发，取长补短，从而达到'和'即对立面的统一，或多样性的统一"④。李道忠先生在综合相关思想的基础上对文化和谐的涵义做了界定，他指出："文化和谐有两重涵义：一是不同形态文化之间的和谐并存、相互借鉴、共同发展；二是文化结构自身的和谐，即各种文化资源、各种文化门类和各种文化要素之间统筹兼顾、协调推进。"⑤ 一方面他将"文化和谐"与"和谐文化"做了区分，文化和谐与和谐文化，不只是在表达的差异上，而更多的是在思想内涵上的差异，和谐文化强调的是文化的和谐特质，而文化和谐则是强调文化之间的和谐关系。另一方面，他指出文化和谐既指不同文化形态之间的和谐，也指文化内部的和谐。李道忠的此种阐释，较好地揭示了文化和谐的本质，勾勒出了文化和谐的基本轮廓，为大家厘清文化和谐与和谐文化的区别，充

---

① ［美］亨廷顿：《文明的冲突与世界秩序的重建》，新华出版社 2010 年版，第 278 页。

② 费孝通：《文化自觉的思想来源与现实意义》，《文史哲》2003 年第 3 期。

③ 汤一介：《"文明冲突"与"文明共存"》，《北京大学学报（哲学社会科学版）》2004 年第 6 期。

④ 方克立：《中国文化的综合创新之路》，中国社会科学出版社 2012 年版，第 77 页。

⑤ 李道忠：《和谐社会理论学习读本》，中国法制出版社 2008 年版，第 165 页。

分认识文化和谐的相对独立性和存在必要性，提供了重要参考，因此该解释得到大家的普遍认可，陆续在相关研究中被广泛加以引用。陶国相对文化和谐的特征做了较为系统的描述，他指出文化和谐应具有以下特征：一是多元互补，即整个社会的文化既有多姿多彩的个性，又在服务于现代化建设的目标下互相补充；二是兼容并存，即不同的文化主体和要素相互兼容、相互协作、共同发展；三是和谐有序，即各种文化资源、文化门类、文化要素开放、流动、密切配合；四是活而不乱，即不同形态、不同层次的文化既竞争又合作，能够保持适度的张力①。

文化和谐不仅是理论问题，更是实践问题。因此，当代中国文化和谐建构的实践问题同样引起了学者们高度关注，他们站在不同角度对当代中国文化和谐的建构建言献策，提出了很多富有建设性的建议和主张。庞德英在其博士论文《文化和谐研究》中指出，当代中国的文化和谐面临现代化、全球化、社会转型、民族宗教多元化等因素导致的多重文化矛盾，实现文化和谐关键在于正确处理好传统文化和现代文化、本土文化与外来文化、主流文化与非主流文化、不同民族的文化、不同宗教的文化的关系，并就如何处理这些关系进行了系统的分析，提出了具体的建议。② 谢晓娟在其论文《从文化和谐的角度看和谐文化的构建》中指出，文化和谐的建构要倡导多元文化的平等宽容；要建设社会主义核心价值体系，消解多元文化的消极冲击；要提高文化产业的竞争力，树立与中国地位相适应的文化模式和文化地位。③ 张铮、熊澄宇在《"文化和谐指数"的理论基础与基本构成》一文中，试图通过建立指标体系来监测和衡量文化和谐的水平，他们把文化和谐的指数分为文化产业发展水平、公共文化服务水平、公民个体文化和谐水平、文化先进性、文化传统性多元性与创新性、文化安全性等六个大的方面，并在每一方面下面设立了具体的观测指标，以期达到量化监测和有针对性建构文化和谐的目的。④ 田贵平则专门对网络环境中的文化和谐进行了研究，网络环境下存在着网络文化自身的矛盾以及网络文化与现实文化的矛盾，要解决这些矛盾实现网络环境中的文化和谐，必须强化网络环境中的主流意识形态，具体来说既要不断丰富和发展主流意识形态的内容又要积极改进主流意识形态的传播

---

① 陶国相：《科学发展观与新时期文化建设》，人民出版社 2008 年版，第 48 页。
② 庞德英：《文化和谐研究》，博士学位论文，中共中央党校，2009 年，第 15—30 页。
③ 谢晓娟：《从文化和谐的角度看和谐文化的建构》，《理论前沿》2007 年第 9 期。
④ 张铮、熊澄宇：《"文化和谐指数"的理论基础与基本构成》，《理论导刊》2008 年第 7 期。

方式。①

（三）关于代际关系的研究

代际更替是人类社会的客观现象和自然过程，只要人类社会存在，代就会存在。因此，代际关系一直就是学术研究的热点问题和难点问题，研究成果颇丰。纵观这些成果，大致可做如下梳理：

1. 关于"代"的涵义研究

世代繁衍，生生不息，是人类社会发展的客观规律。"代"则是人类社会永续发展的载体。那么什么是"代"呢？我们在日常语汇中使用"代"时往往把它作为一个不言自明的"先验"范畴来接受和使用，其实"代"是一个非常复杂的人类文化现象，在不同的场域讨论和使用这一概念都有其特定的含义，再加之学科属性、研究视角和学术旨趣的差异，要对"代"要做一个学理上的概念界定，尤其是要做一个为各个学科都能接受的概念界定，必然是一件十分艰难的事情。很多国内外学者在研究代际问题时都从不同层面对"代"的界定和划分进行过大量的研究，形成了很多很重要的观点。比如，俄国的利索夫斯基就分别从人口学意义、人类学意义、历史学意义、年代学意义和象征意义列举和界定了"代"的五种涵义②；在我国，普遍观点认为"代是自然属性和社会文化属性的辩证统一。从自然属性来看，代是指同一年龄层次的人们自然形成的人群；从社会文化属性来看，代是共同的或者相近的价值观念、思维模式、生活方式所形成的群体，它构成代的实质或内容方面"③。学者廖小平教授为了从更宏观层面上把握代，把代划分为"个体之代"和"类之代"以弥补从自然属性和社会文化属性界定代仅适用于"在场"之代的不足，指出个体之代是处于同一年龄层的有限生命个体，类之代则是以文化为内核、以人类整体为载体的代群体，进而指出"代是年龄—社会—文化—历史之流。代是一个动态的概念；代本身就是一个连续的过程。因此，我们必须以动态和过程的观点来看代。任何一代都要经历进场、在场和退场的过程，这一过程反映了代的生存空间的变化"④。

2. 关于类代际关系的研究

每一代人都要经历进场、在场和退场，因此我们把在场的人称为本代人、

---

① 田贵平：《主流意识形态与网络环境中文化和谐发展研究》，《学术界》2009 年第 4 期。

② ［俄］利索夫斯基：《论"代"的五种涵义》，德兴译，《现代外国哲学社会科学文摘》1999 年第 8 期。

③ 盛国军：《代际伦理的求证与实现》，《山东工商学院学报》2006 年第 3 期。

④ 廖小平：《伦理的代际之维——代际伦理研究》，人民出版社 2004 年版，第 31 页。

退场的人称为前代人、未出场的人称为后代人。前代、本代和后代的关系就是类代际关系。目前关于类代际关系的研究主要集中在代际正义的研究上。基于人类社会发展方式的反思，1987 年世界环境发展委员会的《我们共同的未来》的报告中第一次正式提出了"可持续发展"的概念，即"可持续发展是指既满足当代人的需要，又不对后代人满足其需要的能力构成危害的发展"。这一概念的提出，引起了国际社会的广泛关注，同时也引起了代际关系研究的深刻变革，大家将关注的焦点从处于同一时空下的在场各代的关系，转向对在场的当代人和不在场的后代人的关系上，探讨代际正义的相关问题，形成了一系列颇有影响力的研究成果。

　　罗尔斯在其经典著作《正义论》中专门对代际正义进行了论证和分析。罗尔斯用他所创设的"原初状态"和"无知之幕"两个独创性的工具，以及正义的两原则：平等自由原则和机会公正公平原则，对代际正义进行了论证。罗尔斯认为的正义的两个原则是原初状态的契约各方在无知之幕下所做出的一致同意的选择，契约各方都必须无条件地遵守，而且这些原则也应该适用于所有的世代，"即无论他们最终属于哪个世代，他们都准备在这些原则所导致的结果下生活"①。因为在罗尔斯看来"社会是代际间长期合作的系统"②，"社会正义的问题既在一代人中出现，也在代与代之间出现"③。因为每一代人"不知道他们属于哪一代人，或者不知道属于某个世代的结果会是什么样的，不知道他们的社会处在文明的哪个阶段。他们无法弄清楚自己这一代是贫穷还是相对富裕的，大体是农业社会还是大体工业化了等等"④。这就使得每一代人在正义原则选择中，不可能做出一种完全有利于本代利益的选择，而只能站在他们有可能处于任何一代的角度，按照"最大最小值"的规则，做出对各代都普遍公平的合理选择。而爱蒂丝·布朗·魏伊丝则用她的"行星托管"理论对代际正义做了系统的论证。她指出："作为一个物种，我们和当今世代其他成员以及与过去和将来世代的成员一道共同拥有地球的自然和文化环境。"⑤ 因此，作为地球的管理人，人类对将来的世代负有道德义务，即实现和保护后代的福利和幸福。在此基础上，魏伊丝还进一步提出了代际公平的三原则：保存选择原则、保存质量原则和保存接触使用原则。

---

① ［美］罗尔斯：《正义论》，何怀宏等译，中国社会科学出版社 2009 年版，第 106 页。
② ［美］罗尔斯：《政治自由主义》，译林出版社 2011 年版，第 40 页。
③ ［美］罗尔斯：《正义论》，何怀宏等译，中国社会科学出版社 2009 年版，第 106 页。
④ ［美］罗尔斯：《正义论》，何怀宏等译，中国社会科学出版社 2009 年版，第 227 页。
⑤ ［美］爱蒂丝·布朗·魏伊丝：《公平地对待未来人类：国际法、共同遗产与世代间衡平》，汪劲、于方、王鑫海译，法律出版社 2000 年版，第 5 页。

国内对代际正义的研究起步虽晚但发展迅速。廖小平、盛国军等人从伦理学角度论证了代际公平的伦理基础和理论支撑，指出代际正义是"时间上的公平，人们世代间的纵向公平"，"实现代内公平是解决代际公平的前提条件"，当代人要"破除利己主义"，"确立代际关怀主义的消费观"①；周敦耀指出"代际正义是制度伦理的一个重要部分"，"代际正义是当前一代与未来几代人的机会平等和待遇对等的原则，集中表现为资源的合理储存问题"②。在经济学领域，姜学民、舒基元指出代际均衡发展是可持续发展战略的重要方面，代际均衡发展的物质基础是代际财富均衡，需要进行资源代际管理来保证可持续发展战略的实现。③ 在法学领域，法学学者在承认代际正义合理性的基础上，结合我国国情，探讨了代际公平的法律化问题。高景柱从构建人类命运共同体的角度指出，人类命运共同体是由已经逝去的人、当代人和后代人共同构成的一种"伙伴关系"，构建人类命运共同体要推动世界伦理的建设，保护后代人的权利，秉承可持续发展的原则。④

3. 关于社会代际关系的研究

所谓社会代际关系，是指在同一时空下处于不同年龄段的各代的关系，主要是指老年、中年和青年的关系。目前关于社会代际关系的研究，主要集中在代沟的研究上。代际冲突是代沟研究的诱因和起点。二战后社会处于急剧变迁的时期，代际冲突尤为明显。美国人类学家杰弗里·戈若较早地研究了这一现象，他在1948出版的《美国人：一项国民性研究》中提到，由于迁徙到新的环境中，美国的父辈丧失了欧洲父辈的权威性，他们常遭到更能适应新生活的儿子的排斥。美国文化人类学家玛格丽特·米德在此基础对"代沟"现象的产生原因进行了深刻的分析，其经典著作《文化与承诺——一项关于代沟问题的研究》是西方代际关系研究最具有影响力的著作。在该书中她指出代沟是现代社会必然的伴生物，而代沟产生的原因既不能归咎于社会和政治的差异，也不能归咎于生物学方面的差异，而是源于文化传递的差异，并提出了文化代际传承的三种模式："前喻文化""并喻文化""后喻文化"。"前喻文化，是指晚辈主要向长辈学习；并喻文化，是指晚辈和长辈的学习都发生在同辈人之间；而后喻文化，则是指长辈反过来向晚辈学习。"⑤ 在此基

① 参见廖小平：《伦理的代际之维——代际伦理研究》，人民出版社2004年版。
② 周敦耀：《试论代际正义》，《广西大学学报（哲学社会科学版）》1997年第3期。
③ 舒基元、姜学民：《资源代际管理与可持续发展》，《中国人口·资源与环境》1999年第1期。
④ 高景柱：《论代际正义视域中人类命运共同体的构建》，《国外理论动态》2018年第11期。
⑤ ［美］玛格丽特·米德：《代沟》，曾胡译，光明日报出版社1988年版，第27页。

础上，她进一步指出我们的时代已经进入后喻文化，"这一文化中，代表着未来的是晚辈，而不是他们的父辈和祖辈"①，因此"只有通过年青一代的直接参与，利用他们广博而新颖的知识，我们才能建立一个富于生命力的未来"②。美国社会学家和政治学家查尔斯·赖克的《美国的返青》也是西方关于代际关系研究的经典论著。

代沟或代差现象是我国学者研究代际关系的最初动因，因此对代沟的研究成了我国代际关系研究中的主流，尤其在20世纪90年代中期以前几乎把"代际关系"等同于了"代沟"，学者在研究中主要关注七个问题：代沟的概念界定；代沟的划分标准；代沟的产生原因；代沟的表现方面；代沟的特征；网络社会的代沟现象；家庭结构与代际关系问题③，取得了一些重要的研究成果。周怡在《代沟现象的社会学研究》中指出："所谓代沟是指由于时代和环境条件的急剧变化、基本社会化的进程发生中断或模式发生转型，而导致不同代之间在社会拥有方面以及价值观念、行为取向的选择方面所出现的差异、隔阂及冲突的社会现象。"④ 张永杰和程远忠在《第四代人》中根据玛格丽特·米德的"重大事件产生一代人"的观点，以政治人格为主轴，将中国的人划分成四代人：从政治时代经历过来的第一代人；新中国成立后17年中成长起来的第二代人；"文革"中的红卫兵为第三代人；60年代之后出生的为第四代人。葛道顺在《代沟还是代差？——相倚性代差论》一文中指出："代差是必然的，它代表着代的超越和社会的进步。"⑤ 但代差不等于代沟，不能混为一谈，并指出和谐的代际关系应是相倚性代差，"一种非根本冲突的良性代差"⑥。近年来，学者们聚焦代沟现象的新变化，更是将代沟的研究推向了深入。周晓虹的力作《文化反哺：变迁社会中的代际革命》以"文化反哺"为核心概念刻画了社会转型时期文化或文明的积累方式，指出家庭内部乃至整个社会的文化传承模式发生了革命性的变化，亲子之间的"文化反哺""反向社会化"不仅已经出现，而且对价值观的选择、生活态度的认定、社会行为模式的养成发生了影响。王玉香指出，当代青年与长辈之间的代沟出现了新变化，主要表现在信息技术应用、话语、空间距离等方面⑦；周裕琼聚焦数字

① [美] 玛格丽特·米德：《代沟》，曾胡译，光明日报出版社1988年版，第93页。
② [美] 玛格丽特·米德：《代沟》，曾胡译，光明日报出版社1988年版，第98页。
③ 沈汝发：《我国"代际关系"的研究述评》，《当代青年研究》2002年第2期。
④ 周怡：《代沟现象的社会学研究》，《社会学研究》1994年第4期。
⑤ 葛道顺：《代沟还是代差？——相倚性代差论》，《青年研究》1994年第7期。
⑥ 葛道顺：《代沟还是代差？——相倚性代差论》，《青年研究》1994年第7期。
⑦ 王玉香：《当代青年与长辈"代沟"的新表现》，《人民论坛》2018年8月（上）。

代沟指出，新媒体的介入和使用差距所导致的知识、文化乃至价值观差异，导致老年人与年轻人之间存在数字代沟①；陶东风认为，当代中国父辈和子辈之间在语言符号、审美倾向、艺术趣味等方面呈现出一系列审美鸿沟，应该通过重建集体记忆的传递渠道来缩小两代人之间的鸿沟②。

4. 关于家庭代际关系的研究

家庭是社会的基本细胞，家庭代际关系是微观领域的代际关系，它是以血缘为纽带的各代之间的关系。家庭代际关系一直受到大家的关注，相关研究成果也颇多。贝克尔在他的经典著作《家庭论》中，指出"家庭是人类社会生活最基本的细胞，尽管千百年来社会、经济、文化环境已经发生了巨大变化，但家庭依然保留了对全部制度的影响"③。并且运用研究物质行为的工具和理论框架对婚姻、生育、离婚、家庭分工、威望等家庭生活进行了分析，在分析中发现家庭中存在普遍的利他主义。"利他主义鲜见于市场而多见于家庭的主要原因，在于在市场交换中利他主义的效率低；而在家庭生活中利他主义的效率高。"④ 日本的社会学家上野千鹤子在其经典著作《近代家庭的形成和终结中》指出，家庭的自我认同意识是家庭成立的重要条件，"现实中就有即便认为对方和自己完全是陌生人，但只要有血缘关系存在，实际上就被认为是家庭成员的情形。但是只要当事人本人没有意识到，这个'家庭'的实体是不存在的"⑤。而且她还进一步指出，家庭自我认同意识即 FI（family identity）是家庭成立的首要根据，"'居住共同'和'血缘共同'这些最小必要条件即使被否定了，FI 仍然成立"⑥。比如家庭成员两地分居，家庭依然成立，没有血缘关系的养子女、继子女与他们的养（继）父母也组成了家庭。

在国内家庭代际关系的研究中，费孝通先生无疑是最为杰出的贡献者。他在《生育制度》中对家庭代际关系进行了系统深入的分析。他指出，为了种族的延续，生育必然发生，因为生育的发生形成了由夫妇和子女组成的稳定的家庭三角。"夫妇关系以亲子关系为前提，亲子关系也以夫妇关系为必要

---

① 周裕琼：《当老龄化社会遭遇新媒体挑战 数字代沟与反哺之学术思考》，《新闻与写作》2015 年第 12 期。

② 陶东风：《论当代中国的审美代沟及其形成原因》，《文学评论》2020 年第 2 期。

③ ［美］加里·斯坦利·贝克尔：《家庭论》，王献生、王宇译，商务印书馆 2009 年版，第 3 页。

④ ［美］加里·斯坦利·贝克尔：《家庭论》，王献生、王宇译，商务印书馆 2009 年版，第 354 页。

⑤ ［日］上野千鹤子：《近代家庭的形成和终结》，吴咏梅译，商务印书馆 2005 年版，第 4 页。

⑥ ［日］上野千鹤子：《近代家庭的形成和终结》，吴咏梅译，商务印书馆 2005 年版，第 4 页。

条件。这是三角形的三边，不能短缺。"① 但是父母与子女之间却存在着世代间的隔膜，"在父母眼中，子女是他理想自我再来一次的重生机会"②，"而子女却并没有这感觉。子女可以时常觉得父母的过分干涉，没有道理，甚至感到压迫，父母是代表着吃人的礼教。在父母看来子女不能体恤他们，倔强，不肯顺服，进而觉得是悖逆，不孝，大逆不道的孽障。两代人之间的隔膜这样地不易消除"③。此外，他还对中国的家庭结构及其变动做了深入的分析。他指出，中国的家庭是"'扩大了的家庭'（Extended family），意思是中国的'家'是在核心家庭基础上扩大的团体，它是中国人经营共同生活的最基本的社会团体"④。他将中国的家庭结构分为了四类：残缺家庭、核心家庭、主干家庭、联合家庭，并以此为依据对中国家庭结构的变动情况做了深入的分析。在费孝通先生的相关研究的基础上，王跃生对改革开放以来中国家庭关系的变动做了深入系统的分析，他认为在现代中国家庭代际关系的考察中应该超越小家庭的范围局限在家际的互动中来考察，从而将家庭分成了三个层级：个体家庭、网络家庭、亲属圈家庭。个体家庭是家庭的存在基础和最基本的生活单元，网络家庭是有血缘关系的个体家庭的集合，而亲属圈家庭则是网络家庭的扩大。⑤ 并在此基础上提出了直系组家庭概念，认为直系组家庭是当代家庭代际关系研究的新范式⑥。此外，很多学者还对改革开放以来中国家庭代际关系的新特点和新变化进行了分析。关颖在《改革开放以来我国家庭代际关系的新走向》中指出，今天的家庭代际关系呈现出四个新特点：价值取向上，追求独立、平等与和谐；亲子互动中，下一代为重；代际交换中，父辈的抚养和子辈的赡养不平衡加剧；文化反哺成为亲子传承的新特征。⑦ 王敬、海莉娟指出，伴随着现代化、工业化以及城镇化，我国农村家庭关系呈现了前所未有的变迁，家庭关系变迁最主要体现在代际关系失衡、青年妇女夺权与传统家庭养老功能弱化三个方面⑧；何倩倩认为，当前农村广泛存在的

① 费孝通：《乡土中国 生育制度》，北京大学出版社 1998 年版，第 159 页。
② 费孝通：《乡土中国 生育制度》，北京大学出版社 1998 年版，第 159 页。
③ 费孝通：《乡土中国 生育制度》，北京大学出版社 1998 年版，第 159 页。
④ 费孝通：《论中国家庭结构的变动》，《天津社会科学》1982 年第 3 期。
⑤ 王跃生：《个体家庭、网络家庭和亲属圈家庭——历史与现实结合的视角》，《开放时代》2010 年第 4 期。
⑥ 王跃生：《直系组家庭：当代家庭形态和代际关系分析的视角》，《中国社会科学》2020 年第 1 期。
⑦ 关颖：《改革开放以来我国家庭代际关系的新走向》，《学习与探索》2010 年第 1 期。
⑧ 王敬、海莉娟：《传统与现代之间：代际失衡、青年妇女夺权与家庭养老弱化》，《中国青年研究》2019 年第 3 期。

"老人不老"现象表明外部城镇化压力没有推动农民个体化，反而加强了农民家庭的凝聚力①。

二、研究现状评析

通过前边的梳理可知，直接将"代际文化和谐"作为命题的研究存在缺失，但是与之相关的研究成果却十分丰富。这些研究成果大致可以做如下概括：一是在文化与代际的关系研究上，代际是文化的主轴，代际传承是文化发展的规律已经成了共识。二是在文化和谐的研究上，文化和谐成了当代社会普遍的价值追求。通过对文化和谐的基本理论的研究，大家对文化和谐的涵义、特征、功能、渊源等方面的认识愈加清晰，在文化和谐建构的实践研究方面也不乏好的建议。三是在代际关系研究方面，从代的涵义界定再到类代际关系、社会代际关系、家庭代际关系研究都有所涉及，而且不乏结合现实变化的新观点和新主张。在类代际关系中，通过对工业化以来发展模式的反思，提出了代际正义的主张；在社会代际关系中，找到了代沟产生的文化根源，并提出了积极的弥合建议；在家庭代际关系中，家庭结构的小型化、核心化以及农村人口流动所带来的代际关系变化引起了学者们的高度关注，并提出了很多颇有建树的观点。这些研究成果，无疑是本课题最为重要的理论来源。但是，我们也必须看到，目前的研究仍存在很多不足。简单归纳如下：

第一，在文化与代际的关系研究上存在不足。目前的研究虽然找到了文化与代际之间的深刻关联，发现了文化的代际传承规律，但主要还是一般层面的逻辑论证，既没有深入探讨如何才能遵循文化的代际传承规律形成文化传承的代际自觉，更没有将代际传承与文化和谐相联系深入探讨如何正确处理各代在文化传承中的关系，不能不说是一种缺憾。

第二，文化和谐的研究存在不足。目前关于文化和谐的研究，既有理论层面的一般探讨，也有实践层面的建构思考，但是不足仍然十分明显。一是没能将"文化和谐"和"和谐文化"区分开来。在大家看来，"文化和谐"和"和谐文化"仅仅是在组合次序上的差异，本身并不存在差别。诚然，文化和谐与和谐文化，都强调以和谐作为基本思想内核，都以文化作为基本对象，的确存在很多一致和相通的地方。但是，两者的区别却不只是在表达的差异上，而更多的是在思想内涵上的差异。"和谐文化"是用"和谐"来修

---

① 何倩倩：《城镇化、家庭再生产压力与代际关系重构——以北方农村"老人不老"现象为例》，《学习与实践》2019年第12期。

饰和限制"文化",落脚点是"文化",其侧重点是为了突出强调文化的和谐特质。而文化和谐,是"文化"的"和谐",它所强调和突出的是文化间和谐的存在状态和相互关系。二是视角比较偏狭。目前关于文化和谐的研究,主要还是对横向的同时并存的不同文化之间的和谐做研究,但是纵向的历时的代与代之间的文化和谐却被忽略了。其实,文化是代际传承的产物,文化和谐不仅指横向的不同文化的和谐,而且还指纵向的不同代文化之间的和谐,纵横统一才是真正的文化和谐。

第三,代际关系的研究存在不足。目前关于代际关系的研究,既有一般的代际理论探讨,也有具体的类代际关系、社会代际关系和家庭代际关系的探讨,但是不足亦很明显。一是对代际关系缺乏系统的观照。代虽然是人类社会的客观现象,但是由于代际更替时刻都在发生,代的界定十分艰难,因而代在不同的语境下有不同的涵义。正是因为代的复杂性,目前关于代际关系的研究几乎处于自说自话的状态,不同研究者按照自己的理解和兴趣界定着代的涵义,开展着自己认为的代际关系研究,不禁让我们陷入代际关系理解的混乱之中。其实,代际关系是一个系统,有其内部的结构层次,完整的代际系统应该包含三个层次:宏观层面的类代际、中观层面的社会代际和微观层面的家庭代际。只有深刻把握代际的系统结构,才能完整、科学、准确地理解代际关系。二是对代际文化关系的忽视。代际关系的内容十分广泛,包含经济、政治、文化等多个方面,所有发生在横向的人与人的关系内容在代与代之间都有所体现。但是由于文化的潜隐性和复杂性,在目前的代际关系研究中,文化关系却被大家忽视了。三是没能将和谐的理念和原则运用到代际关系的处理中。和谐是事物之间关系处理应有的价值准则。毫无疑问它也应成为代际关系处理的价值准则。但是目前的代际关系研究,主要还是对代际关系的现象描述,关于如何正确处理代际关系的研究还不多,至于将和谐的理念运用到代际关系处理中的研究就更少。这无疑是一种缺憾。

综上,学术界取得的与本课题相关的研究成果无疑为本课题研究奠定了良好基础,是本课题研究不可或缺的理论资源,而目前研究的不足又为本课题的研究找到了存在依据和努力方向。

第三节 基本思路和主要内容

本书以马克思主义和中国化马克思主义理论为指导,以代际为主轴、以文化为对象、以和谐为目标、以当代中国为场域,综合运用马克思主义理论、思想政治教育学、文化学、社会学、人口学等多学科的知识,对当代中国的代际文化和谐做系统的分析和深入的探讨，既要科学分析存在的问题，又要提出行之有效的建议。本书按照理论架构→现实观照→问题分析→对策建议的逻辑进路开展研究。本书的主要内容和大致结构如下：

第一章，绪论。主要介绍选题的缘起、研究意义、研究现状及评析、基本思路和主要内容、研究方法与主要创新。

第二章，代际文化和谐的基本理论。本章主要是搭建代际文化和谐的基本理论框架，为后边研究的展开做理论铺垫。具体来说，主要通过对代际文化和谐的的涵义、理论基础、功能的探讨，勾勒代际文化和谐基本轮廓，搭建代际文化和谐的基本分析框架。

第三章，类代际文化和谐：前代、本代和后代的文化和谐。类代际文化和谐是代际文化和谐的宏观层面，是人类整体视域下的代际文化和谐观照，具体来说是指前代、本代和后代的文化。本章首先对类代际文化和谐的特征做分析，以期找到它与其他两个层面的代际文化和谐的区别，深化对类代际文化和谐的认识。其次，按照类代际文化和谐的内涵要求对当代中国类代际文化和谐的现状做分析，探寻当代中国类代际文化和谐面临的困境，将困境主要归纳为三个方面：对前人文化的保护、挖掘、继承上的不足；本代的文化创新乏力；对后代文化权利的漠视。然后，针对这些问题指出当代中国的类代际文化和谐应该沿着树立文化发展的代际自觉，坚持社会主义先进文化的引领，走文化发展的综合创新之路的进路推进。

第四章，社会代际文化和谐：老年、中年和青年的文化和谐。社会代际文化和谐是代际文化和谐的中观层面，是以在场各代人为对象的代际文化和谐观照，具体来说主要是老年、中年和青年的文化和谐。本章首先对社会代际文化和谐的特征做分析，找出社会代际文化和谐与类代际文化和谐、家庭代际文化和谐的区别，深化对社会代际文化和谐的认识。其次，以社会代际文化和谐为镜，客观分析当代中国社会各代即老年、中年、青年在思想观念、生活方式、情感方式等方面的文化差异现状，以期找到当代社会代际文化和谐的问题。然后，针对这些问题，提出通过观念的代际整合，构建平等、互信、宽容的代际沟通模式，加强文化反哺来实现当代中国的社会代际文化和谐。

第五章，家庭代际文化和谐：亲子关系为主轴的文化和谐。家庭代际文化和谐是微观层面的代际文化和谐，是以血缘为纽带，以家庭作为场域的代际文化和谐观照，具体来说就是以亲子关系为主轴的代际文化和谐。本章首先分析家庭代际文化和谐的特征，找出家庭代际文化和谐与类代际文化和谐、社会代际文化和谐的区别，深化对家庭代际文化和谐的基本认识。其次，以家庭代际文化和谐为镜，对中国家庭的现代变迁及其对代际文化和谐的影响做分析，主要围绕家庭结构小型化和核心化、代际重心下移、人口流动频繁等新变化和新特点，科学分析它们对家庭代际文化和谐的影响。然后，根据以上分析，指出构建当代中国的家庭代际文化和谐，要在孝文化的现代重塑中整合各代的家庭观念；要在家庭功能的现代提升中增强家庭的代际凝聚力；要通过人口流动的家庭化、农民工回流、增进代际沟通等方式破解因人口流动带来的家庭代际文化冲突。

第四节 研究方法和主要创新

一、研究方法

方法是工具是手段，它服从和服务于研究的目标和内容。结合本文的研究目标和研究内容，主要采用了以下研究方法：

1. 文献研究法。本论文是在充分借鉴前人的研究成果基础上进行的研究。文献研究法是本文研究中最核心的研究方法。主要是通过阅读马克思主义、文化学、社会学、人口学等方面的经典著作和文章，深挖其中的精髓，为本文的研究积累丰富的理论资源。

2. 实证分析法。代际文化和谐是理论问题，更是实践问题，实现当代中国的代际文化和谐才是本文研究的目标。因此，本文的研究需要立足现实，将理论与实际相结合开展研究。要准确把握现实，实证分析必不可少。本文的实证分析主要是通过借鉴别人的调查研究成果、获取政府部门的权威数据等所做的分析。

3. 比较分析法。有比较才有鉴别，比较是认清事物的基本方法。比较分析法贯穿在本文研究的各个方面，文化和谐与和谐文化的比较、文化和谐和代际文化和谐的比较、代际文化和谐各个层次的比较、不同代的文化差异的比较等等不一而足。

二、主要创新

创新是民族进步的灵魂，也是学术研究的生命力。创新的意识贯穿在本文研究的全过程中，论题的选择基于创新，借鉴前人的研究成果为了创新，弥补当前研究的不足也为了创新，结合现实探索有效的解决方案更是为了创新。在创新理念指导下的本文的研究，虽然距离预期的目标尚有差距，但是也有很多突破。本文的创新大致归纳起来，主要如下：

1. 研究视角有创新。"横看成岭侧成峰，远近高低各不同。"视角不同，研究结果亦会不同。当前关于文化和谐的研究，视角局限在横向的同时并存的不同文化之间，但是纵向代与代之间的文化和谐却被忽略了。本文将文化和谐的目光聚焦，从传统的横向层面转到了纵向的代际观照上，探寻深层次上的文化和谐规律，在视角上有创新。

2. 理论观点有创新。本文的研究是在代际这一独特的视角下的文化和谐研究，在这一视角观照下，发现了许多新问题，并且针对这些新问题提出了一系列的新观点和新建议，从而构成了本文在理论观点上的创新。这些创新，大致归纳起来如下：

（1）代际关系考察必须坚持系统的代际视域，完整的代际结构包括宏观、中观、微观三个层面，宏观层面是前代、本代和后代的类代际关系，中观层面是老年、中年、青年的社会代际关系，微观层面是以亲子关系为主轴的家庭代际关系。

（2）文化和谐是文化生态系统的和谐，既指文化系统内部各种样态、各个层次、各个要素之间的和谐，还包含文化系统与外部环境之间的和谐。代际文化和谐是一种状态，是一个过程，更是一种价值。

（3）当代中国的类代际文化和谐面临着：对前人文化的传承不足；本代文化创新乏力；对后代文化权利漠视的困境。建构当代中国的类代际文化和谐需要沿着树立文化发展的代际自觉；走中国特色社会主义文化道路；推进文化综合创新的进路。

（4）当代中国的社会代际文化和谐需要通过观念的代际整合，构建平等、互信、宽容的代际沟通，以及加强文化反哺来实现。

（5）在当代中国激烈的社会变迁中，家庭出现了结构小型化和核心化、代际重心下移、人口流动频繁等新变化和新特点，这些新变化和新特点在改变家庭的结构、功能和关系的同时，也深刻改变着家庭各代的思想观念、生活方式和情感，给家庭代际文化和谐提出了新的挑战。构建当代中国的家庭代际文化和谐，要在孝文化的现代重塑中构筑家庭各代共有的精神家园；要在家庭功能的现代提升中增强家庭的代际凝聚力；要通过人口流动的家庭化、农民工回流、增进代际沟通等方式，破解因人口流动带来的家庭代际文化冲突。

代际文化和谐的基本理论

实现社会和谐是人类孜孜以求的梦想，而世代繁衍、生生不息则是人类社会发展的客观规律。因此，我们所追求的和谐社会，不仅包含着横向的人与人之间的和谐，也必然包含着纵向的代与代之间的和谐。而代际和谐的关键是代际文化和谐，因为文化是人类发展的历史印迹，是世代传承的内在根脉和精神纽带，它深深浸润在人们的骨子里，深刻地影响和左右着每一代人的价值观念、行为选择与生活样法，可以说，没有代际文化和谐就没有代际的和谐。所以，对代际文化和谐的探讨和研究，对于促进代际和谐，构建和谐社会意义十分重大。而在代际文化和谐的研究中首先遇到的基本问题就是什么是代际文化和谐，代际文化和谐的理论依据是什么，以及代际文化和谐有什么功能。本章正是要围绕这三个基本问题展开研究。

第一节　代际文化和谐释义

什么是代际文化和谐？这问题貌似简单，但实际上却十分复杂。一方面对于这个带有终极色彩的问题，要真正给予一个准确而又让人信服的答案，本身是一件十分艰难的事情，这就像圣·奥古斯丁说的一样："什么是时间？若无人问我，我便知道；若要向询问者解释，我便不知道。"[①] 另一方面，代际文化和谐的解释必然涉及"代际""文化""和谐"这三个基本词语的理解和界定，而这三个词语无论在内涵上还是外延上都十分广博，要对它们做准确的界定本身就十分艰难，这无疑又增大了该问题的难度。但是，无论再艰难，这一工作都必须要做的，因为没有对该研究对象的清晰界定，所有的研究和探讨都是徒劳的。也就是说，对代际文化和谐的阐释是一块难啃但又不

---

① ［古罗马］奥古斯丁：《忏悔录》，周士良译，商务印书馆1963年版，第17页。

得不啃的骨头。对此笔者拟采用迂回的方式，试图从文化和谐的阐释中找到一些启示。

说到"文化和谐"自然就会提到"和谐文化"，因为人们通常认为，"文化和谐"和"和谐文化"仅仅是在组合次序上的差异，并无实质上的差别。诚然，文化和谐和和谐文化都以和谐作为基本思想内核，以文化作为基本对象，的确存在很多一致和相通的地方。但是两者的区别却不只是体现在表达上，而更多的是在思想内涵上。"和谐文化"是用"和谐"来修饰和限制"文化"，落脚点是"文化"，其侧重点是为了突出强调文化的和谐特质。因此，大家倾向于把和谐文化界定为："一种以和谐为思想内核和价值取向，以倡导、研究、阐释、传播、实施、奉行和谐理念为主要内容的文化形态、文化现象和文化性状。它包括思想观念、价值体系、行为规范、文化产品、社会风尚、制度体制等多种存在方式。"① 而文化和谐，是"文化"的"和谐"，它所强调和突出的是文化间和谐的存在状态和相互关系。李道忠对其做了进一步阐释，他指出："文化和谐有两重涵义：一是不同形态文化之间的和谐并存、相互借鉴、共同发展；二是文化结构自身的和谐，即各种文化资源、各种文化门类和各种文化要素之间统筹兼顾、协调推进。"② 李道忠的此种阐释，较好地揭示了文化和谐的本质，勾勒出了文化和谐的基本轮廓，为大家厘清文化和谐与和谐文化的区别，充分认识文化和谐的相对独立性和存在必要性，提供了参考，因此该解释得到大家的普遍认可，陆续在相关研究中被广泛加以引用。但是，我们也必须看到，该解释并不是完美无缺的，它还存在一定的缺陷。缺陷主要有二：一是该解释只关注了文化间的横向和谐而忽略了纵向和谐。文化和谐，表征的是文化间和谐的存在状态和相互关系，这种状态和关系不仅指横向关系，也指纵向关系。事物的发展规律决定了事物之间的关系是纵向和横向相互交织，要真正厘清事物之间的关系，就必须从纵向和横向两方面加以考察。对于文化的考量更需如此，因为文化是人类历史的积淀，是代际传承的产物，文化存在和发展都包含着纵向的主轴。因此，对文化和谐的诠释，不能缺少纵向的视野和维度，没有文化纵向的和谐，就不可能有文化的横向和谐，更谈不上文化的真正和谐。真正的文化和谐应该是纵向和谐和横向和谐的有机统一，两者不可偏废。在李道忠先生所揭示又为大家所认可的文化和谐阐释中，虽然强调了文化间和谐并存、相互借鉴、协调推进的关系特质，但是，视野却仅仅局限于横向关系的考量上，无论其

---

① 李忠杰：《论建设和谐文化》，《光明日报》2006年10月9日第6版。
② 李道忠：《和谐社会理论学习读本》，中国法制出版社2008年版，第48页。

所强调的文化形态间的和谐，还是文化结构自身的和谐，所表征的都只是共时性的文化关系，而没有历时性的文化关系，这不能不说是一个缺憾。这种缺憾在一定层面上说明了，从纵向的角度探讨代际文化和谐，是十分必要的。本文的研究正是希望能弥补此缺憾。二是只关注了文化系统的内部和谐而忽略了文化系统的外部和谐。和谐是一种关系，没有关系就无所谓和谐，但是这种关系是内部和外部的有机统一。马克思主义告诉我们，世界是普遍联系的，任何事物都不可能孤立地存在，它总是与周围的事物发生着各种各样的联系，这些联系影响和制约着事物的发展。因此，文化和谐不仅包含了文化系统自身内部的和谐，还必然包含着文化系统以及系统内部各要素与外部环境的和谐，也就是说文化和谐是系统内部和谐与外部和谐的有机统一。而在李道忠先生的文化和谐阐释中，虽然强调了文化和谐是系统的和谐，指出文化和谐既有文化形态之间的和谐，也有文化结构自身的和谐，但是此种和谐也仅仅是系统内部的和谐，因为文化形态和文化结构都只是文化系统内部的两个层次而已，并不涉及文化的外部关系。而现代系统科学告诉我们，文化系统是一个生态系统，它不仅包含着文化内部所具有的结构性关联，而且还包含了文化与外部环境（包含自然环境和社会环境）的关联，这些外部环境极大地影响和制约着文化系统的存在和发展，是文化和谐考察中必不可少的要素。因此，真正的文化和谐是系统内部和外部相统一、相协调的文化生态和谐。通过以上评析，我们似乎可以把文化和谐简单界定为：文化和谐是文化生态的和谐，具体来说是指文化系统内部各要素及各要素之间，文化系统各要素与外部环境之间，文化系统整体与外部环境之间，兼容并存、协调有序、共同发展的状态和关系，这种状态和关系是纵向和横向的有机统一。

文化和谐的探讨对代际文化和谐的研究，提供了重要的参考和启示，让艰难的代际文化和谐阐释看到了一丝亮光。因为，代际文化和谐虽然有自己特殊性和相对的独立性，但是终归属于文化和谐的范畴，它是文化和谐在代际上的具体体现，文化和谐所具有的内在本质和一般属性在代际文化和谐身上均应得到充分的彰显。据此，代际文化和谐似乎可以做如下的简单界定。代际文化和谐是代与代之间在文化上的和谐，它是以代际为纵轴的文化和谐，具体来说是指代与代之间以追求和实现代际和谐为目标，在文化系统内部各要素及各要素之间，文化系统各要素与外部环境之间，文化系统整体与外部环境之间，兼容并存、协调有序、共同发展的状态和关系。当然，这样的简单表达，只是勾勒出了代际文化和谐的基本轮廓，还不足以揭示其内在的深厚内涵。为此，笔者试图从主体、客体、思想内核三方面对代际文化和谐做进一步的阐释。

一、代际文化和谐的主体：代

文化即人化，文化是人的文化，人是文化的人。文化与人总是相生相伴，如影随形，不可分离，文化因人的产生而产生，因人的发展而发展。人作为万物之灵，具有自由自觉性、超越性和建构性的主体特质，这些特质既是人与其他动物区别的根本标志，同时也是推动文化产生和发展的内在根源。首先，人具有自由自觉性。人是自然的存在物，但不是一般的自然存在，他懂得进行自由自觉的活动。如果仅从一般存在物的角度考察，人与动物相比并不具有任何绝对的优势，卡西尔曾经指出："如果我们把智慧理解成直接对环境的适应，或者对环境做出适应改变，那我们就确实必须承认，动物具有相当发达的智慧。"[1] 但是人懂得通过自由自觉的活动来改造自然，克服自己的不足，成为驾驭世界的万物之灵。马克思曾经典地指出："蜘蛛的活动与织工的活动相似，蜜蜂建筑蜂房的本领使人间的许多建筑师感到惭愧。但是，最蹩脚的建筑师从一开始就比最灵巧的蜜蜂高明的地方，是他在用蜂蜡建筑蜂房以前，已经在自己头脑中把它建成了。"[2] 正是由于人的自由自觉的活动，创造了文化，将文化从自然中分离了出来。其次，人具有超越性。超越现存条件的物质和精神追求，是人不可遏制的生命冲动，人总是生活在理想世界，总是向着可能性的生活迈进，而不是像动物那样被动地接受直接给予的事实。正是这种超越的本能，为文化的创造提供了不竭的动力，推动了文化的发展。再次，人具有建构性。人能够根据自身的需要，对对象加以改造，创造人的应然世界，从而使自然的东西变成了文化的东西，自然的世界变成了文化的世界。马克思曾指出："自然界没有制造出任何机器，没有制造出机车、铁路、电报、走锭精纺机等等。它们是人类劳动的产物，是变成了人类意志驾驭自然的器官或人类在自然界活动的器官的自然物质。"[3] 因此，人是文化的主体，是文化的创造者、享有者和传承者。离开了主体的人，文化就只剩下了一个没有生命的空壳，所有的探讨都将变得没有意义。人是文化的主体，毫无疑问也是文化和谐的主体，文化和谐的创造、维护和享有都应该由人来完成。

人是文化的主体，但作为主体的人并不是一成不变的，而是历史的存在，是具体的，发展的。所以，卡西尔说："作为一个整体的人类文化，可以被称

① ［德］恩斯特·卡西尔：《人论》，甘阳译，上海译文出版社 2013 年版，第 56 页。
② 《资本论》第 1 卷，人民出版社 2004 年版，第 208 页。
③ 《马克思恩格斯全集》第 46 卷下，人民出版社 1980 年版，第 219 页。

作人不断解放自身的历程。"① "代"正是人历史发展的直接标志和生动展现。人在世代繁衍、生生不息的历史发展进程中，每一代人在继承前人文化的基础上又在创造着自己的文化，"江山代有才人出，各领风骚数百年"就是这一文化图景的真实写照。所谓代际文化和谐，也就是指相邻各代所创造的代文化之间的和谐。因此，代是代文化的主体，是代文化的创造者、享有者和传承者，也自然是代际文化和谐的主体。既然代是代际文化和谐的主体，那么究竟什么是代呢？我们在日常语汇中使用"代"时往往把它作为一个不言自明的"先验"范畴来接受和使用，其实"代"是一个非常复杂的人类文化现象，在不同的语境下讨论和使用这一概念都有其特定的含义，俄国的利索夫斯基就曾经从人口学意义、人类学意义、历史学意义、年代学意义和象征意义列举和界定过"代"的五种涵义②。在我国，普遍观点认为"代是自然属性和社会文化属性的辩证统一。从自然属性来看，代是指同一年龄层次的人们自然形成的人群；从社会文化属性来看，代是共同的或者相近的价值观念、思维模式、生活方式所形成的群体，它构成代的实质或内容方面"③。这样的代的界定将代的自然属性和社会文化属性有机统一在了一起，有很强的科学性，但是这样界定只适用于处于同一时空下的"在场"的各代，而没法涵盖和描述"不在场"的前代人和后代人。为了弥补此种不足，学者廖小平教授进而指出："代是年龄—社会—文化—历史之流。代是一个动态的概念；代本身就是一个连续的过程。因此，我们必须以动态和过程的观点来看代。任何一代都要经历进场、在场和退场的过程，这一过程反映了代的生存空间的变化。"④ 从而将代的界定和关注从单一的"在场"视域拓展到了人类整体，更清晰地勾勒出了代的发生演进图景。人作为有限的生命个体，基于生物学的规律，必然要经历从出生到死亡的过程，在这一过程中出生意味着"进场"，死亡意味着"退场"，生命存续期间代表着"在场"，这是代产生的内在原因和基本根据。由于，每个人都要经历这一生命历程，同一年龄层的人便构成了代，而且基于人类物种的连续不断、绵延不绝，代也是连续不断的动态过程，每一代人都要经历进场、在场和退场，在场时是当代人、进场前相对于在场的人是后代人，而退场后相对于在场的人又是前代人。因此，在对代的考察和把握中必须坚持完整的系统视域，既要关注处于同一时空下的在场各

① ［德］恩斯特．卡西尔：《人论》，甘阳译，上海译文出版社 2013 年版，第 389 页。

② ［俄］利索夫斯基：《论"代"的五种涵义》，德兴译，《国外社会科学文摘》1999 年第 8 期。

③ 盛国军：《代际伦理的求证与实现》，《山东工商学报》2006 年第 3 期。

④ 廖小平：《伦理的代际之维——代际伦理研究》，人民出版社 2004 年版，第 31 页。

代的关系，又要从人类整体宏观视域下关注并非处于同一时空下的前代、本代和后代的关系。此外，还应从微观层面上关注家庭各代的关系。因为家庭之代，虽然属于在场之代的范畴，但是家庭作为社会的细胞，作为社会有机的构成部分，是代产生的最初策源地，它在很大程度上影响和制约着社会各代的关系，也影响着人类世代的发展，基于其在人类代际结构中的基础地位有必要对其做充分的关注。而且家庭代际关系在产生、内容和形式方面都与社会领域的代际、人类整体视域的代际存在很大的差异，有自己相对的独立性和特殊性，也有必要对其做单独的考察和关注。所以，完整的代际结构系统应该包含三个层面：微观领域的家庭代际、中观领域的社会代际、宏观人类整体视域的类代际。

家庭代际是代际关系的微观领域，"是一种纵向的家庭关系"，"它是建立在血缘的基础上、由共同生活的几代人构成的重要的家庭关系。即由夫妻关系派生出来的基本的亲子关系（即父母与子女的关系），以及与夫妻关系、亲子关系密切相关的婆媳关系，或隔代血缘关系——祖孙关系。代际关系又是家庭成员的人际关系，是由家庭成员之间的频繁互动构成的"①。具体来说家庭代际一般由祖父母（外祖父母）、父母、子女三代构成，当然随着现在社会医疗水平和生活质量的提高，一个家庭四代同堂的现象也并不少见，但是为了探讨具有一般性和普遍性的家庭代际关系，笔者仍然愿意将家庭代际的范围限定在三代以内。从家庭代际的产生和构成来看，我们不难发现，家庭代际关系与社会代际、类代际相比较，代际关系具有明晰性、天然性和血缘性等特点②。所谓明晰性，是指家庭内各代的关系十分清晰，上代与下代、父母与子女、祖辈与孙辈的界线十分清晰，不会产生任何歧义。所谓血缘性，是指家庭代际的产生与划分以血缘为基础的，血缘是连接家庭各代的纽带；所谓天然性，是指基于血缘纽带所形成的家庭代际关系一旦形成，不管这种关系在后来的发展中遭遇什么样的情况，这种关系都是不可更改的。

社会代际是代际关系的中观领域，是指处于同一时空下的在场的各代。社会代际的界定和划分是以自然属性和社会文化属性作为标准的。代的自然属性是代所应该具有的年龄或生理范畴，即处于同一年龄层，这是代最基本的生物学事实，它为我们理解社会各代提供了一个自然框架或年龄范围。但是代的自然属性仅仅具有形式的意义，而"一代人区别于另一代人的实质性

---

① 潘文岚：《家庭代际伦理的现实问题》，《社会》1999年第1期。

② 廖小平：《伦理的代际之维——代际伦理研究》，人民出版社2004年版，第129-131页。

内容是其社会文化特质而不是其自然属性"①，也就是说同一代人所具有的共同的或者相近的价值观念、思维模式、生活方式等才是其实质内容。按照自然属性和社会文化属性相结合的标准，社会代际的构成大致可以划分为老年、中年和青年。需要说明的是，这里的老年、中年和青年的划分只能是"抽象主义"或"印象主义"的，只是对社会各代"所进行的一种特征性的描述和抽象的理论概括，而不是对代的一种机械划界"②。因为，"迄今为止，即使是最权威的国际机构和研究机构也没有对青年、中年和老年给定一个'权威'的年龄界线"③。而且年龄只是代的外在形式，社会文化特质才是其实质内容，年龄界定的"精确"与否并不会影响到社会代际关系的实质性考察。

类代际是代际关系的宏观领域，是人类整体视域下的代际观照，为了与家庭代际和社会代际相区别，我们将此种视域观照下的代称之为"类之代"。"所谓类之代，是一个以人类整体和文化来划分和标示，即以文化为内核、以人类整体为载体的代的概念，它不因个体和个体之代的消亡而消亡，而是借助历史和文化获得了超越个体的条件，并随着人类整体和文化的延续而绵延。类之代与人类整体和文化相互承载、同步传承、互为表里。"④ 类之代从更宏观的层面上，向我们生动展示了人类的世代更替，生生不息，绵延不绝。虽然这一过程是持续的、永恒的，但是在任一时间点上，我们都可以以代的进场、在场和退场作为标志，将类代际粗略地划分为：在场之代（本代）、退场之代（前代）、尚未进场之代（后代）。本代是在场之代，是"现实生活中实践着、生活着、活动着的代，是现实的代"⑤，是我们直接面对的代对象。前代是退场之代，代的退场是不可逃避的宿命，是不可违抗的自然规律，伴随着代的退场，作为这一代的生命个体消亡了，但是"以他们为载体或由他们所创造而成为历史的文化（包括物质文化、精神文化和制度文化）不但没有消失，而且对在场各代仍然发挥着影响和作用"⑥。因此，前代是类代际结构不可或缺的重要组成部分，是代际关系考察中不能忽视的重要对象。后代是尚未进场之代，具体来说就是"那些生活在未来，但是直到现在最后一个活

① 廖小平：《伦理的代际之维——代际伦理研究》，人民出版社 2004 年版，第 26 页。
② 廖小平：《伦理的代际之维——代际伦理研究》，人民出版社 2004 年版，第 129 页。
③ 廖小平：《伦理的代际之维——代际伦理研究》，人民出版社 2004 年版，第 129 页。
④ 廖小平：《伦理的代际之维——代际伦理研究》，人民出版社 2004 年版，第 30 页。
⑤ 廖小平：《伦理的代际之维——代际伦理研究》，人民出版社 2004 年版，第 31 页。
⑥ 廖小平：《伦理的代际之维——代际伦理研究》，人民出版社 2004 年版，第 33 页。

着的人死亡以后还没有出生的未来世代"[①]。后代虽然尚未进场，但基于人类发展的基本规律，其进场并取代在场之代是历史的必然，是可预见的事实，因此将后代作为类代际结构中重要组成部分来加以关注和考察同样是十分必要的。前代、本代与后代，前后相连，不断更替，推动着人类社会的发展，生动地展现着人类从过去到现在，再到未来的发展轨迹。

家庭代际、社会代际和类代际，从微观、中观和宏观三个层面出发，共同组成了代际结构的完整系统。由于所属领域和考察角度的差异，它们在范围界定、对象构成、具体内容上也都存在很大的差异，因此它们之间是相对独立的，有各自独立的存在价值。但是，它们不是简单的孤立存在，彼此之间又是相互关联、相互制约、辩证统一的。基于人类物种的繁衍，代首先在家庭中以家庭代际的形式出现，家庭组成社会，不同家庭中不同的代在社会领域共同组成了社会代际，社会各代都要经历进场、在场和退场，社会各代的进场、在场和退场，又构成了前代、本代和后代前后相连、不断更替、永续前行的类代际。因此，它们之间是辩证统一的，统一于人类社会发展的历史进程中，离开了人类社会的发展，无所谓代，也无所谓家庭代际、社会代际和类代际；它们之间是彼此联系、相互制约的，缺少其中任何一个，其余两个都失去了存在依据和意义，也无法揭示人类代际的完整图景。所以，在对它们的考察中，既要看到它们的独立性，又要看到它们的关联性。

代际文化和谐，是代与代之间在文化上的和谐，是以代为主体的文化和谐。而从前述可知代是由家庭代际、社会代际和类代际组成的完整系统，因而决定了代际文化和谐的考察，应该在这一系统框架下进行。基于这一逻辑，本文将分别对家庭代际文化和谐、社会代际文化和谐、类代际文化和谐进行考察和研究。

二、代际文化和谐的客体：文化生态系统

主体和客体是相对而言的一对共生范畴，主体是对象性关系中主动的、能动的一方，客体则是受动的、受制的一方。在此种意义上，客体与主体相对应，是进入主体的实践和认识范围的，为主体活动所指向的，并反过来制约主体活动的对象性存在。具体到代际文化和谐，通过前边分析可知代际文化和谐的主体是代，那么与之相对应的，为其活动所指向的对象性存在则是

① See Lawrence B. Solum, To Our Children's Children's Children's: the Problems of Intergenerational Ethics, Loyola of Los Angeles Law Review, Vol. 35, 2001, p. 171. 转引自曹刚：《道德，困境中的规范性难题》，《道德与文明》2008 年第 4 期。

文化，也就是说文化是代际文化和谐的客体。文化是代际文化和谐的客体，这仅仅从相对主体的角度对代际文化和谐的客体做出了基本判断，但这样的判断还远不能揭示代际文化和谐的客体本身的内涵。因为，代际文化和谐，所指的和谐不是文化的某个要素、某个部分、某个层面，而是作为有机体系和整体的文化和谐，或者说称之为"文化生态和谐"更为精确些。"事实上，文化生态在任何时期、任何地方都普遍存在，而且和自然生态一样，文化生态系统内部的各种文化因子不可避免地交互融通，形成环环相扣的'文化链'，其中一个因素、一个环节的变化，往往会带来连锁反应，甚至导致社会总体文化结构的深刻变革。"① 所以，从此种意义上说，将代际文化和谐的客体界定为文化生态系统，要更为准确些。文化生态系统是与自然生态系统相对存在的一个有机体，在这一生态系统中，一方面"每一种文化都在与其他文化的相互作用中，不断地进行同化和异化，互相滋养，并通过遗传和变异而不断地演化"，另一方面"文化生态系统作为一个动态的开放系统，把自己与外部环境紧密联系，不断与外部环境进行信息和能量的交换"②。因此，我们可以将文化生态系统分为文化的内部系统和文化与外部环境的系统。

　　首先，让我们来看看文化的内部系统。文化现象纷繁复杂、包罗万象，它表现为各种形式，存在于人类生活的各个领域。"从最广泛的意义上说，可以包括人的一切生活方式和满足这些生活方式所创造的事事物物，以及基于这些方式所形成的心理和行为。"③ 因此要给文化做出一个准确、完善，且为大家所认同的文化定义，几乎是不可能的，据不完全统计目前关于文化的定义就有 160 多种。但是，"文化作为一种社会历史现象如同任何进入人们视野的研究对象一样，从其内部的逻辑关系方面，是可分的"，"认识这种可分性是文化研究者必须具备的剖析眼光和操作意识"④，因为"任何系统的要素都按照一定的次序排列与组合，只有认识了对象的结构，才能认识对象的内部与实质"⑤。基于此，笔者在对文化内部系统的考察中，试图将焦点放在文化自身的结构上。文化作为一个系统、一个整体、一个集合，它是一个多因素、多层次的复合体，文化内部结构究竟有几个层次？对此，可以说是众说纷纭，莫衷一是。有物质文化和精神文化两重结构说；有物质文化、制度文化、精

① 孙卫卫：《文化生态——文化哲学研究的新视野——兼论当代中国文化生态及其培育》，《江南社会学院学报》2004 年第 3 期。
② 韩振丽：《文化生态的哲学探析》，硕士论文，新疆大学，2008 年。
③ 庞朴：《文化结构与近代中国》，《中国社会科学》1986 年第 5 期。
④ 何晓明：《中华文化结构论》，《中州学刊》1994 年第 1 期。
⑤ 刘敏中：《文化结构论》，《学术交流》1990 年第 1 期。

神文化的三层次说；有物质、制度、行为、精神四层次说；还有物质、社会关系、精神、艺术、语言符号、风俗习惯六子系统说；等等。其中为大家普遍接受也是本文所认同的是物质、制度、精神的三重结构说。这三重结构可以剖析为一个由外至内的三层次圆心图示：第一层次是文化的表层——物质文化（物态文化）。所谓物质文化是指人类在一定价值观和科学理性指导下，为满足自身的生存发展需要，通过实践活动对客观事物进行改造、利用而形成的，具有物质实体的人化自然物。此处的自然物，"不是未经任何人力作用的自然物，而是'第二自然'（马克思语）或对象化了的劳动"①。物质文化，是以物质形态所表现出来的文化，深刻地反映着人类对自然界的认识、把握、运用、改造的程度，按照庞朴先生的总结属于文化的"物的部分"。第二层次是文化的中层——制度文化（关系态文化或规范性文化）。制度文化，是人类在利用、改造自然的过程中，所创造的处理人与自然、人与人（个体与个体、个体与群体、群体与群体）之间的关系准则。这些准则既可以是规范化的制度如社会经济制度、婚姻家庭制度、政治法律制度等，也可以是约定俗成的伦理道德等。制度文化是连接物质文化和精神文化的纽带，是"心物结合"的部分，"即物化了的心理和意识化了的物质"②。第三层次是文化的里层——精神文化（精神态文化）。所谓精神文化，是反映人的主观世界的精神形态的文化，它具体表现为价值观念、思维方式、审美情趣、道德情操、宗教情绪、民族性格等等，是文化的"心的部分"。精神文化作为文化的核心层，"为丰富多彩的文化存在的其他形式提供能量，起着中心的建构作用"③。

　　文化的三个层次，相互依存，彼此作用，构成了文化的有机体。具体来说："物质文化中渗透着制度文化和精神文化，制度文化为物质文化所决定，同时又以一定的精神文化观念作为前提，并在其中凝结着、沉淀着精神文化的因素，而又反转过来给物质文化和精神文化的发展以巨大影响。精神文化归根到底为物质文化的发展水平所决定，但又受到制度文化的制约和影响，并且反作用于制度文化和物质文化。"④ 从文化发展史的角度来看，文化结构的各层次之间，呈现出由外而内、由快到慢的趋势。物质文化处于文化结构的外缘，最为活跃，变化最快，而处于核心层的精神文化最为稳定，变化也最慢，而处于中间层的制度文化如同其所处的位置一样介乎两者中间。因为

---

① 庞朴：《文化结构与近代中国》，《中国社会科学》1986年第5期。
② 庞朴：《文化的民族性与时代性》，《北京社会科学》1986年第2期。
③ 唐大斌：《试论文化结构》，《江汉论坛》1987年第6期。
④ 许苏民：《文化哲学》，上海人民出版社1990年版，第108-109页。

一般来说，社会生产力发展和变革，首先直接体现为物质文化的变化；物质文化的变化，引发社会制度、社会规范的变化，促进了制度文化的变革；制度文化的变革，最终沉淀为稳定的思想、观念等精神文化，导致文化内核的精神文化的变化。有学者还十分形象地将文化的这种结构关系比喻为交响乐的演奏：作曲家的心理构想好比文化的里层，而交响乐的乐谱和演奏好比文化的中层和表层，乐谱记载了作曲家的构想，交响乐团的演奏则是按照乐谱的彼此配合和互动，但无论是乐谱还是演奏它们内在的本质都是作曲家的构想。① 文化的这种结构层次及其相互间的关系，为复杂的代际文化和谐的研究提供了基本的框架和切入进路。

其次，我们来看看文化的外部系统。从系统论的角度看，文化生态系统不仅有一个自身内在的系统，还有一个它赖以存在和发展的外部环境系统。文化作为一个"超生命的有机体"，不是一个简单的孤立存在，而是在一定的环境中存在和发展，任何一种文化都是在一定的自然环境、社会结构等多种因素的共同作用下形成的，这些因素本身并不是文化，但是却深深影响了文化的形成和发展。这些影响文化的存在和发展的外部环境的总和就是文化的外部系统，或者称之为文化生态。具体来说，文化的外部系统又可分为自然环境和社会环境两部分。自然环境，是文化存在和发展的自然因素的总和。文化即人化，自然作为人化的对象，在很大程度上影响和决定着人们的生产生活方式，从而影响着文化的形成和发展。不同的自然环境会孕育出不同的文化，形成不同的文化圈，如游牧文化、农耕文化、海洋文化等。中国谚语中的"一方水土养一方人"，揭示的就是这个道理。自然环境是文化的重要源泉，如一些独具特色的民族文化都是特定地域特定地理环境的产物，"采菊东篱下，悠然见南山"的浪漫情怀也只有在特定的自然环境中才能迸发。孟德斯鸠甚至认为炎热或寒冷的气候决定人的行为和气质，朴克尔则在《英国文化史》中指出自然环境是文化的物质原动力。这些观点虽然过分夸大了自然对文化的影响作用，但是他们对文化与自然环境之间关系的关注却是可取的。尤其在对自然资源无节制地掠夺和破坏的今天，立足自然因素与文化发展的关系，从文化建设角度来思考当下的生态保护问题，十分必要。社会环境，是文化存在和发展的社会因素的总和，是与自然环境相对应另一个外部环境。文化作为人化的产物，既离不开一定的自然环境，更离不开特定的社会环境。"人们按照自己的物质生产率建立相应的社会关系，正是这些人又按自己的社

---

① 罗超：《文化结构与中国文化本体》，殷都学刊 2004 年第 2 期。

会关系创造了相应的原理、观念和范畴。"① 因此，文化总与人与人之间交往所形成的社会环境相联系，是社会环境的各要素之间相互作用的结果。社会环境一方面为文化的存在和发展提供了源泉和动力，但另一方面也影响和制约着文化的发展。因为在人与人之间交往的社会环境中，"人们在自己生活的社会生产中发生一定的、必然的、不以他们的意志为转移的关系，即同他们的物质生产力在一定发展阶段相适合的生产关系。这些生产关系的总和构成社会的经济结构，即有法律的和政治的上层建筑竖立其上并有一定的社会意识形式与之相适应的现实基础。物质生活的生产方式制约着整个社会生活、政治生活和精神生活的过程。不是人们的意识决定人们的存在，相反是人们的社会存在决定人们的意识"②。封建文化、资本主义文化、社会主义文化的历史演进，其内在的机理和根本的原因就是社会环境中经济基础的变迁，这也就是马克思所说的，"手推磨"是封建社会的标志，"蒸汽磨"是资本主义社会的标志。当然，作为文化生态的社会环境本身是一个非常复杂的系统，内部由多个因素共同构成，这些因素以各种方式，在不同程度上与文化发生着千丝万缕的关系，深刻地影响着文化的发展。因此，我们必须全面客观地厘清文化与社会环境的内在关系，从根本上把握住文化生成和发展的内在规律，唯此方能真正获得对文化和谐、代际文化和谐的准确认识。

三、代际文化和谐的内核：和谐

在代际文化和谐中，代是主体，文化（文化生态系统）是客体，而和谐则是内核。因为，代际文化和谐，是代与代之间在文化上的和谐，也就是说"和谐"是代与代之间在文化关系上应有的价值理念、目标诉求与基本准则，是关于代际文化和谐探讨的一切指向、标准、中心和归旨。那么，此处所指的"和谐"，我们究竟该做何理解呢？和谐作为在中西方文化史上均占有重要地位的概念，有着十分广博、精深的思想内涵，从不同视角分析，都会得出不同的结论，因此对和谐内涵的界定，是一个仁者见仁、智者见智的问题，有学者就将目前关于和谐内涵的界定大致归为了状态说、多样统一说、平衡协调说、多元合一说四类③。综合目前的研究成果，结合本文的研究旨趣，笔者认为代际文化和谐中的"和谐"，应该从以下几方面来把握。

代际文化和谐是一种状态，是表征代与代之间在文化上应有的多元并存、

① 《马克思恩格斯选集》第 1 卷，人民出版社 1995 年版，第 141–142 页。
② 《马克思恩格斯选集》第 2 卷，人民出版社 1995 年版，第 32 页。
③ 吴祖春：《和谐内涵析论》，《社科纵横》2009 年第 8 期。

兼容互补、活而不乱的状态。这是我们在感性经验层面上对代际文化和谐的一种基本认识。"从总体来看，和谐是反映事物与现象的协调、适中、秩序、平衡和完美的存在状态的范畴。"① 具体到代际文化和谐中，这种状态就应该具体体现为代际文化间的多元并存、兼容互补、活而不乱。所谓"多元并存"是指代际间的文化应该是多样的、差异的、独立的和共存的。和谐是一种关系，是事物和现象之间的关系，如果事物和现象之间没有差异和独立，是单一和均质的，那么就丧失了和谐存在的前提，也就无所谓和谐了。多元并存是世界的基本规律，正因为事物之间的千差万别、共生共存，才组成了我们五彩缤纷的现实世界。完全相同的事物反复累加就如同"以水济水"，毫无意义。和谐不是要消灭事物之间的差异，追求同一，恰好是要肯定和保持事物的差异性和独立性。因为追求所谓的同一，就会取消事物之间和事物内部的相互作用的前提，也就取消了事物存在和发展的根据，失去了事物发展的必要条件。具体到代际文化和谐中，因为每一代人有每一代人的文化，代与代之间的文化具有独立性和差异性，我们才说要实现代际文化的和谐，如果没有这种差异性和独立性，无所谓代，也无所谓代际文化的和谐。因此，代际文化和谐，既不是代文化间的相互取代，也不是代文化间的差别消灭，而是要在承认各代文化的差异性和独立性前提下，追求代文化间的和谐共生。所谓"兼容互补"，是指代与代之间的文化应该相互包容、平衡协调、彼此借鉴。和谐作为事物之间的完美状态的表征，不仅承认事物之间的独立性和差异性，更强调事物之间的平衡、协调、适中与统一。马克思主义告诉我们，事物内部和事物之间是对立统一的，它们之间既包含着差异的成分，又包含着统一的成分，正是这种对立统一，推动了事物的运动、变化和发展。承认差异和独立是前提，追求平衡、协调、适中才是目的。《中国汉语大字典》将"和"解释为："古哲学术语，与'同'相对，指要在矛盾对立的诸因素的相互作用下实现真正的和谐、统一。"②和谐是"多样性的统一和对立要素的有机结合"③，"是多种因素的融合统一，它是事物合理、成熟、完善的境界，事物的部分和整体之间、部分与部分之间、此事物与彼事物之间处于某种相对的平衡、制约、稳定之中（并不排除事物的内在矛盾）"④。具体到代际文化和谐，就是要求各代文化之间要相互包容、彼此借鉴、平衡协调。每一代

---

① 张士英：《中国古代的和谐思想及现代教育价值》，《教育探索》2006 年第 5 期。
② 《中国汉语大字典》（缩印本），湖北辞书出版社、四川辞书出版社 1992 年版，第 253 页。
③ 左亚文：《"和谐"与"矛盾"的关系辨析》，《光明日报》2007 年 3 月 20 日第 11 版。
④ 王安宁：《浅议华夏文化的"和谐"观》，《探索》1997 年第 5 期。

人有每一代人的文化，每一代人的文化又都有自己的优势和不足，只有做到代文化之间的相互包容、取长补短、协调统一，才能实现人类文化的世代相传、永续前行、繁荣灿烂。反之，代文化之间不能做到包容、协调和统一，人类文化传承的链条就会断裂，人类的精神家园就会荒芜，前进的步伐也会因此停止。所谓"活而不乱"，是指在代文化之间，每一代的文化都要有自己的生存和发展空间，彼此之间相互竞争、充满活力，但又协调有序。和谐需要平衡，和谐需要适中，和谐也需要统一，但是和谐绝不意味着一片死水、沉寂与停滞。和谐是为了促进事物更好地发展，和谐所要求的平衡、协调和适中，是充满生机与活力的平衡、协调和适中，因此能不能让事物充满生机与活力，是我们判断有没有实现和谐的重要标准。充满生机与活力，首先要求事物必须有属于自己存在和发展的空间，其次要求事物之间相互竞争，保持必要的张力。当然，此处竞争是一种有序的竞争，因为无序的竞争，不但不能提供事物发展的活力源泉，相反还会因混乱而阻碍事物的发展。因此，和谐是有序的竞争和协调的发展，也就是"活而不乱"。具体到代际文化和谐中，就是要求，每一代文化都要有属于自己的生存和发展空间，代文化之间既要相互竞争保持一定的张力，又要遵循人类文化的传承和发展规律，协调有序，共同推进人类文化的繁荣与发展。

代际文化和谐是一种过程，表征的是代际文化间追求、实现和谐的动态过程。和谐是事物之间平衡、协调、适中的完美状态，但是这种状态不是静止的、绝对的和永恒的。首先，和谐本身就是一种运动过程。和谐是相对于不和谐的，因为有不和谐的存在才会有和谐的意义和价值。和谐就是要将不和谐的事物变得和谐，从不和谐到和谐，本身就充分反映了事物及事物之间的运动变化过程，没有这种运动和变化，事物之间就不可能达到协调、统一、平衡与适中，也就没有和谐，也就是说和谐是在事物以及事物之间的相互运动中才实现的。代际文化和谐，是代文化之间应有的平衡、协调、适中的完美状态，但是这种状态只是我们所追求和希望的应然状态，而不是已然客观存在的实然状态。所谓理想是美好的，现实是骨感的。反观我们的现实，我们不难发现，代际文化间还存在很多不和谐的地方，但是正是这些不和谐，让代际文化和谐的追求和探讨变得非常必要和十分现实。代际文化和谐，也就是要立足这些不和谐的实际，寻找其不和谐的内在根源，从根本上让不和谐的代际文化关系变得更加和谐。这一目标的实现过程无疑是一种充满艰辛的过程。因此，代际文化和谐既是一种目标，更是一个过程，是结果和过程的辩证统一，我们不仅要关注它的结果，更要关注它的实现过程。其次，事物之间达到的平衡、协调、适中的完美状态只能是一种相对的状态，而不是绝对的和静止不动的。马克思主义告诉我们，静止是相对的，运动才是绝对的，事物总是在发展变化，事物整体及各个构成要素始终处于持续不断的运动之中。伴随着事物内部各要素及事物整体的变化，事物之间已经形成的和谐关系和状态也会随之改变，和谐又将变成不和谐，又需要重新立足实际，建立新的和谐。因此，和谐是相对的，不和谐才是绝对的，和谐的实现过程，总是处在一个不和谐—和谐—不和谐—和谐的持续交替之中，企图建立一种一劳永逸的永恒和谐，无疑是刻舟求剑的徒劳。具体到代际文化和谐中，我们必须充分认识到，代与代之间在文化上存在某些冲突是正常的，也是必然的，和谐既不是对这些冲突听之任之，顺其自然，也不是要寻找消弭冲突的一劳永逸的方案，构建永恒的和谐，而是试图让它们在人类社会的发展历程中，动态地协调、平衡与互补，共同推动人类文化的繁荣和发展。也就是说，只要人类社会前进的步伐不停止，代际文化和谐的追求和实现也不会停止。

　　和谐是一种价值理念，代际文化和谐充分反映了人的主体需求和价值取向。我们对代际文化和谐的理解，不仅要从代际文化的关系、状态，以及实现过程去理解它，更要从人的主体需要和价值取向的层面去理解它。因为代际文化和谐不仅表征了代际文化间应有的状态和关系，更是承载了人的主体需求和美好向往。只有站在这一高度，才能真正把握代际文化和谐的内在意蕴和存在意义。首先，代际文化和谐反映了作为人的主体需求。马克思主义价值论告诉我们，"'价值'这个普遍概念是从人们对待满足他们需要的外界物中产生的"[1]，是"人们所利用的并表现了对人的需要关系的物的属性"[2]，因此，人的主体需求是价值存在的前提。和谐之所以成了人们所崇尚和追求的价值理念，在很大程度就是因为它满足了人的主体需求。和谐集合了平衡、协调、适中等内蕴，表达了人们对美好事物的追求和向往，某种意义上和谐就是美好的代名词。在中国最早的甲骨文中就有"和"字，在《易经》"兑"卦中，"和"就是大吉大利的征象；后来和谐思想被广泛应用到家庭、国家、天下等方面，如"琴瑟之和""家和万事兴""和为贵""天时不如地利，地利不如人和""和衷共济""和则一，一则多力"等，这些观念都充分反映了在中国古代人们力图用和谐来表达他们对美好事物的向往和诉求。在西方最早提出和谐思想的毕达哥拉斯学派更是直接用两句著名的哲学格言来表达此种意思："什么是最智慧的——数，什么是最美的——和谐。"因此，和谐作为一种价值理念，反映着人们对美好的内在需求，承载了人们对美好的向往

---

①《马克思恩格斯全集》第19卷，人民出版社1963年版，第406页。

②《马克思恩格斯全集》第26卷，人民出版社1974年版，第139页。

和追求。代际文化和谐是和谐思想在代际文化上的具体应用和体现，从价值观的角度看，代际文化和谐也同样反映作为主体人的内在需求。和谐社会是人们的美好向往和追求，而世代更替、永续前行则是人类社会发展的基本规律，因此和谐社会不仅包含横向的人与人之间的和谐，而且还包含着纵向的代与代之间的和谐。而文化是人类的精神纽带，是代际和谐的内核和灵魂，深刻地影响和左右着代际和谐的实现，没有代际文化的和谐就没有代际和谐，没有代际和谐也就没有社会和谐，人们在呼唤和谐社会的同时，也必然在呼唤着代际文化的和谐。因此，代际文化和谐不只是简单的代与代之间文化关系的处理问题，更多层面是价值层面的对人的需求的满足问题。其次，代际文化和谐给人们提供了处理代际文化关系的价值准则。"价值产生于人按照自己的尺度去认识世界和改造世界的活动之中"①，是"客体的存在、属性及其变化同主体的结构、需要和能力是否相符合、相一致或相接近的性质"②。价值不仅反映着人的主体需求，而且还反映着人们在处理事物关系上的价值取向和基本准则。在价值论视域下，和谐不仅是人们的内在需求和向往，而且还是人们对待事物关系的价值取向和基本准则。也就是说，和谐作为一种价值准则，为人们提供了考察和处理事物关系的基本尺度和准则。也就是说，和谐作为价值尺度，意味着事物的发展要以和谐作为指引和取向，事物之间的状态要以和谐作为评价标准，事物之间的问题处理要以和谐作为基本原则。具体到代际文化和谐中，就是要把和谐作为基本的价值准则贯穿于代际文化发展的全过程中，代文化的发展应该以和谐作为目标和趋向，代文化之间的关系处理应该以和谐作为基本准则和评价标准，代文化之间存在的问题应该用和谐的思维和方法去解决。再次，代际文化和谐对人有绝对的超越指向意义。价值是客体对主体的意义，这种意义不仅包含着客体对主体需求的满足，而且还包含着主体对客体的绝对超越指向。有学者甚至认为："所谓价值，既不是有形的、具体的存在所构成的实体，也不是客观对象与主体需要之间的满足和被满足的关系，而是人类所特有的绝对的超越性指向。"③ 所谓绝对超越指向，"'绝对'是价值与主客体关系始终同在，在时间上是绝对的；二是指价值对于主体具有不可替代的性质，在性质上是绝对的。'超越'一是指价值作为永远的追求，总是超越主体的能力的；二是价值总是高于现实的，是

---

① 李德顺：《马克思主义价值观》，《江淮论坛》1992年第5期。
② 李德顺：《价值学大词典》，中国人民大学出版社1995年版，第261页。
③ 杜齐才：《价值与价值观念》，广东人民出版社1987年版，第9页。

主体的理想"①。也就是说，价值"对人的意义"，不仅有最直观的满足人的需要的方面，而且还有人的理想和希望的成分。其中第一方面是第二方面的基础，第二方面是第一方面的延伸和发展，作为绝对超越指向的第二方面属于人的理想的范畴，对人的思想和行为具有根本的指导意义。代际文化和谐作为一种价值理念，也应该包含这两个层面。其中，代与代之间在文化上应有的多元并存、兼容互补、活而不乱的状态，是满足人的需要的最直观的价值表现。但是代际文化和谐"对于人的意义"，却不仅仅停留于此，它还有更高的蕴含着人的终极理想的绝对超越指向。代际文化和谐的直接指向是代际和谐，代际和谐的指向是和谐社会，而和谐社会的终极指向则是人的全面发展和彻底的解放，"代替那存在着阶级和阶级对立的资产阶级旧社会的，将是这样一个联合体，在那里，每个人的自由发展是一切人的自由发展的条件"②，"它是人和自然之间、人和人之间的矛盾的真正解决，是存在和本质、对象化和自我确证、自由和必然、个体和类之间的斗争的真正解决。它是历史之谜的解答，而且知道自己就是这种解答"③。只有人成了人，和谐的终极目标才得以实现。因此，代际文化和谐的终极性目标是实现人的全面发展和彻底解放，它是代际文化和谐的绝对超越指向和最高扬的价值诉求。只有深入此层面上，才能真正把握代际文化和谐的深厚意蕴和存在意义。否则，将会极大地贬损它的价值，僵化对它的理解。

第二节　代际文化和谐的理论支持

研究代际文化和谐，一个不容回避的问题就是研究它的理论基础。因为任何理论都不是凭空产生的，都应该有自己依托的理论基础，代际文化和谐也应如此。这些理论基础不仅是代际文化和谐的强有力的理论支撑，而且还是构成其内容的思想来源，因此"如同任何新的学说一样，它必须首先从已有的思想材料出发"④。基于此，笔者试图对代际文化和谐的理论基础做简单的梳理。

---

① 卓泽源：《法的价值论》（第 2 版），法律出版社 2006 年版，第 12 页。
② 《马克思恩格斯文集》第 2 卷，人民出版社 2009 年版，第 53 页。
③ 《马克思恩格斯选集》第 3 卷，人民出版社 1995 年版，第 297 页。
④ 《马克思恩格斯选集》第 3 卷，人民出版社 1995 年版，第 719 页。

一、马克思主义的相关理论支持

在马克思主义的经典文献中并没对代际文化和谐做直接、系统的论述，甚至没有提出过代际文化和谐的概念，但是这并不意味着马克思主义的代际文化和谐思想空场。马克思主义作为人类解放的学说，作为科学的世界观和方法论，作为揭示自然、社会和思维的发展规律的伟大理论，其中内含着许多代际文化和谐的思想意蕴，这些思想意蕴是代际文化和谐最强有力的理论支撑和最重要的思想来源。

（一）马克思主义理论支持

1. 马克思主义唯物史观对代际文化和谐的支持

"我们不仅生活在自然界中，而且生活在人类社会中，人类社会同自然界一样也有自己的发展史和自己的科学。"[①] 马克思主义唯物史观正是"把唯物主义对自然界的认识推广到人类社会的认识"[②]，揭示了人类社会发展的一般规律，是"描述人们实践活动和实际发展过程的真正的实证科学"[③]。在马克思主义唯物史观中，虽然没有对代际文化和谐做直接的论述，但是其中不乏代际文化和谐的思想意蕴，大致可以做如下梳理。

第一，马克思主义唯物史观揭示了代产生的必然性，这是代际文化和谐的基本前提和内在根据。马克思主义唯物史观认为"历史不过是追求着自己的目的的人的活动而已"[④]，历史的主体是人，历史是人的历史，没有人就没有历史，因此"全部人类历史的第一个前提无疑是有生命的个人的存在"[⑤]。而人要存在，要能创造历史，就必须进行两种生产，即生活资料的生产和人自身的生产。首先，人要存在，就必须能够生活，"但是为了生活，首先就需要吃喝住穿以及其他一些东西。因此第一个历史活动就是生产满足这些需要的资料，即物质生活本身，而且，这是人们几千年前直到今天单是为了维持生活就必须每日每时从事的历史活动，是一切历史的基本条件"[⑥]。其次，人要能够创造并不断续写历史，就必须进行人自身的生产，保证种的繁衍，于是"每日都在重新生产自己生命的人们开始生产另外一些人，即繁殖"[⑦]。为

---

① 《马克思恩格斯文集》第4卷，人民出版社2009年版，第284页。
② 《列宁选集》第3卷，人民出版社1975年版，第443页。
③ 《马克思恩格斯选集》第1卷，人民出版社1995年版，第73页。
④ 《马克思恩格斯全集》第2卷，人民出版社1957年版，第118页。
⑤ 《马克思恩格斯文集》第1卷，人民出版社2009年版，第519页。
⑥ 《马克思恩格斯文集》第1卷，人民出版社2009年版，第531页。
⑦ 《马克思恩格斯文集》第1卷，人民出版社2009年版，第532页。

了将繁殖新产生的人与产生他的人相区别，我们就用代来标识，这样在人类不断的繁衍中，一代一代的人便产生了，也正是这一代一代的人创造了人类的历史。这样，马克思主义唯物史观，站在人类社会的历史演进规律的高度，充分揭示和阐释了代产生的内在原因和历史必然。正因为有了代的存在和更替，才有了一代一代的文化，也才会有在人类社会历史进程中各代文化相统一、相协调的代际文化和谐问题。因此，马克思主义唯物史观对代产生的揭示，也是对代际文化和谐的基本前提和内在根据的揭示。

第二，马克思主义唯物史观揭示了人类社会发展的代际传承的规律，这些规律是代际文化和谐的内在机理。马克思主义唯物史观认为："人们自己创造自己的历史，但是他们并不是随心所欲地创造，并不是在他们自己选定的条件下创造，而是在直接碰到的、既定的、从过去继承下来的条件下创造。"①因为，"历史的每一个阶段都遇到一定的物质结果，一定的生产力总和，人对自然以及个人之间历史地形成的关系，都遇到前一代传给后一代的大量生产力、资金和环境，尽管一方面这些生产力、资金和环境为新的一代所改变，但另一方面，它们也预先规定新的一代本身的生活条件，使它得到一定的发展和具有特殊的性质"②。因此，"历史不外是各个世代的依次交替。每一代都利用以前各代遗留下来的材料、资金和生产力；由于这个缘故，每一代一方面在完全改变了的环境下继续从事所继承的活动，另一方面又通过完全改变了的活动来改变旧的环境"③。在这里，马克思主义唯物史观充分揭示了代际发展的基本规律。首先，世代交替构成人类历史。代是人类永续前行的直接标志，人类悠久的历史，一切成果与辉煌都是各代所创造的，没有代的更替与发展，也就没有了人类历史，历史只是世代更替与发展的见证和反映而已。其次，在人类社会的发展中，各代之间彼此关联、相互影响，发生着各种丰富而又深刻的联系。人类发展的历史，是各代人继承前人又发展自身的历史，在这种继承与发展中，各代之间发生着广泛而又深刻的联系。每一代人只能在前人所创造的条件和环境下存在和发展，前人的一切深刻地影响和制约着后代人的发展，这些影响和制约的因素不仅有生产力、资金、环境，还有交往形式、意识观念等，马克思在《路易·波拿巴的雾月十八日》中就非常经典地描述道："一切已死的先辈们的传统，像梦魇一样纠缠着活人的头脑。当人们好像刚好在忙于改造自己和周围的事物并创造前所未有的事物时，

---

① 《马克思恩格斯文集》第2卷，人民出版社2009年版，第470-471页。
② 《马克思恩格斯文集》第1卷，人民出版社2009年版，第544-545页。
③ 《马克思恩格斯文集》第1卷，人民出版社2009年版，第540页。

恰好在这种革命危机时代，他们战战兢兢地请出亡灵来为自己效劳，借用他们的名字、战斗口号和衣服，以便穿着这种久受崇敬的服装，用这种借来的语言，演出世界历史新的一幕。"① 而且代与代之间的这种深刻而又广泛的关系，是不以他们的意志为转移的，每一代不管愿意与否，都只能在前人的基础上发展，只要这一事实不能改变，他们之间关系的发生也就不会改变。但也正是由于他们之间的这种相互关系，构成了绵延不绝的人类历史。马克思主义唯物史观关于代际关系的深刻论述，在揭示代际传承规律的同时，也揭示了代际文化和谐的内在机理。在人类社会的发展中，代与代之间，必然发生各种各样不以他们意志为转移的关系，这些关系中必然包含着文化的内容。人类要永续发展，代际之间就必须和谐，而代际和谐又必然包含文化和谐的要求。也就是说，代际文化和谐是人类永续前行的必然要求，只有紧紧抓住并遵循这一规律，才能认清代际文化和谐的内在机制，才能创造出真正的代际文化和谐。

第三，马克思主义唯物史观为代际文化和谐指明了方向。人类的历史是人的历史，既是人所创造的历史，又是为了人而产生的历史。人的一切历史活动都是以人的存在和发展作为目的的，一部人类历史的实质就是人的发展史。而人的发展是以世代更替的方式来呈现的，代的发展实质上就是人的发展。那么人的发展的方向和目标是什么呢？对此，马克思主义唯物史观，依据人类社会的发展规律，指出"代替那存在着阶级和阶级对立的资产阶级旧社会的，将是这样一个联合体，在那里，每个人的自由发展是一切人的自由发展的条件"②，也就是人要真正成为人。在马克思主义看来，在此以前，人还没有得到彻底的解放，人还没有真正成为人。因此，应该"使人的世界和人的关系回归于人自身"③，"它是向人自身、向社会的即合乎人性的人的复归，这种复归是完全的，自觉的和在以往发展的全部财富的范围内生成的"④。只有到了此时，才是"人的社会"的真正开始，而在此之前的社会都只是"人类社会的史前社会"。于是，马克思主义揭开了"历史之谜"的神秘面纱，为人类社会的发展指明了方向，同时也为代际文化和谐指明了方向。代际文化和谐归根结底是要实现人的和谐，而只有人的彻底解放和人性的全面复归，人的关系才是真正的人的关系，人与人之间，代与代之间才能实现真

① 《马克思恩格斯文集》第2卷，人民出版社2009年版，第471页。
② 《马克思恩格斯文集》第2卷，人民出版社2009年版，第53页。
③ 《马克思恩格斯全集》第3卷，人民出版社2002年版，第189页。
④ 《马克思恩格斯选集》第3卷，人民出版社1995年版，第297页。

正的和谐。正因为有了这样的方向指引，代际文化和谐才找到了自己奋斗的目标，充满了前进的希望和动力。

2. 马克思主义辩证法对代际文化和谐的支持

马克思主义辩证法是马克思主义哲学的重要组成部分，是关于自然、人类社会和思维的运动和发展的普遍规律的科学。在马克思主义辩证法中蕴含着丰富的和谐思想，这些思想是代际文化和谐重要的理论源泉，是代际文化和谐必须坚持的原则和方法。

第一，马克思主义辩证法揭示了代际文化和谐的根源。马克思主义辩证法的核心是对立统一规律。在马克思主义辩证法看来，矛盾是世界和事物存在的本性，没有矛盾就没有世界，任何事物的存在和发展都是矛盾运动的结果，正如恩格斯所指出的："一旦我们从事物的运动、变化、生命和彼此相互作用方面去考察事物时，情形就完全不同了。在这里我们立刻陷入了矛盾。"[1]但是马克思主义辩证法所指的矛盾是对立统一体，是矛盾的斗争性和同一性的辩证统一。斗争性和同一性是矛盾的两重属性，任何矛盾的双方既相互排斥又相互依存，是依存中的排斥，排斥中的依存。马克思主义辩证法在强调矛盾的斗争性的同时，更强调矛盾的同一性。和谐正是在承认事物内部和事物之间存在差异和对立的前提下，追求矛盾双方的统一和协调，其实质是矛盾的同一性的实现和具体体现。由此可见，矛盾的斗争性和同一性及其相互关系，是和谐之所以需要及其实现的根源。因矛盾的双方存在差异和对立具有斗争性，才需要和谐；因矛盾的双方具有同一性，和谐才成为可能。而且矛盾是客观存在的普遍现象，因而反映矛盾基本规律的和谐也是普遍存在的。人与自然之间、人与人之间、自然界本身和人自身都需要和谐。恩格斯就曾指出："自然界中的物体——不论死的物体或活的物体——的相互作用中既有和谐，也有冲突，既有斗争，也有合作。因此，如果一个所谓的自然研究家想把历史发展的全部多样性的丰富内容一律概括在'生存斗争'这一干瘪而又片面的说法中，那么这种做法本身就已经判决自己有罪，这句空话即使用于自然领域也还是值得商榷的。"[2]既然如此，在人类纵向发展中所形成的代与代之间的文化关系，也理应遵循这种规律，实现相互间的和谐。因此，马克思主义辩证法揭示了和谐的根源，也就揭示了代际文化和谐的根源。

第二，马克思主义辩证法揭示了代际文化和谐的目标和趋向。事物内部的矛盾运动推动事物的发展，发展是事物的总趋势。事物的发展是矛盾双方

---

① 《马克思恩格斯选集》第 3 卷，人民出版社 1995 年版，第 462 页。
② 《马克思恩格斯选集》第 2 卷，人民出版社 1995 年版，第 621 页。

相互斗争、彼此否定的结果。但是，此处的否定不是单纯的否定，而是辩证的否定，是一种扬弃。也就是矛盾双方的斗争应该服从和服务于事物的发展，应该在事物发展中达到统一和协调。斗争是为了同一，斗争只是手段，同一才是目的。在斗争中走向同一是否定之否定，是推动事物发展的一种扬弃。因此，体现和追求矛盾同一性的和谐，其根本目标是促进事物的发展。和谐不是简单地掩盖矛盾、粉饰太平，也不是用矛盾的一方面去取代另一方面，而是在斗争中求统一、求协调、求适中，以促进事物的发展。有没有促进事物的发展，是判断和谐是否实现的标准。具体到代际文化和谐中，代际文化和谐不是简单地用某一代的文化去取代另一代的文化，而是各代文化之间和谐共生、协力推进人类文化的发展。能不能推进文化发展，以及推进程度的大小，是判断代际文化和谐是否实现及其程度的标准。

第三，马克思主义辩证法揭示了代际文化和谐的相对性和过程性。和谐是矛盾的同一性的体现和实现，是对立面的统一，但是"对立的统一（一致、同一、合一），是有条件的、一时的、暂存的、相对的。互相排斥的对立的斗争则是绝对的，正如发展、运动是绝对的一样"①，"依一时说，统一是绝对的，斗争是相对的；依永久说，统一是相对的，斗争是绝对的"②。因此，和谐的实现是有条件的，是受特定条件制约的，当一定的条件发生了变化，和谐本身也就会发生变化。在此种意义上，和谐是相对的，不和谐才是绝对的。正因为，和谐是相对的，不是绝对的，在事物的发展中，和谐才处于不和谐—和谐—不和谐—和谐的不断运动之中。也就是说，和谐不是一种静止、永恒的结果，而是一种过程，这是和谐的本质属性。因此，全面理解深刻把握和谐的相对性和过程性，是马克思主义辩证法的必然要求。对于和谐我们应该积极去追求、去构建，但不能妄图建立一种永恒的、一劳永逸的和谐。具体到代际文化和谐，我们不是实现各代文化的永恒和谐，而是要积极创造条件，让各代文化和谐共生、协调统一，共同推动文化的发展和人类的进步。

3. 马克思主义的文化观对代际文化和谐的支持

马克思主义创立唯物史观，揭示人类社会发展规律的同时，也深刻地阐明了人类文化的发展规律，形成了自己系统的文化观。这些文化观为代际文化和谐提供了非常重要的理论支持。

第一，马克思主义文化观揭示了文化本质，指明了代际文化和谐的实质。文化是人类所特有的复杂现象，那么人类为什么有文化？文化的本质是什么

---

① 《列宁全集》第 55 卷，人民出版社 1995 年版，第 306 页。
② 《毛泽东哲学批注集》，中央文献出版社 1998 年版，第 373-374 页。

呢？对此，马克思以前的理论家们做出过各种解说，其中不乏深刻的洞见，但总体都没有逃出唯心主义的藩篱。比如，黑格尔就把文化当作人纯主观的或纯思维的过程。而马克思主义对文化的揭示，则是从现实的人出发的。马克思主义指出"生产物质生活本身"是人类存在的前提，而且是"首先应当确立的前提"，但是人的生产实践并不像动物那样只生产自己本身和其幼仔所直接需要的东西，人能够在生产实践中实现自己的目的，懂得"按照美的规律来建造"，由此人便把自己的目的、愿望、理想等内在的精神文化以人类创造物的形式呈现出来了。也就是说文化的本质是人化，文化是人在改造自然的实践中产生的，"一句话，人的感觉、感觉的人性，都只是由于它的对象的存在，由于人化的自然界，才产生出来的"①。由于人的需要是无限的，在满足原有的需要之后，又会产生新的需要，为了满足新的需要，就会推动新的实践，在新实践中又必然产生新的文化，于是文化伴随着人的产生而产生，伴随着人的发展而发展。而人的发展是以代为载体的，因此文化的发展是世代传承中的发展。文化和谐，也必然是世代传承中的和谐。

第二，马克思主义的文化系统观指明了代际文化和谐的范畴。在马克思主义看来，文化是一个系统，这个系统既包含文化自身的系统，又包含文化整体与外部环境之间所形成的系统，只有在系统观念下才能对文化有正确的理解和认识。

首先，马克思主义认为文化与它赖以存在的自然环境和社会环境之间发生着深刻的联系，形成了它的外部系统。"人的物质生活和精神生活同自然界不可分，这就等于说，自然界同自己本身不可分离，因为人是自然界的一部分。"② 而且"从理论方面来说，植物、动物、石头、空气、光等等，部分地作为自然科学的对象，部分地作为艺术的对象，都是人意识的一部分，都是人的精神的无机自然界，是人为了能够宴乐和消化而必须事先准备好的精神食粮"③。与此同时，文化作为社会系统的一个要素也必然同其他要素之间发生着深刻的联系，也是这种联系构成了文化的外部系统中的另一个重要部分。社会是"一切关系在其中同时存在又互相依存的社会有机体"④，在这一社会有机体中"人们在自己生活的社会生产中发生一定的、必然的、不以他们的意志为转移的关系，即同他们的物质生产力在一定发展阶段相适合的生产关

① 《马克思恩格斯全集》第42卷，人民出版社1979年版，第126页。
② 《1844年经济学哲学手稿》，人民出版社1979年版，第49页。
③ 《1844年经济学哲学手稿》，人民出版社1979年版，第49页。
④ 《马克思恩格斯选集》第1卷，人民出版社1995年版，第143页。

系。这些生产关系的总和构成社会的经济结构，即有法律的和政治的上层建筑竖立其上并有一定的社会意识形式与之相适应的现实基础。物质生活的生产方式制约着整个社会生活、政治生活和精神生活的过程。不是人们的意识决定人们的存在，相反是人们的社会存在决定人们的意识"①。因此，可以概括地说人类社会是由经济、政治、文化等要素交互作用而形成的有机整体。文化作为其中的组成部分，也必然与系统内的其他要素之间发生深刻的联系，理解并认识此种联系，是正确认识文化的必然要求。

其次，马克思主义认为文化作为一个有机体，还有一个自身的系统。在马克思主义看来，文化如同所有事物一样是一个有机体，在它内部有自己的结构和层次，这些结构和层次之间交互作用形成文化自身的系统。马克思在批判蒲鲁东的唯心主义历史观时，就曾对此做过描述："经济学家蒲鲁东先生非常明白，人们是在一定的生产关系中制造呢绒、麻布和丝织品的。但是他不明白，这些一定的社会关系同麻布、亚麻等一样，也是人们生产出来的。社会关系和生产力密切相连。随着新生产力的获得，人们改变自己的方式，随着生产方式及谋生方式的改变，人们会改变自己的一切社会关系。……人们按照自己的物质生产率建立相应的社会关系，正是这些人又按照自己的社会关系创造了相应的原理、观念和范畴。"② 在这里，马克思虽然没有直接论及文化的结构，甚至没有提到文化的概念，但却以十分形象的方式，阐明了文化的结构及其辩证关系。呢绒、麻布、丝织品属于物质文化；社会关系属于制度文化；原理、观念和范畴属于精神文化。其中，物质文化是基础，制度文化是中介，精神文化是更高的上层建筑；物质文化决定和制约着制度文化、精神文化，制度文化联结着物质文化和精神文化，精神文化又渗透在物质文化和制度文化之中。马克思主义的文化系统观，告诉我们必须以联系的观点、系统的观念来看待和考察文化，要在文化内部各要素和外部环境之间的相互运动中把握文化的规律。由此，也就指明了代际文化和谐的范畴。它要求我们在代际文化和谐的考察中，不能将范畴仅仅局限于文化现象本身，而是要秉持系统的观念，从文化自身以及它与外部环境的关系出发，积极寻求文化生态系统的和谐。

第三，马克思主义的文化观强调文化的相对独立性和独特历史作用，有力地支持了代际文化和谐。在人类社会的发展中，生产力决定生产关系，经济基础决定上层建筑，这是基本规律。但是，这并未否定作为上层建筑的文

① 《马克思恩格斯选集》第2卷，人民出版社1995年版，第32页。
② 《马克思恩格斯选集》第1卷，人民出版社1995年版，第141-142页。

化所应该具有的相对独立性和独特的历史作用。

首先，文化应该有自己相对独立的历史外观和自身演进的内在逻辑。恩格斯在致梅林的信中就指出："历史思想家（历史在这里应当是政治、法律、哲学、神学——总之，一切属于社会而不是单纯属于自然界领域的简单概括）——历史思想家在每一个学科领域中都有一定的材料，这些材料是从以前的各代人的思维中独立形成的，并且在这些世代相继的人们的头脑中经过了自己独立的发展道路。"① 文化需要在一定的自然和社会条件下生成，但是一旦生成，就具有了自己鲜明的特质、独特的存在方式和自身的发展逻辑。

其次，文化有自己独特的历史作用。文化不是社会生活的简单反映，它是建立在一定的社会生活基础上的，蕴含着人的思维综合过程的产物，它对人的发展，对人类历史都起着不可替代的重要作用。恩格斯就曾指出："经济状况是基础，但是对历史斗争的进程发生影响并且在许多情况下主要是决定着这一斗争形式的，还有上层建筑的各种因素。"② 而且文化深深熔铸在民族生命力、创造力、凝聚力之中，它对于人格塑造、人的全面发展具有不可替代的特殊作用，从某种意义上说人类历史就是逐步走向文明、不断发展文化的历史，掌握了人类文化，也就抓住了人类自身发展的奥秘。尤其是体现生产力的发展趋势、反映进步的生产关系的先进文化，对历史的发展起着极大的推动作用。

马克思主义关于文化的相对独立性和独特的历史作用的论述，证明了代际文化和谐的必要性和存在意义。因为文化有自己的相对独立性和内在的发展逻辑，所以以文化作为对象的代与代之间的和谐问题探讨，才变得必要，才成为可能。因为文化是"人化"和"化人"的有机统一，文化对人的发展、历史的发展有着不可取代的能动作用，所以对代际文化和谐的探讨，才显得有价值、有意义。代际文化和谐就是要发挥文化的能动作用，推动历史的前进，促进人的全面发展。

（二）中国化马克思主义的理论支持

中国共产党在领导中国革命、建设和改革的长期实践中，实现了马克思主义同中国实际相结合的两次历史性飞跃，产生了两大理论成果。第一次飞跃的理论成果是毛泽东思想，是被实践证明了的关于中国革命和建设的正确的理论原则和经验总结。第二次飞跃的理论成果是中国特色社会主义理论体

---

① 《马克思恩格斯选集》第4卷，人民出版社1995年版，第726-727页。
② 《马克思恩格斯选集》第4卷，人民出版社1995年版，第696页。

系，包括邓小平理论、"三个代表"重要思想以及科学发展观等重大战略思想，是马克思主义中国化最新成果。这两大理论成果，虽然没有直接论及代际文化和谐，但是同样不乏代际文化和谐的思想意蕴，这些思想意蕴是代际文化和谐的理论支撑和重要源泉。

1. 毛泽东思想的代际文化和谐意蕴

很多人认为在毛泽东思想的文本中充满着"阶级斗争""无产阶级革命""矛盾冲突"等词语，因此毛泽东思想是"斗争哲学""冲突理论"，是和谐的意识和理念的缺失。其实，这完全是一种误读。只要我们认真研究文本，深入解读毛泽东思想，就会发现在毛泽东思想中虽无和谐的专门论述，却不乏和谐的思想，这些思想体现在很多领域和层面，是对马克思主义的和谐思想的运用和再发展。具体到文化领域，仍不乏这样的深邃思想和洞见。这些思想和洞见，是代际文化和谐不可或缺的理论源泉。

第一，强调文化的重要作用，重视文化与政治、经济的协调关系。一方面，毛泽东思想十分重视文化的独特作用，强调在革命和建设中都必须加强文化建设。毛泽东思想认为中国的革命离不开文化，"革命文化，在革命前，是革命的思想准备；在革命中，是革命总战线中的一条必要和重要的战线。……'没有革命的理论，就不会有革命的运动'"①，文化贯穿在革命的全过程中。首先，中国的革命要取得胜利，需要文武两个战线的密切配合，既要有拿枪的军队，还要有文化的军队，"我们要战胜敌人，首先要依靠手里拿枪的军队。但是仅仅有这种军队是不够的，我们还要有文化的军队，这是团结自己、战胜敌人必不可少的一支军队"②。其次，即便是拿枪的军队也必须有文化，因为"没有文化的军队是愚蠢的军队，而愚蠢的军队是不可能战胜敌人的"③。在革命取得胜利后，更要加强文化建设，因为"文化是反映政治斗争和经济斗争的，但它同时又能指导政治斗争和经济斗争。文化是不可少的，任何社会没有文化就建设不起来"④。尤其是"我们中国是处在经济落后和文化落后的情况中。在革命胜利以后，我们的任务主要的就是发展生产和发展文化教育"⑤。另一方面，毛泽东思想深刻把握文化与经济、政治的辩证关系，强调文化建设必须与经济、政治发展相适应，努力实现文化的外部

---

① 《毛泽东选集》第2卷，人民出版社1991年版，第708页。
② 《毛泽东选集》第3卷，人民出版社1991年版，第847页。
③ 《毛泽东选集》第3卷，人民出版社1991年版，第1011页。
④ 《毛泽东文集》第3卷，人民出版社1996年版，第109-110页。
⑤ 毛泽东：《毛泽东文艺论集》，中央文献出版社2002年版，第129-130页。

和谐。毛泽东认为："一定的文化（当作观念形态的文化）是一定社会的政治和经济的反映，又给予伟大影响和作用于一定社会的政治和经济。"① 文化的发展受制于一定社会的经济和政治状况，但又反过来影响和制约着经济和政治的发展。因此，经济、政治、文化建设要同时并举，不可偏废。基于这样的理念，毛泽东在新中国成立前夕，曾用震撼人心的语言宣布："随着经济建设的高潮的到来，不可避免地将要出现文化建设的高潮。中国人被认为不文明的时代已经过去了，我们将以一个具有高度文化的民族出现于世界。"② 这种文化建设必须与经济、政治发展相适应、相协调的思想，毫无疑问是一种积极追求文化的外部和谐的思想。文化受制于经济和政治，与一定社会的经济与政治之间进行着信息和能量的交换，只有文化与经济、政治发展相适应、相协调了，文化自身才可能获得和谐。这种文化和谐思想，将视域从文化自身拓展到了文化的外部环境，强调的是文化生态的和谐，这无疑为代际文化和谐指明了关涉视域和思考路径。

第二，尊重文化的差异性和多样性，倡导"百花齐放，百家争鸣"的文化建设方针。在毛泽东看来，"艺术上不同形式和风格可以自由发展，科学上不同学派可以自由争论"③，"利用行政力量，强制推行一种风格，一种学派，禁止另一种风格，另一种学派，我们认为有害于艺术和科学的发展"④。因此，"百花齐放、百家争鸣的方针，是促进艺术发展和科学进步的方针，是促进我国社会主义文化繁荣的方针"⑤。并一针见血地指出，自然科学的意识形态化倾向、学术领域的门户偏见、唯我独尊现象是阻碍文化发展的重要因素，社会主义的文化建设应该形成百花齐放、百家争鸣、充满生机的和谐氛围。毛泽东思想所倡导的"双百"文化方针，从文化建设规律的高度，阐明了文化和谐的必要性及其实质。首先，"百花齐放，百家争鸣"抓住了文化的差异性和多元性特质，而抓住了这一特质也就抓住了文化和谐的前提，因为没有差异，没有多样，也就无所谓和谐。其次，"百花齐放，百家争鸣"指明了文化和谐的实质。文化和谐，并不是要形成文化之间单一、均质的状态，而是在承认差异性和多样性基础上，追求文化间的包容共生、协同并进，形成文化发展的勃勃生机。"双百"文化方针阐明了文化和谐实质，也就阐明了代际文

① 《毛泽东选集》第2卷，人民出版社1991年版，第663-664页。
② 《毛泽东文集》第5卷，人民出版社1996年版，第345页。
③ 《毛泽东文集》第7卷，人民出版社1999年版，第229页。
④ 《毛泽东文集》第7卷，人民出版社1999年版，第229页。
⑤ 《毛泽东文集》第7卷，人民出版社1999年版，第229页。

化和谐的实质，因为代际文化和谐仅仅是文化和谐在代上的体现而已。代际文化和谐，同样需要各代文化"百花齐放，百家争鸣"。

第三，提倡继承前人，推陈出新，积极追求文化发展的代际和谐。只要我们深入解读毛泽东思想中的文化理论，我们就不难发现，它紧紧抓住了文化发展的代际传承规律，始终把文化当作绵延不断的历史过程来看待。

首先，要正确对待前人的文化，做到古为今用。毛泽东思想认为，前人为我们创造了丰富灿烂的文化，这些文化成果是我们进行文化建设的历史前提和重要来源，"清理古代文化的发展过程，剔除其封建性的糟粕，吸收其民主性的精华，是发展民族新文化提高民族自信心的必要条件"①，"我们是马克思主义的历史主义者，我们不应当割断历史。从孔夫子到孙中山，我们应当给一总结，继承这一份珍贵的遗产"②。但是，这种继承并不是简单的一味照搬，"而必须根据具体的条件加以采用，使之适合中国的实际。我们的态度是批判地接受我们自己的历史遗产和外国思想。我们既反对盲目接受任何思想也反对盲目抵制任何思想。我们中国人必须用我们自己的头脑进行思考，并决定什么东西能在我们自己的土壤里生长起来"③。在这里，蕴含着非常重要的代际文化和谐思想：一是代际文化和谐包含着与前人文化的和谐，不能正确处理好与前人文化的关系，不可能有文化的和谐与发展；二是实现与前人文化和谐的根本方法是对前人的文化成果加以批判地继承和吸收。

其次，本代人要推陈出新，创造优秀的文化成果。在毛泽东思想看来，文化的建设和发展，需要继承前人，更需要推陈出新，创造更多优秀的文化成果。因为"经济有变化，反映经济之政教亦将有变化，文事亦将有变化。一成不变之事，将不可能"④。与时俱进是文化的本质属性，任何文化不能创新，不能发展，就要消亡，对此毛泽东以马克思主义为例进行了说明，指出："马克思主义一定要向前发展，要随着实践的发展而发展，不能停滞不前。停止了，老是那么一套，它就没有生命力了。"⑤ 因此，作为当代人应该推陈出新，创造更多更新的文化成果，"中国这样大的国家，应该'标新立异'，但是应该是为群众所欢迎的标新立异。为群众所欢迎的标新立异，越多越好，不要雷同。雷同就成为八股"⑥。

----

① 《毛泽东选集》第2卷，人民出版社1991年版，第707-708页。
② 《毛泽东选集》第2卷，人民出版社1991年版，第534页。
③ 《毛泽东文集》第3卷，人民出版社1996年版，第192页。
④ 毛泽东：《读〈柳文指要·跋〉的批注》(1965年8月)
⑤ 《毛泽东文集》第7卷，人民出版社1999年版，第281页。
⑥ 《毛泽东文集》第7卷，人民出版社1999年版，第80页。

再次，要关爱后代，创造有利于后代发展的文化。毛泽东思想始终以发展的眼光看待人类社会，把关爱后代，创造有利于后代的文化，作为文化建设的重要职责和历史使命。毛泽东深知人类社会世代更替、永续前行的代际发展规律，把后代人作为社会发展的希望和新生力量，加以了特别的关注，投入了深切的关爱。1957年毛泽东访问苏联在莫斯科大学接见中国留学生时，就曾语重心长地说："世界是你们的，也是我们的，但是归根结底是你们的。你们青年人朝气蓬勃，正在兴旺时期，好像早晨八九点钟的太阳。希望寄托在你们身上。"[①] 毛泽东对后代的这种关爱思想体现在文化建设上，就是要以后代发展为己任，创造有利于后代发展的文化。毛泽东思想强调要"以民族精神教育新后代"[②]，并且指出"我们教育人民，不是为了个人，而是为了集体，为了后代，为了社会前途而努力奋斗。要使人民有这样的觉悟"[③]。

2. 中国特色社会主义理论体系的代际文化和谐思想

中国特色社会主义理论体系是包括邓小平理论、"三个代表"重要思想以及科学发展观等重大战略思想在内的科学理论体系，是对马克思列宁主义、毛泽东思想的继承和再发展。这里的继承和再发展，必然包含着对马克思列宁主义、毛泽东思想中的代际文化和谐思想的继承和再发展。这些继承和发展，进一步深化了代际文化和谐的规律认识，丰富了代际文化和谐的思想内涵，是我们进行代际文化和谐的理论研究和实践构建的理论依据和动力支持。具体来说，可梳理如下：

第一，坚持和发展文化的系统论和辩证观，深化和拓展了代际文化和谐的范畴认识。把文化作为一个有机系统来看待，充分认识到文化不仅有自身各要素相互作用所组成的内部系统，还有一个文化与外部环境之间相互联系、彼此作用所构成的外部系统，是马列主义、毛泽东思想所始终坚持的观点。中国特色社会主义理论体系作为与马列主义、毛泽东思想一脉相承的理论成果，不仅坚持了文化的系统论和辩证观，而且将它与中国特色社会主义的伟大实践相结合，进一步深化了对它的认识，丰富了它的理论内涵。

邓小平从社会主义的本质需要和优越性体现的角度，强调物质文明与精神文明"两手都要抓，两手都要硬"，表达了深刻的文化生态和谐思想。邓小平在深刻总结社会主义建设正反两方面的历史经验的基础上，曾一针见血地

---

① 共青团中央、中共中央文献研究室：《毛泽东邓小平江泽民论青少年和青少年工作》，中央文献出版社、中国青年出版社2000年版，第120页。

② 《建党以来的重要文献选编》（第15册），中央文献出版社2011年版，第619页。

③ 《毛泽东文集》第8卷，人民出版社1999年版，第134页。

指出"我们要建设的社会主义国家，不但要有高度的物质文明，而且要有高度的精神文明"①，"社会主义制度的优越性表现在它的文化、科学技术水平应该比资本主义发展得更快、更先进，这才称得起社会主义，称得起先进的社会制度"②。伴随着改革开放和社会主义现代化建设的深入推进，江泽民同志在充分强调物质文明与精神文明相协调的基础上，进一步指出"发展社会主义民主政治，建设社会主义政治文明是全面建设小康社会的重要目标"③，把政治文明摆到了与物质文明、精神文明同等重要的位置，将它们一道作为社会主义现代化建设的目标，由此形成了"三大文明"协调发展的重要思想。"三大文明"协调发展的思想，让我们深刻地认识到，人类的文明不仅有物质文明、精神文明还有政治文明，因此文化的和谐也不仅要求文化建设要与物质生产相适应，还要与政治建设相协调，从而进一步深化了文化和谐的范畴认识。党的十六大以后，以胡锦涛同志为总书记的党中央提出构建社会主义和谐社会，"要求全党同志在建设中国特色社会主义的伟大实践中更加自觉地加强社会主义和谐社会建设，使社会主义的物质文明、政治文明、精神文明建设与和谐社会全面发展"④。将中国特色社会主义事业的总体布局拓展到了四位一体。党的十八大又将生态文明建设纳入中国特色社会主义事业总体布局，强调"必须全面推进经济建设、政治建设、文化建设、社会建设以及生态文明建设，促进现代化建设各个环节、各个方面相协调，促进生产关系与生产力、上层建筑与经济基础相协调"⑤。党的十八大以来，以习近平同志为核心的党中央，更是强调"中国特色社会主义是全面发展的社会主义"⑥，要从实现"两个一百年"奋斗目标、实现中华民族伟大复兴中国梦的高度，统筹推进"五位一体"的总布局，协调推进"四个全面"战略布局，坚定不移地走中国特色社会主义道路，把中国特色社会主义事业总布局的认识提高到了新的历史高度。

经济、政治、文化、社会和生态文明五位一体、协调发展的思想，为我们深化文化和谐的范畴认识，提供了依据，指明了方向。社会是一个有机体系，文化作为这一有机体的重要组成部分，必然与社会有机体的其他要素之间发生着深刻的联系，进行着物质、能量和信息的交换，是文化赖以存在和

① 《邓小平文选》第 2 卷，人民出版社 1994 年版，第 367 页。
② 《邓小平年谱（1975—1997）》（上），中央文献出版社 2004 年版，第 200 页。
③ 《江泽民文选》第 3 卷，人民出版社 2006 年版，第 553 页。
④ 《胡锦涛文选》第 2 卷，人民出版社 2016 年版，第 274 页。
⑤ 《十七大以来重要文献选编》（上），中央文献出版社 2009 年版，第 108-109 页。
⑥ 《习近平谈治国理政》第 1 卷，外文出版社 2014 年版，第 11 页。

发展的生态环境。因此，文化和谐不能简单局限于文化自身，而是要拓展到整个社会系统，只有文化与经济、政治、社会、生态相协调、相适应了，才可能有真正的文化和谐，由此指明了文化和谐的范畴体系。

第二，深刻把握文化发展的代际规律，强调文化发展的代际自觉。文化是代际传承的结果，文化的发展蕴含着深刻的代际脉动。中国特色社会主义理论体系，深刻把握文化发展的代际传承规律，强调文化建设的代际自觉，形成了一系列丰富的代际文化和谐思想。

一是要求更加自觉地继承和发扬前人优秀的文化成果。邓小平同志指出文化建设必须坚持毛泽东同志提出的"百花齐放、推陈出新、洋为中用、古为今用的方针"，对"我国古代的和外国的文艺作品、表演艺术中一切进步的和优秀的东西，都应当借鉴和学习"①。江泽民同志指出："中华民族的优秀文化传统，党和人民从五四运动以来形成的革命文化传统，人类社会创造的一切先进文明成果，我们都要积极继承和发扬。我国几千年历史留下了丰富的文化遗产，我们应该取其精华、去其糟粕，结合时代精神加以继承和发展，做到古为今用。"② 胡锦涛同志指出："要全面认识祖国的传统文化，取其精华，去其糟粕，使之与当代社会相适应、与现代文明相协调，保持民族性，体现时代性。"③ 习近平总书记更是强调："优秀传统文化是一个国家、一个民族传承和发展的根本，如果丢掉了，就割断了精神命脉。"传承传统文化"要坚持古为今用、以古鉴今，坚持有鉴别的对待、有扬弃的继承，而不能搞厚古薄今、以古非今，努力实现传统文化的创造性转化、创新性发展，使之与现实文化相融相通，共同服务以文化人的时代任务"④。

二是强调本代人要不断推进文化创新。邓小平认真总结了我国社会主义建设的挫折和教训，指出："一个党，一个国家，一个民族，如果一切从本本出发，思想僵化，迷信盛行，那它就不能前进，它的生机就停止了，就要亡党亡国。"⑤ 文化建设同样需要解放思想、不断创新。对此，邓小平还以文艺工作作为例子来进行说明，指出："文艺这种复杂的精神劳动，非常需要文艺家发挥个人的创造精神。"⑥ 江泽民同志进一步指出："实现文化的与时俱进，

---

① 《邓小平文选》第 2 卷，人民出版社 1994 年版，第 210 页。
② 《江泽民文选》第 3 卷，人民出版社 2006 年版，第 278 页。
③ 《十七大以来重要文献选编》（上），中央文献出版社 2009 年版，第 27 页。
④ 《习近平谈治国理政》第 2 卷，外文出版社 2017 年版，第 313 页。
⑤ 《邓小平文选》第 2 卷，人民出版社 1994 年版，第 143 页。
⑥ 《邓小平文选》第 2 卷，人民出版社 1994 年版，第 213 页。

是关系广大发展中国家前途命运的重大问题"①，我们"必须结合新的实践和时代的要求，结合人民群众精神文化生活的需要，积极进行文化创新，努力繁荣先进文化，把亿万人民紧紧吸引在有中国特色社会主义文化的伟大旗帜下"②。胡锦涛同志指出："文化是最需要创新的领域，只有把握时代脉搏、反映时代精神、贴近现实生活、引领人民思想的文化，才能始终赢得人民，才能始终成为社会进步的先导。"③ 党的十八大以来，习近平总书记更是指出："理论的生命力在于创新"，"如果不能及时研究、提出、运用新思想、新理念、新办法，理论就会苍白无力，哲学社会科学就会'肌无力'"，因此"要按照立足中国、借鉴国外，挖掘历史、把握当代，关怀人类、面向未来的思路，着力构建中国特色哲学社会科学"④，推动社会主义文化繁荣兴盛，不断铸就中华文化新辉煌。

三是文化建设要关注后代，面向未来。邓小平的文化思想中体现了深刻的代际关怀，他在谈到坚持"双百"文化方针离不开批评与自我批评时，就指出"这个问题一定要弄清楚，这关系到培养下一代人的问题"⑤，而在谈到教育时更是指出"教育要面向现代化，面向世界，面向未来"⑥，这里的未来不是别人，正是我们的后代。江泽民同志进一步将关注后代、面向未来作为中国特色社会主义文化的本质属性，指出"建设有中国特色社会主义的文化，就是以马克思主义为指导，以培育有理想、有道德、有文化、有纪律的公民为目标，发展面向现代化、面向世界、面向未来的，民族的科学的大众的社会主义文化"⑦，文化建设的目标是"不断培养和造就有理想、有道德、有文化、有纪律的一代又一代社会主义建设人才"⑧。胡锦涛同志指出："青年是祖国的未来，民族的希望"，是"党和人民事业发展朝气蓬勃的推动力量"，我们"必须尊重青年、理解青年、相信青年、依靠青年，充分照顾青年特点、发挥青年优势"，"尽力为青年身心健康、事业发展、生活幸福提供良好环境和条件"⑨。习近平总书记，更是深刻把握人类社会发展的代际规律，从实现

---

① 《江泽民文选》第 3 卷，人民出版社 2006 年版，第 400 页。

② 《江泽民文选》第 3 卷，人民出版社 2006 年版，第 278—279 页。

③ 胡锦涛：《在全国宣传思想工作会议上的讲话》，《人民日报》2008 年 1 月 22 日第 1 版。

④ 《习近平谈治国理政》第 2 卷，外文出版社 2017 年版，第 338 页。

⑤ 《邓小平文选》第 2 卷，人民出版社 1994 年版，第 392 页。

⑥ 《邓小平文选》第 2 卷，人民出版社 1993 年版，第 35 页。

⑦ 《江泽民文选》第 2 卷，人民出版社 2006 年版，第 17—18 页。

⑧ 《江泽民文选》第 1 卷，人民出版社 2006 年版，第 358 页。

⑨ 胡锦涛：《在纪念中国共产主义青年团成立 90 周年大会上的讲话》，《人民日报》2012 年 5 月 5 日第 1 版。

中华民族伟大复兴中国梦的高度，指出："中国梦是历史的、现实的，也是未来的；是我们这一代的，更是青年一代的。中华民族伟大复兴的中国梦终将在一代代青年的接力奋斗中变为现实"①，全党、全社会要关心、关爱、支持青年，为他们实现人生出彩搭建舞台。

第三，提出构建人类命运共同体，开辟了代际文化和谐认识的新境界。党的十八大以来，习近平总书记以卓越的政治家和战略家的宏大视野和战略思维，提出了构建人类命运共同体的重要思想，并在国际国内重要场合多次对此进行了阐述，形成了科学完整、内涵丰富、意义深远的思想体系，引发了强烈的世界共振。构建人类命运共同体思想，直面"世界怎么了？我们怎么办？"的世界之问，站在人类命运的制高点上，拨云见日，为世界的发展和人类的未来指明了正确方向，提供了中国方案。由此，也进一步拓展了代际文化和谐认识的新视野，开辟了代际文化和谐的新境界。

一是强调了代际文化和谐的人类立场。构建人类命运共同体思想是深刻把握人类社会的发展规律，紧紧围绕"我们从哪里来？现在在哪里？将到哪里去？"这一本体问题，所进行的深入思考和科学回答，体现了关注人类整体利益的鲜明立场和关怀人类命运的宽广胸襟。这也是代际文化和谐所应坚守的立场和所应追求的境界。尤其是，当今世界纷繁复杂，人类命运休戚与共。各国利益和命运从未像今天这样紧密联系，从自然环境到社会经济再到政治外交，"牵一发而动全身"的立体网状结构已逐渐形成，联动效应无处不在，世界结成了高度依存的整体。人类只有寻求共同利益、承担共同责任、共享发展成果，才能保持休戚与共、生生不息，不同国家、民族间共存、共荣、共建和共赢才是人类文明的发展之路。寻求代际文化和谐，就是要求全世界人民，站在人类命运的制高点上，突破狭隘的国家观、民族观，同呼吸、共命运、心连心，携手奔向美好的明天。习近平总书记曾多次强调，当今世界"没有哪个国家能够独自应对人类面临的各种挑战，也没有哪个国家能够退回自我封闭的孤岛"②，"让世界上每一个国家都有和平稳定的社会环境，让每一个国家的人民都能安居乐业，是我们的共同愿望"③。构建人类命运共同体，旨在建设持久和平、普遍安全、共同繁荣、开放包容、清洁美丽的世界。

二是阐明了代际文化和谐的全人类共同价值内核。习近平总书记在第七十届联合国大会一般性辩论时的演讲中指出："和平、发展、公平、正义、民

---

① 《十九大以来重要文献选编》（上），中央文献出版社 2019 年版，第 49 页。
② 《十九大以来重要文献选编》（上），中央文献出版社 2019 年版，第 41 页。
③ 《习近平谈治国理政》第 1 卷，外文出版社 2014 年版，第 323 页。

主、自由，是全人类的共同价值，也是联合国的崇高目标。"① 全人类的共同价值，不仅为打造人类命运共同体找到了强有力的价值支撑，也为代际文化和谐找到了最为重要的内核。在全人类整体视域下，实现代际文化和谐的关键在于凝聚全人类的价值共识。没有着眼人类整体利益的价值共识，不能求取全世界各族人民价值的最大公约数，就不可能有真正的代际文化和谐。

"全人类共同价值"正是用明白无误的语言告诉大家，全人类共同价值是全人类的共有价值，是"一种超越冲突、从全人类立场出发、兼顾不同国家和民族利益、包容多样文化的价值"②。它一方面要求大家必须着眼人类的整体利益，从打造人类命运共同体的高度来考量共同价值，不能将共同价值混同于其他价值，尤其不能用某种所谓"先进""优秀"的价值观来取代其他国家、民族的价值观。因为"认为自己的人种和文明高人一等，执意改造甚至取代其他文明，在认识上是愚蠢的，在做法上是灾难性的！如果人类文明变得只有一个色调、一个模式了，那这个世界就太单调了，也太无趣了！"③另一方面，则是强调了全人类共同价值与其他价值的有机联系。全人类共同价值为其他层次的价值指明了方向，其他层次的价值则为全人类共同价值提供了源泉，它们各有侧重，彼此联系，相互作用，共同构成了丰富多彩的人类价值体系。承认人类共同价值，并不意味着否定各个民族价值存在的合理性。全人类共同价值正是在承认彼此价值独特性的基础上，将不同民族的价值"或汇聚，或联结，通过共商、共治、共建推动全球治理新秩序的建立，推动着人类共同发展和共同兴盛的实现"④。全人类共同价值求取的是世界各民族价值的最大公约数，凝聚的是全世界人民最大的价值共识。它不仅要求世界各国以人类的公共理性克服地域层次国家理性的自利性，构建合作共赢的国家间体系，更要求全人类要逐步回归于人类公共性，求同存异构建命运共同体。这样的价值主张占据了人类道义和真理的制高点，没有任何的狭隘与偏私，自然会赢得全世界人民的尊重与认同。

三是阐明了共商共建共享的代际文化和谐实践路径。"共商、共建、共享"是构建人类命运共同体的基本原则，也是代际文化和谐实现的基本路径。

① 《习近平谈治国理政》第 2 卷，外文出版社 2017 年版，第 522 页。

② 秦宣：《共同价值：打造人类命运共同体的价值观基础》，《中国特色社会主义研究》2017 年第 4 期。

③ 习近平：《深化文明交流互鉴 共建亚洲命运共同体——在亚洲文明对话大会开幕式上的主旨演讲》，《人民日报》2019 年 5 月 16 日第 2 版。

④ 秦宣：《共同价值：打造人类命运共同体的价值观基础》，《中国特色社会主义研究》2017 年第 4 期。

"共商"即共同协商、凝聚共识。没有共商，就没有共识，没有共识就没有和谐。人类整体视域下，代际文化和谐"并不是为了消除'多'，或者简单地消解多元之间的差异和异质，相反，基于这一视角的探究路径是以承认并维护人类文化的多样性和差异性的生存与发展权利为事实前提，进一步寻求多元之间可能分享的那些相同或相似的道德观念或伦理规则"①。共商就是要坚决反对霸权主义和强权政治，尊重各国主权，倡导国家不分大小、强弱、贫富一律平等，通过共同协商达成共识、寻求共同利益、解决矛盾纷争，让人类命运共同体的主张转化为各方共识，形成一致行动。"共建"即共同参与、合作共建。世界范围内的代际文化和谐，不是哪一个国家的事，最终需要各国共同付诸实践行动。因为寻求世界范围内的代际文化和谐，某一个价值体系向全球各国的渗透和灌输，不是用一种文明取代其他文明，"而必然是一个充分发挥各国的积极性、主动性和能动性，通过各国间在一系列根本性价值判断上的共识积淀和积累"，是各国文明共建的结果。"共享"即平等发展、共同分享。世界的命运由各国人民共同掌握，世界范围内的代际文化和谐要靠各国人民共同书写，由此形成的成果也理应由各国人民共同分享。共享是推进共建的动力，吸引各方参与共商的重要因素；共享是全面的共享，可以共享的不仅是资源，还包括知识、经验乃至市场。共享就是要通过公正合理的制度安排，让各国人民在人类文明的发展中，享受发展成果，切实提升获得感。

二、文化人类学的相关理论支持

马克思主义及其中国化的理论成果是代际文化和谐的理论基础和指导思想，是代际文化和谐的根和魂。但是马克思主义以外的其他学科的相关理论，也给代际文化和谐的提供了有机的养分。其中，尤为突出的就是文化人类学和文化哲学的相关理论。

简单来说文化人类学就是从文化的角度研究人类的科学，"文化人类学是把不同的生活方式当作一面镜子来研究我们自己本身的科学"②。文化人类学关注人类自身的旨趣，决定了它必然对人类的代际现象有所关注，因而其中不乏对代际文化和谐的理论支持。大致可做如下梳理：

（一）文化与代际的关系的相关论述对代际文化和谐的支持

文化与代际的深刻关联引起了文化人类学家的高度关注，他们从不同的

① 万俊人：《寻求普世伦理》，北京大学出版社 2009 年版，第 369 页。
② 陈山：《痛苦的智慧——文化学说发展的轨迹》，辽宁人民出版社 1997 年版，第 1 页。

层面对此展开了深入的论述，深化了我们对文化与代际关系的认识。

一是强调文化考察的人类整体视域。文化人类学的目标指向是人类整体，"整体性视角，即人类学的基本原则，即在最宽广的背景下观察文化的各个部分，以便理解他们的相关关系和相互依存性"①。既然要将人类作为一个整体，人类在时间上的三个维度：过去、现在和未来就有机联系起来了。对文化所有的探讨，也只能在这三个维度的统一中才能获得准确的认识。因而，"要充分理解人的观念和行为的复杂性，必须研究过去和现在所有的人"②。在时间的维度上，人的过去、现在和未来，实际上就是前代、本代和后代。强调人过去、现在和未来的统一，实际上也就是前代、本代和后代的统一。

二是看到了文化与代际的辩证关系。著名的文化人类学家马林诺斯基从种族延续的角度揭示了文化与代际的关系，他指出："种族需要绵续并不是靠单纯的生理行动及生理作用而满足的，而是一套传统的规则和一套相关的物质文化的设备活动的结果。"③ 种族的延续不仅是生命的接续，更是文化的代际传递。我国著名的文化人类学家费孝通先生也曾指出："祖宗和子孙之间是一个文化流，人的繁殖指的不仅是生物体的繁殖，也是文化的继替。"④ 著名的文化人类学家威廉·A.哈维兰进一步指出："所有文化都是习得的而不是生物学遗传的"⑤，文化的习得需要代际传承来完成，并将文化在代际间的传递称之为文化濡化。美国解释人类学的代表人物克里福德·格尔兹更是直接用代际传承来解释文化，他指出："文化是一种通过符号在历史上代代相传的意义模式，它将传承的观念表现于象征形式中。通过文化的符号体系，人与人得以相互沟通、绵延传续，并发展出对人生的知识及对生命的态度。"⑥ 文化人类学关于文化与代际的辩证关系的描述，让我们深刻意识到文化与代际是密不可分的，文化和谐的实现离不开代际的主轴，代际和谐也不能缺少文化的内容。

---

① ［美］威廉·A.哈维兰：《文化人类学》，瞿铁鹏、张钰译，上海社科院出版社2006年版，第2页。

② ［美］威廉·A.哈维兰：《文化人类学》，瞿铁鹏、张钰译，上海社科院出版社2006年版，第11页。

③ ［美］马林诺斯基：《文化论》，费孝通等译，商务印书馆1946年版，第26-27页。

④ 费孝通：《对文化的历史性和社会性的思考》，《思想战线》2004年第2期。

⑤ ［美］威廉·A.哈维兰：《文化人类学》，瞿铁鹏、张钰译，上海社科院出版社2006年版，第42页。

⑥ Clifford Geertz. The Interpretation of Cultures：Selected Essays［A］.参见王铭铭：《想象的异邦——社会与文化人类学散论》，上海人民出版社1998年版，第250页。

（二）文化和谐的思想意蕴对代际文化和谐的支持

在文化人类学的研究成果中虽然没有文化和谐的表述，但是不乏文化和谐的思想意蕴，这些思想意蕴对我们找寻代际文化和谐的内在逻辑，以及代际文化和谐的建构实践有十分重要的参考价值。

一是文化整合思想的支持。文化整合思想，是文化人类学研究成果中的重要思想。文化人类学家哈维兰指出，文化之所以要整合，就在于文化是一个系统，把文化分解成分离的各个部分是武断的，"始终如一地考察文化某一方面的人类学家，发现也有必要考察文化的其他方面"①，把文化当作一个系统来看待是文化人类学研究应有的理性。既然文化是系统的，那么"就如在任何系统中，为了发挥作用，文化的各个方面必定合理地整合在一起"②。文化整合就是要让"文化的各个不同部分在任何时候都必须以完全和谐的方式运行。这一类比就是机器的运转；所有零件都必须是相容的和互补的，否则它不会运转。如果你试图把柴油燃料注入靠汽油运转的汽车油箱里，那么你就会遇到麻烦；这个系统的一部分就不再与其他部分相容"③。实际上就是要通过整合产生出文化的黏合应力，这种文化黏合应力正是文化和谐的维系力量。文化系统视域下的文化整合论述给代际文化和谐提供了重要的理论支持。文化整合是文化系统性的要求，文化的系统性不仅指文化的不同形态、不同层次、不同要素构成系统，而且不同代文化也是一个系统。既然各代的文化组成了一个系统，系统的作用要得到发挥，就应对作为系统要素的各代文化进行整合，以产生文化的黏合应力，实质就是要实现代际文化和谐。

二是文化"去中心化"思想的启示。文化和谐，是文化之间和谐共生、多元并存、协调互补的良好状态。文化和谐要求破除中心主义，实现文化之间的平等。在文化人类学中就蕴含着很多文化关系的"去中心化"思想。文化人类学家林惠祥认为，消灭种族偏见是文化人类学研究的重要目的。他指出："种族偏见是世界和平的障碍，这种偏见的发生是由于各种种族之间不能相互了解"，"我们如能知道别种民族的文化也有相对的价值，自然会发生相当的敬意，而偏见便因而消灭"④。哈维兰在对当今的文化关系的审视中发现，

---

① ［美］威廉·A.哈维兰：《文化人类学》，瞿铁鹏、张钰译，上海社科院出版社2006年版，第44页。

② ［美］威廉·A.哈维兰：《文化人类学》，瞿铁鹏、张钰译，上海社科院出版社2006年版，第45页。

③ ［美］威廉·A.哈维兰：《文化人类学》，瞿铁鹏、张钰译，上海社科院出版社2006年版，第44-45页。

④ 林惠祥：《文化人类学》，商务印书馆2011年版，第26页。

当今遍及全球的现代化运动，挑战着人类文化的调适极限和变迁张力，引发了很多全球性的问题，他把这些全面性和系统性的问题称为"结构性暴力"，这种暴力包括人口过剩、食品短缺、污染、普遍不满等，要解决这些问题"必须抛弃固执、偏见和种族中心主义"，代以文化的多元主义，"多元主义的安排是达成世界平衡与和平的唯一可行的措施"。① 文化人类学中的"去中心化"思想，对代际文化和谐有深刻的启示作用。同时并存的文化之间是平等的，不应有中心，不同代的文化也是平等的，也不存在所谓的中心。一旦有了中心，代际文化关系就会失衡，甚至形成严重的冲突。在代际文化和谐的构建中，尤其要破除本代中心主义，要在平等的基础上实现代文化的交流互动。

三是文化理解沟通思想的启示。增进文化的理解与沟通是文化人类学最主要的功能。文化人类学的研究就是要"置身于世界的所有文明中，让那些我们不易了解也不熟悉的信仰与风俗冲淡我们的民族中心的限制，从而进行所有的社会比较研究"②。因此，"文化人类学的主要功能是理解和沟通，甚至是同一家庭中的代际之间的沟通"③。究其原因来说，文化人类学的研究范式是社会释义范式，它不同于自然科学的研究范式，"自然是实证主义的秩序化世界，而历史是反实证主义的感情的、人文的、精神的、理解的世界。正因为如此，人们的精神世界（文化）就是独特的、不可重复的、历史的；一种文化对待另一种文化的态度就应该是理解、沟通"④。文化之间发生的对抗和冲突，很大程度上都是由于缺乏理解和沟通造成的。因此，增进理解和沟通是实现文化和谐的有效方式，代际文化和谐也不例外。只有各代之间增进了解，加强沟通，才能消除隔阂，凝聚共识，实现和谐。

（三）文化变迁的相关论述对代际文化和谐的支持

研究文化变迁是文化人类学的重要任务。也就是在对文化变迁的研究中，深化了对文化变迁的机制、规律的认识，形成了很多重要的论述。这些论述有助于我们深化对代际文化和谐的认识。

一是强调文化是不断变迁的。文化是发展的、变动的，文化的变迁一直

① ［美］威廉·A.哈维兰：《文化人类学》，瞿铁鹏、张钰译，上海社科院出版社2006年版，第525页。

② 王铭铭：《社会人类学的中国研究——认识方式的概观与评价》，《中国社会科学》1997年第5期。

③ 白友涛：《文化人类学的社会功能》，《贵州民族研究》2003年第4期。

④ 白友涛：《文化人类学的社会功能》，《贵州民族研究》2003年第4期。

就是文化人类学关注的重大问题，"理解变迁过程，是人类学最重要和最基本的目标之一"①。文化人类学的创立，就是试图运用生物进化论的观点去阐释人类文化的变迁，因此文化人类学第一个理论学派就是古典进化论。在古典进化论看来，文化是变迁的，而且文化的变迁与人的发展同步，是一个不断进化的过程。摩尔根指出："人类一切部落在野蛮社会以前都曾有过蒙昧社会，正如我们知道在文明社会以前有过野蛮社会一样"，"人类的各种主要制度都是起源于蒙昧社会，发展于野蛮社会，而成熟于文明社会"。② 古典进化论，虽然有很多缺陷，比如它将人类的同一性作为起点，把文化的进化看成沿着一条既定的路线直线演进。但是它肯定了文化的变迁，把文化发展看作不断进化的历史过程却是可取的。对文化变迁的肯定在很大程度上支持了代际文化和谐。正是因为文化是变迁的，代际文化和谐才变得必要。如果文化是一成不变的，代与代之间的文化就不会有差异，没有差异也就无所谓和谐。另外，因为文化总是变迁的，代与代之间的和谐也是相对的而不是绝对的，代际文化和谐总是处在从不和谐—和谐—不和谐的过程之中。

　　二是指出创新是文化变迁的终极来源。文化人类学家哈维兰指出，"尽管稳定可能是很多文化的一个显著特征，但没有哪种文化是一成不变的"③，而"文化变迁的机制是创新、传播、文化遗失和涵化"④。其中最为核心，起着决定性作用的文化变迁机制就是创新。"所有变迁的终极来源都是创新，创新是指在一个群体内部得到广泛接受的任何新的做法、工具或原理。"⑤ 就创新的发生机制来看，是"社会中的某个人发现了某些新的事物，后来这种新事物又被其他社会成员接受了"⑥。而"一种创新如果被接受，它就必须和一个社会的需要、价值、目标一致"⑦。在这里哈维兰集中表达了两层意思，一是

① ［美］威廉·A. 哈维兰：《文化人类学》，瞿铁鹏、张钰译，上海社科院出版社 2006 年版，第 452 页。
② ［美］摩尔根：《古代社会》（上册），杨东莼等译，商务印书馆 1997 年版，第 2 页。
③ ［美］威廉·A. 哈维兰：《文化人类学》，瞿铁鹏、张钰译，上海社科院出版社 2006 年版，第 456 页。
④ ［美］威廉·A. 哈维兰：《文化人类学》，瞿铁鹏、张钰译，上海社科院出版社 2006 年版，第 455 页。
⑤ ［美］威廉·A. 哈维兰：《文化人类学》，瞿铁鹏、张钰译，上海社科院出版社 2006 年版，第 457 页。
⑥ ［美］威廉·A. 哈维兰：《文化人类学》，瞿铁鹏、张钰译，上海社科院出版社 2006 年版，第 455 页。
⑦ ［美］威廉·A. 哈维兰：《文化人类学》，瞿铁鹏、张钰译，上海社科院出版社 2006 年版，第 455 页。

文化变迁是必然的，变迁的终极来源是创新；二是能够引起文化变迁的创新，一定要符合社会的需要、价值和目标。这就给了代际文化和谐深刻的启示。既然创新是文化变迁的终极来源，处于变动中的各代文化要实现和谐，自然离不开创新，没有创新文化就会丧失发展的动力，没有动力文化无法发展，各代文化和谐也就无从谈起。因此，创新才是代际文化和谐的根本力量。而创新的关键又在于符合社会的需要、价值和目标，也就是说符合人类社会的发展规律，能真正促进人类的发展是文化创新的真正标准。对此，费孝通先生也有过十分经典的论述，他指出："文化是流动的和扩大的，有变化有创新。个人是一个文化的载体，但也是在文化的不断创新中成为的变体。"① 在文化的代际传承中有继承也有创新，这是文化之所以绵续不绝、不断发展的内在奥秘。

三、文化哲学的相关理论支持

"文化哲学是关于历史、现实的和未来的人的哲学，是人类对自己的文化发展史和文化传统进行全面的反省和反思的理论成果。"② 这样的反思和反省，必然蕴含着对人类代际的反思，由此形成的理论成果也会成为代际文化和谐的重要理论资源。

（一） 文化的本体探寻对代际文化和谐的支持

文化哲学作为文化的元理论，不是对文化现象的一般描述，而是"自觉地以整体文化为对象的哲学"，是对文化本原的探寻。在对文化本原的探寻中，遇见的第一个问题就是文化的本体，即文化是什么的问题。从事文化哲学研究的思想家们，透过纷繁复杂的文化现象，从不同层面对文化本体进行了艰难的探索和深入的思考，形成了很多经典的论述。其中有不少论述，支持了代际文化和谐。比如，克洛依伯和克拉克洪指出："文化作为一个描述性的概念，从总体上看是指人类财富的积累：图书、绘画、建筑以及诸如此类，调节我们环境的人文和物理知识、语言、习俗、礼仪系统、伦理、宗教和道德，这都是通过一代代建立起来的。"③ 在这里，他们将代际作为文化本体来看待，认为文化是代际累积的结果，没有代际累积，文化无法形成和发展。这就在一定程度上支持了代际文化和谐。文化是代际的累积，各代的文化在

---

① 费孝通：《对文化的历史性和社会性的思考》，《思想战线》2004 年第 2 期。

② 许苏民：《文化哲学》，上海人民出版社 1990 年版，第 26 页。

③ ［美］克洛依伯和克拉克洪：《文化：概念和定义批判分析》（A. Kroeber and C. Kluckhohn, Culture：A Critical Review of Concepts and Definitions），New York：Vintage Books，1963 年版，第 83 页。

累积中必然会发生关系，有关系就有关系和谐与否的问题。代际文化和谐因此而产生。保罗·布莱斯蒂德也认为："文化包括一切习得的行为，智能和知识，社会组织和语言，以及经济的、道德的和精神的价值体统。"① 在这里，他虽然没有直接论及代际，但是他强调文化是习得的，隐含着对代际的重视。文化的习得主要是对前人文化的习得，是文化在代际间的传承，强调文化的习得，实际上就是强调文化的代际传承。而发现了文化的代际传承规律，也就找到了代际文化和谐的存在依据。

国内的文化哲学学者在文化本体的探索中，也不乏关于代际文化和谐的思想意蕴。李鹏程指出："文化本体就是'人的生命'。人的生命才是生活世界的本根。只有在'有'人的生命（生命存在）的情况下，才会有人的思想意识（才能思想到什么、意识到什么）。"② 而人的生命是以时间的方式显现出来的，"个体的成长，衰老，死亡；一代人又一代人的接续，这都是表现出生命是在'时间'的范畴中存在的，或者说，生命存在本身就表现了一个观念：'时间流动着'"③。生命在时间中的流动也就是文化在时间中的流动。处于不同时间中的一代人与另一代人生命的存在形态和方式是有差异的，也就是文化的差异。既然不同代之间存在文化的差异，代际文化和谐就显得十分必要了。因为，只有各代的文化和谐共生、协调有序，差异才不会不断拉大，以致形成激烈的文化冲突。衣俊卿认为："文化是历史地凝结成的稳定的生存方式，其核心是人自觉不自觉地建构起来的人的形象。"④ 在这里，衣俊卿着重强调了两点：一是文化不是某一具体对象，它存在于人的一切活动之中；二是文化是历史凝结成的稳定的生活方式。这两点与代际文化和谐关系深刻。一方面，文化存在于人的一切活动之中，具体到各代就是各代的文化也都存在于各代的一切活动之中，代际文化和谐不是指某一方面的和谐，而是文化整体的和谐。另一方面，文化是历史凝结成的生活方式，历史的凝结是代际的传承，也就是说没有代际传承，历史就无法凝结，文化就无法形成和发展。这在很大程度论证了代际文化和谐。因为，代际文化和谐实质上就是文化在代际间传承的和谐。

① ［美］布莱斯蒂德：《文化合作：未来时代的基调》（Paul J. Braisted, Cultural Cooperation: Keynote of the Coming Age），New Haven: The Edward W. Hazen Foudation，1945 年版，第 6 页。

② 李鹏程：《我的文化哲学观》，《华中科技大学学报（社会科学版）》2011 年第 1 期。

③ 李鹏程：《当代文化哲学沉思》，人民出版社 2008 年版，第 59 页。

④ 衣俊卿：《世纪之交中国文化哲学研究述评》，《深圳大学学报（人文社会科学版）》2003 年第 1 期。

（二）文化的时间性论述对代际文化和谐的支持

文化哲学是对文化本原的追问，自然要对文化存在做时间的追问，也就是要认识文化的时间性。文化哲学的许多学者对文化的时间性做了深入的思考，形成了很多很重要的论述，这些论述对代际文化和谐起到了很好的支持作用。文化哲学家李鹏程，从文化的时间性出发，揭示了文化的代际传承规律。他指出："由于文化就是人的事业，人的生命存在既然处于时间之中，文化也就必然地处于时间之中。所以说，文化是'时间的'。"① 而文化在时间中的流传"是通过一代一代人的生命存在的世代接续而实现的，人一代一代地逝去，而文化还活着；文化以仍然生存着的人的活动而'活着'"②。正是文化的代际传承，让文化在时间中绵延，实现了文化的不朽。那么，上代人为什么要将文化传给下代人呢？"这并不是一个单纯的'愿望'问题，而是前辈作为文化持有者的生命存在的一种需要。"③ 一代人的生命是有限的，这决定了任何一代都无法通过自己无限推进自己的文化事业，于是只能将持有的文化传递给下一代，以便让文化得到延续，生命价值得到最大限度的发挥。而对于后辈来说，"承"又是必须的，他们要从生物人转变成社会人就需要文化，"他们只有使自己成为'文化的'，才能实现生命的存在"④，而从前辈那里习得文化无疑是最便捷和有效的方式。"前一代人向后一代人的'传'以及后一代人对前一代人的'承'，在世代相继不断的连续性中，传就表现为向未来'各个'世代的无限的传，承就表现为对过去'各个'世代的无限的承。从而，传承才得以形成'统'，这便是'传统'，便是我们称之为在时间中绵延不断地持存着的文化。"⑤ 因此，时间性是文化的固有属性，既然时间性是固有的，那么文化的代际传承就是必然的。而代际文化和谐正是文化在代际传承中的和谐，核心就是遵循文化的代际传承规律。

文化学者衣俊卿进一步指出，文化在时间中的存在有两个维度：历时性维度和共时性维度，历时性维度是文化传承和文化变异，共时性维度是文化传播和文化交流。而在文化历时性维度中，文化传承与文化变异同在。就其原因来说，"古今中外任何历史条件下的文化传承都不会是原有文化原封不动的传递"，"任何文化主体都不会简单地、不加改变地接受前一代文化主体的

---

① 李鹏程：《当代文化哲学沉思》，人民出版社 2008 年版，第 250 页。
② 李鹏程：《当代文化哲学沉思》，人民出版社 2008 年版，第 276 页。
③ 李鹏程：《当代文化哲学沉思》，人民出版社 2008 年版，第 278 页。
④ 李鹏程：《当代文化哲学沉思》，人民出版社 2008 年版，第 280 页。
⑤ 李鹏程：《当代文化哲学沉思》，人民出版社 2008 年版，第 281 页。

文化模式和文化精神，都必然会在文化学习、文化习得和文化适应过程中添加自己的某些革新和某些创新"，"如果没有文化变异，就不会有文化发展和进步，甚至连文化发生都是不可能的"①。由此，揭示了继承和变异相统一是文化传承的客观规律。代际文化和谐是代际传承中的和谐，要实现代际文化和谐就必须遵循文化传承的规律，将继承和变异有机结合起来。

（三）传统文化与现代文化相调和的思想对代际文化和谐的支持

伴随着传统社会向现代社会的转型，传统文化与现代文化的矛盾日益凸显，如何调和两者的矛盾，正确处理它们之间的关系成了文化哲学的重大课题。很多学者对此进行过十分艰难的探索，形成了很多经典的思想。这些思想是代际文化和谐宝贵的思想资源。因为从代际的视角来看，传统文化就是前人的文化，现代文化则是本代的文化，正确处理传统文化和现代文化的关系，就是正确处理前代文化和本代文化的关系，就是要实现代际文化和谐。

在西方，传统文化与现代文化是文化哲学的一个主要话题。德国的文化哲学大师马克斯·韦伯在其经典著作《新教伦理与资本主义精神》中认为，传统文化尤其是其中的新教文化对资本主义产生起着决定的作用，"它哺育了近代的经济人"②。比如，"一个人对天职负有责任——乃是资产阶级文化的社会伦理中最具代表性的东西，而且在某种意义上说，它是资产阶级文化的根本基础"③，而它就是新教文化中最重要的价值观之一。但是，伴随着现代化的深入推进，"大获全胜的资本主义，依赖于机器的基础，已不再需要这种精神的支持了……当天职观念已转化为经济冲动，一般地讲，个人也就根本不会再试图找什么理由为之辩护了"④。传统文化与现代文化的矛盾因此而产生。丹尼尔·贝尔在《资本主义的文化矛盾中》继承了韦伯的思想，并将他向前推进了一步，"贝尔认为，对新教伦理的抛弃，使得资本主义失去了道德性的或超越性的伦理"⑤，由此导致了资本主义文化的深层矛盾冲突。因此，要将传统文化与现代文化结合起来。而"解释学以历史传统、文化现象、知识体系或哲学系统为自己的对象，做身历其境的意义体现，并透过创造性的概念

① 衣俊卿：《文化哲学——理论理性和实践理性交汇处的文化批判》，云南人民出版社2005年版，第86-87页。
② ［德］马克斯·韦伯：《新教伦理与资本主义精神》，三联书店1987年版，第136页。
③ ［德］马克斯·韦伯：《新教伦理与资本主义精神》，三联书店1987年版，第33页。
④ ［德］马克斯·韦伯：《新教伦理与资本主义精神》，三联书店1987年版，第142-143页。
⑤ 肖建华：《当代文化哲学的理论焦点述评》，《武汉大学学报（人文社会科学版）》2002年第2期。

掌握对象主体所含摄的生活经验及生命真实，强调传统整体及生活经验。"①格尔兹就曾指出："对文化的分析不是一种寻求规律的实验科学，而是一种寻求意义的解释科学。"② 解释学为现代人理解传统文化找到了哲学的方法，从而有利于传统文化与现代文化的冲突的消弭。

在中国，自近代以来传统文化与现代文化的争论就从来没有停止。以梁漱溟、熊十力、冯友兰等人为代表的传统派或称为文化保守主义，主张复兴民族文化，力图创造一种民族本位的、容纳现代民主科学的中西合璧的新哲学、新文化，以摆脱近代以来中华民族的文化危机。而以胡适、傅斯年、蔡元培等为代表的文化激进主义，则表现为对传统文化的批判和否定，"他们呼唤人的个性解放、独立人格、精神自由，追求民主政治和科学的发展，积极吸收现代西方文化中一切对我有用的东西，表现出强烈的文化再植意识和工具理性意识"③。而张岱年、方克立等人在对这些思想批判中提出了文化的综合创新观。综合创新"就是以中国的古典传统文化作为源远流长的母体文化，以西方近现代文化作为激发现代化活力的异体文化，以马克思主义指导下的社会主义文化作为起主导作用的主体文化，在马克思主义和建设有中国特色社会主义理论指导下，以中国的现代化为主体目标，借鉴中西文化的精华，创造出有中国特色社会主义的新型文化"④。综合创新是"创造的综合""辩证的综合"，创新需要综合，"但不要平庸的调和，而要做一种创造的综合"⑤。为此，张岱年先生提出对传统文化要"释古"，更要"析古"，因为"按照唯物辩证法的观点，一种文化中必然包含有相互对立的成分，即好的或较有积极意义的和坏的或具有消极意义的成分，唯物辩证地对待文化，就应一方面否定后者，一方面肯定前者，并根据现实需要加以发挥"⑥。"释古"就是要阐释传统文化的历史蕴涵"析古"就是对传统文化做"死的"和"活的"区分，"活的"是能回应现实具有鲜活生命力的传统文化，而"死的"则是远离现实被历史所淘汰的文化。文化创新，就是在"析古"基础上的创新，是根据实际需要做取其"活的"去其"死的"选择，以及在此基础上结

---

① 肖建华：《当代文化哲学的理论焦点述评》，《武汉大学学报（人文社会科学版）》2002 年第 2 期。

② [美] 克利福德·格尔兹：《文化的解释》，韩莉译，译林出版社 2008 年版，第 5 页。

③ 肖建华：《当代文化哲学的理论焦点述评》，《武汉大学学报（人文社会科学版）》2002 年第 2 期。

④ 张岱年、王东：《中华文明的现代复兴和综合创新》，《教学与研究》1997 年第 5 期。

⑤ 《张岱年文集》第 1 卷，清华大学出版社 1995 年版，第 256 页。

⑥ 《张岱年文集》第 1 卷，清华大学出版社 1995 年版，第 252 页。

合现实的"发展改进，使之更以新的姿容表现出来"①。文化的综合创新，无疑是消弭处理传统文化与现代文化的冲突，实现文化和谐发展的应有原则和有效方案。自然也是实现代际文化和谐的重要进路。只有在综合创新中，前代和本代的文化才能兼容互补、协调有序、充满活力，才是真正的和谐。

第三节　代际文化和谐的功能

功能是事物或方法所发挥的有利作用。代际文化和谐的功能，就是指代与代之间的文化和谐，对文化发展、社会进步以及人的全面发展等方面所产生的积极作用。这些作用大致可以概括如下：

一、价值导向功能

人与动物之间一个重大的区别就是人有自己的价值判断、向往和追求。也正是这些向往和诉求支撑着人的精神，决定着人的行为取向、情感和态度，因而它对于人类的生活具有根本性的导引意义。而代际文化和谐，正是人们反思人类发展，顺应文化发展规律所做出的正确的价值选择，它承载着人们对未来社会的美好向往和追求。因此，它的导引作用是十分明显的，具体体现在以下几方面：

（一）崇尚和追求和谐

追求完美是人类的天性，人类历史就是不断追求完美的历史。和谐正是反映和承载了人类对完美的向往，是真善美的统一，西方最早提出和谐思想的毕达哥拉斯学派就曾经典地指出："什么是最智慧的——数，什么是最美的——和谐。"一方面，和谐追求的是事物之间秩序、平衡、协调、适中的完美状态。世界是多样的，"存在的多样性是每个存在能够生存的必要条件"②，和谐不是要消灭差异，走向趋同，而是要让事物之间差异并存、协调有序。和谐也不是对事物之间的矛盾视而不见，听之任之，而是要积极化解矛盾，寻求不同事物之间的兼容合作。因为事物不能兼容合作，则会导致不可救药的冲突，这同样是存在的灾难。因此，和谐是事物之间最优的存在状态，是多样存在的兼容互惠合作。另一方面，和谐是追求事物发展的积极的建构主义。和谐不是消极的和平主义，不是弱化冲突，回避矛盾，而是坚持合作最

① 《张岱年文集》第1卷，清华大学出版社1995年版，第260页。
② 赵汀阳：《共在存在论：人际与心际》，《哲学研究》2009年第8期。

大化和冲突最小化的共在原则，倡导用积极的行为去解决矛盾和冲突，用合作取代对抗，让不同的存在以积极合作的方式共同推进事物的发展。我们古代社会所说"和则一，一则多力"，表达的就是这个意思。也就是说，和谐在本质上是为了推动事物更好地发展。因此和谐是一种既值得我们去追求，也能让我们在追求中不断地趋近的价值观念。

正因为此，代际文化和谐把和谐作为自己的思想内核和灵魂，力图让和谐成为代与代之间文化关系的价值取向、基本原则、评价尺度和检验标准。这对于引导人们牢固树立和谐的价值理念，形成全社会崇尚和谐、追求和谐的良好风尚，具有十分重要的作用。一方面，代际文化和谐是对和谐的具体应用和实践，在这一具体的实践和应用中，有助于树立人们对和谐的理性自觉和实践自觉。代际文化和谐是一种理念，更是一种实践。它要求将和谐的价值理念具体运用到考察、分析、建构和检验代与代之间的文化关系的实践中，力图建构各代文化之间多元并存、兼容互补、协调有序、活而不乱的良好关系和状态。在这一具体的实践和应用中，和谐不再是空洞、抽象的概念，而是一种活生生的实践，在身临其境的实践中，不仅有助于人们深化对和谐的理解和认识，形成崇尚和谐、追求和谐的理性自觉，而且在具体的实践和应用中，还有助于培养人们积极践行和谐的实践自觉。另一方面，代际文化和谐追求的是更深和更高层面上的和谐，它有助于提升人们的和谐认识境界，形成牢固的和谐思想根基。人是文化的人，人的世界某种意义上就是文化的世界。文化是历史地凝结成的生存方式，是人类社会的灵魂和根基，它像血脉一样熔铸在人的内在规定性之中，自发地左右着人的各种活动。毫无疑问，相对于人的世界和人的生活，文化是最深层的东西。可以这么说，一切社会问题的背后都是文化的问题。因此，构建和谐社会最根本和最深层的是文化和谐，没有文化的和谐就不可能有和谐的社会。代际文化和谐，不仅把实现和谐社会深层的文化和谐作为直接的目标和指向，而且将文化和谐的探讨，从横向和静态的传统视域，拓展和延伸到了纵向和动态的代与代之间，进一步抓住了文化和人类社会发展的基本规律和深层脉动，拓展和升华了和谐的认识境界。这样的拓展和升华，无疑会把人们对和谐的理解和认识推向更高和更深的层面上，从而有助于人们建立起深层的和谐自觉和牢固的和谐意识。

（二）追求人的自由而又全面发展

代际文化和谐从表面上看，关注和探讨的是文化问题，但就其实质来说关注的还是人的问题。因为，文化即人化，文化是人的本质力量对象化的结果，一切文化成果都是由人来创造的，离开了人关于文化的一切探讨都将失去意义。因此，人是目的，关于文化的一切探讨最终都要落脚到人上来。而人是具体和历史的，今天的人是昨天的人的延续和发展，明天的人又将在今天人的基础上延续和前进，也正是人的世代相传才构成了人类社会完整的文化图景。也就是说"文化的实体是人类以世代相承的个体为主体的连续不断的活动"，那些"古老的社会文化基因和原型被传递、贮存于后继的文化和人们的心理结构中，它永远活着，驭制着每个成员的灵魂，延续着人类的生命"①。因此，以人为本，不仅要以当下和今天的人为本，还要以昨天和明天的人为本，不仅要关注人的现在，还要关注人的过去和未来。而代际文化和谐，把文化和谐的探讨从横向的人与人之间，拓展到纵向的代与代之间，体现和追求的正是以人为本的价值取向和立场。因此，代际文化和谐对于人们深化对人的理解和认识，树立科学、完整和全面的以人为本的价值立场具有十分重要的作用。而且，"文化和人本身就是合二为一的，文化的提高意味着人对自身认识和素质的提高，追求文化就是追求人自身的完善"②，"一切为人，一切为人的完善和发展的文化，就其本质而言正是使人获得解放"，"文化的进步显示了科学的力量，促进了文明的进步，人性也得到了发展，人类自身的解放、进步和自由也不断升级"③。之所以要寻求代与代之间的文化和谐，其目的正是促进人的发展和完善，而终极目标则是实现人自由而全面的发展。代际文化和谐的这一终极价值目标更为人们提供了终极价值导引，让人们找到了努力的方向和为之奋斗的目标。代际文化和谐所追求和构设的理想世界，让人充满希望和激情，甘愿为之奋斗和努力，在对这一终极目标的无限接近中，人也实现了自我的超越和升华。

二、整合凝聚功能

代际文化和谐所要追求和实现的和谐，不是消灭差异，没有矛盾，而是"运动中的平衡，差异中的协调，纷繁中的有序，多样性中的统一"。其根本目的在于整合资源，凝聚精神，形成合力，推进文化发展，社会进步和人的全面发展。因此代际文化和谐有十分重要的整合、凝聚功能。

（一）文化整合

代际文化和谐是文化和谐的纵向体现和要求，因此代际文化和谐第一个直接的目的就是实现文化自身的和谐。文化自身的和谐，就是文化系统的各

① 赵东海：《论文化的功能》，《科学管理研究》2004年第12期。
② 陈超群：《"文化"新解与文化的社会和谐功能》，《上海行政学院学报》2011年第9期。
③ 赵东海：《论文化的功能》，《科学管理研究》2004年第12期。

个要素、各个部分之间的协调、相容、互补，对此威廉·A.哈维兰有十分经典的论述，他说："文化的各个不同部分在任何时候都必须以完全和谐的方式运行。这一类比就是机器的运转；所有零件都必须是相容的和互补的，否则它不会运转。如果你试图把柴油燃料注入靠汽油运转的汽车油箱里，那么你就会遇到麻烦；这个系统的一部分就不再与其他部分相容。"[1] 而文化的各个部分、各个要素、不同文化之间又都存在差异，有时还是剧烈的冲突。那么如何才能让他们兼容互补、协调统一呢？这就需要进行有效的整合，产生文化应有的黏合应力。具体来说，就是要尊重差异，包容多样，求同存异，用和合的理念和方式去化解矛盾消除冲突，使存在差异的文化的各个部分、各个要素之间形成合力，共同推进文化的繁荣和发展。因此，从某种意义上说文化和谐的实质就是文化整合。而且代际文化和谐所要进行的整合，不是传统意义上横向的整合，而是立足于文化发展规律的纵向整合，这种整合超越了现实的文化表层，抓住到了文化发展的根脉，将不同代之间的文化资源和优势融合在一起，形成强大的推动力量，促进文化的发展和人类的进步。因此，代际文化和谐是文化的深层整合。这种深层整合的意义是十分巨大的，一方面只有做到深层的整合，真正制约文化发展的根本性问题才能得到解决，文化的可持续发展才可能实现。另一方面，在文化的纵向的深层整合中，我们才可能对文化的过去、现在和未来有一个充分的了解，才可能树立起文化的自信、自觉和自强。

（二）社会整合

如前所述，代际文化和谐是文化的协调，文化的整合，而这一整合协调过程，也必然是整个社会系统的整合和协调。一方面，社会是一个有机的整体，文化作为这一有机体的组成部分，不是孤立的存在，而是与社会系统的其他要素之间发生深刻的联系，这种联系就是文化赖以存在和发展的生态，离开了这一生态无所谓文化，更无所谓文化的和谐。因此，文化的整合和协调不仅发生在文化系统内部，也发生在文化与社会系统的其他要素之间，只有文化与其社会系统之间协调、相容、互补了，文化自身才可能获得和谐。因此，文化的整合带来的必然是社会的整合。尤其在今天，在信息化时代的背景下，文化和经济、政治、社会生活的界限或外在性逐渐模糊，呈现出一体化的趋势，文化整合所带来的社会整合功能更加突出。另一方面，文化作

----

① ［美］威廉·A.哈维兰：《文化人类学》，瞿铁鹏、张钰译，上海社科院出版社2006年版，第45页。

为人化的产物，历史地凝结成的生存方式，渗透在人类活动的方方面面，可以说只要有人活动的地方就有文化，所谓"人在文化中，文化在人的活动中"就是这个意思。因而，从根本上说，文化并不是与政治、经济等相并列的领域或附属现象，而是人的一切活动领域和社会领域的内在机理，它从深层影响和制约着人和整个社会的发展。因此，文化和谐是和谐的更高和更深层面，是社会和谐的灵魂和根基，没有文化的和谐，不可能有社会的和谐。相反，文化的和谐则会为社会和谐提供思想保证、智力支持和精神动力，是社会系统最高和最深层面上的优化和整合。在当下的中国，这样深层的整合显得尤为必要。随着改革开放的深入发展，我们取得了举世瞩目的成就，但与此同时各种社会矛盾和社会问题也层出不穷而且愈来愈复杂。要使这些社会矛盾和问题得到真正解决，根本出路在于文化和谐。因为，只要我们深入分析就不难发现，这些社会矛盾和社会问题背后其实都是文化问题。因此，我们要用深邃的眼光来看待当下的社会问题和矛盾，要以文化和谐的理念和方式来构建深层的社会和谐，唯有此，"民主法治公平正义，诚信友爱充满活力，安定有序人与自然和谐相处"的社会主义和谐社会才能实现。

（三）精神凝聚

人是有精神的，但人的精神世界是十分复杂的，既有群体性，也有个体性的差异。纷繁复杂的精神世界只有经过整合和凝聚，才能形成一个民族和国家共有的精神家园，才能推动一个民族和国家的进步。这种整合和凝聚，具体来说就要协调人们的心理状态，形成广泛的精神认同、共同的价值追求，构建有序的精神秩序。对此，代际文化和谐有十分重要的作用。首先，精神和谐是代际文化和谐的必然要求。在文化的结构中精神是里层是内核，对整个文化起着中心建构作用，因此文化和谐的核心和关键是精神和谐，没有精神的和谐就不可能文化的和谐。实现文化和谐的过程，必然是对精神进行协调和整合的过程。而且代际文化和谐是纵向的文化和谐，它更能让人们从规律性的高度把握住文化的历史脉络和世代传承关系，从而形成稳定和深层的文化认同和精神共识。其次，代际文化和谐有利于构筑人们共同的价值追求和心理愿景。一方面，代际文化和谐所倡导和追求的和谐，是真善美的统一，是广大民众的内在的价值诉求。在这一价值诉求的感召下，就会把不同的阶层、不同的群体凝聚起来，在尊重差异中凝聚思想共识，在包容多样中形成广泛的社会认同，让大家"眼往一处看，心往一处想，劲往一处使"，从而形成万众一心、共创和谐的强大力量。另一方面，代际文化和谐所描绘的人自由而又全面发展的蓝图，给了人们美好的憧憬和共同的努力方向。实现人自由而又全面发展是广大民众孜孜以求的终极理想，这一终极理想不但是人的精神世界中最为重要的组成部分，而且还是精神世界的支撑和导引。它不仅会引导人们为实现这一终极目标而不断超越，不断前进，让生活充满无穷的动力和意义，而且在这一终极理想的导引下，人其他的精神追求也都会服从和服务于这一最高追求，这样人们的精神世界才会逐渐凝聚共识，求同存异，实现和谐。

三、规范塑造功能

代际文化和谐彰显着人高扬的价值和内在的诉求，代际文化和谐的实现过程，既能对人的行为进行符合代际文化和谐要求的规范，又能按照代际文化和谐的目标和理念塑造人的精神，提升人的思想境界和思维能力。

（一）行为规范

代际文化和谐是文化的纵向整合和协调，经过整合和协调之后的文化，不仅是指引人们前进的价值体系，而且还是规范人们行为的规范体系。菲利普·巴格比就曾指出："我们应当期望文化能表明它是某种规则，而这已被证明确实如此。现在，可以用如下的话来定义：'文化'，就是'社会成员的内在的和外在的行为规则，但是剔除那些在起始时已明显地属于遗传的行为规则'。"[①] 作为规范体系的文化是被群体所共同遵循和认可的行为模式，因此它对个体的行为具有先在的给定性和强制性。尤其是代际文化和谐是对文化的深层协调和整合，由此而形成的规范体系，凝聚了社会成员的共识，更具有普遍性和公共性，其给定性和强制性也将愈加明显。这种给定性和强制性表现在，它会引导和约束人们的行为在符合代际文化和谐要求的框架内运行。当我们的行为符合这一规范要求的时候，我们并不会感受到它的约束和强制力量，但当我们的行为违背和偏离了这一规范体系时，它的特有力量就会显现出来。C. 恩伯和 M. 恩伯在《文化的变异》一书中就指出："文化是我们身外的东西——它存在于个体之外，而又对个人施加着强大的强制力量。我们并不老是感到文化强制的力量，这是因为我们通常总是与文化所要求的行为模式和思想模式保持着一致。然而，我们试图反抗文化强制时，它的力量就会明显地体现出来了。"[②] 就其原因来说，是因为人是群体的存在物，人总要生活在一定的群体中，而一个群体总有其成员共同认可的文化，生活在该

---

① ［美］菲利普·巴格比：《文化：历史的投影》，夏克、李天纲、陈江岚译，上海人民出版社1987 年版，第 100 页。

② ［美］C. 恩伯、M. 恩伯：《文化的变异》，杜杉杉译，辽宁人民出版社 1988 年版，第 37 页。

群体中的人就应该遵循和维护它，生活在其中的成员一旦背离了这一文化，也就意味着背离了整个群体，他的生存就将陷于困难。因此，文化的规范和强制作用，无论对共同体的稳定还是生活在其中的个体的生存都是十分重要的。

（二）精神提升

文化是人化和化人的统一，人在创造文化的同时，文化也在创造和改变着人。此处的改变，更多的是心灵的塑造和思想境界的提升，正是从这个意义上我们才说文化是塑造人心灵的活动。而这恰好是代际文化和谐的存在根据和旨趣所在。因而代际文化和谐对塑造人的心灵境界，提升人的道德水平具有十分重要的作用。具体来说，一是代际文化和谐有助于健全人格，提高人的道德水平。一方面，代际文化和谐所倡导和追求的和谐，是真善美的统一，它通过对真善美的礼赞和对假丑恶的斥责，向人们展示了人类的普遍利益和超越价值，让人们在追求和谐和实现和谐的实践中，不断加强道德自律和人格提升，从而形成明是非、知荣辱、讲正气、促和谐的良好风尚。另一方面，代际文化和谐所倡导和追求的和谐，要求人们用理性、包容、平和、积极的心态看待周围的事物，力求让事物之间的关系从单一走向多样，从对抗走向合作，从无序走向有序，从失衡走向平衡。在对和谐的长期实践中，必然有助于培育人们"乐观向上、积极进取、包容平和"的良好心态，从而达到人格的健全和身心的和谐。二是，代际文化和谐有助于人们从人性回归的高度进行理性反思，进而提升自己的思想境界。代际文化和谐是纵向的文化和谐，它紧紧抓住人这一本体，从人类发展的纵向维度，用和谐的理念和方式，充分揭示了文化应有的本质、意义和方向，从而有助于人们深化对人的本质，人的过去、现在和未来的认识。有了这一充分的理解和认识之后，人们不但会找到努力和前进的方向，而且还会对当前的思想和行为进行深刻的反思，从而在反思中净化心灵，不断纠偏，不断超越。这样的反思，在今天显得尤为必要。今天的时代，是一个物化的时代，人们在对物质财富的追逐中，忽视了文化的本真意义，遗忘了发展的真正目的，我们离人的本质实现和自由全面的发展的目标不是愈来愈近了，而是愈来愈远了。因此，唤醒沉溺于物质生活和感官享乐的灵魂，恢复人文精神的地位，迫在眉睫，势在必行。而代际文化和谐正是一剂及时的良药。

（三）思维塑造

思维是指"理性认识，或理性认识的过程。是人脑对客观事物能动的、间接和概括的反映"①。思维能力，在一定层面上决定和反映着人类文明的程度。但是思维不是天生的，它需要在实践中不断加以发展和锻炼。而代际文化和谐对我们的思维能力有十分重要的塑造功能。一是有助于塑造我们的辩证思维能力。辩证思维是指"反映和符合客观事物辩证发展过程及其规律性的思维及运用"②。其特点是从事物的矛盾运动和相互联系中分析考察事物。代际文化和谐正是体现了这种思维，它要求既要看到各代文化之间的斗争性，又要看到它们的同一性，让它们兼容互补、求同存异、协调有序。因此，对代际文化和谐的认识和实践过程，就是对辩证思维的应用和提升过程。二是有助于塑造我们的系统思维能力。系统思维也是整体性思维，就是把事物当作一个有机联系的整体来看待，充分把握要素与要素，要素与系统之间的联系和区别。代际文化和谐正是体现了这一思维特点。在代际文化和谐中，始终把文化、社会系统、人类社会当作有机联系的整体来看待，既看到了它们之间的联系，又把握住了它们之间的区别。在这一思维之下，代际文化和谐是指代与代之间在文化系统内部以及文化与社会系统其他要素之间的和谐，其终极目的是实现人自由而全面的发展。因此，代际文化和谐的实现过程，也是对我们系统思维能力的锻炼、塑造过程。三是有助于塑造我们的创造性思维。创造性思维是指"产生新思想的思维活动。它能突破常规和传统，不拘于既有的结论，以新颖、独特的方式解决新的问题"③。代际文化和谐，把文化和谐从传统的横向、静态视域，拓展到纵向、动态视域，寻求代与代之间的文化和谐，让各代之间的文化兼容互补、协调有序、形成合力，共同推进文化的发展，人类社会的进步。而文化是发展变化的，这就意味着代际文化和谐是一个动态过程，它的每一步推进都要求我们突破陈规，不断创新。因此，代际文化和谐的实践过程，无疑是对我们创造性思维的开发和塑造过程。

---

① 夏征农等：《大辞海》（哲学卷），上海辞书出版社 2008 年版，第 107 页。
② 夏征农等：《大辞海》（哲学卷），上海辞书出版社 2008 年版，第 107 页。
③ 夏征农等：《大辞海》（哲学卷），上海辞书出版社 2008 年版，第 107 页。

类代际文化和谐：
前代、本代和后代的文化和谐

在第二章代际文化和谐的基本理论中，我们通过对代际文化和谐的涵义、理论基础和功能的阐释，勾勒了代际文化和谐的初步轮廓，为更加深入、细致的研究找到了依据，奠定了基础。在接下来的第三到第五章，将立足实际，分别从类代际、社会代际和家庭代际三个层面对当代中国的代际文化和谐的现状进行深入的考察和科学的分析，以期找到制约当下中国代际文化和谐的真问题，并在此基础上本着从根源上解决问题的目的，提出相应的解决建议。

第一节　类代际文化和谐的特征

正如前章所述，完整的代际结构系统应该包含类代际、社会代际和家庭代际三个层次，是三个层次的有机统一。这一结构系统，既向我们展示了代际的完整图景，亦为更加深入的代际文化和谐探讨提供了框架和依据。真正的代际文化和谐应该是类代际文化和谐、社会代际文化和谐、家庭代际文化和谐的有机统一。类代际、社会代际、家庭代际分别代表着代际文化和谐的三个层次，是代际文化和谐在不同视域下的观照。也正是这种观照视域和层次上的不同，使得它们在对象范围、具体内容、功能价值以及运行机制上存在较大的差异。因此，厘清它们的差异，是对它们进行深入、细致的考察的前提。因此，笔者在类代际文化和谐考察中，首先要做的工作就是对它的基本特征做梳理。这种梳理的实质，就是在将它与社会代际文化和谐、家庭代际文化和谐做比较。通过比较，我们不难发现类代际文化和谐有以下几个明显的特征：

一、宏观性

类代际文化和谐是代际文化和谐的宏观层面，是人类整体视域下的代际文化和谐观照。它与社会代际文化和谐、家庭代际文化和谐相比较有一个非常显著的特征，那就是宏观性。这种宏观性具体体现在它的视域、内容、功能上。

（一）视域的宏观性

视域决定着我们认识事物的角度、深度和广度，在不同的视域下同一事物也会呈现出不同的认识结果。对此，马克思有非常经典的描述，他说："忧心忡忡的穷人甚至对美丽的景色都没有什么感觉；贩卖矿物的商人只看到矿物的商业价值，而看不到矿物的美和特性；他没有矿物学的感觉。"[①] 类代际文化和谐、社会代际文化和谐和家庭代际文化和谐的划分，正是体现了代际文化和谐的不同观照视域。类代际文化和谐是代际文化和谐的宏观层面，它是把人类社会作为一个整体来看待的代际文化和谐。在这一视域观照下，代际关系表现为已经退场的前代人和在场当代人以及未出场的后代人之间的关系，此处的代际文化和谐也就是前代、本代和后代的文化和谐。社会代际文化和谐是代际文化和谐的中观层面，它是把在场的现实存在着的各代作为对象的代际文化和谐，在这一视域观照下，代际关系又主要是同一时空下的老年、中年和青年的关系，代际文化和谐也就是老年、中年和青年的文化和谐。家庭代际文化和谐是代际文化和谐的微观领域，它是以家庭作为对象的代际文化和谐，在家庭视域观照下，代际文化和谐就是以亲子关系为主轴的文化和谐。

在代际文化和谐中选择人类整体视域的观照十分必要。首先，这是人类社会发展规律的要求。马克思主义唯物史观告诉我们，人不是单个的存在物，而是集体性和整体性的类存在。作为整体性存在的人，同时又是历史性的存在，人的发展是一个历史过程，是一个不断实现其本质的过程，"整个历史也无非是人类本性的不断改变而已"[②]。在这一历史过程中，人不是随心所欲地创造历史，每一代人只能在前代人创造并留下的物质、文化条件下活动，而他们在这一条件下所创造形成的成果又成了下一代人活动的出发点。人类社会正是在这种代际的更替中不断前进，奔向实现自己本质的美好明天的。因

---

① 《马克思恩格斯文集》第 1 卷，人民出版社 2009 年版，第 192 页。
② 《马克思恩格斯选集》第 1 卷，人民出版社 2012 年版，第 252 页。

此，人类社会是一个连续不断的历史过程，是一个由过去、现在和未来共同组成的有机整体。因而，在代际文化和谐中，遵循人类社会的客观发展规律，从人类社会总体发展的高度来宏观考察前代、本代和后代的文化和谐，是必须的也是必要的。其次，这是文化传承规律的要求。人作为有限的生命个体，总是会走到生命的尽头的，这是不可改变的宿命。那么人死亡之后，他所创造的文化是否也会伴随着生命的消失而消失呢？答案是否定的。人死亡之后作为生命的个体已经消亡，但是人所创造的文化却被保留了下来，转化成了人类的共同财富。正是在这个意义上，我们才说文化是历史的积淀、历史的凝结。那么，这种积淀和凝结是怎么实现的呢？其根本原因，就在于文化的代际传承机制。在人类世代繁衍、连续不断的历史进程中，每一代人一出生就包裹在前代人所创造的文化中，他们一方面不断习得并掌握前人所留下的文化让自己成为"有文化"的人，另一方面他们又根据新的生存境遇，对前人的文化进行优化和改造，创造出新的文化。文化正是在世代的传承中不断积淀、不断发展的。只要人类世代延续的脚步不会停止，文化就将在人类历史的长河中绵延。因此，抓住文化发展的世代传承机制，从文化的历史生成的角度，探讨前代、本代和后代的文化和谐，对推动文化的发展，促进人类的进步，具有十分重要的意义。

（二）内容的宏观性

正如前所述，视域决定了认识的角度、广度和深度。类代际文化和谐在视域上的宏观性，就决定了它在内容上的宏观性。因为，"视域作为认识对象的背景，与对象之间要有一个适当的匹配。这不仅是指视域中的背景事物与对象事物要有具体的联系，而且指视域的思想空间尺度与对象尺度也要有一个适合不同需要的恰当的对应关系"①。也就是说，类代际文化和谐在内容上的宏观性，是它在视域上宏观性的必然要求和结果。类代际文化和谐在内容上所具有的宏观性，主要体现在以下几方面：一是代际主体的宏观性。类代际文化和谐是把不断发展的人类社会作为一个有机联系的整体的宏观视域观照，在此种视域下的代际关系主体是前代、本代和后代。前代、本代、后代是一个总体性的概念。具体来说，前代是对生命已经消亡处于退场状态的所有前人的总称；本代是对在场的现实存在着、活动着的所有人的总称；后代是对还未进场但根据人类社会的发展规律必将进场的所有未来人的总称。由此可以发现，类代际的代际主体划分较之社会代际和家庭代际，要宏观和宽

---

① 王前：《"视域"的认识论意义》，《哲学研究》2011年第11期。

泛得多。在社会代际中的代际关系主体，是同一时空下，处于不同年龄段的老年、中年和青年，其实是对在场的本代人的代际划分，因此在代的范围上远比类代际要狭窄得多。而家庭代际是家庭成员的代际划分，其实质是以亲缘关系为纽带的辈分关系，因此在代范围更为狭窄，尤其在当下计划生育的背景下，有时代主体仅为一人。二是文化客体的宏观性。文化即人化，前代、本代和后代在主体范围上的宏观性，必然导致作为客体的文化具有宏观性。宏观原本就是指"大的方面或总体方面"①，因此类代际文化和谐是前代、本代和后代在文化总体或整体上的和谐，而不是在文化某一部分、某个要素上的和谐。而在社会代际文化和谐和家庭代际文化和谐中，文化和谐的范畴相对来说就要狭窄得多。一方面，社会代际的老年、中年、青年，家庭中的各代在范围上远比类代际的前代、本代和后代要狭窄得多，因此与此对应的代文化范围本身就要狭窄得多。另一方面，还因为社会代际的老年、中年、青年，家庭中的各代，处于同一时空之下，面对的是同样的时代、共同的物质社会条件，他们之间的文化差异和冲突，主要集中在价值观念、行为方式、情感体验等方面。而文化和谐是对文化冲突的调适，因此对他们之间的文化和谐考察，重点也将集中在价值观念、行为方式、情感体验等方面，而不是针对所有文化内容。

（三）功能和地位的根本性

代际文化和谐是由家庭代际文化和谐、社会代际文化和谐和类代际文化和谐三个层次共同构成，并在层次结构上呈现出从内至外的扩展趋势。具体来说，家庭代际文化和谐是代际文化和谐的基础，不同家庭的代际文化和谐共同构成社会代际文化和谐，而社会代际文化和谐在时间中的流动和延展又构成了类代际文化和谐。由此，我们可以看出在代际文化和谐的结构中类代际文化和谐处于最顶层，对整个系统起着统领作用。具体来说，主要有以下几方面：一是目标指向上的终极性。类代际文化和谐，把不断发展着的人类社会当作一个有机联系的整体来看待，试图以文化和谐来谋求人类的过去、现在和未来的协调统一，最终目的是要实现人的彻底解放和自由全面的发展。类代际文化和谐所描绘的蓝图，承载了人类孜孜以求的终极梦想，是人的一切活动的最高指向。而代际文化和谐的其他结构层次，由于受到关涉视域的局限，不可能有这样的终极性。二是地位上的根本性。类代际文化和谐是代际文化和谐宏观层次、顶层设计，它与社会代际文化和谐、家庭代际文化和

---

① 《现代汉语大词典》，上海辞书出版社 2011 年版，第 1660 页。

谐之间是整体与部分、全局与局部的关系。马克思主义的辩证法告诉我们，全局与局部的关系是，全局由局部构成但高于局部、统率局部，对局部的发展变化起着决定性的作用；局部是全局的组成部分，局部受制并服务于全局。因此，类代际文化和谐起着统领全局的作用，它直接决定并制约着代际文化和谐的发展。没有类代际文化和谐的实现，就不可能有真正的社会代际文化和谐和家庭代际文化和谐，更不可能有整个代际文化的和谐。这就要求社会代际文化和谐和家庭代际文化和谐必须服从和服务于类代际文化和谐，在各自的层面上为类代际文化和谐的实现做出积极的贡献。三是功能上的导引、规范性。一方面，类代际文化和谐所蕴含的高扬的价值诉求，为社会代际文化和谐和家庭代际文化和谐明确了目标、指明了方向。有了这一方向和目标的指引，社会代际文化和谐和家庭代际文化和谐才会充满希望和无穷的动力，从而支撑它们斩荆披棘，不断追求、不断超越，并在追求和超越中展现自己应有的价值。另一方面，类代际文化和谐还是检验和评价社会代际文化和谐和家庭代际文化和谐的标准。有了这一标准和标尺之后，我们就能对社会代际文化和谐和家庭代际文化和谐做出判断、做出检验，并根据这一标准，在实践中做出自觉、及时的修正，从而规范它们沿着正确的方向和轨道前行。

二、历时性

时间和空间是事物存在和运动的基本形式，时间在空间中分布，空间在时间中流动。其中，时间以过去、现在和将来作为维度，展示事物存在的运动性、顺序性和连续性，而空间则通过方位来展示事物存在的广延性或延展性。类代际文化和谐，是一种纵向的文化和谐，它是以时间作为纵轴的，前代、本代和后代的文化和谐，关注的是人的过去、现在和未来的协调统一，追求的是人类社会发展的可持续。因此，时间是类代际文化和谐最重要的维度，历时性是它显著的特征。但也就是这一历时性特征，让类代际文化和谐面临着质疑和责难。是否存在历时性的文化和谐？前代、本代、后代并不发生直接的交互关系，是否还有文化和谐？回答这些问题，既是消除质疑的需要，亦是将类代际文化和谐的探讨引向深入的要求。

是否存在时间之维的文化和谐，是类代际文化和谐所面临的第一个质疑。传统观点普遍认为，文化和谐是不同形态文化之间以及文化的不同层次之间的和谐。在这样的文化和谐观中，隐含了一个非常重要的前提就是共时性，也就是说文化和谐只发生在同时并存的文化形态之间或文化层次之间，其基本逻辑就是共时才能并存，并存才会发生关系，有关系才可能有和谐。因此，在这一传统观点看来，将文化和谐的探讨，从横向拓展到纵向，从共时转换到历时，是难以想象的。但是，这是否意味着纵向的历时性的文化和谐并不存在呢？答案是否定的。传统的文化和谐观，虽然有一定的合理之处，但是也反映了我们在文化认识视域上的偏狭，我们之所以产生共时性的文化和谐观，就在于我们只看到了文化的现实存在而没看到文化的发展和变化，是一种静止的文化观。因此，突破传统视域的局限，把文化和谐从横向拓展到纵向，从共时转换到历时，不但是必要的，也是必须的，理由具体如下：一是文化是有时间性的，文化总是在时间中存在，在时间中流动。文化是人的文化，文化总是由人来创造的，而创造文化的人正是存在于时间之中。从单个的生命个体来看，人总是要经历出生和死亡，出生到死亡的历程，恰好证明了人的时间性。再从人类整体的生命来看，"尽管人类作为一个总体性的生命存在，它的总体性不只是在于它是同时代的所有人的总和，而在于它不是某一同时代人的'一生'，而是'世代'的人们的生命的接续和传承，指的是从最初的'第一批人'的生命到今天的所有人的生命存在的总和。显然，它处在时间之中"①。人的时间性决定了文化的时间性，人在时间中的流动和分布决定了文化在时间中的流动和分布。而且这样的流动是具有连续性的，基于人类物种的延续的需要，人必须世代相传，而人只要存在就必须创造文化，因此人类种族的绵延也就决定了文化的连续性。也就是文化的连续性，让处于不同时间不同代的文化不再是某一时间上的孤立存在，而是发生着深刻、有机的联系，而联系就是关系，有关系就有一个关系是否良性、是否和谐的问题，因此时间之维的历时性文化和谐，不但存在，而且对文化的发展、人的发展至关重要。二是文化和谐是运动中的和谐，是横向和谐和纵向和谐的统一。事物是不断发展变化的，表征事物之间美好状态的和谐，也应该是运动的、相对的，从来没有也不可能有绝对的、永恒的和静止的和谐。凡是把和谐引向绝对、永恒和静止的探讨，都无疑是刻舟求剑的徒劳。文化和谐表征的是文化整体协调有序、兼容互补、活而不乱的良好状态，这种状态也应该是运动的和相对的。而真正体现文化和谐的运动性和相对性的正是历时性的文化和谐，因为历时性恰好充分证明和展示了事物的运动性。因此，文化和谐不仅有处在同一时空下的不同文化形态、文化层次之间的横向和谐，还有不在同一时空的以时间作为维度的纵向和谐，只有二者的有机统一，才能形成真正的文化和谐图景。

关于前代、本代和后代没有直接的交互关系，是否还存在文化和谐的问

---

① 李鹏程：《当代文化哲学沉思》，人民出版社2008年版，第249–250页。

题，答案是肯定的。第一，前代、本代和后代的不同场，并不意味着他们在文化上的割裂。前代、本代和后代，是以人类整体作为视域，以时间作为维度的代际划分，其基本标志是在不在场，在场的是本代人，已经退场的是前代人，而还未出场的是后代人。也就是说，前代、本代和后代并不生活在同一时空下，不会有直接的接触和碰面。那么，他们之间是否还会发生文化上的关系呢？答案是肯定的。代的退场，只是意味着作为生命个体的一代人的消亡，但并不意味着他们所创造文化的消逝，他们的文化不但被保留下来，而且对后世产生着深刻的影响。每一代人都在前代所创造的文化条件和氛围中进行新的文化创造，然后又将自己所继承的前人文化以及自己新创造的文化一并传递给后代，于是就形成了文化的世代传承机制。而且这种传承具有连续性和无限性，"前一代人向后一代人的'传'以及后一代人对前一代人的'承'，在世代相继不断的连续性中，传就表现为向未来'各个'世代的无限的传，承就表现为对过去'各个'世代的无限的承"①。因此，在文化的世代传承中，将未曾谋面的前代人、本代人和后代人紧密联系在了一起，他们在文化中相遇，在文化中交流，不再受时空的限制与阻隔。也是在这种文化的交流与交互中，代与代之间的文化和谐，变得必要，也变得可能了。第二，前代、本代和后代在文化上的关系仍然具有交互性。关系是相互的，交互性是关系的重要特征，没有交互就没有关系，没有关系就无所谓和谐。这就是历时性的前代、本代和后代之间的文化和谐受到质疑和责难的重要根据。时间是一维的、单向的，具有不可逆性，前代、本代和后代分布在不可逆的时间河流上，他们不可能碰面。从此种意义上，他们之间的文化关系似乎也是单向的、一维的，不可能具有交互性。但事实上并非如此。文化在代际间的传承，是"传"与"承"结合，"传"是前代人对后代人的传，"承"是后代人对前代人的承，在"传"与"承"的有机互动中，代与代之间的文化关系不再是单向和一维的，而是发生着交互性的关系。"后代人虽然无法同前代人一样'亲身'经历事件，但是却可以对前代人的思想和理念进行反思和评论，这种反思和评论就是文化交流的方式。而且正如我们同过去的世代有着文化交流，同样，我们可以设想未来世代也会同我们有这样的交流。"② 第三，在文化的世代传承中仍然有和谐与不和谐的区别。文化在世代间的传承，是文化发展的内在机制和规律，正是在这个意义上我们才说文化是历史的积淀，

---

① 李鹏程：《当代文化哲学沉思》，人民出版社 2008 年版，第 281 页。
② 王韬洋：《正义的共同体与未来世代》，《华东师范大学学报（哲学社会科学版）》2010 年第5 期。

是历史地凝结成的生存方式。但是这种传承，并不是文化连续不断的机械重复，如果仅是这样，那我们还处在人类产生初期的原始文化之中，不可能有今天的繁荣图景。人是有灵性的动物，人不但懂得对自然的超越，还懂得对自身的超越。人所具有的能动性和超越性，使得文化在世代间的传承，不再是简单、机械的复制和传递，而是一种自觉的有所选择、有所取舍的活动。因此，在文化的世代传承中就有一个传承什么、传承多少、如何传承的问题。而代际文化和谐正是对这些问题的科学回答，它为文化在世代间的传承找到了基本的标准和尺度。

类代际文化和谐的历时性，让类代际文化和谐的责任落在了本代人的身上。和谐是一种关系，而且是一种交互性的关系，因此通常来说和谐需要关系主体的各方共同来构建、维护。但是在类代际文化和谐中，却有了例外。类代际文化和谐是前代、本代和后代的文化和谐，前代、本代和后代分布在时间的河流中，他们并不同场，没有见面和接触的机会，也就没有了共同来构建和维护文化和谐的可能。历史的重任只能落到当代人的身上。一方面，从类代际的结构上来看，本代人占据了承上启下的中心地位。在前代、本代和后代所组成的类代际结构中，前代处于时间河流的上游，本代处于中游，后代则处于下游。本代人占据着承上启下的中间位置，是前代人与后代人的桥梁、纽带，前代与后代在文化上的交流，只有通过本代人的传递才能完成。本代人在类代际结构中的中心地位，决定了它必须承担起类代际文化和谐的历史重任。因为，类代际文化和谐实质是文化传承的和谐，而文化传承是否和谐，完全取决于本代人是否能担负起承上启下的文化传承责任，让文化在时间的河流中绵延不绝，繁荣灿烂。另一方面，本代人有在场的先天优势，掌握着文化传承的话语霸权。在前代、本代和后代中，前代人随着生命的消亡已经退场，后代人则因还未出生而没有进场，真正在场的只有本代人。因此，本代人凭借在场的先天优势，掌握着文化传承的话语霸权。由于时间是一维的、单向的，对于前代人来说，伴随着生命的消亡和代的退场，自己的文化创造活动，以及向本代人进行文化传递的使命都已经结束，至于在场的本代人是否承接、承接多少以及如何承接都只能取决于他们自己，前代人因为不在场而无能为力。而对于后代人来说，因为自己还未进场，本代人能否将他所承接的前人的文化以及新创造的文化传递给自己，也只能由在场的本代人说了算。由此，我们可以看出在类代际文化和谐中，前代人和后代人始终处于消极被动的地位，而真正主宰和决定类代际文化和谐命运的是本代人。

三、潜隐性

我们必须承认一个客观事实，无论在理论探讨还是在现实的实践中，类代际文化和谐都往往为大家所忽视。就其原因来说，并不是大家"想不到"，而是大家"看不到"。而看不到的原因就在于，类代际文化和谐具有潜隐性，它往往为其他的社会关系和表象所遮蔽。那么，类代际文化和谐为什么容易为其他社会关系和社会现象所遮蔽呢？

首先，文化本身就具有潜隐性。文化作为超生命的有机体具有潜隐性的特征。首先，文化的潜隐性根源于它的无形。文化是人化的产物，是人基本的生存方式，它内在于人的一切活动当中。人一出生就包裹在文化的氛围和环境中，可以说有人活动的地方就有文化。但是正因为文化的无所不在和无形，所以难以直接把握。其次，文化的潜隐性根源于它的超越性。文化是人的本质对象化的结果，它深刻地体现着人对自然以及对自身的超越，超越性是文化的重要属性。本尼迪克特在《文化模式》中就指出："人这种动物并不像熊那样为了适应北极的寒冷气候，过了许多代以后，使自己长了一身皮毛，人却学会自己缝制外套，建造起了防雪御寒的屋子。从我们关于前人类和人类社会的智力发展来看，人的这种可塑性是人得以发端和维持的土壤。"① 文化的超越性，意味着文化虽然是人现实生活的反映，但不是对现实的直接、简单的反映，它应该高于现实，对人和社会的发展起着积极的引领作用。正是文化对现实的超越，使得文化变得更加抽象和难以把握。

其次，文化和谐容易为大家所忽视。基于文化本身所具有的潜隐性，文化和谐也容易为大家所忽视。具体来说，一是文化冲突不易为大家所察觉。一方面，文化是潜在的，它内化在人的一切活动之中，往往被显在的经济、政治等社会关系以及复杂的社会现象所遮蔽。因此，深藏在社会表象下的文化是否发生了冲突，发生了什么样的冲突，我们很难做出判断。即便是这种冲突已经外化为了现实生活中的冲突，我们也很难将它归为文化的冲突，因为这些冲突并不是直接以文化的方式呈现。另一方面，文化是历史的积淀，文化之间的冲突，也需要由量变到质变的累积。因此，文化冲突既不可能像其他的社会冲突那样频繁，也不会像其他社会冲突那样直接和剧烈。所以，也就很容易为大家所忽视。二是文化和谐的价值很难为大家所认识。文化和谐是文化内部和外部关系的协调，是文化整体兼容互补、协调有序、活而不乱的良好状态，目的是要凝聚各方力量形成推进社会进步的整体合力。但是，

① ［美］本尼迪克特：《文化模式》，王炜译，社会科学文献出版社2009年版，第9页。

文化和谐的这种价值和功能却很难为大家所认识。一方面，文化往往被我们认为是精神性、观念性的存在，是经济、政治所附属的现象和被决定的东西，只要经济、政治和谐了，文化也就和谐了，文化和谐没有什么独立的存在意义和实际的价值。另一方面，文化是一种软实力，它渗透在政治、经济等一切社会领域之中，是推动社会进步的潜在力量。相形之下，不会像经济、军事、科技等硬实力那样，有明晰的观察领域和直观的统计指标，文化和谐所产生的巨大的社会推动作用也很难通过直观的方式直接显现出来，所以很难为大家所感知。而且，文化和谐的作用是潜移默化、长期渐进的，不可能产生立竿见影的效果，也就更容易为大家所忽视了。

再次，类代际文化和谐更容易为大家所忽视。前边已经分析，由于文化自身所具有的潜隐性，文化和谐很容易为大家所忽视，而类代际文化和谐作为纵向性和历时性的文化和谐更是游离在了大家的视线之外。就其原因来说，主要有二：一是类代际文化和谐的纵向性和历时性增加了对它的理解和认识难度。横向是平面和静态的思维，纵向则是立体和动态的思维，从认识规律的角度讲，事物的平面和静态更容易为大家所认识。这就像一辆停着的车我们很容易将它看清，但是当它飞奔起来我们就难以分辨一样。而类代际文化和谐，正是要求我们打破传统的横向思维定式，把眼光从平面转向立体，从静态走向动态，从共时转换为历时，从更深的层面和更高的高度上去考察和把握文化和谐。这无疑增加了我们的理解和认识难度，容易让类代际文化和谐游离在大家的视线之外。二是类代际文化和谐的时空跨越，很难让大家产生对它的价值认同。历时性是类代际文化和谐的显著特征，它突破时空的阻隔，将不同时空下的前代、本代和后代紧密联系在了一起，试图寻求他们之间的文化和谐。类代际文化和谐的时空跨越，让大家对它有遥远的陌生感，很难产生发自肺腑的价值认同。尤其是，前代人已经消亡，后代人还未出现，在此种情况下探讨他们与本代人的文化和谐，难免会有"替古人担忧"和"杞人忧天"的嫌疑，往往会让人觉得这是画蛇添足，多此一举。而且，从现实的角度来讲，当代人与前代和后代人在文化上是否和谐，似乎对当代人的生活并没有什么实质性的影响。比如说，当我们毁坏了前人留给我们的文物，我们不会感到愧对前人，感觉不到我们与前代人和后代人在文化上发生了什么不和谐，即便有影响似乎也是微乎其微的，我们的生活依旧，社会依然前行，世界并没有因此而改变。在这一理念的支配下，前代和后代成了遥远而又陌生的名词，至于与他们的文化和谐更是阻挡在了我们的思维和视线之外。

类代际文化和谐的潜隐性，无疑增加了我们对它的理解和认识难度。但是"潜在"不是"不在"，"不易认识"不等于"不能认识"，突破传统思维的定式，揭开覆盖在类代际文化和谐身上的社会表象的面纱，露出它的本真面目，并让它在人类永续前行的历史进程中熠熠生辉，我们责无旁贷，这亦是本文的旨趣所在。

第二节 当代中国类代际文化和谐的困境

通过对类代际文化和谐特征的分析，我们对类代际文化和谐有了较为清晰的认识。但是，形成这种认识仅仅是一种铺垫，一种手段，而不是目的。真正目的是要用它来考察、分析和解决当代中国的实际问题。因此，接下来笔者将结合类代际文化和谐的相关理论对当代中国的类代际文化和谐的现状进行科学的分析，力图找到其中的真问题，并本着从根源上解决问题的目的，探索中国的类代际文化和谐的新路径。

类代际文化和谐是代际文化和谐的宏观视域，是前代、本代和后代之间的文化和谐。它要求前代、本代和后代在文化上形成兼容互补、协调有序、活而不乱的良好状态。实质是要遵循文化发展的代际传承规律，推进文化发展的可持续。它具体表现为：前代的文化得到充分的尊重、保护和传承；本代文化得到充分的创造和发展；后代的文化选择和发展权得到充分的重视和保护。如果用这样的标准来观照当下中国的实际，我们就不难发现，当代中国的类代际文化和谐建构还面临着诸多的困境，可谓任重而道远。

一、前代文化传承的困境

前代人伴随着生命的消亡，已经退场，但是他们所创造的文化却保留了下来。这些文化遗存是人类永续发展的见证，是我们与遥远的祖先交流、沟通的唯一渠道。保护并传承好这些文化遗存，是我们生存、发展，并走向未来的文化根基。郑振铎就曾指出："每一个民族文化的特征，最好的表现便在各时代遗留下来的古文物、古文书上。……古文物、古文书便是民族文化的眼珠子。凡对于人类文化、民族文化有一点爱护之心的，便都会爱护这些自己民族所遗留下来的古文物、古文书。"[①] 中国有五千多年的悠久历史，在五千年的历史长河中，祖先为我们留下了丰富、灿烂的文化成果。这些文化成果是我们最珍贵的财富，是我们走向更加辉煌的明天的前提和根基。珍爱并传承好这些文化成果，是当代人义不容辞的历史责任。

---

① 郑振铎：《郑振铎文集》，线装书局 2009 年版，第 66—67 页。

也只有完成好了这一历史责任，前代、本代和后代之间的文化才可能实现真正的和谐。但就当代中国的实际来看，距离这样的标准还有很大的差距，还存在着诸多的问题。

（一）物质文化遗产的保护和传承不够

前人留给我们的文化遗产是十分丰富的，既有物质的，又有精神的，既可以是有形的，又可以是无形的。我们通常把有形的以物质作为载体的文化遗产称为物质文化遗产（俗称文物），把无形的文化遗产称为非物质文化遗产。物质文化遗产和非物质文化遗产是文化遗产的不同存在形态，它们共同承载着人类社会的文明，都是我们必须加以珍视和保护的文化遗存。但是由于它们在存在形态上有差异，所以我们在保护的具体手段、措施上也应该有差异。正是基于这种差异性，接下来我们将分别对它们做探讨。

文物是人类文明的物化成果，是中华民族悠久历史和灿烂文化的稀世见证，是不可再生的珍贵资源。保护文物，对于继承和弘扬中华民族的优秀传统文化、建设中华民族共有的精神家园意义十分重大。新中国成立后，尤其是改革开放以来，党和国家十分重视文物保护工作，不断深化对文物事业的规律认识，不断探索文物保护的新体制、新技术、新手段，文物保护事业成就显著。但是，我们也必须看到当前文物保护工作还有很多不尽如人意的地方，形势依然很严峻。

1. 文物保护的模式有缺陷

在我国现行的《文物保护法》中，将文物分为了可移动文物和不可移动文物两类，并在此基础上确立了我国的文物保护的基本模式（详见图3-1）。具体来说，对于不可移动文物，通过设立全国重点、省级、市、县级文物保护单位进行保护。对于可移动文物，主要由博物馆、纪念馆、图书馆以馆藏的方式保护或以民间收藏的方式保护。同时，将保存文物特别丰富并且具有重大历史价值或者革命纪念意义的城市设立为历史文化名城进行保护，将保存文物特别丰富并且具有重大历史价值或者革命纪念意义的城镇、街道、村庄设立为历史文化街区、村镇进行保护。在我国的文物保护的初期，这样的保护模式曾经发挥了十分重要的作用，但是伴随着文物保护实践的深入推进，它的缺陷日益凸显，已经不能满足文物保护新形势的需要了。具体来说，这些缺陷主要如下：

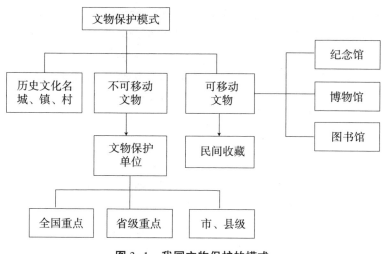

图3-1 我国文物保护的模式

一是保护主体单一，没能形成文物保护的整体合力。文物保护是一个系统工程，需要动员各方力量参与，形成文物保护的整体合力。但是，就目前的文物保护的实际来看，几乎还是政府的独角戏。根据我国《文物保护法》的规定，除极个别属于集体、私人所有的文物外，中华人民共和国地下、内水和领海中遗存的一切文物，属于国家所有。文物所有权的国家属性，决定了文物保护是一项公益性的事业，它需要在政府的主导下进行。但是在实践中，一方面这种"主导"容易演变成"包办"。因为文物保护的机构设立、经费投入、保护的范围和内容都要由政府来决定。长此以往，政府部门容易混淆自己的身份，从"主导"走向"主办"，甚至是"包办"，管得太多，介入得太深。另一方面，政府"主导"容易沦为政府单打独斗。文物是人类文明的成果，是前人留给我们的珍贵遗产，保护文物人人有责。但是在现有的保护模式下，基于对文物的国家所有权的误读，很多人认为自己并不是文物的所有权人，文物保护是国家、政府的事，跟自己没什么太大关系，主动排除了自己的文物保护责任。于是，出现了"政府热"和"民间冷"的局面。

二是文物保护的范围还比较狭窄，很多文物很难得到有效的保护。首先，我国现行的文物保护模式，并不是对所有的文物进行保护。《中华人民共和国文物保护法》（2017年第四次修正）就以列举的方式界定了文物保护的范围："在中华人民共和国境内，下列文物受国家保护：（一）具有历史、艺术、科学价值的古文化遗址、古墓葬、古建筑、石窟寺和石刻、壁画；（二）与重大历史事件、革命运动或者著名人物有关的以及具有重要纪念意义、教育意义或者史料价值的近代现代重要史迹、实物、代表性建筑；（三）历史上各时代珍贵的艺术品、工艺美术品；（四）历史上各时代重要的文献资料以及具有历史、艺术、科学价值的手稿和图书资料等；（五）反映历史上各时代、各民族社会制度、社会生产、社会生活的代表性实物。"很显然，这里并不是将所有的文物都纳入法律保护，而只是对那些满足"具有历史、艺术、科学价值""重要""重大""珍贵""代表性"条件的文物进行保护。这样的规定缺陷十分明显。文物是人类文明的稀世见证，是不可再生的宝贵资源。只要是文物，不管它"珍贵"与否，都是前人留给我们的文化遗产，我们都应该认真加以保护。这既是保护文化多样性的要求，也是人类文化发展的可持续的要求。将所谓的"不珍贵""没有价值""没有代表性""不重要"的文物排除在法律保护之外，显然存在缺陷。"伟人宅地、名人故居有历史认识价值，地主院落、汉奸宅院同样具有历史认识价值。"① 况且，"珍贵""有价值""有代表性""重大""重要"都是相对的，在不同的历史阶段会有不同的判断，今天认为不"珍贵"、不"重要"、没有"价值"的文物，随着时间的推移，很有可能变得弥足珍贵。

其次，我国现行文物保护模式，缺乏对民间文物的有效保护。我国现行的文物保护模式，主要是对国有的文物的保护，对于大量散存在民间的文物究竟该如何保护，缺乏具体的规定和相应的措施，从而使民间文物处于十分危险的境地之中。一方面，散存在民间的文物很难被发现。"遗产是意识到需要保护的那部分文化"②，但是这种"意识"是以一定的知识，很多的时候是以专业的知识作为基础的，而我们大多数民众并不具备这样的知识。很多时候珍贵的文物也被当成了普通的物件，被随意地搁置，任意处理。另一方面，被发现的民间文物也很难得到有效的保护。文物保护是十分专门和专业的活动。但是散存在民间的文物，由于没有专门的机构、专门的经费、专业的人员的支持，即便有保护的想法，也很难得到有效的实施，其效果可想而知。

2. 文物保护的观念有偏差

观念是行为的先导，树立正确的文物保护观念，是推进文物保护事业可持续发展的前提和保证。随着党和国家对文物保护工作的高度重视和有力推进，大家的文物保护认识有了很大提高。但是，认识还不够充分，还存在一

① 苑利：《非物质文化遗产普查工作中的遗产价值认定问题》，《宁夏社会科学》2008 年第 3 期。
② 彭兆荣、Nelson Graburn、李春霞：《艺术、手工艺和非物质文化遗产：动态中操行的体系》，《贵州社会科学》2012 年第 9 期。

些误区，具体来说主要如下：

一是存在文物保护可有可无的观念。保护文物是对我们共有的精神家园的守护，是功在当代、利在千秋的伟大事业。但是，目前还有不少人缺乏这样的认识，仍然认为文物保护可有可无。在他们看来，文物是前人的遗存，它只与消逝的前人有关，对当代人来说并没有太多的意义，没有它最多是生活中缺少一些点缀而已，并不会产生任何实质性的影响。因此，投入大量的人力、物力、财力来保护文物是完全没有必要的。如果要牺牲眼前看得见的利益去保护文物，那更是不可思议。当要求加强文物保护时，他们就会以经费紧张、人员缺乏等理由进行搪塞，总之为了不保护文物，一万个理由都能找到；当文物保护与经济发展、城市建设发生冲突时，他们又会毫不客气地牺牲文物。很多文物古迹、文化街区，就在经济建设、现代化发展的大潮中，轰然倒塌，销声匿迹。

二是将文物保护等同于文物保存。文物是以物质作为载体的有形文化遗产，它是人类文明的历史物证。没有物质这一载体，文物的文化内涵和价值将无所依托。因此，保护文物需要保护它的物质形式。但是这并不意味着，这就是文物保护的全部内容。因为，文物是"文"和"物"的结合和有机统一，"物"只是它的形式，"文"才是它的实质内容。文物之所以成为文物就在于它蕴含和凝结着人类的文明，没有文化，文物就和其他普通的物品没有了区别。因此，在文物保护中，保护它的物质存在只是前提和手段，挖掘和传承它的文化内涵才是目标。但是，在目前的文物保护实践中，很多人把手段当成了目标，文物保护沦为了文物保管。他们将所有的精力都集中在文物的物质保存上，认为只要文物存在，文物保护的使命也就完成了。

三是将文物保护混同于"复古""仿古"。文物是历史的积淀，每一件文物上都镌刻着人类文明的历史印迹。保护文物就是要保护它的历史本真性。但是，在今天的文物保护中，我们似乎陷入了一种误区。认为文物既然珍贵，何不依葫芦画瓢，多建一些，多造一些，这样岂不是延长了文物的生命力，扩大了它的影响。于是，全国各地刮起了一阵"复古""仿古"之风。在这股风潮中，大家无不认为这是对文物的最好保护，是对中华优秀传统文化的最好传承和弘扬。其实，文物岂能重建？复古、仿古，最多是物质材料、外观形式等方面的相似，但那些凝结在文物中的文化内涵，如何复制得了，如何重建得了。失去了文化的本真，这些复制、重建之物只剩下没有灵魂的物质外壳，对于人类的文明传承、精神家园的守护有何意义？而且，在这股"复古""仿古"的风潮中大量的历史文化街区被拆除、很多珍贵的文物被摧毁，换来的却是一系列"古色古香"的赝品。

3. 文物保护的功能发挥不足

保护文物不是为了保护而保护。文物保护是保护和利用的有机统一，保护是利用的前提，利用才是保护的目的。所谓利用，就是将文物应有的功能和价值充分发挥出来，让前人的文化成果惠及全体人民。一般说来，文物保护具有三大功能：科研功能、教育功能和经济功能，其中科研功能和教育功能是基本功能，经济功能是延伸功能。而在基本功能中，科研是基础，教育是出发点和落脚点（见图 3-2）。但就目前我国文物的利用现状来看，文物保护的功能还没有得到充分的发挥，主要问题如下：

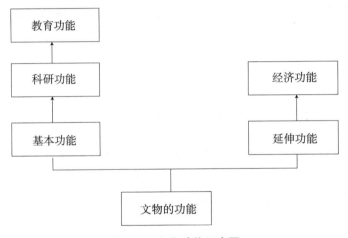

图 3-2 文物功能示意图

一是过分倚重经济功能。文物的珍贵，在于它所蕴含的文化价值，而非经济价值。保护文物主要是为了延续和彰显它的文化价值，而不是为了追求经济利益，"我们所说的金山银山，并不是真正物质上的金、物质上的银，它是一种知识财富的进步，是一种文化传统的进步，这个文化是可以发掘的，而且是永远发掘不完的"①。但是在今天文物的保护中，大家似乎更看重它的经济功能，甚至还把它作为唯一的目标，极大地影响和贬损了文物应有的价值，背离了文物保护的本意。一些文物管理者和保护人为追求经济利益，甚至不惜破坏、损毁文物。比如，作为人类文化遗产瑰宝的故宫，为追求经济利益，居然在院内开"星巴克"咖啡馆，开高档的私人会所；一些文物保护单位为追求高额的旅游收入，过度开发，根本不考虑文物的承受能力等。在

① 阮仪三：《保护历史文化遗产要做的还很多》，《世纪论坛》2018 年第 1 期。

不断高涨的文物旅游中，一些珍贵的文物被损毁，很多历史古迹遭到严重的破坏。一些古城镇、历史文化街区在现代商业和旅游业的包裹和冲击下，原有的文化生态遭到严重破坏，只剩下了文化的空壳。

二是科研功能薄弱。科研是文物保护的基础功能，它在很大程度上决定和反映着文物保护的水平。但是，就目前的情况来看，文物保护的科研基础还很薄弱，支撑作用还不明显。这从 2017 年文物业的科研相关统计数据中就可窥一斑。2017 年全国共有文物机构 9931 个，其中文物科研机构为121 个，仅占 1.2%；文物业累计从业人员 161 577 人，其中文物科研机构从业人员 3995 人，仅占 2.47%；文物业专业技术人才 50 893 人，仅占全部从业人员的 31.49%，而在专业技术人才中正高级职称 2476 人占 4.87%，副高级职称 6745 人占 13.25%，高级职称的比例仅为 18.12%。[1] 由此，可以看出我国文物系统缺乏专门的科研人才，尤其是缺乏高级专门人才，这在很大程度上制约了文物科研的发展。从科研成果来看，2017 年全国文物科研机构累计承担省部级以上科研项目 117 项，人均 0.029 项；获得专利 7项，人均 0.001 8 项；出版专著或图录 85 册，人均 0.021 册；撰写古建维修、考古发掘报告 184 册，人均 0.046 册；发表论文 831 篇，人均 0.2篇。[2] 这些数据，充分反映了当下文物系统的科研还十分薄弱，还远没有成为文物保护的内在支撑。

表 3-1　2017 年全国文物业科研从业人员基本情况

机构名称	机构数（个）	从业人员（人）	专业技术人才（人）	正高级职称（人）	副高级职称（人）
文物业	9931	161 577	50 893	2476	6745
文物科研机构	121	3995	2592	310	548

① 中华人民共和国文化和旅游部：《中国文化文物统计年鉴 2018》，国家图书馆出版社 2018 年版，第 330 页。

② 中华人民共和国文化和旅游部：《中国文化文物统计年鉴 2018》，国家图书馆出版社 2018 年版，第 346-347 页。

表3-2　2017年全国文物保护科学研究情况

机构数（个）	从业人员（人）	省部级以上科研项目（项）	专利（项）	专著或图录（册）	古建维修、考古发掘报告（册）	发表论文（篇）
121	3995	117	7	85	184	831
人　均		0.029	0.001 8	0.021	0.046	0.2

三是教育功能不足。教育功能是文物保护的核心功能，是文物保护的立足点和出发点。保护文物就是要充分挖掘它的文化价值，用它深厚的文化内涵去熏陶全体民众，从而使民众的思想境界和文化水平得到提升。但是，就目前来看我国文物保护的教育功能还没有得到充分发挥，文物的文化价值还没有得到充分的彰显。这主要体现在以下几方面：

第一，教育功能没得到足够的重视。教育是实现文物的文化价值的主要途径。只有通过教育，文物的价值才能得到充分的彰显，文物保护的成果才能真正惠及全体老百姓。有学者曾指出："博物馆是知识的殿堂、历史的聚宝盆、文化传承的载体，具有承前启后，激发人们省思、净化、学习的教育功能，是构成教育潜能的基础，是终身教育和全民教育的重要基地。"[1]但是，长期以来，我们在文物保护中存在着"以物为本""见物不见文"的现象，只注重文物的物质保存，而忽视对文物的文化价值的挖掘与传播。以至于很多珍贵的文物被束之高阁，远离大众，被很好地"藏"了起来，博物馆成了"文物仓库"，管理者成了忠实的"看护人"。比如，2017年全国博物馆文物藏品数为36 623 080件（套），但基本陈列为12 189个，临时性展览为12 422个，陈列展览累计24 611个，展出比仅为0.067%。[2]

第二，教育手段和形式还比较单一。教育是对文物的文化内涵的传播，而传播要真正有效，就需要创新传播形式和手段，不断增强文物文化的吸引力和感染力。但是就目前的文物教育来看，仍以被动性陈列展示为主。这样的方式，缺陷十分明显。一是没能将教育作为首要目标，把展览与教育相结合，深入挖掘文物的文化内涵，往往是为了展览而展览，展览一开完事大吉。

---

① 陆建松：《关于我国博物馆学研究及其学科建设的思考》，《东南文化》2009年第6期。
② 中华人民共和国文化和旅游部：《中国文化文物统计年鉴2018》，国家图书馆出版社2018年版，第338-339页。

二是缺乏针对性，没能针对不同的受众对象推出不同的活动，提供差异化的服务，尤其对青少年儿童的教育活动重视不足。三是手段陈旧，形式单一，很多展示仅简单标注展品的名称、年代、出土地点等，不能充分揭示文物背后的底蕴与脉络，较难激起参观者的兴趣。四是互动不够，观众在参观中往往是机械被动地走马观花，既得不到有效的释疑解惑，更难有深刻的体验。

第三，服务意识和水平有待提高。文物教育就是要充分展示和传播文物的文化内涵，让前人的优秀文化成果惠及全体民众。因此，以人为本，服务大众，不断满足人民的精神文化需求是文物教育的基本立场。但是，就目前的情况来看，这种服务大众的意识还很欠缺。一些文物保护机构不从人民群众的文化需求出发，而是从经济利益出发，忽视了文物的文化教育功能。以不可移动文物为例，我国大多数的不可移动文物位于名胜风景区内，据不完全统计，在全国187处国家级名胜风景区中，至少包括93个全国文物重点保护单位、50个省级文物保护单位和100个县级文物保护单位。[①]这些名胜风景区一般都有较为昂贵的门票，而且级别越高门票越贵。这就意味着参观这些文物，必须购买昂贵的景区门票。那些支付不起门票的民众被阻隔在了景区门外，接受文物的文化熏陶也成了一种奢望。一些文物保护机构在发展中，盲目追求建筑外观的漂亮和设施的先进，却不在主动融入社会、提供人性化的服务上下功夫，文物文化很难走进普通民众的日常生活。一些文物保护机构在文物的宣传、教育中，不能贴近群众、贴近实际、贴近生活，不能用深入浅出、通俗易懂的语言，寓教于乐的形式来阐释、传播文物的文化内涵。文物教育缺乏亲和力、感染力和吸引力，很难达到预期的效果。

（二）非物质文化遗产的保护与传承不足

非物质文化遗产是无形的文化遗产，是"各族人民世代相承的、与民众生活密切相关的各种传统文化表现形式（如民俗活动、表演艺术、传统知识技能，以及与之相关的器具、实物、手工制品等）和文化空间"[②]。它生动地反映了人类的创造与奋斗，是活态的历史实录。保护和传承非物质文化遗产，是传承中华文脉，弘扬民族精神，建设中华民族共有精神家园的重要内容。党和国家高度重视非物质文化遗产保护工作，尤其在2004年8月我国加入联合国教科文组织《保护非物质文化遗产公约》以后，更是将非物质文化遗产保护作为了文化工作的重点，进行了全面的部署和深入的推进，取得良好的

---

① 刘世锦、林家彬、苏杨：《文化遗产蓝皮书：中国文化遗产事业发展报告（2009）》，社会科学文献出版社2010年版，第52-53页。

② 刘魁立：《论全球化背景下的中国非物质文化遗产保护》，《河南社会科学》2007年第1期。

成效。颁布实施《中华人民共和国非物质遗产保护法》，非物质遗产保护工作进入依法保护的新阶段；建立国家、省、市、县四级非物质文化遗产代表性项目名录体系，分级保护非物质文化遗产；建立非物质文化遗产代表性传承人认定和评审体系，加强代表性传承人的保护；设立文化生态保护实验区，加强非物质文化遗产的区域性整体保护。但是我们也应该看到，当前我国的非物质文化遗产保护工作仍有不足，还需要加以改进。具体如下：

1. 保护进路上有缺陷

保护非物质文化遗产，就是要保护它的生命力。而非物质文化遗产是无形的文化遗产，是活态存在。那么如何才能确保它的生命力呢？我们当前采取的保护进路主要有两种：一是"文物化"进路，即将非物质文化遗产物质化，通过保护物质来保护非物质文化遗产；二是"产业化""商业化"的进路，即把非物质文化遗产资源作为资本，通过批量生产或商业化运作，产生经济效益，在生产实践和商业运作中延续它的生命力。这两种进路虽有一定的合理性，但是从保护非物质文化遗产的本意以及实际的效果来看，缺陷又是十分明显的。

（1）"文物化"进路不利于非物质文化遗产的保护。首先，文物化抹杀了物质文化遗产与非物质文化遗产的界限。非物质文化遗产是一种无形的文化遗产，虽然它往往也要通过一定的物质载体来表现，但是我们所要关注和保护的并不是它的物质层面，而是隐含在物质层面之后的精神内涵。比如，蜡染、剪纸、刺绣等传统手工艺，的确需要有形的物化作品来表现，但我们将它们作为非物质文化遗产进行保护的时候，保护的绝不是具体的作品，而是手工艺本身。试图将非物质文化遗产文物化，通过保护文物来保护非物质文化遗产的做法，无疑是舍本逐末。其次，文物化遏制了非物质文化遗产的生命力和创造力。物质文化遗产是文化传统的静态存在，是物化的时间记忆，对它的保护我们可以采用强制的手段，将其固化保存。而非物质文化遗产是一种活态存在，它与人们的生活实践密切相关，是发展着的文化传统，"反映的是人类的过去、现在以及将来的创造力"[①]，保护非物质文化遗产就是要保护它的生命力和创造力。简单地将物质文化遗产保护的方法挪用到非物质文化遗产的保护上，则会割裂非物质文化遗产与民众生活的纽带，遏制了它在新时空下的新发展。

（2）"产业化"和"商业化"同样不利于非物质文化遗产的保护和传承。

---

① 刘魁立：《非物质文化遗产及其保护的整体性原则》，《广西师范学院学报（哲学社会科学版）》2004 年第 4 期。

在非物质文化遗产保护面临资源稀缺、环境恶化、资金短缺的背景下，产业化和商业化似乎是一个不错的选择。这样既可以使非物质文化遗产在产业化和商业化中得到有效的保护和发展，又可以使非物质文化遗产潜在的经济价值得到充分的开发和利用，岂不美哉。但事实上这样的两全其美，几乎是不可能的。首先，商业的逐利本质容易背离非物质文化遗产的保护初衷。因为，"所有的文化一旦进入市场，只是被浅薄地利用，那些表面的形式能够获得市场的青睐，而深刻的文化内涵却常常遭到遗弃"①。于是我们看到，一些地方为了谋取经济利益，将庄严神圣的婚丧嫁娶的仪式日复一日、年复一年地表演，其本身的庄严和神圣不复存在；一些古镇、古村落的原住居民被迁走，取而代之的是来自天南海北的商家，他们叫卖的是全国各地大同小异的旅游纪念品，经营的是现代的网吧、咖啡厅、KTV，古镇、古村落成了徒有虚名的文化空壳。其次，商业化的包装和改造容易破坏非物质文化遗产的本真性。因为，产业化、商业化的实质是商业化的包装和市场化的改造，这种改造和包装是以市场为导向，以经济利益为目标，以消费者的喜好作为标准的，很少会顾及非物质文化遗产本真的内容和内在发展规律。有时为了赢得市场，获取利润，还不免要对非物质文化遗产改头换面、涂脂抹粉做一些装扮，添油加醋、插科打诨找一些噱头。当这些经过改造和包装后的非物质文化遗产以"崭新"的面目出现的时候，或许会赢得市场的青睐和消费者的喜爱，却失去了自己的本真，沦为了文化的赝品。比如，在经济利益的驱动下，一些原本在田间地头才有的生产技术，经过包装也华丽转身为表演节目，出现在了酒店大堂、民俗舞台，而表演者浑然不知其深意，神情麻木，动作机械，显得不伦不类，令人啼笑皆非；供奉在藏区寺庙和家里的，有着严格制作程序和仪式的"唐卡"，也被包装成了旅游商品大量销售，其观念的内涵被无情抽去；一些在失去亲人后才唱的哭丧歌，也被包装成了展演节目，在舞台上一遍一遍地为观众表演，原本的庄严和悲痛之情荡然无存。再次，产业化所要求的规模化和标准化容易破坏非物质文化遗产的文化个性。大工业生产无疑是实现规模化和标准化的最好方式。而"大规模机械化生产其艺术产品，甚至抛弃了一些传统的制作工艺和重要的工具，生产出来的产品已经不是我们所要保护的非遗，只是一件失去文化内涵的商品而已"②。

---

① 马知遥：《非遗保护的困惑与探索》，《民俗研究》2010 年第 4 期。

② 马知遥、常国毅：《非物质文化遗产教育性保护的方法论与道路探究》，《民族艺术研究》2019 年第 6 期。

2. 对非物质文化遗产的传承不足

与物质文化遗产相比，非物质文化遗产是一种"活文化"，它存在于人们的日常生活中，靠代与代之间的口传心授、耳濡目染来延续。"传承性"是非物质文化遗产的重要特性。《保护非物质文化遗产公约》强调指出："这种非物质文化遗产世代相传，在各社区和群体适应周围环境以及自然和历史的互动中，被不断地再创造，为这些社区和群体提供持续的认同感，从而增强对文化多样性和人类创造力的尊重。"因此，保护非物质文化遗产不仅是要保护其文化形态，更重要的是要对其进行传承。也就是说，让有价值的非物质文化遗产持久地延续下去，才是非物质文化遗产保护的根本目的。然而就当前的情况来看，传承不足恰好是当下非物质文化遗产保护所面临的重大问题。

一是对传承人的保护不足。非物质文化遗产是世代传承中的"活文化"，它的存在和延续都必须靠人来完成，人是非物质文化遗产绵延不绝的核心。因此，保护非物质文化遗产首先要保护传承人。但我国目前对传承人的保护还存在不足。首先，保护范围有限。传承是"传"和"承"的结合，"传"是传授，"承"是继承，有"传"有"承"，才是完整的传承。作为非物质文化遗产传承主体的传承人，也应该包含传授者和继承者两方面。但是，就当下来看，无论在制度上还是实践中，我们对"传承人"的保护，都仅仅局限于对传授者的保护，并不包含继承者。有传授人而无继承者，传承何以进行？非物质文化遗产何以延续？而且这种对传授者的保护，也不是针对所有的传授者，而是针对个别有"代表性"的传授者。但事实上，很多非物质文化遗产都是由群体来创造、持有的。将非物质文化遗产传承的希望寄托在个别所谓的"代表性"传承人的身上，难以契合非物质文化遗产的存在和发展规律，传承效果也会受到影响。其次，保护力度有待加强。非物质文化遗产大多生长在民间，属于草根文化，在传统观念中这些草根文化不是正式的知识体系，算不上"文化"，根本上不了台面。甚至有时候我们还将它与文化糟粕混为一谈，认为某种意义上非物质文化遗产就是封建、落后的代名词。长期以来，非物质文化遗产都处在边缘化地带和被遗忘的角落。今天，非物质文化遗产的意义和价值已经越来越为大家所认识，但是对它的偏见不可能在瞬间改变。因此，就全社会来看，对非物质文化遗产保护的重视仍显不够，力度还有所欠缺。尤其是很多存在于民间的独门绝技，由于缺乏应有的关注，处于自生自灭的状态，往往是随着传承人的离世而人亡艺绝。"以戏曲为例，1949年统计时为360种，1982年统计为317种，而2004年再次统计时发现，大陆现存戏剧品种仅为260种左右，短短的60年间，损失了传统剧种134种，占戏剧品种总量的35%。"①

二是在保护的理解上有偏差。为什么保护非物质文化遗产？传统保护非物质文化遗产的什么？这是非物质文化遗产保护中的基本问题。但就目前的情况来看，我们的理解还存在一些偏差。具体体现如下：首先，将保护理解为给予某种优待。一方面是我们把非物质文化遗产代表作、代表性的传承人当成了一种如同"劳动模范""三八红旗手"一样的"头衔""荣誉"。大家更关注的是这样的"头衔"和"荣誉"如何获得，以及获得之后能带来什么样的好处，而不是如何更利于非物质文化遗产的传承。另一方面，我们认为对非物质文化遗产最好的保护就是给传承人优厚的待遇和条件，把他们养起来。殊不知，"养尊"不一定"处优"，原本生长在野外的花朵到了温室里只能枯萎，以简单的"优待"的方式保护非物质文化遗产并不利于其传承。其次，将保护理解成了垄断。非物质文化有别于物质文化的鲜明特点之一在于它的共享性。这里所说的共享"是指不同的人，不同的社群、族群，能够同时持有共同享用共同传承同一文化创造成果"②。而在今天的非物质文化遗产的保护实践中，我们往往将保护理解成了一种专有和垄断，认为最好的保护就是给予垄断权和专有权，把非物质文化遗产像专利一样保护起来。当我们把产生于民间在长期历史过程中世代相传的非物质文化遗产作为一己的"发明"垄断起来不传承、不交流的时候，非物质文化遗产如何还能实现共享呢？这样的保护不是对其生命的延续，而是对其生命的阻止。

三是相关参与者的协调不够。非物质文化遗产的保护是一项长期的系统工程，它需要各方参与。但是参与各方的利益和诉求却并不一致，"商业立场、政府立场、学术立场与民众的立场之间有时可能呈现出某种程度的不和谐"③。比如，作为文化享有者的普通民众往往希望非物质文化遗产尽可能保持原汁原味不受现代化的侵扰；作为文化持有者的当地民众则希望能摆脱传统的"包袱"过上现代人的生活；而作为商家来说则把非物质文化遗产作为一种商业资源希望能带来尽可能多的商业利益。这就需要我们充分考虑各方诉求，协调各方利益，形成整体合力，否则非物质文化遗产的保护将走向片面甚至是反面。而当下的非物质文化遗产保护中协调各方的体制机制还不够

① 刘魁立：《保护好我国非物质文化遗产》，《中国人大》2012年第11期。

② 刘魁立：《非物质文化遗产的共享性本真性与人类文化的多样性发展》，《山东社会科学》2010年第3期。

③ 刘魁立：《非物质文化遗产及其保护的整体性原则》，《广西师范学院学报（哲学社会科学版）》2004年第4期。

健全，力度、深度还有所欠缺，效果还不够理想。甚至存在政府一厢情愿推进"保护"举措；商家为获取商业利润大肆挥霍文化遗产资源；当地民众抵制政府、商家的不和谐情形。这样的不和谐必将影响非物质文化遗产的保护和传承。

3. 对非物质文化遗产生态的保护缺乏

任何一种文化事象都有它赖以存在和发展的生态。非物质文化遗产作为一种"活态文化"，更离不开它的文化生态。因此，保护非物质文化遗产必须树立整体性的保护理念，不仅要保护它的表现形式，还要保护它的文化生态。在《保护非物质文化遗产公约》就强调要对非物质文化遗产的"文化空间"进行保护。但是在今天我们的非物质文化遗产保护中，文化生态的保护还很欠缺，这在很大程度上制约了非物质文化遗产的保护效果。这主要体现在：

一是在理念上的原生态意识缺乏。非物质文化遗产作为一种文化，如同其他文化一样有其自身的生态系统。但是，大家在认识非物质文化遗产的时候关注更多的是它外在的文化具象而忽视它的存在生态。比如，说到剪纸、蜡染、刺绣等传统手工艺，我们首先想到的是它们的作品，然后是工艺，而很少想到它们所产生的自然和人文环境。其实，每一个非物质文化遗产事象都有其特定的自然和人文环境。比如，川江号子是四川和重庆江边的拉纤工人劳动时的歌声，没有长江水域的特定环境，没有劳动时的艰辛，川江号子就不可能那么悲苦雄壮，极具震撼力。再比如，唐卡是藏族的艺术精品，如果缺乏对藏区的自然环境和宗教信仰的理解，就很难领略到它内在的魅力。如果，仅仅将非物质文化遗产当作一个孤立的文化事象来进行保护，不仅不会延续它的生命力，反而会加速它的消亡。尤其在今天"非遗生存的文化生态环境急剧改变，资源和资料流失严重，依附于传统农业经济生产生活上的非遗因生计与生活方式改变，失却生存基础"①。树立非物质文化遗产保护的文化生态意识愈加显得迫切。

二是实践上的解构主义保护。"非物质文化遗产系统是一个历史、文化、人类、环境、传承方式等诸多要素相互作用和有机聚合的整体物象。"② 需要进行整体性保护。但是，在实践中我们往往不是进行整体性的保护，而是采取解构主义的办法，即"把保护对象从一种完整的、庞大的体系中抽取出来，

---

① 安学斌：《21 世纪前 20 年非物质文化遗产保护的中国理念、实践与经验》，《民俗研究》2020 年第 1 期。

② 安学斌：《21 世纪前 20 年非物质文化遗产保护的中国理念、实践与经验》，《民俗研究》2020 年第 1 期。

给予特别的关注"①。这种开小灶式的保护，从表面上看保护意味似乎更浓，但是实质上却是对非物质文化遗产的伤害。首先，解构主义模式不利于非物质文化遗产的总体保护。解构主义的保护模式是一种开小灶式的保护，它只能针对极少数的非物质文化遗产，而不是全部。当我们对个别的非物质文化遗产关爱有加的时候，就意味着要对更多非物质文化遗产的漠视甚至是遗弃。其次，解构主义模式就是对被保护的非物质文化遗产来说也未必是一件好事。解构主义保护模式，要求将保护的对象从它生存的环境中抽取和剥离出来。一方面，这种抽取和剥离，必然会破坏保护对象的本真性和完整性。因为本真性"是指一事物仍然是它自身的那种专有属性，是衡量一种事物不是他种事物或者没有蜕变、转化为他种事物的一种规定性尺度"②。这种规定性不仅包含其自身还包含它所处的生态。任何一种文化事象，一旦离开了它赖以生存的环境，文化基因的谱系就会断裂，文化形式也就失去了它原有的本质和意义，自然也就失去它的本真性。另一方面，这种抽取和剥离，切断了保护对象与生存环境的血肉联系，必然影响保护对象的生命力。非物质文化遗产作为一种活态、流变的文化，需要在它赖以存在的环境中去吸取养分。一旦脱离了生存的环境，也就切断了养分供给，非物质文化遗产就无法存活。这就像鱼儿离不开水，鸟儿离不开蓝天一样。因此，只要脱离了非物质文化遗产的生长环境，无论给予再多的观照和优待，都不是保护而是伤害。比如，一位民间的故事大王，如果给他某种"照顾"，发给他工资，让他到大剧院讲故事，由于离开了他讲故事的田间地头，故事大王是越来越不会讲故事了。这不是一种保护，而是一种捧杀。

二、本代文化创新的困境

在人类文化的代际传承中，每一代人既要继承前人的文化，又要不断创新，创造属于自己的代文化。在今天，前代人完成了他们的文化创造使命已经退场，后代人还未出场，文化创新的使命便历史地落在了当代人的肩上。当代人能否完成文化创新的使命，创造出更多更优秀的文化成果，直接关系到人类文化的繁荣与发展。当代中国人在文化创新的道路上，做了很多努力，取得了很多成就，为人类文化的繁荣与发展做出了积极的贡献。但我们也必须看到，我们还存在很多不足，还面临着诸多的困境。

---

① 刘魁立：《论全球化背景下的非物质文化遗产保护》，《河南社会科学》2007年第1期。
② 刘魁立：《非物质文化遗产的共享性本真性与人类文化的多样性发展》，《山东社会科学》2010年第3期。

（一）"现代性"追求中的文化创新困境

"'现代性'指大约从 17 世纪开始在欧洲出现，此后程度不同地在世界范围内产生影响的社会生活或组织模式。"① 它 "反映着人控制环境的知识亘古未有的增长，伴随着科学革命的发生，从历史上发展而来的各种体制适应迅速变化的各种功能的过程"②。这一过程是人类历史进程中必然经历的阶段，任何国家和民族都不可能逃脱这一过程。近代以来，中国一直致力于现代化的追求，直到今天现代化也还没有完成。因此，现代化是还未完结的话题，关于中国问题的一切探讨都应关注该语境。对当代中国文化创新问题的探讨，也不应例外。而当我们在现代化的语境，考察当代中国的文化创新的时候，不难发现，由于在现代化的道路上西方发达资本主义国家是先行者，他们的现代化思想影响深刻、广泛，以至于在不少人看来，现代化就是西方的现代化。这样的现代化理解对我们的文化创新制造了诸多障碍。

1. 现代性追求容易造成人的自我迷失和精神危机

现代性是人类迄今为止，最大和最为深刻的社会变革。它带来了科学技术的突飞猛进，生产力的大大提高，物质财富的急剧增加……但也带来很多现代性的危机。其中人的自我迷失和精神危机就是最为突出的问题之一。首先，在现代性追求中，对物质财富的迷恋与崇拜，容易造成人的自我迷失和精神危机。在现代化进程中，伴随着科学技术的发展和生产方式的变革，物质财富急剧增加。久而久之，物质财富的增加成了现代性最为明显的标志。人们对现代性的追求，也变成了对物质财富的追求。而且基于人性欲望的无止境，这种追求也将无止境。当人们搭上物质财富追逐的高速列车飞奔的时候，人的精神、信仰，人存在的意义和价值等作为人最为本质的东西却在一点一点地沦丧。"人类成为在地球上无家可归的人。……精神已被贬低到只是为实用功能而认识事实和进行训练。"③ 而作为文化内核的精神都已沦落，何谈文化创新。其次，在现代性追求中，容易丧失对现实的超越和对人类社会的终极追求。现代性是人类历史发展的必经阶段，但毕竟不是最后阶段，"它们是世俗的、'有限'的，因而也就不能构成人类真正的终极关怀，不能提供

① Anthony Giddens, The Consequences of Modernity ［M］. California：Stanford University Press, 1991, p. 1.

② ［美］布莱克：《现代化的动力》，段小光译，四川人民出版社 1988 年版，第 11 页。

③ ［德］卡尔·雅斯贝尔斯：《时代的精神状况》，王德峰译，上海译文出版社 2003 年版，第 22 页。

一个完整的意义世界"①。然而，今天有很多人却将有限的现代性作为价值意义来追求，把全部的精力都集中到了现实生活上，"活在当下""及时行乐""今朝有酒今朝醉，明日有愁明日忧"反而成了他们的座右铭。当超越现实的豪情被世俗的生活逐渐吞噬，生活也就失去了意义和价值。正如奥伊肯所说："倘若人不能依靠一种比人更高的力量努力去追求某个崇高的目标，并在向目标前进时做到比感觉经验条件下更充分地实现他自己的话，生活必将丧失一切意义与价值。"② 超越性是人的本性，也是文化的本质属性，人类文化正是在对现实的不断超越中获得发展的。因此，超越的本性一旦丧失，文化创新的脚步也就会停止。

2. 现代性追求容易导致文化的同质化和单一化

多样性是文化的基本属性，没有多样性，就没有人类文化的繁荣和发展。2001 年联合国教科文组织通过的《世界文化多样性宣言》就指出："文化多样性是文化交流、革新和创作的源泉，对人类来讲就像生物多样性对维持生物平衡那样必不可少。"从此种意义上讲，文化创新也就是要创造更多更丰富的文化成果，让人类的文化世界更加色彩斑斓。然而，在现代性的追求中，很容易导致文化的同质化和单一化。

首先，作为现代性标志的工业化容易导致文化的同质化和单一化。工业化是传统社会进入现代社会的主要标志和内在推动力量。可以说，没有工业化就没有现代化。所有进入现代化的国家，在时间上虽然有早有晚，但是无一例外都选择了工业化的道路。但是工业化也给文化创新带来了深刻挑战。因为，现代工业的生产方式是拒绝差异性的，它希望排除一切偶然的因素，让生产尽可能在明确和统一的标准下进行。标准化、规范化和统一化成了工业化的基本要求和基本理念。伴随着工业化的深入推进，这些要求和理念会逐渐渗透社会的各个领域，成为主导性的社会理念。而标准化、规范化和统一化一旦成了社会的主导，文化之间的差异也会被逐渐抹杀，文化从多样走向了同质和单一。"同质性构成了世俗世界的强化形式。其特征在于它是一个生产的社会，一个以占有为目标的社会，一个实用的社会。一切不能被占有而被视为无用的东西，就被当作异质性排除在社会同一体之外。"③

其次，作为现代化标志的城市化，又会进一步扩大和固化文化的同质化。城市化是现代性的另一个重要标志。城市虽然古已有之，但是在传统的农业

① 许纪霖：《终极关怀与现代化——读托克维尔著作述感》，《读书》1991 年第 1 期。
② ［德］奥伊肯：《生活的意义与价值》，万以译，上海译文出版社 1997 年版，第 41 页。
③ 汪民安：《文化研究关键词》，凤凰出版传媒集团、江苏人民出版社 2007 年版，第 333 页。

社会，城市依附于农村，城乡差别并不明显。但是，随着大工业的出现，大批工厂在城市建立，现代的生产方式以及由它所带来的生活方式的现代化首先在城市发生，渐渐地城市的功能和地位也发生了根本性的变化，俨然成了"经济、政治和人民的精神生活的中心……前进的主要动力"①。而且伴随着工业化的深入推进，城市的规模不断扩大，不断向乡村延伸，农村的人口也不断向城市集中。城市化虽然扩大和提高了社会的现代化水平，但也加剧了文化的同质化。一方面，城市化不断扩大，让城市文化的同质化程度愈来愈高。在现代性的追求中，城市化呈现出一种疯狂膨胀的趋势，然而膨胀只是规模和数量，而不是文化。相反在城市化的膨胀中，彼此抄袭，相互模仿的现象愈来愈严重，呈现出"千城一面，万楼同貌"的文化景象。今天，南方与北方、东部与西部、大中小城市的文化差别微乎其微，都是一样的高楼，都是一样的街道，都卖同样的东西，都过差不多一样的生活……另一方面，城市化吞噬了乡村文化。乡村与城市不只是地域、经济或政治概念，更是文化概念，"区别市镇和乡村的不是大小而是一种心灵的存在"②。然而，在现代化的进程中，城市的膨胀是疯狂的，"巨大的城市把乡村吸干了，不知足地、无止境地要求并吞咽新的人流，直到它在几乎无人居住的乡村荒地中变得精疲力竭和死去为止"③。城市化必然意味着对乡村空间的挤占和对乡村文化的吞噬。而且，在城市化中，城市还以它的中心和支配地位，通过商品流通、交通运输、大众传媒等不断向乡村输入其生活方式、思想观念，从而改变了乡村文化，让乡村文化逐渐与城市趋同。至此，现代化所导致的文化同质化图式已经十分清晰：工业化是文化同质化的根源，城市化又让文化同质化由城市扩展到乡村，从而导致了整个社会文化的同质化。在文化同质化的背景下，文化的多样性遭到严重的破坏，文化的创新与发展也就无从谈起。

（二）全球化背景下的文化创新困境

全球化是当今时代最鲜明的特点，关于当今问题的一切探讨都离不开这一时代背景。因此，对当代中国文化创新问题的探讨，也自然要在这一背景下进行。而当我们在全球化的背景下分析当代中国文化创新的时候，就不难发现，全球化是一把双刃剑，它在提供机遇和创造条件的同时，也制造了困

---

① 《列宁全集》第23卷，人民出版社2017年版，第358页。
② ［德］奥斯瓦尔德·斯宾格勒：《西方的没落》，张兰平译，陕西师范大学出版社2008年版，第62页。
③ ［德］奥斯瓦尔德·斯宾格勒：《西方的没落》，张兰平译，陕西师范大学出版社2008年版，第71页。

境。这些困境主要如下：

1. 全球化容易导致文化迷失

全球化打破了文化发展的疆域界限，为文化之间的交流融合提供了前所未有的机遇和条件。但就像一个硬币有两面一样，全球化还可能给文化发展带来另外一种结局，那就是文化的自我迷失。一般说来，一种文化如果在封闭的环境中发展，因为没有比较，往往都会信心满满、优越感十足。但一旦封闭的环境被打破，文化之间有了充分的比较，这种信心和优越感上就极易遭受重创。这就像"一座房屋不管怎样小，在周围的房屋都是这样小的时候，它是能满足社会对住房的一切要求的。但是，一旦在这座房子近旁耸立起一座宫殿，这座小房子就缩小成可怜的茅舍模样了"①。况且，全球化背景下的文化比较还是全球范围内的全方位比较，产生文化挫败感的可能性就会更大，程度也会更深。

这种文化挫败感，极易滋生两种情绪，一种是文化保守主义，另一种是文化激进主义。文化保守主义又称文化本位主义或文化复古主义，它主张文化的复归，实质上是自我封闭，目的是在自我封闭中重塑信心和找回优越感。文化激进主义是文化保守主义的反面，它彻底否定传统文化，主张"全盘西化"，提出要"死心塌地地去学人家，不要怕模仿。……不要怕丧失我们自己的民族文化"②。自近代以来，文化保守主义和文化激进主义一直是影响中国文化发展的两种最为重要的思潮。其间，虽然在形式上发生过嬗变，在力量对比上也各有高低，但共存的格局却从来没有改变。在全球化日益加剧的今天，这两种思潮的影响并没有减弱，而是以一种更加的隐蔽的方式深刻地影响着当代中国人的观念和行为。比如，今天有些人存在文化交流的恐慌，视外来文化尤其是西方文化为洪水猛兽，谈西方文化而色变，似乎一接触这些文化，自身的文化独立性就丧失了一样。这些现象在本质上就是文化保守主义。而文化激进主义的影子，在今天也是随处可见。比如，当下有一种文化失败主义的情绪很有市场，这种情绪认为"中国的思想文化注定是失败的文化，根本无法和西方相比，先秦比不过古希腊，近代比不过文艺复兴，当代比不过后现代主义。于是中国总显得慢半拍，总是落在西方后面"③。因而形成了一种奇特的"中国式逻辑"，即"'西方＝新'，同时'中国＝旧'，而

① 《马克思恩格斯选集》第 1 卷，人民出版社 2012 年版，第 345 页。

② 何卓恩：《胡适文集：自述卷》，长春出版社 2013 年版，第 122 页。

③ 王岳川：《新世纪文化创新与大国形象确立》，《杭州师范学院学报（社会科学版）》2007 年第 6 期。

'新＝好'，结果'西方＝好'，同时'中国＝坏'"①，因此中国要谋求"好"，最好最有效的方式就是照搬西方。这样的行动逻辑，体现在各个领域。比如，消费一定要"洋品牌"，"洋品牌"才够身份和档次；学术一定要"洋理论"，没有欧美的理论支撑，就没有学术含量；人才一定要"洋博士""洋教授"，没有受过西方文化的熏陶，谈不上有文化；甚至对一个人最好的赞美，也是说他很"洋气"。其实，无论对西方文化热情的拥抱还是无情的拒绝，无论对本土文化妄自菲薄还是妄自尊大，实质都是文化的迷失。文化一旦迷失，人就成了无头的苍蝇，不知所向，不知所赴，更不可能有真正的文化创新。

2. 全球化容易导致文化殖民

发端于经济领域的全球化让世界紧密联结在了一起，在文化领域"各民族的精神产品成了公共财富。民族的片面性和局限性日益成为不可能，于是由许多种民族的和地方的文学形成了一种世界的文学"②。但是在文化的全球化中容易带来一个问题：文化殖民。"文化殖民，是指西方一些发达国家凭借其霸权地位，在资本逻辑的驱使下，通过文化符号系统的强势传播，向'他者'输出自己的思维方式、价值观念、意识形态和宗教信仰，企图同化'他者'，教会'他者'如何依托西方的价值观念去思考、用西方的话语去表达、参照西方的模式去实践，使'他者'思其所思、想其所想、言其所言、美其所美、行其所行。"③

首先，全球化下的文化交流具有非平等性。全球化的确为不同文化之间的交流和对话提供了前所未有的机遇和条件。但是交流和对话并不是平等的。全球化在本质上是资本主义的全球化，以美国为首的发达资本主义国家拥有雄厚的经济、政治、军事上的实力，占据全球化的制高点，而广大发展中国家因其实力上的悬殊，则处于弱势的地位。这种实力悬殊和强弱对比，使得文化之间的交流不可能以平等的方式进行，而是强势文化向弱势文化的单向传递。比如，"二战后，美国不断地向外推行自己的价值观和生活方式，宣扬自己所谓的"西方民主"和自由，并以民主和自由作为幌子，开辟了大众文化的国际市场，从影视文化到互联网，处处实施自己的文化霸权，为资本主义扩张找到了一条新路。直至今日，美国全部 GDP 中的四分之一甚至三分之

---

① 郝翔、钟兴锦：《进化论与中国近代社会观念的变革》，武汉水利电力大学出版社 2000 年版，第 268 页。

② 《马克思恩格斯选集》第 1 卷，人民出版社 2012 年版，第 404 页。

③ 陈曙光、李娟仙：《西方国家如何通过文化殖民掌控他国》，《红旗文稿》2017 年第 17 期。

一，都来自大众文化的输出"①。因此，乔治·拉伦在《意识形态与文化身份：现代性和第三世界的在场》中提醒道："第三世界国家应该从不同的角度认识到身份的问题，因为在这个日益划分为三个权力集团的世界中，他们被排除在外，对他们来说，前方的路不仅充满了艰辛和不确定，而且也充满了新历史主义的本质主义的诱惑。"②

其次，全球化下发达资本主义国家进行着有意识的文化殖民。殖民主义是资本主义发展的必然产物，基于资本的扩张本性，西方发达资本主义国家在谋求发展的过程中，从来没有也不会放弃殖民主义的全球战略。如果说在今天还有一些变化的话，那就是将赤裸裸的军事入侵、政治统治和经济掠夺，变为了更加隐蔽和"合法"的文化殖民。他们"形成了一套以经济、军事、科技实力为后盾，以资产阶级人权、民主、自由等所谓的现代化价值观为灵魂的'文化殖民主义战略'"③，目的是"彻底摧毁第三世界人民的民族独立、国家主权的仪式和历史创造主动精神，实现灵魂的奴隶化和附庸化，以便永久地内在地臣服于西方的经济政治模式和价值观"④。全球化更为他们推行文化殖民主义战略提供了便利，找到了借口。在全球化的外衣下，他们对殖民主义主张进行了巧妙的包装，通过科技手段、话语体系等，在全球范围内肆无忌惮地推行他们的价值观念、行为准则和制度安排。比如，美国的中央情报局除了是一个政治军事机构外，也是一个强有力的文化宣传部。某种意义上他们是"文化战"或"文化冷战"的别名。1996 年后美国中央情报局加紧了对第三世界学术界的渗透，从国库拿出巨资唆使一些人游说第三世界，全面进行洗脑宣传，推进全盘的美国化，甚至让一批人专门对付第三世界本土有良知坚持文化自主创新的知识分子。⑤ 文化殖民主义，挤占了发展中国家文化发展的空间，侵害了他们在文化发展上的自主权和独立性，文化创新也自然会遭受严重的破坏。

（三）大众文化兴起中的文化创新困境

大众文化是"在现代工业社会中产生的，以都市大众为消费对象和主体的，通过现代传媒传播的按照市场规律批量生产的，集中满足人们的感性娱

① 郑祥福：《全球文化霸权和中国文化自强》，《浙江社会科学》2018 年第 3 期。
② ［英］乔治·拉伦：《意识形态与文化身份：现代性和第三世界的在场》，戴从容译，上海教育出版社 2005 年版，第 225 页。
③ 王洁：《全球化背景下的文化殖民倾向》，《生产力研究》2005 年第 6 期。
④ 文熙：《西方资本主义国家对第三世界国家政策的演变》，《党史文汇》1996 年第 5 期。
⑤ 王岳川：《文化创新与新世纪中国价值》，《天津社会科学》2008 年第 3 期。

乐需求的文化形态"①。大众文化作为一种新兴的文化形态最早产生于欧美等西方资本主义国家，中国大众文化的兴起则是在改革开放以后。中国大众文化起步虽晚，但发展却极为迅猛，今天大众文化已渗透到了社会生活的各个方面，成了最引人注目的文化现象。大众文化的兴起打破了权力话语一统天下的局面，营造了宽松、自由的公共文化空间，让中国的文化形态从单一走向多元，从单纯革命教化走向个体需求的满足。从此种意义上讲，大众文化的兴起是中国社会的进步。但是，我们也必须看到，由于大众文化自身的缺陷，以及中国在大众文化发展中的偏差，大众文化的弊端也日益凸显，在很大程度上阻碍了当代中国的文化创新。

1. 商业性追求容易抹杀文化的个性和创造性

在无时不觅商机，无处不找生意的商业社会里，大众文化也蕴含着无穷的商机。正是对大众文化潜在的商业价值的挖掘，才推动了大众文化的兴起。但是"资本害怕没有利润或利润太少，就像自然界害怕真空一样"②，大众文化一旦与商业结谋，文化价值就要逐渐让位于商业价值，文化原则也会臣服于商业规则，这无疑是对文化创新的阻碍。首先，商业性追求阻碍了文化创造。文化需要创造，创造性是文化的本质属性。但是文化创造有它内在的规律和要求。它是在文化主体基于自身需求的自由自觉的活动。但是在把商业追求作为目的的大众文化里，"铜臭味"取代了"穷酸味"，文化成果成了被市场、利润和交换价值所支配的商品。创造什么样的大众文化，如何来创造文化不是由大众来决定，而是市场说了算。"大众文化的生产不再是灵感的喷突，也不再是艺术的呈现，它在很大程度上是向'老板'（市场）点头，向'顾客'鞠躬的'小服务生'而已，可以说哪里有市场，哪里就有大众文化。"③大众文化沦为了谋取商业利益的工具和掩盖经济目的的遮羞布。于是，电视追求的是收视率而不是节目质量，电影追求的是票房收入而非艺术价值，图书力求的是畅销而非精品，"畅销的东西就是好东西"成了大众文化的基本铁律。其次，商业性的标准化和齐一化抹杀了文化个性。个性是文化存在的依据，也是一种文化区别于另一种文化的基本标志。但是商业性则要求批量化的生产，大规模的复制。因此，在商业性追求中，大众文化原本应该具有的个性被标准化所取代，独创性被重复性所抹杀。一切都按市场定制，按计划生产，就连文学也不再是创作而是流水线生产。这样导致的结果是"一切

---

① 邹广文、常晋芳：《当代大众文化的本质特征》，《学海》2001年第5期。

② 《马克思恩格斯文集》第5卷，人民出版社2009年版，第871页。

③ 许明等：《当代中国的文化发展》，中国大百科全书出版社2008年版，第176页。

文化都是相似的"①，在貌似繁多的大众文化世界里，我们感到的不是丰富而是单一。大家都在看同一个电视剧，玩同一个游戏，唱同一首流行歌，甚至连发呆的方式也都是相同的。

2. 娱乐性迷恋容易消解文化应有的崇高

娱乐性是大众文化的重要属性，大众文化之所以兴起，在很大程度上就是为了满足人们对娱乐的需求。娱乐是人的一种正常需求，它的目的在于自我松弛，身心放松。在充满竞争、高度紧张的现代社会里，人的娱乐需求更是不断攀升，人们越来越需要在娱乐中宣泄不满、缓解压力。大众文化正是抓住了人们的娱乐需求，变幻着各种形式给人们提供娱乐。尤其在商业利益的引导下，大众文化与现代传媒、资本商家共谋，采用各种手段和方式不断刺激、挖掘人们的娱乐需求，并将它无限放大，以期开辟更广阔的市场，谋取更大的商业利益，呈现出了"泛娱乐化"倾向。"大众文化的'泛娱乐化'致使娱乐消费成为大众文化的评判标准，这不仅导致社会大众难以享受大众文化的浸润与滋养，而且可能失去生活选择的理性与自由。"②

一是娱乐性迷恋容易消解人的进取精神。"低俗不是通俗，欲望不代表希望，单纯感官娱乐不等于精神快乐。"③ 商业利益主导下的大众文化，把娱乐无限放大，给人一种娱乐才是生命本质的错觉。在这种文化氛围的熏陶和浸染下，人的娱乐欲望被不断挑起，如打开的潘多拉盒子一发不可收拾。"浅层次、瞬间性的即时快感，浅薄的调侃与无知的嬉笑代替了关怀内在心灵的理性解读、意义追问与现实思考。"④ 在娱乐的不断追逐中，人积极乐观的进取精神被消极颓废所代替，严肃的人生以游戏的方式慢慢消磨，人们越来注重"跟着感觉走""玩的就是心跳"，至于生命的意义、人生的价值不会去想，也懒得去想。

二是娱乐性迷恋容易导致大众文化的低俗化。大众文化应该贴近大众，力求通俗，但是通俗化并不是庸俗化、低俗化。但是当娱乐成了追求，甚至是唯一追求的时候，文化的庸俗化和低俗化同样不可避免。因为越是感官刺激、肤浅表面的东西，越能达到娱乐的效果。大众文化为了迎合大众的这种

① ［德］霍克海默、阿多尔诺：《启蒙辩证法（哲学片断）》，洪佩郁、蔺月峰译，重庆出版社1990年版，第112页。

② 韩升、毕腾亚：《大众文化发展的"泛娱乐化"倾向及其批判》，《思想教育研究》2020年第2期。

③ 习近平：《在文艺工作座谈会上的讲话》，《人民日报》2015年10月16日。

④ 韩升、毕腾亚：《大众文化发展的"泛娱乐化"倾向及其批判》，《思想教育研究》2020年第2期。

口味，逐渐放弃自己应该坚守的审美情趣和本真价值，在庸俗化和低俗化中沦陷。只要大众喜欢，只要能把大众逗乐，一切皆可以。即使是关公战秦琼，唐伯虎是小流氓，唐僧有几个情人……都无妨。于是"伪娘"们的搔首弄姿，"芙蓉姐姐"的顾影自怜，干露露的大尺度……不但没有遭到唾弃，反而引来更多人的围观和喝彩；为了寻找更多吸引人的噱头，大家不惜造谣传谣，狗咬人不是新闻，那就制造点人咬狗吧；只要能吸引大家的眼球，一切都可以拿来炒作，生理缺陷、婚姻纠纷、情感纠葛、私生子都不再是隐私，不但可以公开而且还要在媒体上放大，供大家玩味，以满足大家的好奇心和窥探欲。

三是娱乐性迷恋使大众文化很难形成文化经典。一方面，大众对娱乐的需求和口味都是善变的，很难稳定，更不可能长久。因为，娱乐本身就是无目的、无意义的，它只有在不断的新刺激中，才能获得快感，得到满足。这就要求大众文化及时做出调整，不断迎合大众的口味，否则将会被淘汰出局。另一方面，商家为了获得更大更多的利益，也在不断刺激和制造新的大众娱乐需求。因此，大众文化是一种"时尚"文化、"流行"文化，很难形成真正的经典。于是，我们经常看到昨天还在流行的东西，今天已被新的时尚所取代，昨天还大红大紫的明星，今天已被推出的新人所淹没。而文化是历史的沉淀，只有那些经过时间的洗礼仍能沉淀下来的文化创造，才能称之为经典，所谓大浪淘沙指的就是这个意思。以追逐娱乐为目的的大众文化，貌似有很多的"创新"和"变化"，但就其实质来讲只是虚假的繁荣，热热闹闹的"唱大戏"，在时间的河流中留不下任何的痕迹。这样的文化不仅不会形成软实力，相反还会阻碍社会的进步与发展。

3. 虚假性本质违背了文化的本真性

本真性是文化的重要属性，任何一种文化都应保持本真的面目和对真善美的追求。但是在商业利益主导下的大众文化，打着"大众""亲民""草根"的旗号，通过巧妙的商业包装，现代媒体的大力宣传，不断地欺骗和误导着大众，让大众认为这就是他们所应该追求和拥有的文化。这种丧失了本真性的文化制造，对人类文化的发展来说，不是一种福音而是一种厄运。

一是主体的虚假性。大众文化有个很亲民、很具有迷惑性的名称"大众"。一说到"大众"，大家想到的就是"人民群众""劳苦大众"。因而自然认为大众文化也就是"人民群众"的文化。但是事实上当下的大众文化中的"大众"只是一个名称，或者说是一个"口号"，一个"借口"而已。它既不是由大众所创造，也不能反映大众，更不可能真正服务大众。大众只是它的漂亮的外衣和被消费的对象而已。只要我们放眼当下，就会发现引导时尚和领导消费的"不是普通大众，更不是所谓知识精英，而是所谓的'中产阶级'

（白领），即从事工商业、文化传媒、第三产业的经理、中间商、技术家、高级职员等"①。真正的"大众"主体——农民兄弟在大众文化中往往被忽视甚至是被低贱化的对象，他们的文化诉求谁人来听？比如，很多选秀节目打着"大众""草根"的旗号，一切取决于"大众"，既有现场的"大众"评审，又有场外的"大众"投票，貌似很"大众"。但是它就真的代表和反映了大众吗？答案是否定的。大众评审中有几个是农民兄弟？忙于生计的农民兄弟又有多少在参与场外投票呢？缺乏作为大众重要组成部分的农民的参与，我们还能理直气壮地说它代表和反映了大众吗？

二是内容的虚假性。当下的大众文化在主体上的虚假性决定了它在内容上也具有虚假性。它不可能真实展现大众的生活，真正反映大众的需求。而是在商业利益的导引下，将大众作为文化消费的对象，通过夸大和渲染某些事实，制造出种种不切实际的幻象，并让大众对这些幻象产生迷恋，为之追逐。在人们对虚假幻象的追逐中，文化消费的市场不断拓宽，商业利润也不断攀升。但是，人们却在这些虚假文化的包裹中，失去了独立判断的能力，往往认为大众文化所描述的就是现实生活，或者说至少可以去追求的生活。比如，通过现代媒体对选秀节目的大肆渲染，人们内心深处的明星情节被深深调动起来，大家似乎看到了"一夜暴富""一夜成名"的曙光，不禁为之趋之若鹜，甚至为之疯狂到付出一切。因而具有虚假性和欺骗性的大众文化很容易发生异化。原本应该由大众主宰、控制的大众文化，却反过来按照商业逻辑和自身的尺度在调节、操控和塑造着大众。此种情形下的"创新"，也只会与文化的本真价值渐行渐远。

三是手段的欺骗性和迷惑性。大众文化之所以能俘获人心，引起大家的追逐，就在于它在手段上的欺骗性和迷惑性。"大众""亲民"是它们最好的面具，日常生活成了它们最为活跃的阵地。它总是能从大众的日常生活出发，找到与大众亲近的接口，拉近与大众的距离，让大家感觉到大众文化所表达的正是自己的诉求，所描述的就是外面大街上正在发生的事情。而且当下的大众文化还懂得将自己与文化的崇高相联系，把自身的世俗隐藏起来，换上了"崇高"的外衣，更具有欺骗性和蛊惑性。比如，所有的商品都在强调自己如何"以人为本"，所有的选秀节目都会宣扬自己是如何倡导"青春""励志""奋斗"和"公益"。尤其是在现代广告的狂轰滥炸和现代媒体的广泛传播下，民众深深浸染在大众文化的氛围里，对它的真实性深信不疑。大家将它漂亮的外衣当成了它自己，并循着它的光鲜与亮丽，不断追逐，愈陷愈深。

---

① 邹广文、常晋芳：《当代大众文化的本质特征》，《学海》2001年第5期。

渐渐地人们似乎只能通过大众文化才能确证自己。人们似乎只有在汽车、洋房和高档的电器中才能找到自己的存在意义；不知道几个明星，说不出当下的流行元素，不会几个网络流行的热词，就会被大家讥讽为刚出土的文物，没有生活在地球上的外星人。当大众文化成了一种引领，一种追求，作为主体的人对文化的应有的批判、反思、超越和创新也在被逐渐吞噬，这对人类文化的发展来说无疑是一种阻碍。

三、后代文化面临的挑战

"人之所以异于禽兽就在于他生活在过去、现在和将来的三度时间之中"①，人的过去是前代，人的现在是本代，而人的将来则是后代。我们所要谋求的类代际文化和谐，就是前代、本代和后代在文化上和谐，其根本目的在于实现人的过去、现在和未来有机统一，推进人类社会的永续发展。这就要求在场的本代人要有人类发展的整体意识，既要传承好前人的文化，又要发展好本代的文化，还要尊重和保护好后代人的文化权利。但是后代人及其应享有的文化权利都往往为本代人所忽视，让类代际文化和谐，让人类社会发展可持续面临着极大的挑战。

（一）后代生存的挑战

从表面上看，生存权问题似乎与文化，与文化和谐，尤其是代际文化和谐相隔遥远。但事实并非如此。因为文化是人化的结果，人是文化的创造主体。没有人，就无所谓文化，更无所谓文化和谐。因此，文化的前提就是作为主体的人的存在。马克思主义就曾指出："一切人类生存的第一个前提，也就是一切历史的第一个前提，这个前提是：人们为了能够'创造历史'，必须能够生活。"② 同样，后代人要创造文化，第一个前提也就是后代人的存在。因而在类代际文化和谐中，必然蕴含着本代人对后代人生存权的关心和爱护。但是，当前的现实却是本代人似乎对后代人的生存权视而不见。

一是本代人对环境的恣意破坏，严重影响了后代人的生存。人是自然中的人，人离不开他赖以生存的自然环境。虽然我们无法准确描述出后代人的生活，但是作为人，我至少可以预知他们仍然要生活在地球上，仍然需要呼吸清洁的空气、饮用干净的水，希望看到蓝天白云、花鸟鱼虫。因为目前，我们还没有充分的证据证明他们不需要这一切。然而，本代人的恣意妄为，

---

① 费孝通：《乡土中国 生育制度》，北京大学出版社1998年版，第201页。
② 《马克思恩格斯选集》第1卷，人民出版社2012年版，第158页。

却让后代人这些需要变得十分艰难。自工业革命以来，伴随着科学技术的进步，人认识自然和改造自然的能力大幅度提升，人在自然面前显示出了强大的力量和无比的优越感，进而形成了"征服自然""战胜自然""主宰自然"的人类中心主义。在人类中心主义看来，人是包括自然界在内的世界霸主，只要有科学技术的支撑，人可以在自然面前为所欲为。在这种理念的支配之下，人与自然走向了对立，人在恣意破坏自然的同时，自然也向人类发出了报复，环境污染、生态恶化、全球变暖、土地荒漠化、生物多样锐减……地球发出了痛苦的呻吟，人类的生存环境面临着前所未有的挑战。第三届联合国环境大会报告显示：污染对人类自身和地球造成的伤害触目惊心，超过80%的城市不符合联合国的空气质量标准；我们的海洋已经形成 500 个"死区"，氧气含量太少，海洋生命无法在其中生存；世界上 80% 以上的污水未经处理直接排入环境，污染了人们种植粮食的田地和 3 亿人赖以为生的湖泊和河流；环境恶化导致全世界每年 1260 万人死亡，每 4 名死者中，就有 1 名死于环境问题，其中空气污染每年就夺走 650 万人生命，成了第一大环境杀手；铅暴露每年造成 60 万儿童脑损伤。① 其实，恩格斯早就告诫过大家"不要过分陶醉于我们对自然界的胜利。对于每一次这样的胜利，自然界都报复了我们。每一次胜利，在第一步都确实取得了我们预期的结果，但是在第二步和第三步却有了完全不同的、出乎预料的影响，常常把第一个结果又取消了"②。本代人对自然环境的恣意破坏，不仅让人与自然的关系走向了对立，也让本代人和后代人的代际关系走向了紧张和冲突。因为，我们只有一个地球，本代人对环境的破坏行为不仅让自身的生存面临极大的威胁，也严重损害了后代人的权利。虽然这种损害并不像代内冲突那样直接和显在，却更加深刻、更加久远。比如，像核污染所产生的危害，很难在短期内消除，往往会持续好几代。

二是当代人对资源的大量耗费，严重影响了后代人的生存。人的生存和发展是以自然资源作为基础和条件的，"人的普遍性恰恰表现在把整个自然界——首先作为人的直接的生活资料，其次作为人的生命活动的材料、对象和工具——变成人的无机的身体"③。这就是说，无论是前代人、本代人还是后代人都是离不开自然资源的。而我们只有一个地球，自然资源总是有限的，

① 潘忠明：《世界聚焦内罗毕联合国环境大会：共同解决全球性污染问题》，《中国日报》2017年 12 月 5 日。

② 《马克思恩格斯选集》第 3 卷，人民出版社 2012 年版，第 998 页。

③ 陈先达：《处在夹缝中的哲学》，北京师范大学出版社 2013 年版，第 144 页。

这就要求我们把有限的自然资源在人类的各个世代间进行公正的分配，以推进人类社会发展的可持续。然而，骄傲、狂妄的当代人在经济增长的无限追逐中，走上了一条以耗费资源、破坏环境为代价的发展道路，让地球资源遭受着前所未有的疯狂掠夺。20世纪的100年间，在工业化的重压之下，我们的地球已经不堪重负。人类创造的物质财富超过了以往历史的总和，同时也加速了资源消耗。全球GDP增加18倍，石油、钢、铜、铝的年消费量也分别增加170倍、29倍、27倍和3608倍。今天不仅是不可再生的资源面临着枯竭，就是可再生的资源也因惊人的耗费速度而丧失了恢复再生能力。资源的枯竭，不仅危及当代人的生存和发展，而且也让后代人的生存和发展面临着前所未有的挑战。"如果各代人只追求自己目前的利益，毫无节制地耗费资源和环境质量，那留给后代的只是一个越来越窄、越来越污秽的空间。"[1] 然而，遗憾的是本代人对这种影响似乎并未察觉。一方面是从表面上看本代人对资源的疯狂掠夺是以自然界作为对象的，并不是明火执仗地从后代人手中抢夺资源，很难感受到究竟对后代产生了哪些损害。另一方面，就是即便有了某种意识和察觉，也基于满足眼前利益的考量，认为本代利益高于一切，至于后代人的生存和发展，那是他们自己的事，大有"我死后，哪管它洪水滔天"的意思。

三是本代人的人口问题，也将影响后代人的生存。人口与资源、环境之间关系密切，是一个有机的系统。从系统的观点看，人口系统是一个消耗系统，人口的消费力与资源的养育力之间关系密切；人口系统是一个排泄系统，人口的污染力与环境的自净力之间关系密切；人口系统是一个活动系统，人口的活动力与自然支撑力之间关系密切。[2] 因此，人类社会发展要可持续，人口发展就必须与资源、环境相协调。这就要求人口的发展规模必须适度。所谓适度就是指人口的增长，既不能过快，亦不能过慢。如果人口增长过快就会超过资源和环境的承受能力，形成严重的资源和环境危机，影响人类发展的可持续；相反如果人口增长过慢，又会直接危及人类种的延续，同样也会影响人类发展的可持续。人口增长过快和过慢所导致的危机在人类历史上均有所体现。在史前阶段，由于应对自然的能力和生产水平都十分低下，人随时面临着死亡的威胁，人口数量很少，人类作为自然界的一个物种面临着淘汰的危险。到了当代，人的繁衍能力和生产力水平都大幅度提升，人成了地球的主人，人口数量迅速猛增。联合国经济和社会事务部发布的《世界人口

---

① 舒基元、姜学民：《代际财富均衡模型研究》，《中国人口·资源与环境》1996年第3期。
② 穆光宗：《人口、资源、环境与可持续发展》，《人民日报》（海外版）2000年12月9日。

展望 2019：发现提要》报告指出：目前全球人口 77 亿，预计在未来 30 年将再增加 20 亿人，从 2019 年的 77 亿增加至 2050 年的 97 亿；到 21 世纪末，全球人口将继续增长至 110 亿左右。[①] 人口总量的不断扩大，导致了严重的资源和环境危机，人类社会发展的可持续面临极大的威胁。除了全球人口总量不断增加需引起大家的高度重视外，人口增长中的低生育水平问题也引起大家的高度关注。《世界人口展望 2019：发现提要》指出，全球妇女平均生育率已经由 1990 年的 3.2 降至现在的 2.5。到 2050 年，全球妇女平均生育率将继续下降到 2.2。[②] "联合国一般把低于更替水平（总和生育率为 2.1）的生育率称为低生育率（low fertility），当总和生育率低于 1.5 时称为'很低生育率（very low fertility）'，低于 1.3 时称为'极低生育率（lowestlow fertility）'。"[③] 我国由于严格实施计划生育政策，以及在各种社会经济因素的综合作用下，"自 20 世纪 90 年代初期开始，中国已经长期处于低生育水平，总和生育率已经低于更替水平（总和生育率为 2.1）；进入 21 世纪以来，总和生育率又长期处于 1.5 左右的水平"[④]。假设我们今后的总和生育率维持在 1.5，即一对夫妇生育 1.5 个孩子，1 个人生育 0.75 个，那么每一代人将比上一代减少 25%。如果我们再把 30 年作为人口再生产的代际间隔，按照这样的减少速度粗略推算，到 2100 年我国人口将由 2010 年的 13.4 亿减少到 5.65 亿，到 2250 年将减少到 1 亿左右，而到 2490 年则将减少到 1000 万人左右。[⑤] 因此，如果我们任由低生育水平发展下去，将出现严重的人口危机。到那时候，人类种的延续都岌岌可危，哪还有代际文化的和谐？哪还有人类社会发展的可持续？

（二）后代文化选择的挑战

文化是人自由自觉的活动，这种自由自觉就体现在每一代人不是简单地复制和沿袭前人的文化，而是要按照自己的目的进行着文化的选择、取舍和

---

① 尚绪谦：《联合国报告：2050 年世界人口将达 97 亿》，新华网 2019 年 6 月 18 日，http://www.xinhuanet.com/2019-06/18/c_ 1124639379.htm。

② 尚绪谦：《联合国报告：2050 年世界人口将达 97 亿》，新华网 2019 年 6 月 18 日，http://www.xinhuanet.com/2019-06/18/c_ 1124639379.htm。

③ 林宝、谢楚楚：《应对低生育率问题的国际经验及启示》，《北京工业大学学报（社会科学版）》2019 年第 4 期。

④ 林宝、谢楚楚：《应对低生育率问题的国际经验及启示》，《北京工业大学学报（社会科学版）》2019 年第 4 期。

⑤ 王桂新：《我国"潜在"的人口危机及其应对之策》，《人民论坛·学术前沿》2012 年第 2 期。

创造。这就是文化之所以绵延不绝、不断发展的内在奥秘。因此选择性是文化的重要属性，只要文化前进的脚步不停止，人对文化的选择也就不会停止，本尼迪克特就指出："在文化生活中和在语言生活中一样，选择都是首要的必然现象。"① 从此种意义上，可以说文化发展的过程就是不断进行文化选择的过程。不但前代人有文化选择，本代人有文化选择，而且我们还可以大胆地预见未出场的后代人也必将进行文化选择。所以，作为在场的本代人，我们应该充分尊重后代人的文化选择权，为他们自由行使文化选择创造有利的条件。但是，当前的现实却是本代人似乎只关注自己的需求，对后代人的文化选择权却视而不见。

首先，本代人对前人文化的保护和传承不足，影响了后代人的文化选择。选择的本意是"挑选""择用"之意。文化选择的"挑选"和"择用"，既包含了对已有的文化资源的甄别和取舍，也包含了对未来文化发展方向的选取。保护后代人的文化选择权，就是要让后代人充分自由地表达自己的意愿，把对文化资源的甄别和取舍，对未来文化发展方向的选取的自主权都完全交由后代人来行使。那么大家不禁要问，后代人并未出场，本代人和后代人并不处在同一时空下，不会发生直接的联系，怎么会存在保护或侵害后代人的文化选择权的问题呢？原因在于，后代人不是别人而是本代人的延续，后代人只能在本代人提供的文化资源和制造的文化环境中，进行文化选择和创造。因此，本代人提供什么样的文化资源，创造什么样的文化环境，将直接影响到后代人的文化选择。这就要求在场的本代人要充分继承和保护好前人的文化成果，并将它传递给后代人，以供后代人选择。但是，当前的现实却是本代人为了满足眼前的利益，谋求单纯的物质增长，肆意破坏着前人创造的文化成果，让很多优秀的文化成果消逝在了时间的河流之中。很多珍贵的历史文物因保护不力而损毁；很多历史文化名城（名镇）在城市化的扩张浪潮中湮灭；很多优秀的非物质文化遗产因保护和传承不够而灭绝。我们留给后人的文化资源越来越少，前人留下的很多优秀的文化资源和成果，后人恐怕都只能在历史书籍中去寻找，或者只能在一些空洞的概念和符号中去想象了。伴随着后代选择前人文化资源的机会越来越少，后代人的文化选择权亦会变得十分有限，这时候谈后代人充分自由地行使文化选择权，就成了一句空话。

其次，本代人在现代性追求中的文化同质化，影响了后代人的文化选择。文化是多样的，多样性是文化的基本属性，"当同一性减少我们的快乐和我们

① ［美］本尼迪克特：《文化模式》，王炜译，社会科学文献出版社2009年版，第25页。

的（智力的、情感的、物质的）财富时，多样性是有益的"①。多样性亦是文化选择的前提，如果我们面对的只是单一的文化资源，没有选择也无从选择，选择权也就没有了意义。因此，保护后代人的文化选择权，就是要提供丰富多样的文化资源供后代人选择。这就要求在场的本代人一方面要将前人留下的文化成果尽可能地保存下来，积极传递给后代人；另一方面又要推陈出新，创造更多优秀的文化成果，不断丰富文化的多样性。但是，本代人在现代性的追求中，却让文化走向了趋同化，严重破坏了文化的多样性，影响了后代人的文化选择，也必将有害于人类文化的发展和繁荣。萨义德就曾说过："文化是杂生的、多样的；各种文化和文明……如此相互联系、相互依赖，任何对其进行一元化或简单化描述的企图都注定要落空。"②

（三）后代文化发展的挑战

每一代人都有谋求自身生存和发展的权利，联合国的《发展权宣言》就指出："发展权是全体人类和所有个人共享的权利。"因此，作为人类整体之一部分的后代人自然应该拥有发展权。而且联合国的《发展权宣言》又将发展权的内涵界定为了"经济、社会、文化和政治发展的权利"。因而，在后代人的发展权中必然包含着文化发展权。后代人的文化发展权，是后代人按照自己的主体意愿推进文化发展并享受其成果的权利。从表面上看，发展什么样的文化，如何发展文化，是后代人自己的事情，似乎与本代人没有什么关联。但事实上却并非如此。后代人不是凭空产生的，而是本代人的生命延续，他们只能在本代人给定的环境和条件中生存和发展，他们的发展能力"决定于先前已经获得的生产力，决定于在他们以前已经存在、不是由他们创立而是由前一代创立的社会形式"③。因此，本代人与后代人的文化发展权之间并不是没有关系，而是发生着紧密的联系。本代人的行为将深刻地影响后代人文化发展权的实现。这就要求在场的本代人必须树立起关心和爱护后代人的代际关怀意识，为后代人的文化发展创造尽可能好的条件。但是，当前的现实却是本代人似乎更关心自己的利益，对后代人的文化需求和发展则是视而不见。

首先，本代人在文化发展中的短视行为，影响了后代人的文化发展。急功近利的本代人，更关注和更在乎眼前的利益，他们懒得去想也不想去想遥远的将来会是怎么样。而未来是我们的后代，对未来的忽视，也就意味着对

---

① ［美］P. K. 费耶阿本德：《告别理性》，陈健、柯哲译，江苏人民出版社 2002 年版，第 1 页。

② ［美］爱德华·W. 萨义德：《东方学》，三联书店 2007 年版，第 447 页。

③ 《马克思恩格斯选集》第 4 卷，人民出版社 2012 年版，第 409 页。

后代人的忽视。当本代人的文化发展中缺少了面向未来的指向，没有了关注后代人发展的考量因素，就不可能创造出有利于后代人文化发展的良好条件。后代人文化发展权的实现必然受到影响。

其次，本代人对文化资源的过度消费，影响了后代人的文化发展。"作为一个物种，我们和当今世代其他成员以及与过去和将来世代的成员一道共同拥有地球的自然和文化环境。"① 但是在代际的时间分布中，本代人处于上游，后代人处于下游。后代人对前人文化遗产的享用，只能依赖本代人的传递。本代人传递得多，后代人就享有得多，本代人传递得少，后代人就享用得少，本代人不传递后代人就没法享用。这就要求在场的本代人必须树立起文化遗产使用的代际平等意识，既要满足本代人的需要，又不能损害子孙后代的利益。但是，今天的现实却是本代人为了满足自己的需要，毫无节制地耗费着文化资源，让很多珍贵的文化遗产和资源消耗殆尽。这就意味着后代人想要继续享用它们已无可能。缺少了这些文化资源，后代人文化需求的满足，后代人推进文化发展的能力都必然受到深刻的影响。

再次，本代人的文化创造不足，影响了后代人的文化发展。文化是历史的积淀，是世代传承的结果。发展文化是历史赋予每一代人的使命。每一代人既要继承前人的文化，更要创造新的文化，尤其是创造经得起岁月冲刷和历史检验的文化精品。因为文化作为历史的积淀，是大浪淘沙的结果。只有那些符合人类社会的发展规律，彰显人的价值诉求，能促进人的发展的文化精品，才能经得起时间的冲涮，被沉淀下来。相反那些貌似繁荣、轰轰烈烈的时尚文化，则是短暂、易逝的，在人类文化的发展中，它们只是昙花一现，很快就会淹没在时间的河流之中。这就要求本代人在文化发展中，要以创造更多的经得起历史检验的文化精品作为使命，这样既能在人类文化的发展史上留下浓墨重彩的一笔，亦能为后代人的文化发展奠定良好的基础。但是，今天的现实却是本代人在物质财富的疯狂追逐中，忘却了自己的文化创新使命。即便有一些"创新"，也是商业利益主导下的形式翻新，大家更在乎能否吸引大家的眼球，能否带来更多的经济利益。至于能不能在时间的河流中沉淀下来，真正成为推进人类社会发展的文化精品，则无暇去想，也懒得去想。相反，他们并不希望一种文化能长久地保留下去，因为只有在不断的文化翻新中，才能调动起大众的文化消费欲望，制造出新的文化商机。如果这样持续下去，充斥在我们的身边的文化会越来越多，但是真正能留存下来的文化

---

① ［美］爱蒂丝·布朗·魏伊丝：《公平地对待未来人类：国际法、共同遗产与世代间衡平》，汪劲、于方、王鑫海译，法律出版社 2000 年版，第 16-17 页。

精品却越来越少。当我们留给后代的文化发展基础是一个缺少精品的基础，后代人文化发展的艰难将可想而知。

第三节　当代中国类代际文化和谐的进路

实现前代、本代和后代之间的类代际文化和谐，在本质上就是要顺应文化发展的代际传承规律，推进人类文化的可持续发展。但是，通过前边的分析，我们可以清楚地看到，在类代际文化和谐的建构上还面临着诸多的困境，在很大程度上影响了文化的发展、繁荣和可持续。这就需要我们立足实际，放眼未来，有的放矢，着力解决影响当代中国类代际文化和谐的本质问题，在谋求前代、本代和后代的文化和谐中，切实推动中国特色社会主义文化繁荣兴盛，建设新时代社会主义文化强国。

一、树立文化发展的代际自觉

文化即人化，文化是人自由自觉活动的结果。没有人的自由自觉，就没有文化。在文化发展中人的理性与自觉是全方位的。人不仅懂得用自己的理性去创造各种文化，而且还懂得用自己的理性去处理各种文化之间的关系。把和谐的价值理念运用到文化关系的处理之中，寻求文化之间的和谐，正是体现了人在文化发展中高度的理性与自觉。文化和谐不仅指共时下不同文化类型之间的横向和谐，而且还指历时下各代文化之间的纵向和谐。因此，将和谐的价值理念运用到代与代之间文化关系之中，建构前代、本代和后代的类代际文化和谐，是深化文化发展的规律认识，充分彰显人的文化发展自觉的必然要求。因而，在类代际文化和谐的建构中，作为主体的人有没有这样的意识，具不具备这种自觉，至关重要。可以说，今天类代际文化和谐中出现的各种问题，就其根源来说主要是这种自觉的欠缺。因此，树立文化发展的类代际和谐自觉，是走出当下困境，实现类代际文化和谐的思想基础和先决条件。

（一）牢固树立代际共同体意识

在人类社会的发展中，各个世代是一个唇齿相依、休戚与共的共同体。认识到这一共同体，并牢固树立共同体意识，是人类理性的要求，亦是类代际文化和谐建构的前提。树立代际共同体意识，主要应该从以下几方面入手。

首先，引导当代人牢固树立代际整体意识。人类社会是一个有机的整体。整体性是人类社会的基本属性。只要人类社会存在，人类社会整体性也就必将存在。因此，我们必须建立起人类社会发展的整体意识，不是从局部而是从人类整体的高度来观察、分析和解决人类社会发展中的各种问题。当然，这种整体意识的形成并非易事。因为人类社会的整体性具有高度的宏观性和抽象性，很难为大家所感知。大家至多会把在场的本代人看成一个整体，而不会把不共场的前代、本代、后代看成一个整体。这就需要我们引导当代人走出狭隘的本代中心主义，形成全面、系统的人类社会整体认识。虽然这一过程将十分艰难，但这正是思想政治教育的使命和价值所在。因为"思想政治教育的本质就是要使人们的思想认识超越现有的水平"①。在这一过程中，关键是要引导当代人充分认识人类社会发展的代际更替的客观性。人类社会是世代更替的结果，在世代更替中，各代人前后相连、相互依存组成了人类社会的有机整体。认识到了代际更替的客观性，也就把握住了人类社会的世代整体性。

其次，要引导当代人牢固树立休戚与共的代际关联意识。人类社会是由各个世代共同组成的代际共同体。这就意味着，每一代人的行为并不只是对本代产生影响，也在深刻地影响着其他各代。从文化的层面来看，当我们对前人的文化成果弃若敝屣或肆意破坏的时候，不仅毁掉了前人的希望，也阻断了我们的历史；当我们对后代人视而不见，恣意损害他们利益的时候，不仅制造了后代人的生存困境，也断送了我们的将来。因此，我们只有建立起与各代人休戚与共的观念，代际共同体才能稳固，人类才能在世代更替中永续发展。"如果每一代都自顾追求自己的最大享受，那么人类几乎注定要完蛋。"② 每一代人都必须清醒地认识到，自己仅是人类发展链条中的一环，无论是对前人遗留下来的文化遗产，还是摆在面前的自然资源，自己都只是暂时的拥有者，绝对没有权利肆意挥霍或摧残。

（二）形成文化发展的代际传承自觉

文化是历史的积淀，是世代传承的结果。没有世代传承，就没有文化的发展。谋求类代际文化和谐，在本质上就是要遵循文化发展的代际传承规律，推进人类文化的可持续发展。这就要求当代人必须形成文化发展的代际自觉。

首先，要深化文化发展的代际规律认识。自觉是觉醒，是作为主体的人不断反思、深化认识后的觉醒。深化认识是形成自觉的前提。因此，当代人要形成文化传承的自觉，首要条件就是充分认识文化发展的代际传承规律。

---

① 郑永廷：《郑永廷文集》，中山大学出版社 2013 年版，第 242 页。

② ［美］梅萨罗维克等：《人类处于转折点》，梅艳译，三联书店 1987 年版，第 143 页。

具体来说，一是要充分认识它的客观必然性。世代更替，生生不息，是人类社会发展的客观规律。这一规律不以人的意志为转移，只要人类社会存在，这一规律就不会改变。而代际更替不息，文化的代际传承就会不止。因为在代际更替中，不但让人类的种得到了延续，也让体现人类灵性的文化得到了延续。每一代人虽然伴随着生命的消亡而退场了，但是他们的文化却保留了下来，成了下一代人进行文化创造的条件。因此，文化的代际传承同样不以人的意志为转移，它与人类社会的发展相生相伴，只要人类社会的发展不停止，文化的代际传承亦不会停止。二是要充分认识它的内在关联性。文化的代际传承，把不同时空下各代人有机地联系在了一起，每一代人的文化，不再相互分割，彼此孤立。前人的文化，浸润在本代人的骨子里，深刻地影响着本代人的生活，它依然在场；同样的本代人创造的文化，也不会因为本代人的退场而消亡，它也必将影响后代人的生活。

其次，要自觉运用文化的代际传承规律。认识规律是为了把握和运用规律。认识到文化发展的代际传承规律固然重要，但是更重要的是主动自觉地运用这一规律。"我们讲文化自觉，不仅要有满腔的热情，而且要有理性的认识，有对文化发展规律的科学把握。否则，就会导致行动上的随意性、盲目性。"① 因此，我们应该将代际传承规律主动运用到文化建设中。具体来说，要把始终遵循文化发展的代际传承规律作为文化建设的基本理念；要把代际传承规律具体运用到文化建设的路线、方针、政策制定和实践之中；要把是否有利于推进文化的代际传承，有没有推进文化的代际传承，作为我们判断文化建设工作是非得失的重要标准。

（三）形成文化发展的代际责任自觉

自觉是主体的觉醒和觉悟，这种觉醒和觉悟不仅体现在对规律的深刻把握上，更体现在责任担当上。这就要求，在场的本代人必须有高度的责任自觉，肩负起建构类代际文化和谐的历史使命。

具体来说，一是要有保护并传承前人文化的责任自觉。前人的文化成果，是前人留给我们的最为宝贵的精神财富。我们要以无比敬仰的态度来对待它们。既要深入挖掘它们深邃的思想内涵，以满足我们的精神需求，更要小心翼翼地保护好它们，以便让我们的后世子孙亦能享用它们。这既是前人在文化创造时的心愿，也是后代人在文化发展中的期待。一旦忘却了这种责任，

---

① 云杉：《文化自觉 文化自信 文化自强——对繁荣发展中国特色社会主义文化的思考》，《红旗文稿》2010 年第 15 期。

前人的文化就将陨落在时间的河流中，前代与后代之间以文化作为载体的交流沟通将无法进行，前代与后代之间的联系也会因此而阻隔。

二是要有强烈的推进文化繁荣和发展的使命感。"有效的使命感能使人们有清晰的方向感，同时带给人克服困难、积极向上的力量。"[1]在类代际文化和谐的建构中，当代人不仅要有传承文化的自觉，更要有强烈的推进文化繁荣与发展的使命感。人类文明进步与繁荣是每一代人接续推进的结果。今天，文明发展的接力棒经过无数代人的辗转，已经传递到了当代人的手中，推进人类文明进步与繁荣的责任历史地落到了当代人的肩上。这就要求在场的当代人，不仅要继承前人的文化成果，更要以此为基础不断超越。只有超越才能显示文化强大的生命活力，只有超越才能作为文化不断进步的明证。当代人不仅要做文化的传递者，更要做文化的创造人。新的时代已给我们展开了文化创造的历史新画卷，我们应该紧紧抓住时代的脉搏，沿着人类孜孜以求的美好梦想，大胆创新，不断开拓，创造出更多和更加优秀的文化成果，把人类文明的发展水平推进到新的历史高度。如果本代人没有这种使命感，缺乏这种内在的自觉，仍然沉湎于对物质利益的疯狂追逐和浅薄的文化享受，不管文化创造只顾文化消费，不求内容高雅但求扯人眼球，不求流传万世只求风靡当下，文化的发展就不可能得到真正的推进，人类文明的花园也会因此而凋零。

三是要建立对后代文化发展的深切关怀。人的生命总是有限的，但是希望却是无限的。正是有无限的希望，有限的生命才有了前进的动力和存在的意义。愚公之所以能够坚持移山的梦想，就在于他看到了"虽我之死，有子存焉；子又生孙，孙又生子；子又有子，子又有孙。子子孙孙，无穷匮也"[2]的希望。在场的本代人总有一天也会因生命的消逝而退场，无限的希望只有寄托在后代人的身上。因此，后代人不是别人，他们正是我们自己，我们很多美好的梦想都需要他们来完成。关心后代人，也不是关心别人，而是关心我们自己。俗话说："人无远虑，必有近忧"，"一个社会如果不再认同后代人的利益，丧失了对未来社会的积极关注，那么它也就丧失解决当前问题的能力，很快就会走向崩溃"[3]。因而我们必须建立起对后代人的深切关怀。一

---

[1] 李学勇：《由践行到倡行：大学生主体性思想政治教育的新路径》，《学校党建与思想教育》2011年第12期。

[2] 白冶钢：《列子译注》，三联书店2018年版，第179页。

[3] ［美］赫尔曼·E.戴利、肯利思·N.汤森，《珍惜地球：经济学、生态学、伦理学》，马杰等译，商务印书馆2001年版，第343页。

方面，我们要平等地对待后代人，牢固树立代际公平意识。本代人和后代人都是人类代际共同体的成员，应该平等地享有使用自然和文化资源的权利。这就要求在场的本代人必须跳出本代人生活的狭窄视野，摒弃只顾眼前利益的本代中心主义，从人类的整体利益出发，切实保障后代人充分使用自然和文化资源的权利。即便是我们的上一代人未能平等对待我们，这也不能成为我们损害后代利益的理由。因为"本代人作为理智的一代，不应当怀有'上一代人那么做了，我们为什么不那么做？''上代人在哪些方面为我们着想了？我们为什么要为后代人着想？'等想法。为后代人多着想，这既是本代人的责任，也是本代人超越前代人的表现"①。如果没有这种超越，人类社会何以行进到了今天？而且我们可以大胆地预见，只要我们公平地对待后代人，多为后代人着想，我们的下一代人也会以同样公平的方式来对待他们的后代人。因为本代人已经提供了很好的示范和榜样，后代人没有理由不依此行事。另一方面，我们要为后代人的文化发展创造良好的条件。后代人的文化创造不是无源之水，无本之木，它必须建立在本代人提供的条件和基础之上。因此，本代人提供的条件的优劣，将直接影响后代人文化发展的好坏。因而，本代人对后代人的关怀，必然蕴含着尽可能为后代人创造良好的文化发展条件的要求。这就要求在场的本代人必须把是否有利于后代人的文化发展，作为本代人重要的行动逻辑和检验标准。具体来说，要力争把从前人手中继承过来的文化遗产完整地传递给后代人，作为他们文化发展的根脉；要创造更加丰富的文化成果，确保文化的多样性，为后代人的文化选择提供更加自由和广阔的空间；要开拓创新，创造更多、更好的文化精品，为后代文化的进一步提升奠定良好的基础。

二、坚持走中国特色社会主义文化道路

类代际文化和谐，是要让前代、本代和后代的文化兼容互补、协调统一。那么，如何才能让相互差异的各代文化兼容互补、协调统一呢？这就要求我们必须坚定不移地走中国特色社会主义文化道路，发展中国特色社会主义文化。因为，"中国特色社会主义文化，源自中华民族五千多年文明历史所孕育的中华优秀传统文化，熔铸于党领导人民在革命、建设、改革中创造的革命文化和社会主义先进文化，植根于中国特色社会主义伟大实践"②，它深刻体现了文化发展的内在规律，代表着最广大人民的根本利益，充分彰显了人类

① 厉以宁：《经济学的伦理问题》，三联书店1995年版，第213页。
② 《十九大以来重要文献选编》（上），人民出版社2019年版，第29页。

对美好生活的向往。只有沿着中国特色社会主义文化道路前进，用社会主义先进文化来统领各代文化，各代文化才可能协调统一形成合力。

（一）坚持中国特色社会主义文化道路的内在根据

1. 中国特色社会主义文化能有力促进社会生产力的发展

马克思主义告诉我们，文化是由物质生产及其所形成的经济基础所决定的，但是文化绝不仅是物质生产及其形成的经济基础的被动反映，它有相对的独立性，并对经济和政治的发展有一定反作用。恩格斯就曾指出："政治、法律、哲学、宗教、文学、艺术等的发展是以经济发展为基础的。但是，它们又都互相影响并对经济基础发生影响。并不是只有经济状况才是原因，才是积极的，而其余一切都不过是消极的结果。这是在归根到底不断为自己开辟道路的经济必然性的基础上的相互作用。"① 由此可知，文化在社会生产力发展和人类社会的进步中扮演着十分活跃和重要的角色。它既可能成为推动社会生产力发展的强大力量，也可能成为社会生产发展的巨大阻碍。这完全要取决文化的先进与否。"先进的思想文化一旦被群众掌握，就会转化为强大的物质力量；反之，落后的、错误的观念如果不破除，就会成为社会发展进步的桎梏。"② 只有那些符合生产力发展的要求，体现生产力发展规律的先进文化，才能形成推进生产力发展的强大力量。相反，违背生产力发展规律的落后文化，则只能是生产力发展的包袱和累赘。而代际文化和谐的根本目的在于促进人的全面发展，推进人类社会的进步，其实质也就是要发展能促进生产力发展的先进文化。因此，能否促进生产力的发展，不仅是文化先进与否的判断标准，同样也是代际文化和谐的检验标准。各代之间文化的和谐，最终要体现在对生产力的促进作用上，不能推进生产力发展的代际文化和谐，只能是停留在表面的伪和谐。而中国共产党从成立之日起，既是先进文化的积极引领者和实践者，又是中华传统优秀文化的忠实传承者和弘扬者。由她带领全国各族人民所创造的中国特色社会主义文化实现了中华传统优秀文化、革命文化、社会主义先进文化的有机统一，有力推动了生产力的发展和社会的进步。

2. 中国特色社会主义文化符合文化发展的内在规律

文化有其内在的产生和演进规律。马克思主义告诉我们，文化是人的本质力量对象化的结果，是人自由自觉特性的体现，"历史不过是追求着自己目

---

① 《马克思恩格斯选集》第4卷，人民出版社2012年版，第649页。

② 《十九大以来重要文献选编》（上），人民出版社2019年版，第430页。

的的人的活动而已"①。人所创造的文化，不仅反映了现实，更显示了人对现实的超越，"无论历史的结局如何，人们总是通过每一个人追求他自己的、自觉预期的目的来创造他们的历史"②。也正是那些能体现人的超越本性，符合人的美好向往的文化成了引领和推进人类社会发展的先进文化。人对先进文化的追求，就是人对美好生活的向往。也正是在对先进文化的不懈追求中，人一步一步地接近着自己的梦想，续写着自己的历史。寻求各代文化的和谐，正是要遵循文化的发展规律，实现人类孜孜以求的美好梦想。我们发展中国特色社会主义文化就是要"用光明驱散黑暗，用美善战胜丑恶，让人们看到美好、看到希望、看到梦想就在前方"③。

3. 中国特色社会主义文化符合最广大人民的根本利益

文化是人化的产物，人是文化的主体。离开了主体的人，文化也就失去了存在的意义。马克思主义告诉我们，历史什么事情也没做，"创造这一切、拥有这一切并为这一切而斗争的，不是'历史'，而正是人，现实的、活生生的人"④。人既是文化的出发点，又是文化的目标和归宿。人类文明的一切成果都只能由人来创造，也理所当然应该由人来享有。此处的人，不仅指个体的人，还指群体的人；不仅指现实存在着的人，还指过去的人和未来的人。因此，一种文化的先进与否，关键是看它能否实现最广大人民的根本利益。凡是符合最广大人民利益的文化，都深刻体现着人类社会的本质规律，代表着人类社会的发展趋势，很容易为广大人民群众所吸纳、传播和保留，从而成为推动社会前进的强大力量。相反，只能代表极少数人利益的文化，则因缺乏广大人民群众的支持，而很快就会淹没在时间的河流中，对人类社会的进步起不到半点的作用。因而，人民性与先进性具有内在的一致性，从某种意义上说，坚持文化的先进性就是坚持文化的人民性。而人民性也正是代际文化和谐的内在要求。一方面，主体的人的存在是代际文化和谐的前提。因为有人的存在，才有代的划分，有代的划分，才有不同的代文化，有不同的代文化，才有代际和谐的问题。另一方面，实现最广大人民群众的根本利益是代际文化和谐的目标。代际文化和谐，不是停留在一般层面上的各代文化之间的相安无事，一团和气，其根本目的还在于立足人类的永续发展，从更

① 《马克思恩格斯文集》第1卷，人民出版社2009年版，第295页。
② 《马克思恩格斯选集》第4卷，人民出版社2012年版，第254页。
③ 中共中央宣传部：《习近平新时代中国特色社会主义思想学习纲要》，学习出版社、人民出版社2019年版，第149页。
④ 《马克思恩格斯文集》第1卷，人民出版社2009年版，第295页。

高的层面上实现、维护和发展最广大人民群众的根本利益。不能坚持文化发展的人民性，也就不可能有真正的代际文化和谐。中国特色社会主义文化始终坚持以人民为中心，强调文化要为人民服务、为社会主义服务，体现了鲜明的人民性。习近平总书记就曾指出："人民需要文艺，文艺需要人民，文艺要热爱人民。一切优秀文艺工作者的艺术生命都源于人民，一切优秀文艺创作都为了人民。"①

（二）坚持中国特色社会主义文化道路的着力点

"发展中国特色社会主义文化，就是以马克思主义为指导，坚守中华文化立场，立足当代中国现实，结合当今时代条件，发展面向现代化、面向世界、面向未来的，民族的科学的大众的社会主义文化，推动社会主义精神文明和物质文明协调发展。"② 发展中国特色社会主义文化，应从以下几方面着力。

1. 必须巩固马克思主义在意识形态领域的指导地位

"意识形态决定文化前进方向和发展道路。"③ 马克思主义是中国特色社会主义文化的根和魂，发展中国特色社会主义文化，必须毫不动摇地坚持马克思主义的指导。坚持马克思主义的指导地位，是因为她是"科学的理论、人民的理论、实践的理论、不断发展的开放理论"④。她"犹如壮丽的日出，照亮了人类探索历史规律和寻求自身解放的道路"⑤，铸就了人类文明史上不朽的思想丰碑，成了迄今为止最科学、最严密和最有生命力的理论体系。"人类思想史上，没有哪一种思潮，像马克思主义那样具有巨大的认识世界和改造世界的威力，那样广泛而深远地影响着亿万人民群众的思想和行动，那样经久不衰地焕发着革命的、批判的伟大精神和创造性的理论活力。"⑥ 在当代中国坚持马克思主义的指导地位，关键要做到以下几点。

一是牢固树立阵地意识，切实做到"守土有责，守土负责，守土尽责"。马克思主义的指导地位不可能天然形成，它需要在不断的斗争中加以确立和巩固。尤其在当下，西方国家用资本主义的世界观、价值观"西化""分化"中国的图谋不但没有改变，而且程度更加激烈、手段更加隐蔽；伴随着社会

---

① 中共中央宣传部：《习近平新时代中国特色社会主义思想学习纲要》，学习出版社、人民出版社2019年版，第149页。

② 《十九大以来重要文献选编》（上），人民出版社2019年版，第29页。

③ 《十九大以来重要文献选编》（上），人民出版社2019年版，第29页。

④ 《十九大以来重要文献选编》（上），人民出版社2019年版，第423-425页。

⑤ 《十九大以来重要文献选编》（上），人民出版社2019年版，第423页。

⑥ 林泰：《问道——改革开放以来的社会思潮与青年思想政治教育研究》，中国社会科学出版社2013年版，第602页。

的发展和开放程度的提高，人们思想活动的独立性、选择性和差异性明显增强，社会思想空前活跃，价值观念日趋多元。在这种背景下，巩固马克思主义的指导地位显得更加复杂，也更为必要。"在意识形态斗争上，我们没有任何妥协退让的余地，必须取得全胜。"①　因此，我们要有强烈的阵地意识，必须毫不犹豫、旗帜鲜明地用马克思主义占领意识形态的阵地，不断巩固马克思主义在意识形态领域的指导地位，巩固全党全国人民团结奋斗的共同思想基础，建设具有强大凝聚力和引领力的社会主义意识形态。习近平总书记在2013年8月19日召开的全国宣传思想工作会议上，就明确指出："经济建设是党的中心工作，意识形态工作是党的一项极端重要的工作。"宣传工作"必须守土有责、守土负责、守土尽责"②。这就要求我们，一方面要在广大人民群众中广泛宣传马克思主义，在马克思主义大众化中不断深化大众对马克思主义的理解和认识，真正把马克思主义作为行动指南和内在的追求。另一方面要在意识形态领域旗帜鲜明地反对非马克思主义、反马克思主义，同它们进行坚决的斗争。因为"马克思主义必须在斗争中才能发展，不但过去是这样，将来也必然还是这样。正确的东西总是在同错误的东西做斗争的过程中发展起来的。真的、善的、美的东西总是同假的、恶的、丑的东西相比较而存在，相斗争而发展的"③。

　　二是要在实践中自觉运用和发展马克思主义。坚持马克思主义，不是空洞的口号，不是随意悬挂的政治标签，而是坚定的信念和行动的自觉。坚持马克思主义，最终要体现在行动上。这就要求我们，一方面要真学、真懂马克思主义，充分领会马克思主义的精神实质。"马克思主义的整个世界观不是教义，而是方法。它提供的不是现成的教条，而是进一步研究的出发点和供这种研究使用的方法。"④我们不能把马克思主义教条化，不能把马克思主义经典作家在特定历史环境下所做出的个别结论当作马克思主义的普遍真理来坚持。坚持马克思主义，关键在于坚持马克思主义的世界观和方法论。另一方面，我们还要有运用马克思主义的自觉。我们不仅要将马克思主义的基本原理同中国具体实际相结合，学会用马克思主义的立场、观点、方法来观察、分析和解决各种实际问题，让马克思主义成为指导我们实践的强大理论武器；

---

① 中共中央宣传部：《习近平新时代中国特色社会主义思想学习纲要》，学习出版社、人民出版社2019年版，第140-141页。

② 《习近平谈治国理政》第1卷，外文出版社2014年版，第153页。

③ 《毛泽东文集》第7卷，人民出版社1999年版，第230页。

④ 《马克思恩格斯选集》第4卷，人民出版社2012年版，第664页。

还要学会在实践中，总结经验，深化规律研究，创造出新的理论成果，为马克思主义理论宝库增添新的内容，在实践中不断推进马克思主义的理论创新。推进马克思主义的理论创新，就是对马克思主义最好的坚持。

三是要坚持用习近平新时代中国特色社会主义思想武装头脑。党的十九大最重要的成果和最大的贡献，就是将习近平新时代中国特色社会主义思想确立为我们党必须长期坚持的指导思想。"习近平新时代中国特色社会主义思想，从理论和实践结合上系统回答了新时代坚持和发展什么样的中国特色社会主义、怎样坚持和发展中国特色社会主义这个重大的时代课题，以全新的视野深化了对共产党执政规律、社会主义建设规律、人类社会发展规律的认识，为发展马克思主义做出了中国原创性贡献，为实现中华民族伟大复兴提供了行动指南，为推动构建人类命运共同体、建设更加美好的世界贡献了中国智慧和中国方案。"① 因而"习近平新时代中国特色社会主义思想是二十一世纪马克思主义、当代中国马克思主义，是鲜活的、有时代力量的马克思主义。实践证明并将继续证明，只有这一思想，而没有别的思想，能够解决中国特色社会主义、中华民族的前途命运问题"②。新时代坚持马克思主义指导，关键在于坚持习近平新时代中国特色社会主义思想的指导，自觉运用习近平新时代中国特色社会主义思想武装头脑、指导实践、推动工作。我们要抓住党员、干部、青年学生这个重点，不断向全社会拓展，在宣传教育上下功夫，形成全社会自觉学习贯彻习近平新时代中国特色社会主义思想的良好格局。我们要在多思多想、学深悟透上下功夫，深入领会习近平新时代中国特色社会主义思想的时代意义、理论意义、实践意义、世界意义，深刻理解其核心要义、精神实质、丰富内涵、实践要求，悟透贯穿其中的马克思主义立场观点方法，系统把握、整体理解这一思想，真正让习近平新时代中国特色社会主义思想入脑、入心。我们要在知行合一、学以致用上下功夫，大力弘扬理论联系实际的优良学风，更加自觉用这一思想指导解决实际问题，切实把学习成效转化为做好本职工作、推动事业发展的生动实践。

2. 坚持文化发展的"三个面向"

一种文化先进与否，就是要看其是否具有海纳百川的胸襟，是否具有立足实际，走向未来的能力。"面向现代化、面向世界、面向未来"正是对先进文化所具有的胸襟、气度和能力的简明概括和生动写照。因此，发展中国特色社会主义文化，必然蕴含着坚持文化发展的"三个面向"的要求。

---

① 《十九大以来重要文献选编》（上），人民出版社 2019 年版，第 182 页。
② 《十九大以来重要文献选编》（上），人民出版社 2019 年版，第 182 页。

　　一是要"面向现代化"，充分把握时代发展的脉搏。文化是一定社会条件下的产物，总是带着它所处的那个时代的烙印。只有与时代同步，踏准时代的鼓点，回应时代风云的激荡，反映时代精神的文化，才具有蓬勃的生命力和强大的感召力，才可能成为先进文化。而对于当下的中国来说，全面建设社会主义现代化强国无疑是这个时代的最强音。因此，发展中国特色社会主义文化，必然要深深根植于社会主义现代化建设的实践，站在时代的前列，突出现代化的内容，回应现代化的要求，彰显现代化的精神，为建设社会主义现代化强国提供强大的思想保证、智力支持和精神动力。

　　二是要"面向世界"，充分体现先进文化的包容性。一方面先进的文化应该具有放眼全球的战略眼光。当今的世界是开放的世界，任何国家都不可能在自我封闭的环境中获得发展。同样的任何一种文化也不可能在自我封闭中获得进步。发展先进的文化就应该有放眼全球的宽阔视野，解决全球问题的使命担当，努力为世界人民的幸福，人类文明的进步做出积极的贡献。另一方面先进的文化应该具有海纳百川的宽广胸襟。文化的先进性体现在它的包容性上。一种先进的文化应该有融入世界的自信，有吸收一切优秀文化成果发展自身的能力。因此，我们要不断克服封闭性、局限性和片面性的文化发展僵化思想，把"请进来"和"走出去"相结合，不断与世界的各种文化交流、碰撞，既要在与其他文化的交流中展示自己的魅力，增强我国文化的吸引力和感召力，又要大胆借鉴和吸收其他一切优秀成果，取长补短，不断增强自身的生命力和创造力。

　　三是要"面向未来"，胸怀解放全人类的崇高追求。人类社会是"历史—现实—未来的统一，是以现实为中心而连接起来的向未来不断进化的过程"①。作为人化产物的文化必然与人类社会的发展同步。它从人类的昨天走来，来到今天，又必将走向明天。作为先进的文化，应该把人类社会的历史、现实和未来相统一，让文化发展的根脉相连，永续前行。这就要求我们在文化建设中，必须具有人类发展的整体视野，不仅要关注今天的人，还要关注过去的人、未来的人，要把实现、维护和发展人类的整体利益作为文化建设的出发点和落脚点，任何只顾眼前利益的急功近利短视行为，都将断送文化发展的美好前程；我们必须具有关爱后代的代际责任意识，未来不是梦，不是虚幻，我们的未来正是我们的后代。关爱后代正是关爱我们自己，损害后代的利益就是损害我们自己的利益，让后代人无路可走也就等于断送了本代人的希望与梦想。我们必须具有实现人自由而全面发展的使命意识。人类社会有

----

　　① 刘远传：《社会本体论》，武汉大学出版社1999年版，第3页。

自己的美好梦想和终极追求，这就是实现人的彻底解放和自由而全面的发展。中国特色社会主义文化应该承载这一美好梦想和崇高追求，自觉把实现这一终极梦想作为自己的使命。只有在这种使命的感召下，文化发展才可能获得强大动力，也只有这样文化才可能成为引领人类前进的思想旗帜和精神动力。

3. 坚持文化发展的民族性、科学性和大众性

民族、科学、大众是中国特色社会主义文化的重要属性，是中国特色社会主义文化有别于其他文化的鲜明标识。发展中国特色社会主义文化必须坚守这三个特性。具体来说，一是要坚持文化的民族性，体现鲜明的中国特色。民族性是文化的天然属性，任何一种文化都带着属于自己的民族印记。根植中华民族五千多年文明的中国特色社会主义文化，更具有鲜明的民族标识。发展中国特色社会主义文化，必须充分吸收中国传统优秀文化的精华，深刻反映中华民族的思维模式、生活方式、情感意志、道德情操、风俗习惯和卓越智慧，让文化的各个地方都透着鲜明的中国气派、中国风格和中国作风，从而用无比鲜明的中国特色去感染、吸引世界，充分展示社会主义先进文化的强大魅力。

二是要坚持文化的科学性，充分发挥社会主义先进文化对人类社会发展的促进作用。中国特色社会主义文化是先进的文化，先进文化必然是科学的文化，因为只有科学的文化才能深刻体现自然和人类社会发展的客观规律，成为推动人类社会发展的强大力量。发展社会主义先进文化，就是发展科学的文化。这就要求我们要有文化发展的真理意识和真理标准，坚持一切从实际出发，实事求是，不断探寻自然和人类社会发展的内在规律，并在实践中检验和发展真理；要坚持科学的态度和科学的方法，旗帜鲜明地反对一切伪科学，敢于同一切违背自然和人类社会发展规律的落后文化、歪理邪说做艰苦卓绝的斗争；要坚持"以科学的理论武装人，以正确的舆论引导人，以高尚的精神塑造人，以优秀的作品鼓舞人"[1]，让广大人民群众在科学文化的滋养中，精神需求得到满足，思想境界得到提升，情感意志得到升华，从而不断推进人的全面发展。

三是坚持文化的大众性，发挥人民群众的主体作用。人民群众是历史的创造者，是文化的主体力量。文化的先进性与人民性高度统一，发展社会主义先进文化就是发展大众的文化。我们始终要把满足广大人民的精神文化需求，促进人的全面发展作为文化发展的目的，把人民群众满不满意、高不高兴作为检验文化建设是非得失的标准。具体来说，文化发展必须反映大众。

---

① 江泽民：《论党的建设》，中央文献出版社2001年版，第125页。

广大人民群众丰富多彩的生产、生活实践是文化发展的生命源泉，发展社会主义先进文化，必须深深扎根广大人民群众的生产、生活实际，充分反映他们的利益、愿望和诉求，并从他们中间汲取不断发展的养分。文化发展一旦脱离了大众，就像鱼儿离开了水，失去了赖以生存的环境，缺少了维系生命的养分，消亡就成了定局。文化发展必须依靠大众。广大人民群众是先进文化的创造者。发展社会主义先进文化，必须充分尊重大众的主体地位，最大限度地调动广大人民群众的积极性、主动性和创造性，让文化在广大人民群众的集体智慧中得到不断的创造与发展。文化发展的成果必须由大众享有。广大人民群众是文化的创造者，也理应是文化的享有人。文化发展的成果是否由广大人民群众来共享又是判断文化先进与否的一个重要标准。发展社会主义先进文化，就是要发展人人共享的文化。因此，我们必须彻底摒弃文化发展的"权贵思想"，着力破除影响大众平等享有文化发展成果的体制、机制障碍，让和煦的文化阳光照进每一角落温暖每一个人，让每一个人都在文化的滋养中得到充分的发展。

三、推进文化综合创新

文化的生成是重复性生成和创造性生成的结合。其中"重复性生成是保持文化原有的文化特征的过程，是个体确认其所属文化的过程，是个体与群体、与社会相融合的基础，是保持个体的自我统一性和稳定性的首要前提"①。但是重复性生成只是奠定了文化发展的基础，并不能推动文化的发展，文化发展的真正动力在于创造性生成。创造性是人特有的本性，是人之为人的最高表现。"人不是在某一种规定性上再生产自己，而是生产出他的全面性；不是力求停留在某种已经变成的东西上，而是处于变易的绝对运动之中。"② 如果没有创造，人类还将处在蛮荒时代，根本不可能有今天的人类文明。因此，创新是文化的本质特征，是文化生命力的最高表现。以推进文化发展为目标的类代际文化和谐，理应把创新作为自己的本质。一方面，创新是代际文化和谐的目标和衡量标准。之所以要寻求前代、本代和后代的文化和谐，就是要营造良好的环境，整合文化创新的合力，更好地促进和推动文化创新。有没有实现代际文化和谐，关键就在于是否推进了文化创新。另一方面，创新还是实现代际文化和谐的根本力量。在人类文化的发展中，各代之间的文化存在着差异，有时还会发生剧烈的冲突，如何才能让各代文化和谐共生、协

---

① 李娜：《试论文化的个体生成与文化自觉》，《北方论丛》2011 年第 6 期。
② 《马克思恩格斯全集》第 30 卷，人民出版社 1995 年版，第 480 页。

调有序、充满活力呢？唯有创新。只有创新才能消除各代文化之间的矛盾，让各代文化围绕推进人类文明发展的总体目标相互协调、平衡适中、活而不乱。而且和谐是相对的，不和谐才是绝对的，在文化的发展中各代文化之间矛盾层出不穷，解决了一个矛盾，又将出现新的矛盾，这些矛盾的解决，和谐局面的维护，都只能在不断的创新中才能实现。因而，创新是代际文化和谐的必由之路、制胜之道，只有在不断的文化创新中才能实现真正的代际文化和谐。具体到当下，就是要走"马学为魂，中学为体，西学为用，三流合一，综合创新"① 的文化创新之路。

（一）不忘本来，在吸收中国优秀传统文化的精髓中创新

"不忘本来才能开辟未来，善于继承才能更好创新。"② 任何一种文化都有其既有的传统、固有的根本。这些传统和根本是文化得以延续和发展的种子。种子是生命的基础，没有种子生命都无以延续，创新更是妄谈。因此，文化创新不是要抛弃传统、丢掉根本，"创造"出不伦不类的"新"文化来，而是在文化延续中的创造，是在充分吸收传统文化精髓后的质的进步。

第一，我们要有文化发展的自知之明，要对传统文化做充分全面的了解。"文化具有鲜明的主体性，是特定历史主体在一定历史环境中基于自己的智慧与实践能力所创造的精神成果。"③ 文化创新不能凭空产生，它需要在传统文化的母体中吸取充足的养分，获得茁壮成长的基因。而要真正吸取中国传统文化的养分，充分的了解，正确的理解就是前提。张岱年先生就曾强调："只有正确理解所学习的对象，并且从实际情况出发，从中正确地区分出精华与糟粕，才能很好地学习和继承，才能在文化综合创新的实践中避免简单的拼凑或无意义的调和。"④ 只有对中国的传统文化作充分的了解，才能明白中华文化的过去、现在和未来，才能找到文化创新的现实基础、历史方位和前进方向；只有经过充分的了解，才能客观理性地看待中国的传统文化，才能去伪存真，取其精华去其糟粕，为文化创新找到有机的养分。

这就要求我们，一是要有文化的自知之明，搞清中华文化的来龙去脉和发展趋势。作为我们文化发展母体的中华文化"是指有着数千年的历史传承

---

① 方克立：《"马魂、中体、西用"是习近平文化思想的宗纲》，《思想理论教育导刊》2015年第5期。

② 《习近平谈治国理政》第1卷，外文出版社2014年版，第164页。

③ 李永胜、张紫君：《文化自觉、文化自信、文化创新与文化自强》，《北京工业大学学报（社会科学版）》2019年第6期。

④ 汤海艳：《张岱年文化综合创新论探析》，《学海》2006年第3期。

的，经过近现代变革和转型的，走向未来、走向世界的活的中国文化生命整体"①。我们只有对这一文化有机体有一个整体的把握，明白它的过去、现在和未来，才能找准文化发展的历史方位，树立起对自己文化生命力的坚定信心。我们既不能只看到中华文化的优势和历史功绩，妄自尊大，故步自封；也不能自卑自弃，在世界文化的发展中迷失自己。中华文化源远流长、博大精深，在几千年的历史变迁中，历尽磨难，却又绵延不绝、生生不息，显示了无比强大的生命力。我们要充分了解中华文化几千年风雨变迁的历史，探寻它弦歌不绝、生生不息的内在奥秘，从而树立起中华文化走向未来、走向世界的坚定信心。我们也要准确判断中华文化在世界文化发展大势中的方位，明白自身所存在的优势和缺陷，顺应历史潮流，抓住机遇，迎接挑战，在不断创新中将中华文化发扬光大，为人类文明的进步做出更加卓越的贡献。

　　二是要有科学理性的态度，分清传统文化中的精华与糟粕。文化创新需要在文化母体中吸取养分，但并不是对文化母体中所有成分的一概接纳和吸收。因为，在任何一种文化中都存在精华与糟粕，只有那些精华部分才能经久不衰，成为文化创新的有机养分。文化创新是综合中的创新，对于传统文化来说，所要综合的是其精华部分。中华优秀传统文化"积淀着中华民族最深层的精神追求，包含着中华民族最根本的精神基因，代表着中华民族独特的精神标识，是中华民族生生不息、发展壮大的丰厚滋养"②。这些文化精髓，根植于中华文明各个历史形态的时代主潮之中，是中华民族最稳定最深层的精神基因。它是我们安身立命的根基，也是我们在世界文化的激荡中站稳脚跟的定海神针。不能继承和吸收这些文化精髓，文化创新就无以进行。同时，我们也必须看到"传统文化在其形成和发展过程中，不可避免会受到当时人们的认识水平、时代条件、社会制度的局限性的制约和影响，因而也不可避免会存在陈旧过时或已成为糟粕性的东西"③。比如，在传统文化中存在因循守旧的思维方式，唯书唯上的教条主义，长幼尊卑的等级观念，明哲保身、委曲求全的利己主义，随遇而安、不思进取的惰性情绪，这些都将严重阻碍社会的进步。对于这些陈腐的东西，我们不仅不能继承，而且还要义无反顾地予以摒弃。习近平总书记就曾经典地指出："对历史文化特别是先人传承下来的价值理念和道德规范，要坚持古为今用、推陈出新，有鉴别地加以对待，

---

① 方克立：《关于文化体用问题》，《社会科学战线》2006 年第 4 期。
② 《习近平谈治国理政》第 1 卷，外文出版社 2014 年版，第 164 页。
③ 《习近平谈治国理政》第 2 卷，外文出版社 2017 年版，第 313 页。

有扬弃地予以继承，努力用中华民族创造的一切精神财富来以文化人、以文育人。"①

第二，推动中华优秀传统文化创造性转化、创新性发展。对中国的传统文化做全面深入的了解，明白它的来历，区分它的精华和糟粕，只是为文化创新提供了条件，奠定了基础，但更为重要的是要在此基础上进一步的创新，以推动文化的不断发展。继承中华优秀传统文化不是照搬、不是复制，而是要"努力实现传统文化的创造性转化、创新性发展，使之与现实文化相融通，共同服务以文化人的时代任务"②。

一是要综合吸收优秀传统文化的精髓。文化创新是综合中的创新，"综合"应包含两个层次：第一层次是中西文化的综合；第二层次是中国固有的文化中不同学派的综合。③ 也就是说综合不仅指不同文化系统之间的综合，而且还指同一文化系统内部的综合。究其原因来说，文化固然是一个整体，但并非不可解析，"文化是一个由于其要素的不断更新及综合而不断超越自身的变化、发展过程"④。文化创新中，必然包含着对已有文化的内部各要素的综合，以及在此基础上的创造。中国的传统文化博大精深，是一个非常复杂的系统，有着十分丰富的内部层次和结构，从文化派别上有深刻影响的就有儒、释、道、法、墨等。吸收优秀传统文化的养分，不是仅对某一层次、某一派别，而是针对一切优秀的传统文化。这种吸收也不是简单地照搬，而是综合各个层次、各个要素、各个派别的文化精髓，博采众长，相互融合的吸收。只有在不同层次、不同要素、不同派别的文化精华的有机融合、相互作用中，才能创造出新的文化。

二是要结合新的实践和时代要求创新。创新是立足实践、结合现实的创新。一种文化的优秀与否，就看它是否能回应现实，解决实践中的实际问题，即是否具有当代价值。正是基于此，对于中国的传统文化，张岱年先生在冯友兰先生提出的"释古"即阐释传统文化的历史内涵的基础上，提出了"析古"，即要对传统文化做"死的"和"活的"区分，"活的"就是能回应现实具有鲜活生命力的传统文化，而"死的"就是远离现实被历史所淘汰的文化。文化创新，就是在"析古"基础上的创新，是根据实际需要做取其"活的"

---

① 《习近平谈治国理政》第1卷，外文出版社2014年版，第164页。

② 《习近平谈治国理政》第2卷，外文出版社2017年版，第313页。

③ 张岱年、刘仲林：《铸造新精神，建设新文化——千年之交新文化瞻望》，《天津师大学报》2000年第1期。

④ 汤海艳：《张岱年文化综合创新论探析》，《学海》2006年第3期。

去其"死的"选择，以及在此基础上结合现实的"发展改进，使之更以新的姿容表现出来"①。具体到当下，"中国传统文化是否优秀、是否具有当代价值，必须在建设中国特色社会主义的实践中获得检验，取其精华、去其糟粕的具体实现，也必须在建设中国特色社会主义的实践中去实现、去完成"②。此外，我们还要"按照时代的新进步新进展，对中华优秀传统文化的内涵加以补充、拓展、完善，增强其影响力和感召力"③。

（二）吸收外来，在借鉴国外优秀的文化成果和先进的经验中创新

"文明因交流而多彩，文明因互鉴而丰富"④，文化创新的养分既存在于自身的文化母体之中，也蕴藏于其他优秀的外来文化之中。因而，以什么样的态度来对待外来文化，不仅考验着一个国家和民族的文化自信，而且也决定着一个国家和民族文化的生命力和创造力。"一个国家和民族的文化越是能够吸纳和整合异质文化，其文化体系就越丰富，越有生命力。相反，没有吸纳和整合能力的文化是脆弱的，也经不起异质文化的'风吹浪打'。"⑤ 而且，就人类文明发展的历史来看，"不同文化之间的交流过去已经多次证明是人类文明发展的里程碑。希腊学习埃及，罗马借鉴希腊，阿拉伯参照罗马帝国，中世纪的欧洲又模仿阿拉伯。而文艺复兴的欧洲则效仿拜占庭帝国。"⑥ 就中华文化的发展历程来看，"中华民族是一个兼容并蓄、海纳百川的民族，在漫长的历史进程中，不断学习他人的好东西，把他人的好东西化成自己的东西，这才形成我们的民族特色"⑦。因此，广泛吸纳、融汇一切外来的优秀文化成果，是获取创新养分、激发创新活力，不断推进中华文化繁荣进步的必然要求。也就是说，文化创新是吸收一切优秀外来文化中的创新。

第一，"以我为主"，坚持文化交往的独立性和自主性。文化创新需要吸收外来文化，但是在对外来文化的借鉴和吸收中，有一个"体""用"问题，即以谁为主的问题。那么，在中西文化的交流融合中究竟应该以谁为"体"，

① 《张岱年文集》第1卷，清华大学出版社1989年版，第260页。
② 易小明：《民族文化综合创新的应有视角》，《齐鲁学刊》2012年第5期。
③ 中共中央宣传部：《习近平总书记系列重要讲话读本》，学习出版社、人民出版社2016年版，第203页。
④ 中共中央宣传部：《习近平总书记系列重要讲话读本》，学习出版社、人民出版社2016年版，第204页。
⑤ 苑申成：《引领：先进文化建设的路径选择》，《社会主义研究》2012年第1期。
⑥ ［英］罗素：《一个自由人的崇拜》，时代文艺出版社1988年版，第8页。
⑦ 中共中央宣传部：《习近平总书记系列重要讲话读本》，学习出版社、人民出版社2016年版，第204页。

以谁为"用"呢？其实，答案已经十分明了。吸收外来文化，就是为了更好地发展自身的文化，毫无疑问"数千年历史积淀的自强不息、变化日新、厚德载物、有容乃大的中华民族文化为生命主体、创造主体和接受主体"①，而"西方文化和其他民族文化中一切积极成果、合理成分为学习借鉴的对象"②，是"应事之方术"，是为我所用的"他山之石"。坚持正确的"体""用"观，是文化主体应有的理性，是文化建设必须坚持的基本原则。一旦丧失了这一原则，在文化交往中就会迷失自我，沦为其他文化的附庸。当文化自身的独立性和自主性都不复存在，文化创新还有何意义呢？因此，"对任何民族来说，文化的自主权都是必须予以充分注意和把握的，这也是文化交流得以平等商谈的现实基础"③。尤其在当下，文化全球化的潮流势不可挡，在日益频繁、形式多样的文化交往中，我们更应该保持清醒的头脑，毫不动摇地坚持文化交往的独立自主原则。这就要求我们必须加强文化交往的主体意识，不断增强文化交往的独立性、主动性和自觉性。既要充分认识自己，充满自信，将优秀的传统文化发扬光大，保持文化发展的中国特色；又要放眼世界，主动选择异质文化的精华来丰富自身，不断增强文化的生命力、创造力和竞争力。无论是妄自菲薄、崇洋媚外的"全盘西化"，还是妄自尊大、一味排斥的"复古主义"，都是文化创新的天敌。我们只有在保持文化独立性的前提下，主动吸收外来文化的精髓，并将它们消化和创新，使之成为中国文化的一部分，中国的文化才会充满生机和活力。

第二，"为我所用"，对外来文化要辩证取舍。文化创新需要有开放包容的胸襟，需要对一切优秀的文化成果进行充分的吸收和借鉴。但是吸收借鉴不是一味照搬照抄。因为，任何一种文化都存在精华和糟粕，外来文化更是如此。尤其在文化全球化的今天，外来文化更是形形色色、五花八门、良莠不齐、优劣并存。如果我们不加选择地一味照搬，获得的有可能不是养分而是毒药，带来的不是文化的进步而是退步。因此，张岱年先生在他的文化综合新论中，特别指出中国传统文化和西方文化都有死的和活的，"文化改造必对于旧文化和外来新文化，同予以批判的'拔弃'（或'扬弃'，德文Aufheben 译为'拔弃'较恰，拔有擢取，荡除二义，弃者裁定去取之谓，'拔弃'二字正合德字原旨）"④。拔弃就是要辩证地取舍，取其精华，去其糟

---

① 方克立：《中国文化的综合创新之路》，中国社会科学出版社 2012 年版，第 244 页。
② 方克立：《中国文化的综合创新之路》，中国社会科学出版社 2012 年版，第 244 页。
③ 易小明：《民族文化综合创新的应有视角》，《齐鲁学刊》2012 年第 5 期。
④ 《张岱年文集》第 1 卷，清华大学出版社 1989 年版，第 273 页。

粕。那么如何才能辩证取舍呢？首先就是要对所借鉴和吸收的文化对象做充分的了解，厘清其中的精华与糟粕。如果说对待传统文化有一个"析古"的过程，对待外来文化更有一个"析外"的过程。对待外来文化我们更应该有足够的理性，对它的来龙去脉、精神内涵要有充分足够的了解，不能简单地停留在它外在的文化具象上，被它身披的光鲜亮丽的外衣所蒙蔽。尤其对那些华丽包装下的腐朽落后思想，对那些以文化开放名义对我们进行文化渗透、试图颠覆、瓦解我们的图谋，更要擦亮眼睛，保持高度的警惕。"如果我们不加鉴别，好坏不分，甚至把糟粕和垃圾当宝贝加以引进，就会贻害无穷。"①其次，要择善而从，为我所用。"析外"是基础，是前提，但吸收才是目的。在吸收中，不是"照单全收"而是择善而从，吸取的只是其中的精华。"如果不加分析把国外学术思想和学术方法奉为圭臬，一切以此为准绳，那就没有独创性可言了。如果用国外的方法得出与国外同样的结论，那也就没有独创性可言了。"②

　　第三，要转化再造，提升中国文化的生命力和创造力。吸收外来文化是取其精华去其糟粕的过程。就是对外来文化的精华部分的吸收借鉴中，也"不应当是单纯的'物理嫁接'，而是有机的'化学反应'，目的是转化再造、丰富发展我们自己的文化"③。那么如何才能转化再造呢？首先，要对外来文化做转化，使其本土化。每一种文化都有其生存的土壤，都有其发挥作用的条件。外来文化进入中国，必须根据中国实际做改造，让它适应中国的环境，真正能在中国生根发芽，发挥其应有的作用。如果只是简单嫁接，一味生吞活剥，只会产生南橘北枳的效果，对文化的发展起不到任何作用。"毛主席讲过：对待外来文化，应当以中国的实际需要为基础，如同我们对待食物一样，必须经过自己的口腔咀嚼和肠胃运动。"④其次，要有机融合，创造出新东西。张岱年先生曾经指出：真正的综合必是一个新的创造，是创造的综合。吸收借鉴外来文化，是对外来文化精华的吸收，但也绝非简单地将他人之长与自己之长叠加，而是要将两方之长有机融合，创造出新东西来。简单叠加，只是以水济水，发生不了融合，更产生不了新东西。我们要善于将外来文化

---

① 云杉：《文化自觉　文化自信　文化自强——对繁荣发展中国特色社会主义文化的思考》（中），《红旗文稿》，2010 年第 16 期。

② 《习近平谈治国理政》第 2 卷，外文出版社 2017 年版，第 341 页。

③ 云杉：《文化自觉　文化自信　文化自强——对繁荣发展中国特色社会主义文化的思考》（中），《红旗文稿》，2010 年第 16 期。

④ 云杉：《文化自觉　文化自信　文化自强——对繁荣发展中国特色社会主义文化的思考》（中），《红旗文稿》，2010 年第 16 期。

的精华与中国传统文化相结合，与我们的实际需要相结合，与中国特色社会主义的伟大实践相结合，在有机融合中进行新的文化创造，不断提升中华文化的生命力和创造力。让外来文化在中国的土地上生根发芽、开花结果，并显示出鲜明的中国气派、中国风格，成为中华文化有机组成部分，以满足人民日益增长的文化需要，形成推动国家富强、民族振兴、人民幸福的强大力量。

（三）深化文化体制改革，激发文化的创新活力

文化发展的过程，是解放和发展文化生产力的过程。文化生产力如同物质生产一样，同样要受到竖立之上的生产关系及其上层建筑的制约。这种制约文化生产力发展的文化生产关系及其上层建筑就是文化体制。这就要求我们要像不断深化经济体制改革来发展物质生产一样，要不断地进行文化体制改革来解放和发展文化生产力。也就是说，深化文化体制改革是解放和发展文化生产力的要求，其目的是要让文化生产关系及其上层建筑与文化生产力相适应，让文化生产力获得自由、广阔的发展空间。在当代中国，深化文化体制改革，应着重从以下几方面入手。

第一，转变政府职能，创新文化管理体制。坚持党管文化，牢牢把握住文化的领导权，是建设中国特色社会主义的必然要求。但是这种管理是科学、有效的管理，是顺应文化建设的规律，能促进文化发展的管理。这就需要不断创新文化管理体制，释放文化的创新活力。具体到当下，文化管理体制的创新应从以下几方面着手：

首先，要理顺政府与其他文化主体的关系，切实转变政府的职能。政府与文化主体的关系是文化管理体制中的中心问题。它的核心内容是政府与文化经营主体的角色定位、职能划分。在过去我们对文化的理解存在偏狭，只看到了文化的意识形态属性，将文化建设直接理解成了意识形态建设。为了充分体现文化的意识形态属性，政府不仅要管文化，还要办文化。于是，在很长的时间里我们实行的都是国有和国办文化的全面调控性文化管理模式。在这一模式下，政府集文化所有者、举办者、管理者、经营者等多重角色于一身，往往是"政事不分""政企不分""管办不分"，政府不仅要对文化进行宏观的掌控、微观的管理，还要负责经费的投入和文化产品的提供。这一模式，在计划经济的大背景下有一定的合理性，也确实取得过较好的效果，比如它在很大程度上宣扬了国家的意识形态，发挥了文化的思想政治教育功能。但是，在社会主义市场经济高速发展的今天，它的弊端暴露无遗。政府陷于微观的文化事务中，宏观调控受到削弱；政府既是管理者又是经营者，

既当运动员又做裁判员，权责不清，管理难以取得实效；政府管得太多、统得过死，文化资源不能得到合理的配置，文化活力没有得到充分的激发，文化生产力发展缓慢。因此，推进文化体制创新必须理顺政府与文化企事业单位的关系，切实转变政府的职能，让政府真正成为超然于一般文化市场主体的管理主体。在党的十八届三中全会通过的《中共中央关于全面深化改革若干重大问题的决定》中，就明确指出："按照政企分开、政事分开原则，推动政府部门由办文化向管文化转变，推动党政部门与其所属的文化企事业单位进一步理顺关系。"①

其次，要切实提高文化管理的科学化水平。深化文化管理体制改革，不仅要理顺政府与文化经营主体之间的关系，切实转变政府的职能，更要提高政府在文化管理中的科学化水平。具体来说，一是管理理念要科学化。政府对文化的管理，主要是宏观管理、方向引领，不是事无巨细，更不是代替包办，尤其对于经营性的文化产业更要放手让他们在文化市场的规则机制下得到充分自由的发展。二是管理制度要科学化。政府对文化的管理不是随心所欲的人治，而是依靠制度的法治化管理。因此，提高政府的文化管理水平，必须加强文化管理的制度化建设，让文化管理真正做到有法可依、有法必依、执法必严、违法必究。具体来说，我们不仅要加强文化自身的制度化建设，让一切文化活动和文化行为都有章可循，从而保证文化建设规范有序、充满活力；还要加强文化管理的制度建设，要对政府在文化管理中的具体职权、内容和程序做出详尽的规定，让政府对文化的每一项管理都有法可依、有章可循，充分保证文化管理的公正性，不断提升文化管理的公信力。三是管理手段要科学化。管理手段是指保证在管理活动中实现管理功能、顺利达到管理目标的具体方法。管理手段在一定程度上影响和制约着管理的水平和效果。因此，文化管理的科学化必然包含着管理手段的科学化。所谓文化管理手段的科学化，就是要瞄准解放和发展文化生产力的总目标，紧紧围绕"政策调节、市场监管、社会管理、公共服务"的文化管理职能，立足中国特色社会主义文化建设的实际，不断进行手段创新，让管理手段充分体现文化管理的现代理念，更好地服从和服务文化管理的目标，不断推动文化生产力向前发展。具体到当下，就是要从过去仅仅依靠单一的行政手段转变为将法律、行政、经济、舆论相结合的综合手段。过去在计划经济的背景下，政府几乎掌握着所有的文化资源，文化也是国有文化和国办文化。与此相对应的管理手段是行政手段，即依靠政府的权威，运用命令、指示等强制性的方式来管理

---

① 《十八大以来重要文献选编》（上），中央文献出版社 2014 年版，第 533 页。

文化。但是，今天文化建设的环境、条件、格局、动力均发生了重大变化，试图再以单一的行政手段来实现管理的目标已无可能。这就需要我们更新观念，综合运用法律、行政、经济、舆论等手段来管理文化，不断推进文化管理手段的科学化。尤其要注重运用行政以外的法律、经济、舆论等手段，变生硬的直接管理为柔性的间接管理，寓管理于服务之中，在潜移默化中实现管理的目标。

第二，建立健全现代的文化市场体系，提升文化产业的创造力和竞争力。文化事业和文化产业是文化建设的两条主线，是发展文化生产力的两大载体，两者如车之两轮、鸟之两翼不可或缺。"正确区分公益性文化事业和经营性文化产业，坚持'两轮驱动'的发展模式，是市场经济条件下发展社会主义文化的必然选择。"① 其中"文化产业是从事文化产品生产和提供文化服务的经营性行业"②，是文化生产力的集中体现和重要载体。发展文化产业，能够满足广大人民群众多样化的文化消费需求，有效提升我国文化的软实力和竞争力。但是，在过去我们只看到了文化的意识形态属性而忽略了文化的商品属性，只强调了文化的社会效益而忽视了文化的经济效益，文化产业没能得到足够的重视和充分的发展。因此，推进文化创新，必须要深化文化体制改革，发展和壮大文化产业。

首先，要充分发挥市场在文化资源配置中的决定性作用，让文化产业在市场机制和规则下发展壮大。文化产业是提供文化产品和文化服务的经营性行业，它不仅要追求社会效益还要追求经济效益。既然要追求经济效益，就必须符合经济运行规律，让文化产业在市场机制和规则下运行。其中最本质的要求就是要让市场在文化资源的配置中起决定性的作用。资源都具有稀缺性，文化资源更具有稀缺性。如何才能让稀缺的文化资源配置到应该去的地方，实现效益的最大化和效率的最优化呢？这就是市场。"市场决定资源配置是市场经济的一般规律"③，市场是一部精良的机器，是一只看不见的大手，虽然没有任何人进行统一的指挥，但在价值规律的作用下却能让资源配置到它所应该去的地方。因此，文化产业要发展壮大，就必须遵循市场经济的客观规律，依据市场规则、市场价格和市场竞争来配置资源，从而实现文化资

---

① 蔡武：《坚持科学发展 推动文化创新——党的十六大以来文化改革发展成就（2002—2012）》，人民出版社 2012 年版，第 62 页。

② 蔡武：《坚持科学发展 推动文化创新——党的十六大以来文化改革发展成就（2002—2012）》，人民出版社 2012 年版，第 131 页。

③《十八大以来重要文献选编》（上），中央文献出版社 2014 年版，第 513 页。

源效益的最大化和效率的最优化。这就要求政府在文化产业的发展中要有所为而有所不为，在方向引导、政策支持、公共服务上要不缺位，但是在资源配置等市场机制方面要不越位，要最大限度地减少政府对文化资源的直接配置。其次，要建立健全现代文化市场体系。市场是文化产业赖以存在和发展的生态环境。发展文化产业，必须建立健全现代文化市场体系。具体来说，一是要积极培育具有现代竞争力的多元文化市场主体。一方面，我们要积极推进国有经营性文化单位的转企改制，激发它们的创新活力和市场竞争力，让它们成为发展文化产业和繁荣文化市场的主导力量。另一方面，我们要降低非公有制资本进入文化产业的门槛，消除歧视非公有制企业的"玻璃门"现象，鼓励和引导非公有制企业进入文化市场，让非公有制文化企业和公有制企业在文化市场中平等竞争、共同发展，从而形成多元协调、竞争有序的文化市场体系。同时要"明确政府作为出资人与国有文化企业之间的关系，界定国有文化企业的产权边界，加快推进国有文化企业由主管主办制向出资人制过渡。明确划分行业部门、国家出资人代表机构与企业之间的权责界限，从制度上保证所有权与经营权适当分离，保证文化企业拥有相对独立和完整的经营权，激发文化企业经营层的积极性"[①]。

二是要形成统一开放、竞争有序的市场体系。我们要打破行业壁垒、部门壁垒和地区壁垒，形成统一开放的文化市场，促进文化产品和生产要素在全国范围内自由流动；我们要维护公平竞争的市场环境，加强对市场的监管和对扰乱市场秩序的违法行为的打击，让市场主体在文化市场中有序竞争、充满活力。然后，要着力提升文化产业的创造力和竞争力。文化产业是以文化作为内容的产业，文化是它的灵魂和实质。一旦丧失了文化的实质内容或者说拥有的只是陈旧的文化内容，这样的"文化"产业将很快就会淹没在激烈的市场竞争中。因此，发展文化产业要以内容为王，以创意制胜。一方面，我们要改造传统文化产业，推动它们从产业链的低端向高端转型、从低附加值向高附加值转移、从加工制造向营销和品牌转移，实现自己的华丽转身。另一方面我们要大力发展文化创意产业，培育文化产业的核心竞争力。文化创意产业是文化产业发展到一定阶段的产物，是现代文化产业的高端和前沿，创意是它的根本。资源有限，但人的创意无限，以创意为核心的文化创意产业，无疑是凝结着人类智慧的绿色朝阳产业，前景十分广阔。目前世界各国纷纷将发展文化创意产业作为提升国家经济实力和文化软实力的重要途径。

---

① 傅才武、何璇：《四十年来中国文化体制改革的历史进程与理论反思》，《山东大学学报（哲学社会科学版）》2019 年第 2 期。

我国的文化创意产业发展迅速，"2019年我国文化产业继续保持平稳较快发展，全国规模以上文化及相关产业企业实现营业收入86 624亿元，比上年增长7.0%，结构不断优化"①，其中"增速超过10%的行业有3个，分别是：新闻信息服务营业收入6800亿元，比上年增长23.0%；文化投资运营221亿元，增长13.8%；创意设计服务12 276亿元，增长11.3%"②。但是总体来说我国的文化创意产业还面临着融资难、专业人才匮乏、产业链不完整、知识产权保护不够等诸多挑战。因此，我们要从拓宽融资渠道、完善政策体系、培育创意人才、形成完整的产业链等方面入手，有的放矢地推进文化创意产业的发展，不断扩大它的国际影响力和竞争力。

第三，构建现代公共文化服务体系，提升文化事业的发展水平。文化发展是人全面发展的内在需求和主要标志，文化权益与政治、经济、社会等权益一样都是人民群众不可或缺的基本权益。社会主义文化建设的根本任务就在于不断满足人民群众日益增长的文化需求，切实维护和发展人民群众的文化权益。在人民群众文化权益的维护和发展中，文化产业主要是满足人民群众多层次、多样性的文化需求，而文化事业则是满足人民群众基本的文化需求，保障人民群众基本的文化权益。因此，大力发展文化事业是社会主义文化建设的内在要求。而在当下发展文化事业，关键在于构建现代公共文化服务体系，不断提升公共文化的服务水平。

首先，要充分发挥政府在公共文化服务中的主导作用。文化事业与文化产业之间一个最重要的区别就在于它不以营利为目的，着眼的是社会效益，具有公益性。因此，文化事业不是靠市场机制来运作，而是靠政府来主导，政府才是公共文化服务的管理者和主要提供者。政府的主导作用，主要应该从以下几方面来加强。一是强化方向引导。文化事业担负着通过公共文化产品来武装人、引导人、塑造人、鼓舞人的重任。这就要求作为公共文化产品主要提供者的政府必须具有强烈的文化领导权意识，坚决维护国家的主流意识形态，引导人民群众树立和弘扬社会主义核心价值观，积极追求高品位的文化，坚决抵制低俗文化，不断提升人们的思想道德素质和科学文化素质，促进人的全面发展，真正做到"守土有责、守土负责、守土尽责"。二是加大公共财政投入。文化事业具有公益性，文化事业发展的经费主要不是通过市

---

① 国家统计局：《2019年全国规模以上文化及相关产业企业营业收入增长7.0%》，http：//www.stats.gov.cn/tjsj/zxfb/202002/t20200214_1726365.html。

② 国家统计局：《2019年规模以上文化及相关产业企业营业收入平稳增长 结构持续优化》，ht-tp：//www.stats.gov.cn/tjsj/zxfb/202002/t20200214_1726366.html。

场手段来筹集，而是要靠公共财政来支持。这就要求政府承担起文化事业发展的财政支持责任，加大文化事业的经费投入，真正"让事业单位有钱做事业，有精力去做事业，不能让那些文化事业单位干着事业的事，却要自己到市场中去找钱"①。目前，我国文化事业经费投入有了大幅度的增长，"2018年全年全国文化事业费928.33亿元，同比增长8.5%；全国人均文化事业费66.53元，同比增长8.1%。文化事业费占财政总支出的比重为0.42%"②。但是距离文化强国的建设目标，对于人民日益增长的文化需求来说，仍有较大的差距。三是提升服务水平。政府不仅是文化事业的管理者，更是文化事业的服务者，提供公共文化服务是政府的重要职能。这就要求政府必须具有强烈的服务意识，着眼于人民群众的文化需求，有的放矢，因地制宜，与时俱进，不断为公共文化服务注入新的理念、内涵和方式，推进公共文化服务创新，让广大人民群众在贴近生活、贴近实际的文化服务中精神需求得到满足，思想境界得到提升。比如，在新媒体时代的今天，以现代信息技术为支撑，努力构建内容丰富、技术先进、覆盖城乡、传播快捷的公共数字文化服务体系，就是公共文化服务创新的一个重要切入点和突破口。

其次，要坚持人民中心的文化事业发展导向。文化事业是面向全民的事业，广大人民群众是公共文化服务的对象。因此，在文化事业的发展中必须坚持人民中心的工作导向，把广大人民群众作为文化事业发展的出发点和落脚点，把人民群众满不满意、答不答应、高不高兴作为检验文化事业发展是非得失的标准。具体来说，一是要坚持人民群众的需求导向。人民群众的需求是政府提供文化产品和文化服务的前提。只有瞄准人民群众需求的文化服务，才是真正卓有成效的服务。否则将会造成需求和供给的错位与失衡，让文化服务流于形式。这就要求政府畅通群众的文化需求表达渠道，完善群众的文化意愿和信息反馈机制，准确、及时地掌握群众的文化需求，并以此为导向构建贴近群众的公共文化服务体系，让文化的化育功能在潜移默化的公共文化服务中得到最大限度的发挥。二是实现公共文化服务的均等化，确保文化惠民。文化事业是文化民生工程，发展文化事业就是为了保障最广大人民群众的基本文化权益。这就要求我们必须切实推进公共文化服务的均等化，让文化发展的成果能够真正惠及每一个老百姓。也就是不分男女老少，不分富人穷人，不分城市农村，不分东中西部，都平等地享受公共文化服务。当

---

① 辛鸣：《文化体制改革中三大关系辨析》，《人民论坛》2011年第30期。

② 郑海鸥：《2018年文化和旅游发展统计公报显示全国文化事业费约930亿元 人均同比增长8.1%》，《人民日报》2019年6月4日。

前，实现公共文化服务的均等化，关键是要着力推进公共文化服务的城乡均等和身份均等。推进公共文化服务的城乡均等，需要努力弥补农村文化建设的历史欠账，使文化资源在城乡之间均衡布局、合理配置，让城市和乡村都能共享文化发展的成果。而在身份均等方面，关键是要高度重视和保护特殊社会群体的文化权益，始终关注社会各阶层、群体，并向农村留守儿童、空巢老人、城市低保户、农民工、残疾人等群体倾斜，确保他们能够享受到不低于其他社会群体的公共文化服务。三是推进公共文化服务便利化，确保文化便民。文化事业是面向全体人民的事业，人民是文化事业的中心，发展文化事业不仅要文化惠民，还要文化便民。不能做到文化便民，文化惠民就是一句空话。文化便民，就是我们所提供的文化设施和文化服务要方便群众就近参与。这就需要贴近群众的生活实际，提供覆盖城乡、网点化、多样化、实用高效的公共文化设施和公共文化服务体系，让群众能够以最小的成本、最便捷的方式享受到适宜自己的公共文化服务，从而让群众的基本文化需求得到及时、有效的满足，精神得到愉悦，境界得到提升。

再次，要积极推动社会参与，构建多元共建的文化事业发展新格局。政府是文化事业的主导者，但不是唯一主体，政府主导也不是政府大包大揽。人民群众才是文化事业发展的真正主体，文化事业的发展需要充分发挥广大人民群众的聪明才智，离不开各种社会力量的广泛参与。"市场机制和社会力量的进入，并不是要弱化政府的公共文化服务功能，而是要通过市场机制和民间力量优化公共文化的微观服务主体结构，建立健全市场经济环境所要求的'政府—市场—公共文化机构'之间良性互动的关系模式。"[1] 相反，"政府长期唱'独角戏'的结果是，精英文化与大众文化逐渐分裂，大众文化的'去意义化'倾向日益明显，精英文化越来越失去对大众文化的引导力"。[2] 因此，构建现代的公共文化服务体系，必须充分挖掘民间力量，积极推动社会参与，形成政府主导、社会参与、多元互补的公共文化服务新格局。这就要求，政府要一手拉着群众，充分调动广大人民群众的积极性、主动性和创造性，激发全民关注文化、参与文化传承和文化创造的热情，引导人民群众有序参与文化事业建设，充分发挥他们的聪明才智。一手拉着企业，通过制定优惠政策，引导社会力量尤其是广大民营企业投资、捐助公益性文化设施

[1] 傅才武：《当代公共文化服务体系建设与传统文化事业体系的转型》，《江汉论坛》2012年第1期。

[2] 傅才武：《当代公共文化服务体系建设与传统文化事业体系的转型》，《江汉论坛》2012年第1期。

和文化服务，形成良性竞争、多元互补、广泛参与的公共文化服务新格局。与此同时，还要改变过去单靠政府强力推进的权力型文化事业发展模式，建立政府与社会力量的信任和合作关系，推动政府角色由强力控制转变为引导协商，推动公共文化服务的公开性、民主性和互动性，形成政府与社会力量之间平等对话、沟通协商、互动合作的文化事业发展新模式。

社会代际文化和谐：
老年、中年和青年的文化和谐

在人类社会整体的宏观视域下，代际可分为前代、本代和后代，它们分别代表着人类的过去、现在和未来，生动展现了人类社会永续前行的完整图景。其实，代际更替不仅体现为前代、本代和后代的更替，也发生在每一代人内部。正是因为有了每一代人内部的代际更替，才出现了代的进场和退场；有了代的进场和退场，也才有了人类社会前代、本代、后代的划分和更替。因此，以在场的本代人为对象，分析其内部的代际文化和谐问题十分必要。

第一节　社会代际文化和谐的特征

社会代际文化和谐是代际文化和谐的中观层面，它是以在场的本代人为对象，对其内部的代际文化关系的观照。这样的代际文化和谐，既需要秉持代际文化和谐的一般理念和规律，但又与宏观层面的类代际文化和谐以及微观层面的家庭代际文化和谐有着十分明显的区别。这些区别也就构成了社会代际文化和谐的特征。

一、场域的共时性

共时性与历时性相对应，"历时性指某一现实领域中现象发展的历史连贯性；共时性指这些现象在一定时期内的共存与结构的状况"①。历时性主要关注对象在时间上的前后相继，共时性则是把共存的诸因素联系起来分析其内

---

① 夏征农等：《大辞海》（哲学卷），上海辞书出版社 2008 年版，第 493 页。

在的关系。共时性与历时性是我们认识事物的两种不同的视角，它们之间既相互独立又相互依存，瑞士著名的语言学家索绪尔对此曾有一个十分形象的比喻，他说："把一段树干从横断面上切断，我们将在断面上看到一个相当复杂的图形，它无非是纵向纤维的一种情景；这些纵向纤维，如果把树干垂直切开，也可以看到。这里也是一个展望依存于另一个展望：纵断面表明构成植物的纤维本身，横断面表明这些纤维在特定平面上的集结。但是后者究竟不同于前者，因为它可以使人看到各纤维间某些纵的平面上永远不能理解的关系。"① 如果说类代际文化和谐是以人类社会整体为对象的历时性代际文化关系观照，那么社会代际文化和谐则是以在场本代人为对象的共时性文化关系探究。它们虽然都是文化关系的代际观照，但是在视角、对象和方法上都有十分明显的区别。类代际文化和谐是代际文化和谐的纵切面，它关注的是人类社会历史演进中文化在各代人之间的传承和发展关系。而社会代际文化和谐则是代际文化和谐的横断面，它关注的是处于相同时空下的在场各代人之间的文化关系。

把在场各代人的关系做横向的共时性考察既有必要也有可能。一说到"代""代际"我们首先想到的是"纵向""历时"，似乎只有"纵向""历时"才能彰显代际关系。其实不然，代际关系虽然在总体上体现为纵向性和历时性，但并未否定和排斥共时性。当我们站在人类社会总体视域下，探讨前代、本代和后代的代际关系的时候，代际关系是纵向和历时的；而当我们对在场各代人的关系进行探讨的时候，代际关系则是横向的和共时的。因为在场各代人处在同一时空之下，这是他们之间发生关系的前提，关于他们之间关系的一切探讨都必须建立在这一前提之下，否则所有的探讨都将没有意义。因此，基于在场的各代人共处同一时空的客观事实，对他们之间的关系做深入细致的探讨既有依据也有必要。

共时性是社会代际的重要属性，是社会代际区别于类代际的标志和标尺。这就意味着，以社会代际作为对象的社会代际文化和谐，理应主动遵循并深刻反映这一属性。离开了这一属性，关于社会代际文化和谐的一切探讨都将失去意义。这就要求我们，首先要用共时性来界定社会代际文化和谐的范围。人类的代际十分复杂，场域不同、视角不同，代际划分、关系内容都会不同。前代、本代和后代的类代际划分是以代是否在场作为依据的，已经退场的是前代，在场的是本代，还未进场的是后代。而社会代际是代际的中观视域，是对在场的本代人内部的代际关系探讨，在场并共场是社会代际的前提，一

---

① ［瑞士］索绪尔：《普通语言学教程》，高明凯译，商务印书馆 2017 年版，第 121 页。

旦不在场，没有了相同的时空，代也就超越了社会代际范畴。由此，社会代际文化和谐的边界已经十分明晰。社会代际文化和谐只能以在场的各代作为对象，只要不在场，无论是代已经退场还是还未进场，都应该排除在考察的范围之外。其次，要坚持社会代际文化和谐的共时性视角。只有在共时性的视域下，才能真正发现社会代际文化和谐存在的问题和原因，才能有的放矢构建社会各代和谐的文化关系。具体来说，我们所做的社会代际文化和谐考察，是对在场的社会各代所做的横剖研究而不是纵贯研究。美国社会学家戴维·L. 德克尔认为，对于生存在同一时空中的各代的比较研究是横剖研究，而对先后经历不同生存时空的同一个人的不同阶段的研究是纵观研究。① 很显然，社会代际文化和谐所关注的是处在同一时空下的各代之间横向的文化关系，而非一个人在不同年龄阶段的文化比较。虽然两者之间关系紧密，相互依存，但区别却是明显的。人作为一个生命个体，从出生到死亡，需要经历童年、青年、壮年到老年的不同年龄阶段，因为每个人都要经历这样的阶段，处于同一年龄阶段的人就构成了一代人。而在人类社会的历史演进中人的出生和死亡又是持续不断的，因此在任何时间点上都必然存在着不同年龄阶段的群体，这些群体就构成了社会的各代。社会代际文化和谐正是要对处于同一时空下的社会各代的文化关系进行探讨，其关注的是共场的不同年龄阶段的代群体，而非个体。因此，在视角上是一种横向的比较而非纵贯的剖析。再次，要坚持社会代际文化和谐的共在意识。共时意味着共在，没有共在就不会有共时。共在是"他人与我存在于同一世界中的方式"，"他人与我同样都与世界中的人以外的事物打交道，因而他人与我处在一个共同的世界之中"②。坚持社会代际文化和谐的共在意识，首先需要深刻把握社会各代所共的"场"是一个什么样的"场"，它对社会各代的文化关系究竟产生了什么样的影响，只有在这一大前提下，社会代际文化和谐的探讨才会变得充分而有意义。其次，共在不仅意味着共在的各方有相同的场域，而且还意味着必然发生有机的联系，只有把握住了共在各方的联系，才可能把握住共在本身。具体到社会代际中，处于同一时空的社会各代是休戚与共的共同体，彼此之间发生着各种有机的联系，文化就是其中最为重要的联系，社会代际文化和谐正是要探寻这一共同体内的文化联系规律，并在此基础上构建社会各代和谐的文化关系。

① ［美］戴维·L. 德克尔：《老年社会学》，沈健译，天津人民出版社 1986 年版，第 14-19 页。
② 夏征农等：《大辞海》（哲学卷），上海辞书出版社 2015 年版，第 487 页。

二、对象的模糊性

与类代际文化和谐和家庭代际文化和谐相比较，社会代际文化和谐还有一个明显的特征就是模糊性。这种模糊性不是说社会代际文化和谐不可捉摸、虚无缥缈，而是指它相对于类代际文化和谐和家庭代际文化和谐在代际划分、具体内容上难以精确，是一种印象主义或抽象概括。

（一）代际边界难以界定

社会是人的集合，在这一集合体中，同时存在着各个年龄发展阶段的人，处于同一年龄阶段的人由于有大致相同的生理心理特征、成长经历、价值取向、生活方式、思维模式，我们把他们称为一代人。从此种意义上我们大致可以把在场的社会各代划分成童年、青年、中年和老年。由于代是自然属性和文化属性的集合，其中最为本质的又是文化属性，"一代人区别于另一代人的实质性内容是其社会文化特质而不是其自然属性"①，依此观照，童年处于人生的初始阶段还没有十分明显的属于自己的代群体文化。因此，我们对社会各代的探讨往往主要集中在青年、中年和老年三代上。至此，关于社会各代的划分似乎已经十分明晰。其实不然，一方面这种代际划分只是对社会各代做了的粗线条的勾勒，而不是完整的描述；另一方面就在于这种粗线条勾勒中也并非精确的界定，而是一种印象主义或者说抽象的概括。

首先，关于老年、中年和青年的年龄界限迄今为止还存在很多争论。以"青年"的年龄界定为例，"即使是正式的国际和国内有关组织对青年的年龄界定都很不统一，相去甚远。1982 年联合国教科文组织对青年的年龄界定是15~24 岁；1985 年联合国国际青年的界定是 15~24 岁；1992 年世界卫生组织的界定是 14~44 岁；1998 年联合国人口基金会的界定是 14~24。国内国家统计局的界定是 15~34 岁（人口普查）；共青团的界定是 14~28 岁（《团章》）"②。学者黄志坚曾做过统计，他指出："对青年年龄的这些不同界定，表现在下限年龄的差异有 3 个：13、14、15。表现在上限年龄的差异多达 10个：24、25、28、29、30、39、40、44、45 和 49。"③ 如此繁多的年龄界定，为我们对"青年"的理解制造了诸多的困惑，如果不加以详细的说明大家往往很难确定口中的"青年"究竟为哪一群体。青年的年龄界定已十分艰难，

---

① 廖小平：《伦理的代际之维——代际伦理研究》，人民出版社 2004 年版，第 26 页。

② 廖小平：《代际互动——未成年道德建设的代际维度》，人民出版社 2009 年版，第 32 页。

③ 黄志坚：《谁是青年？——关于青年年龄界定的研究报告》，《中国青年研究》2003 年第 11期。

而老年的年龄界定也同样不易。联合国进行人口统计时时常将 65 岁作为老年人的年龄界限，我国则通常把 60 岁以上的人称为老年人。而世界卫生组织根据全世界人口的年龄普遍增高趋势，提出了老年人划分的新标准，认为 60 到 74 岁的人群称为年轻的老年人，75 岁以上的才称为老年人。青年和老年在年龄界限的纷争和差异，不仅让我们对青年和老年的界定变得十分艰难，而且还导致了中年界定的艰难。因为中年是介于青年和老年之间的群体，也就是说中年的界定有赖于青年和老年的界定。既然青年和老年都难以做出精确的年龄界定，那么中年的年龄界定也自然不可能精确了。

其次，在文化意义上青年、中年和老年的边界更为模糊。代际理论告诉我们，作为生物学意义上的年龄是代的自然属性，它仅为代的理解和确定提供了一个自然框架和年龄范围，而真正的标志是其文化特质。一代人之所以区别于另一代人的实质性内容是文化属性而不是自然属性。因此，青年、中年和老年的代际划分中年龄是基础，文化才是本质。而文化又是人类最为复杂的现象，它无处不在又无影无踪，它所具有的无形性、广泛性、渗透性和持久性，让我们从文化的层面对青年、中年和老年做出精确的界定已无可能。卡尔·曼海姆就曾指出："代的因素在生物层面依照自然规律运作，但在社会和文化领域却成为最不可捉摸的因素。"① 那么，是不是说青年、中年和老年的代际划分是可以随心所欲，毫无根据的呢？答案自然是否定的。我们可以不拘泥于青年、中年和老年具体的年龄界限，可以不纠缠他们之间究竟有什么样的文化边界。但是代的自然属性和文化属性的相统一的原则必须得到坚持。因为"必须承认的是生物性是决定代现象的最基本因素"②，一代人之所以被看作一代人，首先就在于他们处于同一年龄层。抛弃了年龄这一基本的自然框架，代无法探讨。当然只停留在代的自然属性上又是不够的，"代的生物学因素只是提供了代实体存在的可能性……代位置是否会实现其内在的潜在可能性这一问题，只能在社会与文化结构的层面找到答案"③。因此，在代的探讨中只有将自然属性和文化属性相统一，才能得到真正完整的理解。由此可知，关于青年、中年、老年的探讨，可以不苛求精准的年龄界限，但并不是不要年龄，一定的年龄层仍然是对他们进行讨论的前提；可以不对他们之间的文化边界做出机械的分割，但并不是不区分文化特征，相互差异的文

---

① ［德］卡尔·曼海姆：《卡尔·曼海姆精粹》，徐彬译，南京大学出版社 2002 年版，第 108 页。

② ［德］卡尔·曼海姆：《卡尔·曼海姆精粹》，徐彬译，南京大学出版社 2002 年版，第 99 页。

③ ［德］卡尔·曼海姆：《卡尔·曼海姆精粹》，徐彬译，南京大学出版社 2002 年版，第 99 页。

化特质仍然是他们成为一代的标志。

（二）存在"跨代""滞代"和"代内亚文化"现象

代是自然属性和文化属性的统一，自然属性是基础，文化属性是实质。一般说来处于同一年龄层的人属于一代人，他们有大致相同的价值观念、生活方式、情感体验、思维模式等。但是有特殊，有些人虽然属于某一年龄层但在文化上却与同代人有较大差异，我们把这种现象称为"跨代"和"滞代"现象。比如，有些人在年龄上属于青年，但是在价值观念、生活方式等方面却可能与中年或老年接近甚至相同；而有些人年龄已到了中年和老年，但是在价值观念、生活方式等方面有可能与青年人接近或相同。我们通常所说的"20 岁的年龄，50 岁的心""50 岁的年龄，20 岁的心""光涨年龄不涨心"等，描述的就是这种现象。"跨代"和"滞代"现象无疑让原本复杂的老年、中年和青年的界定变得更加复杂，更难找到他们之间的明确边界。而且代文化是某一代人的整体文化，是总体面貌和普遍特征。但是实质上任何一代人除了具有共性的代文化外，往往还存在着许多与代文化相异的文化现象。为了将这些文化现象与代文化相区别，我们把它们称为"代内亚文化"。具体来说，"'代内亚文化'就是指与该代享有同一文化模式，但又与整体代文化有所区别，或者游离于代文化之外，甚至表现为'另类'的文化，它具有易变性的特点"①。代内亚文化的存在充分说明了在一代人内部包含着十分复杂的层次，活动着各种各样的代内群体和"小团体"。代内亚文化在青年一代中表现尤为突出，比如我们平常所说的"新新人类""月光族""啃老族""苹果控""蚁族"等，描述的都是青年一代的代内亚文化。当我们在描述这些群体的时候，说的并不是青年以外的其他群体，而是青年本身。代内亚文化的存在无疑让社会各代的边界变得愈加模糊。代际边界的模糊，自然会让社会代际文化和谐的探讨变得愈加艰难。但是，只要我们坚守代际文化和谐的理念，辩证看待"跨代""滞代"和"代内亚文化"现象，社会代际文化和谐的探讨的所有障碍都可以破除。"跨代""滞代"和"代内亚文化"是代际发展中的特殊情形，它与代之间是宏观与微观，一般与特殊的关系。我们所追求的社会代际文化和谐是社会各代的代文化之间的和谐，它关注更多的是作为普遍意义上的一代人的文化。因此，当我们在面对"跨代"、"滞代"和"代内亚文化"现象的时候，既不能过分夸大它们的地位和作用，一叶障目丢弃了总体意义上的代文化特质，也不能对这些已然存在的特殊情形视而

---

① 廖小平：《代际互动——未成年道德建设的代际维度》，人民出版社 2009 年版，第 201 页。

不见。而是要厘清它们与代文化之间的辩证关系，既要看到同一性又要看到差异性，既要看到稳定性又要看到易变性，从差异中把握同一，在变异中寻求稳定，只有这样才能实现真正意义上的社会代际文化和谐。

三、状态的显在性

如果说类代际文化和谐因为前代、本代和后代并不共场，很难为大家所感知，具有潜隐性的话，社会代际文化和谐则很容易为大家所察觉，具有显在性。这种显在性主要体现在以下几方面。

（一）代际交往直接

代际文化和谐在本质上是一种文化关系，一种代与代之间美好的文化关系和状态。这种关系和状态需要在代与代之间的交往和互动中产生。没有代际交往，就没有代际关系；没有代际关系，就无所谓代际和谐。因此，代际交往是代际关系的前提，自然也就是代际文化和谐的前提。但是就代际交往的方式来看则是多样的，既可以是直接的也可以是间接的。在前代、本代和后代所组成的类代际结构中，前代、本代和后代并不共场，他们之间的交往是间接的，尤其是前代和后代的交往必须通过本代的传递方能实现。正是由于他们之间交往的间接性，类代际关系往往为大家所忽视。但是对于在场的社会各代来说，他们之间的交往是直接的。究其原因来说，一方面他们同场，生活在同一片蓝天下，相同的时空、相同的自然和社会环境为他们的直接交往提供了平台和机会。另一方面，人在本质上是社会关系的总和，人要生存就必须与他人之间交往，发生各种各样的联系。人与人之间交往的客观性也就决定了代与代之间交往的必然性。而且在场的社会各代的交往是直接的。这种直接的交往不仅可以发生在相邻的各代之间，就是不相邻的各代之间也同样可以直接交往。比如，老年与青年并不相邻，中间还隔着中年的群体，但这并不妨碍老年和青年的直接交往，因为他们之间的交往完全可以面对面地进行，无须通过中年的中间传递。但类似的情形在类代际的前代与后代之间却无法实现，由于前代后代并不共场，彼此没有见面的机会，他们之间的交往必须通过处于中间位置的本代人的传递。社会各代之间的直接交往，能让我们清晰地感受到社会代际关系的存在。我们时常被包裹在社会各代的频繁交往之中，时刻都能感受到他们之间关系的存在与变化。比如，面对一个社会热点事件，老、中、青三代都在表达自己的看法，有时还会发生激烈的争论，代际间的交往和互动以一种毫不掩饰、非常直接的方式进行着。但是，社会代际交往的直接性也增加了我们对社会代际关系规律的把握难度。既然社会各代交往是直接的，那么交往的概率和频次就会大大增加，交往的内容和方式也会更加复杂多变，如何在纷繁复杂的社会代际关系背后找到其内在的一般规律，则会变得十分艰难。当然，这正是研究社会代际文化和谐的使命和旨趣所在。

（二）代际冲突直观

代与代之间存在差异是必然的，没有差异也就无所谓代了。有学者甚至认为代差"代表着代的超越和社会的进步"①。为了让大家直观形象地理解代际差异，往往又把代际差异称为"代沟"——代与代之间的沟壑。社会学者周怡曾对代沟做过十分经典的定义："所谓代沟，是指由于时代和环境条件的急剧变化、基本社会化的进程发生中断或模式发生转型，而导致不同代之间在社会的拥有方面以及价值观念、行为取向的选择方面所出现的差异、隔阂及冲突的社会现象。"② 在这里，代沟包含三个层次：差异、隔阂和冲突。代际差异是代沟的基本面，差异积累到一定程度就变成了隔阂，隔阂得不到消除就会演变为冲突。代际冲突是代际差异的尖锐化和极端形式，它能让我们深切地感受到代际差异的存在。可以这么说，我们大多数人对于代、代际的理解和体会都来源于代际冲突，以至于一提到代、代际跃然眼前的就是代际冲突。其实只要有代就会有代际差异，只要有代际差异，就有可能演变为代际冲突。所不同的是，在不同的代际层面上代际冲突的表现形式各不相同而已。在人类总体视域观照下的类代际中，前代、本代和后代并不同场，彼此之间没有直接碰面的机会，他们之间的冲突不是面对面的交锋而是表现为一种潜在的文化传承的断裂。比如，本代人丢弃了前人创造的文化成果，造成了前代和本代的文化冲突，但是这种冲突不可能表现为前代人和本代人的对抗，只有在文化的发展中我们发现前人的文化已经十分遥远和陌生的时候，我们才会意识到冲突已经发生。正是因为类代际文化冲突的潜在性，类代际文化和谐的问题才往往为大家所忽视。但是，对于在场的社会各代来说，他们之间的冲突却是显在的直接的，很容易让我们所认识。在场的社会各代共处同一时空，相同的场域为他们之间的交流互动提供了平台，但也增加了相互冲突的概率。社会各代虽然共处同一时空，面临相同的时代、相同的自然和社会环境，但是他们进场的时间各不相同，各自经历的社会文化环境大相径庭，所处的发展阶段各异，于是造成了他们在利益诉求、价值观念、生活

① 葛道顺：《代沟还是代差——相倚性代差论》，《青年研究》1994 年第 7 期。
② 周怡：《代沟现象的社会学研究》，《社会学研究》1994 年第 4 期。

方式、思维模式等方面的差异。当彼此相异的各代文化在同一时空下同时存在，并不断发生着交流和碰撞，冲突也就极易发生。而且这种冲突是在同一平台上直接交往中的冲突，因此冲突不但直接，而且十分激烈。比如，老年对青年的抱怨，中年对青年的批评，青年对中年、老年的抗议和反叛，往往都是以一种直接、激烈的方式进行着。也就是在这个时候，我们深刻感受到了代、代沟的存在。久而久之，大家也就偏狭地认为，在场的现实存在着的社会各代就是代的全部内容。迄今为止关于代际问题的研究几乎是关于社会各代的研究，就是一个很好的例证。

（三）和谐效果明显

代际文化和谐是各代之间应有的文化关系，是推进人类社会永续发展的内在力量。代际文化和谐应该贯穿在人类社会发展的全过程中，但是在不同代际层面上其具体内容、表现形式都会有所不同。在场的社会各代是现实存在着的代，他们之间的关系是呈现在我们眼前的最现实、最直接的代际关系。因而与其他层面的代际文化和谐相比，尤其是与类代际文化和谐相比，社会代际文化和谐显得更为现实和迫切。如果社会各代的文化冲突不能得到及时的消除，代际之间良性的互动就会停止，社会的稳定有序的发展就会遭到严重的破坏，进而会影响本代人整体的代际传承功能，阻碍人类世代的永续发展。当然，在这里要消除的是社会各代的文化冲突而不是文化差异，目的是要让各代文化求同存异、相互协调、良性互动、形成合力，从而汇集起协力推进社会发展的正能量。正是因为社会代际文化和谐具有现实性和紧迫性，因而其效果也具有显在性。这不同于类代际文化和谐，类代际文化和谐由于立足的是人类的总体进程，视域十分宏观，在此种视域的观照下，代与代之间的冲突与和谐都是潜在的，并不能以显在的形式呈现到我们面前。比如，无论是本代人对前人文化传承的乏力还是对后代人文化发展权利的漠视，都掩藏在现实的社会关系之下，很难直接感受到发生了什么样的冲突，带来了什么样的危害。相反，社会代际是最现实的代际关系，是摆在我们眼前的现实，代与代之间有没有冲突，有什么样的冲突，产生了什么样的危害，我们都能切身感受到。而和谐是冲突的反面，既然冲突与否容易做出判断，其反面的和谐也容易做出判断。当社会各代的文化呈现出多元互补、协调有序、充满活力的状态，我们就说社会各代实现了文化和谐。当然社会代际文化和谐是相对的而不是绝对的，当旧的文化冲突消除了，新的文化冲突又会产生，从总体来看社会代际文化和谐是一种理念、一种关系、一种状态，更是一个过程，是一个不断解决社会各代的文化冲突实现和谐的过程。

第二节　当代中国社会各代的文化差异现状

社会代际文化和谐是代际文化和谐的中观层面，是在场的社会各代应有的文化关系，是整合社会各代的优势，协力推进社会进步的精神纽带和力量源泉。在社会代际文化和谐中，社会各代是社会代际文化和谐的主体，而代文化则是社会代际文化和谐的客体。作为社会代际文化和谐主体的社会各代，由于社会各代的边界十分模糊，我们没法进行精确的界定，只能做出简约粗略的勾勒，因此在以下社会代际文化和谐的探讨就主体来看主要集中在老年、中年和青年三代上。与此相对应，作为社会代际文化和谐客体的代文化，也就主要是老年、中年和青年的代文化。到了这里，关于社会代际文化和谐的探讨对象和范围似乎已经十分清晰，简单说来就是对老年、中年和青年的代文化关系的探讨。但一落到具体的探讨上，情况绝非如此简单。文化本身就很复杂，具体到代文化就更为复杂，要想在纷繁复杂的代文化现象中理清各代的文化关系绝非易事。因为代文化只是为我们找到了社会代际文化和谐探讨的方向和范围，就此不可能得到清晰的社会代际文化关系。要理清社会各代的文化关系，还必须深入代文化的内部层次和结构之中。代文化虽然复杂，但是仍然有其自身的内部层次和结构。代文化是一代人区别于其他代人的代群体文化，一般说来"表征代的文化特征的主要有价值观念、思维方式、生活和行为方式、情感方式和话语方式等，它们辩证综合构成了代的基本文化特色和特征"[①]。在这里价值观念和思维方式属于观念层面的文化，是代文化的实质和核心，它决定和制约着代文化的全部内容。从某种意义上讲，一代人与另一代人的文化差异主要是观念上的差异。而生活和行为方式、情感方式和话语方式等都是代文化的外部特征，是观念文化的外在投射和具体体现。当然，构成代文化内核的观念文化（价值观念、思维等）与外在表现的生活和行为方式、情感方式和话语方式等又是相互联系、相互渗透、辩证统一的。不同的代由于所处的环境不同以及在需求上的差异，就会有不同的代观念，这些不同的代观念又会反映到具体的生活和行为方式、情感方式和话语方式中。没有外在的生活和行为方式、情感方式和话语方式等的具体展现，我们很难说明各代之间存在着观念上的差异。相应的，各代之间在观念上的差异又是靠生活和行为方式、情感方式和话语方式等外在的文化特征逐步累积而成的，没有这些外在的累积，不可能有内在的代观念。

---

① 廖小平：《代际互动——未成年道德建设的代际维度》，人民出版社 2009 年版，第 191-192 页。

代文化所具有的内部结构和层次是代际文化和谐探讨的基本框架和依据。各代之间的文化是否和谐，如何才能和谐，都应立足这一层次和结构。因此，关于当代中国社会代际文化关系的探讨，也应围绕这样的层次和结构来展开。具体来说就是从价值观念、思维方式、生活和行为方式、情感方式和话语方式等方面对当代中国社会各代的文化关系做探讨。其中价值观念、思维方式属于观念层面的文化，生活和行为方式、话语方式又属于广义上的生活方式，因为从广义上讲生活方式是"一定社会制度下社会群体和个人在物质和文化生活方面各种活动和行为特征的总和"①，自然包含了行为方式和话语方式。因此，在接下来的当代中国社会各代的文化关系探讨中，将主要集中在观念、生活方式、情感世界三方面上。

一、思想观念：分化明显

观念是代文化的实质和核心，社会各代的文化差异实质是观念上的差异，社会各代的文化和谐也关键在于观念上的和谐。因此在社会各代的文化关系的探讨中，关于观念方面的探讨自然是最为重要的部分。当然，此处所指的观念是代观念，是作为一代人所具有的一般性的看法和思想，而不是某个个体所持有的个别的观念。社会学者周怡在《代沟与代差：形象比喻和性质界定》一文中就以一个家庭中孩子不愿意擦自行车而被父亲看不惯的例子，对此进行了分析。他指出，如果孩子不愿擦车仅仅因为自己懒惰，那只是他个体的原因不具有共性，不能上升到代沟上来。但是如果他不愿擦车，是因为在他看来自行车是为他服务的无须费时间去为它服务，这就充分反映了年青一代在消费观念上与上一代人的差异，属于代沟的层面了。② 因此，以下对当下中国社会各代的观念所做的分析是整体意义上的代观念的比较。如果在代观念的层面上对当代中国的社会代际关系进行深入的透视，我们就会发现各代人在观念上差异明显、分化严重。具体如下：

（一）青年——追求个性、崇尚自由、注重创新、讲究实际

观念是人的主观意识，是人们在实践当中形成的各种认识的集合体，就其内容来说十分复杂。因此，我们不可能对当代中国青年群体的观念进行全面的分析，而是要找到青年群体在观念上有别于老年、中年的总体特征。按照这样的思路稍做分析，我们就会发现当代中国的青年在观念上与老年和中

---

① 夏征农等：《大辞海》（哲学卷），上海辞书出版社2015年版，第133-134页。
② 周怡：《代沟与代差：形象比喻和性质界定》，《社会科学研究》1993年第6期。

年相比有几个特点十分明显，那就是追求个性、崇尚自由、注重创新、讲究实际。

个性是"指一事物区别于他事物个别的、特殊的性质"①，具体到人的个性就是一个人在思想、性格、品质、意志、情感、态度等方面不同于其他人的特质。任何人都是有个性的，个性化是人的存在方式。青年群体尤其注重个性，在今天追求个性已然成了当代中国的青年的内心呼唤，在他们看来彰显个性、追求自我是青年的标志，谁没有个性，谁就不配做青年。他们注重自我价值目标的实现，尽力营造、拓展自己的生活空间，大胆追求自身的应得利益；他们懂得欣赏自己，关注自身的存在，希望以一种与众不同的方式来证明自己的存在；他们崇尚独立，善于挖掘自己的潜能，希望通过自己的努力来赢得社会的认可；他们对世界、人生和社会都有一整套属于自己的独立的见解并喜欢坚持己见，在他们看来只要自己认为是正确的东西就应该坚持。尤其是，当今时代是信息时代，网络技术、数字技术、信息技术催生了"微博""微信"QQ、抖音、快手等自媒体，在"人人都有麦克风""人人都是评论员"的自媒体，更是为青年彰显个性、充分表达自己的思想观念提供了广阔的空间。这在"00后"身上更为明显，他们"具有个性化的价值追求，不以物质为主要参考标准，而是注重自我的情感体验与价值实现；具有个性化的兴趣爱好，'二次元'文化、明星、游戏、交友、自拍、动漫、数码、幽默等；具有个性化的表达方式，'打call''扎心了''吃鸡'等网络流行语常见诸其日常话语体系，喜爱'以图传意'，喜用短小精悍的短句交流等"②。这些都充分说明追求自我、彰显个性成了当代中国青年深层的价值观念和最显著的文化底色。

崇尚自由是当代中国青年思想观念中的又一个突出特点。今天的中国青年成长在改革开放的环境中，改革开放带来的物质成果和精神成果、市场经济的自由竞争机制为他们提供了前所未有的选择机会和选择空间。对于包裹在这一环境氛围中并不断追求个性的青年来说，对自由格外看重。在他们看来自由是绝对的律条神圣不可侵犯，只要阻碍了自由，不论出于什么理由，都是错误的；他们希望摆脱家庭和社会的羁绊和束缚，无拘无束、自由自在地过自己的生活，认为"尽情挥洒""跟着感觉走"才是理想的生活状态；他们试图将自由的观念贯穿到社会生活的方方面面，认为无论升学、择业还是婚恋都应该充分彰显自由；他们还把自己扮演成自由价值的倡导者和维护

---

① 夏征农等：《大辞海》（哲学卷），上海辞书出版社2015年版，第120页。
② 项久雨：《品读"00后"大学生》，《人民论坛》2019年第9期。

人，不仅会不失时机地宣传和推介自己的自由观念和标准，而且还不惜对"侵犯"自由的行为做奋力的抗争。青年对自由的崇尚和追求代表了当下时代的特征和发展趋势，有一定的进步意义。但是他们将自由绝对化，对它过分地顶礼膜拜，又容易导致自由主义思潮的泛滥。他们所追求的自由，更多是个人的自由，而且是一种将表达个性完全视为个人自由的"无序的自由意识"，即"认为个性本身是自由的，自由的核心就在于释放个性，进而得出'自由即个性，个性即自由'的结论"①。而将个人自由绝对化是消极的自由，消极的自由不是真正的自由，它对于社会的发展无一利而有百害。因为"任何自由都是有限的自由，都伴随着相应的责任和义务，没有界限的自由是虚伪的自由"②。因此，对于青年追求自由我们既要做积极的肯定，更要对他们进行合理的引导，以防止他们将自由极端化、片面化，从而陷入自由主义的泥潭。

注重创新同样是青年思想观念中的突出特点。青年是面向未来的一代，是建设和改造未来社会的主体，他们憧憬未来，对社会有较高的期望，"与被动忍受的上辈人相比，青年的价值趋向更敏感，他们对未来的需求和威胁所做的反应更新颖、更不落俗套"③。他们注重创新，敢于质疑和挑战权威，他们的价值观念往往代表着未来社会的价值观念和社会意识。尤其在今天，创新是这个时代最为突出的主题，成长于这一时代的中国青年更加注重创新，他们将创新作为自己内在的追求。当代中国青年主张勇敢创新、大胆拼搏，敢于迎接各种挑战，用他们的青春活力、知识智慧，进行着各种各样的探索和尝试，不断引领着社会向前进。只要我们对当下的社会稍做留意，就会发现当下的很多新技术、新知识、新观念、新制度、新时尚基本上都是由青年所创造的。"广大青年是创新的主力军，'中国芯''中国桥''中国港''中国路'，智能机器人、航天航空、移动支付、高速列车、大飞机、大轮船、深海潜艇、航空母舰等工程，无不展示出青年群体为国争先、开拓进取、顽强拼搏、甘于奉献、敬业自强的优秀品质。"④创新就意味着"汰旧"，因此今天的青年不仅注重创新，也敢于汰旧。他们不愿意受传统观念的束缚，敢于怀

① 闫方洁、周颖嘉：《从"网红"与"网黑"的变奏曲看青年个性发展态势》，《思想理论教育》2019 年第 5 期。

② 闫方洁、周颖嘉：《从"网红"与"网黑"的变奏曲看青年个性发展态势》，《思想理论教育》2019 年第 5 期。

③ ［瑞士］布里塔·琼森：《青年对分配公正、权利和义务的看法：跨文化研究》，《国际社会科学杂志》2001 年第 2 期。

④ 黄英：《改革开放 40 年青年价值观变迁轨迹及特征》，《中国青年研究》2019 年第 12 期。

疑、挑战、解构一切权威。正是有了这种汰旧的冲动，他们才发现了现实的不足，并在对现实不足的弥补中，开始了创造，实现了超越。当然，他们的汰旧并不是对传统的全盘否定，尤其"在处理涉及国家、个人、集体利益时，仍然是顾全大局，能够从国家、集体角度考虑问题"①。因此，对于青年的创新和汰旧我们都要给予充分的肯定和一定的包容和精心的呵护，虽然他们的想法可能还很稚嫩，在实现的过程中总不免会跌跌撞撞、磕磕碰碰，但是他们毕竟代表了未来的方向，彰显了时代的特征，支持他们就等于支持未来。

当代中国青年在观念上还有一个突出特点就是讲究实际。成长在改革开放环境中的青年一代，在享受改革开放所带来的巨大成果的同时也面临着前所未有的社会竞争和生存压力。市场经济的一日千里、瞬息万变，社会变迁所带来的社会竞争和生存压力，不断改变着当代青年的价值观念，他们越来越务实，越来越讲究实际。与市场经济相适应的时间、效率、竞争、平等等观念深深印入青年的脑海，他们淡化了对过去的美好回忆和对未来理想的盲目乐观，把重点放在了对现实的追求和机遇的把握上。在今天，讲究实际、注重实惠、看重实效成了左右青年一代的重要价值观念。"在处理理想与现实的关系时，他们更倾向于寻求现实的目标，更加注重对现实的具体问题的解决"②；在生活态度上，他们更加关注当下，"活在当下""今朝有酒今朝醉"很有市场；在行为选择上愈来愈功利化，把能不能带来利益以及带来多大利益作为行为的动机，更有甚者主张"宁愿坐在宝马车里哭，也不愿坐在自行车上笑"；在生活方式上更加追求便捷，快餐文化、网络消费、一卡通、即插即用越来越受到他们的青睐；在知识学习上更加注重实用性，他们不但希望所学的知识和技能是市场所急需的，而且希望所学的知识和技能时间短、见效快，最好马上就能带来巨大的物质利益。青年对现实的关注，对实际的看重有一定的合理性，但是过分讲究实际又会陷入实用主义的误区，从而消解青年对远大理想和崇高精神的追求。因此，我们应该辩证看待青年讲究实际的价值观念，用正确的价值观对他们进行合理的引导。

（二）老年——稳定、保守、要强

老年是人生的最后阶段，也是最成熟的阶段，处于这一年龄阶段的群体与青年、中年尤其是青年相比，在思想观念上有以下几个突出特点：稳定、保守、要强。稳定性是老年思想观念的第一个突出特点。人只有经过童年、

---

① 佘双好：《"90后"大学生价值观念发展特点的多元透视》，《青年探索》2013年第2期。
② 佘双好：《"90后"大学生价值观念发展特点的多元透视》，《青年探索》2013年第2期。

青年和中年才能步入老年，老年一代经历了人生的风风雨雨，见证了国家、社会的岁月变迁，有丰富的人生阅历、经验和知识，社会的风霜在他们的人生历程中刻下了深深的印迹，各种观念也在人生的长河中大浪淘沙沉淀了下来。他们对于国家、集体、社会、个人，对于世界、人生、价值，对于成功、失败、幸福等等，都有自己深刻的体验和独到的见解。而且这些观念由于是大浪淘沙的结果，是人生经历的沉淀，因此一旦形成就具有稳定性和恒久性。老年一代不会轻易改变他们的看法，因为在他们看来经过一生的实践证明了的东西无疑是正确的，而那些没有经过长时间洗礼的新观点和看法还处于待证明的阶段，怎么能说明它自己的观点更好呢？于是，我们随时可见老年拼命维护和捍卫自己观点的场景。而且在很多时候，他们并不满足于自身的坚持，他们更希望自己的观点能得到社会的认同，最好能对年轻的一代产生深刻的影响。在他们看来将这些正确的观点传递给下一代，让他们少走弯路，是自己义不容辞的责任。因此，很多时候老年一代之所以要喋喋不休、唠唠叨叨，就在于他们要不厌其烦地向下一代传递和灌输自己的观念。老年思想观念的稳定性还表现在老年群体观念的同质性或统一性上。正如前边所述，老年是人生最后的阶段也是最成熟的阶段，这种成熟性主要体现在思想观念的成熟上。这是人的思想观念形成和演进规律的必然结果，也就是说人只要到了这一年龄阶段思想观念都应该成熟。因此，对于有共同人生经历处于同一年龄阶段的老年群体来说，他们的思想观念不但成熟而且大致相同，内部分化并不严重。这和青年之间就有很大的区别。青年处于世界观、人生观和价值观的形成时期，对于很多问题的看法都尚未定性，有很大的可塑性。这种未定性和可塑性使得青年群体在观念上虽有大致相似的地方，但是就其内部而言则分化严重、差异明显。否则我们怎么能说青年是追求个性和自我的一代呢？

保守性是老年思想观念的另一个突出特点。老年有丰富的人生阅历、知识和经验，对很多问题有十分深刻的理解和认识，这是老年宝贵的财富，也是其他代所不具有的优势。但是，有时这种优势也会演变成一种劣势。老年人丰富的经验和知识都来源于过去，是对过去的总结，应对过去熟悉的种种问题他们会得心应手，过去的经验和知识是得天独厚的优势。但是当面对现在和将来，需要应对的是复杂的新情况，需要解决的是层出不穷的新问题，那些过去起效的经验和知识却未必能够起作用。这样，老年所拥有的经验和知识不但不能发挥优势，甚至还会变成劣势。在此种情况下老年一代如果还要坚持己见，坚守固有的经验和知识，就只能对新情况、新问题视而不见了。培根在《人生论》中就曾经典地指出："老年人的经验，在位于其范围之内的事务中，是指导事务的，而在新的事务中，却是误导事务的。"①这种对新情况、新问题视而不见必然导致老年一代在思想观念上趋于保守。于是，我们看到在社会上老年一代更愿意拥护和维持现状，他们反对激烈的社会变革，看不惯一切超乎寻常的言论和行为方式，并且试图通过自己的努力去阻止这种变化，当阻止不能发生作用时，就会无奈地发出"世风日下""一代不如一代"的感叹。老年思想观念的保守性会伴随社会变迁的速率加快而不断加深，社会变迁越剧烈，思想观念的保守性就会愈明显。因为，在社会急剧变迁的时代里，"我们将所熟识的世界抛在身后，开始生活在一个与我们熟识的一切大相径庭的新时代中"②，"不仅父辈不再是人生的向导，而且根本不存在向导，无论是在自己的祖国还是整个世界，人们都无法找到指引人生的导师"③。今天的中国正处于激烈的社会变革之中，经济社会飞速发展，思想观念日新月异，此种背景下老年思想观念愈加显得保守和滞后。当然，老年思想观念所具有的保守性是相对的，是相对于年青一代和急剧变化的社会而言的。其实，相对老年人自己的过去而言，他们的思想观念是解放的和进步的，因为在人生的成长历程中他们跟随时代的变化在不断调整和改变着自己的思想观念，只不过与同期的更年轻的人相比则显得保守。戴维·L.德克尔就指出："老年随着年龄变大其政治和社会态度通常更解放，而同时他们在整个社会中构成了越发保守的那部分人。"④ 因此，我们对老年思想观念的保守性应当做辩证的理解，不能绝对化。

在老年的思想观念中还有一个突出特点就是要强。新陈代谢是自然界和社会的规律，人步入老年以后自然要将权力移交给下一代，老年一代从社会的中心逐渐退居到边缘。他们不再是社会舞台的主角，无论在政治、经济和文化领域他们的作用都越来越有限，即便个别成员还在发挥余热也主要是配角，他们的活动内容主要是日常性质的，活动的场所主要是家庭和社区。这与昔日的叱咤风云、指点江山、备受世人尊敬和关注形成了巨大的反差。面对这样的反差，老年一代难免会产生失落。虽然这是不可避免的自然规律，甚至很多老年人在心里也认同了这一规律，但是他们并不愿意接受这样的现实，尤其对那些刚刚步入老年的人来说更是如此。正如古罗马的哲学家西塞

① ［英］弗朗西斯·培根：《人生论》，王义国译，金城出版社2019年版，第141页。
② ［美］玛格丽特·米德：《文化与承诺——一项有关代沟问题的研究》，周晓虹、周怡译，河北人民出版社1987年版，第82页。
③ ［美］玛格丽特·米德：《文化与承诺——一项有关代沟问题的研究》，周晓虹、周怡译，河北人民出版社1987年版，第85页。
④ ［美］戴维·L.德克尔：《老年社会学》，沈健译，天津人民出版社1986年版，第196页。

罗所说的一样："人人都希望活到老年，然而到了老年又都在抱怨。人就是这样愚蠢，这样矛盾和不合情理！他们抱怨说，自己不知不觉到了老年，真没想到它来得这么快。"[①] 于是，他们做出各种努力试图找到昔日的辉煌，试图回到曾经的权力中心和话语中心。他们变得越来越要强，处处都想表现出自己并没有老，他们试图向社会尤其是年青一代证明自己的精力还很充沛、思维还很活跃，对社会发展还很有作用。尤其在整个社会把他们作为弱势群体来加以关心、照顾甚至是同情的时候，他们的这种要强就会表现得更加突出。长久以来，我们都是把老年作为弱势群体来看待的，一说到老年跃然我们眼前的就是白发苍苍、颤颤巍巍、可怜求助的老人形象。因为他们孱弱所以我们要关心他们，这是长久以来支撑我们关心和爱护老人的基本逻辑。久而久之，老人似乎成了孱弱和可怜的代名词。当一个人对你说你已经老了的时候，一方面有"你老了，该退出了"的意思，另一方面也隐含了一丝对你的同情。面对社会的同情和关心，老年人并不一定领情。他们并不愿意承认自己已经老了，或者说即便承认自己老了，也不承认自己需要同情和可怜。因为越是值得同情和可怜，就越证明他们的弱势，越是弱势就越被边缘化。他们不能接受自己仅是社会的边缘、社会的客体，甚至还是社会的累赘和包袱的看法，他们觉得自己还是社会的主人，对社会的发展还有用。为了改变社会对他们的看法，最好的办法就是证明自己并没老，根本不需要同情和可怜。他们变得越来越要强，有时甚至是逞强。无论在日常生活还是社会活动中，他们都急于证明自己还行还没有老，他们最担心自己的老态被别人发现，最不愿意听到的就是"你老了"。于是，我们经常看到这样的场景，一个白发苍苍的老人正气端吁吁地爬楼梯，当你提出要扶他帮助他一下时，他会断然拒绝你的帮助，然后努力表现出比先前更快、更加稳健的爬楼步伐，试图用事实证明他自己能行的确不需要帮助。

（三）中年——理性、主导性

如果说社会是一张代际关系编织成的网，那么中年就是连接这张网的中间纽结。从人生发展的阶段来看，中年是人生的中间阶段，它将人的青年和老年阶段有机地连接在了一起构成了人完整的一生，一个人只有经过中年的过渡才能从青年步入老年。从社会代际的代际结构来看，中年是社会发展的中坚力量，是连接青年和老年群体的桥梁纽带。但是比较遗憾的是，处于如此重要位置的中年群体似乎并没有引起大家太多的兴趣。截至目前，关于中

[①] ［古罗马］西塞罗：《论老年 论友谊 论责任》，徐奕春译，商务印书馆 2017 版，第 5 页。

年群体的研究少之又少，而关于中年文化的研究几乎就是空白。为什么会出现这种现象呢？我想一方面是大家觉得中年是过渡性的，是青年和老年的中间过渡，两端的青年和老年才是重点，至于中间的中年不甚重要，它只是为了连接青年和老年才存在。另一方面是大家觉得与青年和老年相比，中年似乎没有什么显著的特点，可以说是乏善可陈。但事实上却并非如此。中年是社会代际结构中不可或缺的代群体，既然能作为一代就必然意味其有着不同于其他代的代文化。具体到思想观念上，中年与青年和老年相比有两个特点十分显著，一个是理性，一个是主导性。

理性与感性相对应，是指"概念、判断、推理等思维活动或能力"，它"反映事物的本质和内部联系"①。"在感性认识的基础上，经过思考的作用，将丰富的感觉材料加以去粗取精、去伪存真、由此及彼、由表及里的改造和制作功夫，就会产生一个飞跃，变成理性认识。"② 在此种意义上，中年与青年和老年相比，显然更加理性。人只有经过青年的成长，才能进入中年，中年是人的成熟阶段、鼎盛时期。理性就是中年在思想观念上的成熟的具体表现。中年的理性体现在他们认识事物更加客观。所谓"三十而立，四十不惑"，人到中年，伴随人生阅历的增加和知识经验的丰富，认识事物的能力也在不断增加，他们越来越不会为事物的表象所迷惑，更容易看清事物的本质。他们越来越懂得辩证地看待周围的人和事，能较为中肯地评价自己、他人、国家和社会。他们不会因存在某些社会问题而对国家、社会做全盘的否定，也不会因某些方面的成就而欣喜若狂，他们更关注社会整体而长远的发展。中年的理性也体现在他们更加稳重和务实。人到中年，经过青年时期的跌跌撞撞、摸爬滚打，他们在心智上越来越成熟，既不像青年那般年少轻狂、随意挥洒、盲打莽撞，也不像老年那样居功自傲、老气横秋。他们有理想，但不"主义"，他们更加务实，懂得将理想和现实结合起来。这不像青年，青年也谈理想，也讲实际，但是谈理想时往往是天马行空的理想主义，讲实际时是不折不扣的现实主义，他们常常将二者对立，很难实现二者的统一。中年的理性还体现在他们更有责任感。"中年人处于复杂角色、多重义务的'夹心层'"③，在家里上有老下有小，是家庭的顶梁柱，赡养老人、抚育小孩的责任都落到了他们的肩上；在单位，他们年富力强，是单位的主心骨和带头人，单位的发展要靠他们奋力推进；在社会上，他们是社会的中流砥柱，社会的

---

① 夏征农等：《大辞海》（哲学卷），上海辞书出版社 2015 年版，第 109 页。
② 夏征农等：《大辞海》（哲学卷），上海辞书出版社 2015 年版，第 109-110 页。
③ 田丰：《"中年危机"的蔓延与应对》，《人民论坛》2019 年第 8 期。

发展与进步完全有赖于他们中坚作用的发挥；对于他们自己而言，中年是事业发展的巅峰时期，人生是否辉煌，完全取决于中年阶段把握得好不好。中年肩负的责任，不可推卸也无法推卸，这是人生的必修课，是人类社会发展必然赋予他们的使命。中年深知自己肩负的责任重大，使命感和责任感油然而生。他们不敢有丝毫的懈怠、半点的马虎，他们清楚地知道自己该干什么，不该干什么。

中年思想观念中的另一个突出特点就是主导性或支配性。中年是人生的巅峰时期，中年的思想观念与整个社会主流的思想观念内在的一致和高度的契合，是社会主流思想观念的代表。而且，中年群体是社会的中流砥柱，他们执掌着社会的权力，是社会权力的中心，这就更加增强了他们对社会思想观念的主导。因为社会权力是话语主导权、制度安排权和资源权的统一，中年对社会权利的执掌不仅体现在他们对政治和行政权力的执掌上，更体现在他们对精神、舆论等方面的控制上。因此，"与其把一代人执掌社会权力理解为对权力的支配，不如理解为一种支配的地位、全面的影响和中坚的作用"①。中年人所具有的支配性地位优势，决定了他们的思想观念也具有主导性。中年思想观念的主导性，首先体现在它的主流性。社会的思想观念是多元的，但是各种思想观念的地位却不尽相同，有主流也有支流。中年因其思想观念的成熟性以及自己所处的地位优势，决定了中年的思想观念是主流的思想观念。其次，体现在它的支配性上。既然中年思想观念是主流的思想观念，那就意味着它对其他处于支流地位的思想观念有一定的支配作用。也就是说，青年和老年的思想观念只有与中年思想观念一致和契合时才能获得长足的发展，产生深刻的影响，否则将会被淹没在浩瀚的社会思想洪流之中。再次，体现在它的导向性上。中年的思想观念是主流的思想观念，这就意味着它是社会倡导的观念，代表着整个社会的发展方向和根本趋势。它对整个社会的思想观念起着引领和示范作用，引导着社会的其他思想观念尤其是青年的思想观念往这个方向发展。

通过前边的分析，我们可知社会各代在思想观念上特点各异、差异明显。而观念差异明显的各代又共处同一时空，不同的代际观念便在同一平台上交汇和碰撞，既可能带来各代观念上的融合和互补，但也可能导致激烈的代际冲突。尤其在一些涉及各代实际利益的问题上，冲突就更为直接和明显。比如，在公交车上是否应该给老人让座的问题上。老年一代认为，尊老爱老是中华民族的传统美德，青年人给老人让座天经地义。而青年一代则认为，让

① 张永杰等：《第四代人》，东方出版社1988年版，第88页。

座与尊老爱老并不存在必然的联系，再说青年是应该尊老爱老但老人也应该关心和体谅青年，老年赋闲，青年工作忙碌，老年真正体谅年轻人就不会要求他们让座，以便让他们得到片刻的休息。在这里老年和青年的观念就发生了冲突，而且这种冲突还极易突破观念的范畴演化成直接的语言冲突和肢体冲突。网上就曾报道，一位老人与一位青年人因为让座的问题由口角之争最后变成了拳脚相加。再比如，关于老年人是否应该延迟退休的问题，青年与老年的观点完全是针锋相对。青年人坚决反对延迟退休，认为在就业压力原本就很大的情况下延迟退休是老年人和年轻人抢饭碗。而老年人则认为延迟退休有助于发挥老年人的余热为社会多做贡献。中国青年报社会调查中心2013 年 8 月做了一项题为"你对延迟退休持什么态度"的调查，结果显示94.5%的受访者明确表示反对延迟退休，而在受访者中 60 后占 19.1%，70 后占 39.4%，80 后占 32.9%。① 也就是说明确反对延迟退休的主要是青年群体。

二、生活方式：千差万别

如果说观念是代文化的内核，那么生活方式就是代文化的外部特征。二者之间辩证统一，代观念决定着各代的生活方式，各代的生活方式又体现着代观念。但是生活方式处于代文化的外围，是代文化中最为活跃的部分，它能生动地展现各代的文化差异，极易为大家所认识。可以说，我们对于代际差异的认识都是从生活方式开始的。而生活方式有广义和狭义之分，从广义上说，"生活方式就是人为满足自己的生存与发展需要而进行的全部活动总体模式，即人的全部实践活动方式"②。在这里，将生活方式做了最广义的解读，包含精神活动在内的所有的人类活动都纳入生活方式的范畴。显然，我们所讨论的各代的生活方式不在此层面，而是狭义层面的与日常生活直接相关的生活方式。具体来说就是"指个人、家庭及相关人群在一定历史条件、社会环境下，为谋求自己的生存与发展而选择、确立的日常生活诸方面构成和实现方式"③。但是就在日常生活的层面，生活方式的内容和表现形式也十分复杂。因为，它是人的生命活动的直接体现，涵盖了衣、食、住、行、娱乐、交往等各个方面，是人最丰富的现实世界。因此，在社会各代生活方式的讨论中也不是对他们所有的日常生活进行讨论，而是选取那些代际差异明显的生活方式来进行讨论。具体来说，主要就他们的消费模式、交往方式、休闲

---

① 向楠：《万人民调：94.5%受访者反对延迟退休》，《中国青年报》2013 年 8 月 29 日第 7 版。
② 汪业周：《论生活方式的蕴涵与结构》，《理论学刊》2002 年第 1 期。
③ 汪业周：《论生活方式的蕴涵与结构》，《理论学刊》2002 年第 1 期。

娱乐方式、话语模式进行讨论。

（一） 消费模式上的差异

人为了生存就需要消费。马克思主义告诉我们："一切人类生存的第一个前提，也就是一切历史的第一个前提，这个前提是：人们为了能够'创造历史'，必须能够生活。但是为了生活，首先就需要吃穿住喝以及其他一些东西。"① 消费正是为了满足人的需求，是人基本的生活方式。尤其在当代中国，伴随着生产力的发展和市场经济的发展，人们的消费需求不断攀升，消费方式和内容日趋多元，消费结构和水平不断提高，消费已然成了当下国人关注的中心话题和最为重要的生活方式。消费更能集中体现社会各代在生活方式上的差异。这种差异又具体体现为消费观念、消费结构、消费方式等方面的差异。

1. 消费观念的差异

消费观念是关于消费的认识、态度和价值判断，它深刻地影响着人们的消费行为，是消费模式中最为关键和核心的部分。可以说，社会各代在消费上的种种差异归根结底都是消费观念上的差异。在当代中国，老中青三代由于受成长环境、知识水平、经济能力、主观需求等多种因素的影响，在消费观念上差异十分明显。这种差异又具体呈现在他们不同的消费取向、消费原则和消费心态上。在消费的取向上，老年一代更加注重实用，更加崇尚物美价廉。对他们来说，消费就是为了满足生活的某种实际需要，只要满足了这一需要，消费的目的也就达到了。因此，在消费中他们关注更多的是产品的性能而不是品牌、样式、色调等外在的东西。虽然生活在现代商业社会里，品牌文化也对他们产生了深刻的影响，他们也希望选择好的品牌，但这只是一个影响因素而已，只有在价格相同的情况下他们才会选择更好的品牌，也就是说在价格与品牌之间价格仍然是他们的首选。与老年一代不同的是，青年的消费则更加追求个性、时尚和名牌。追求个性是青年的天性，青年总是希望通过个性来确证自己。在消费中，青年的个性化追求更是体现得到淋漓尽致。他们看重的不再是商品的使用价值，而是商品是否具有个性，越是与众不同能充分体现"酷""帅""炫"的东西，越能受到他们的青睐，他们常用"酷毙了""帅呆了"来赞美一项成功的消费。个性与时尚总是相连的，时尚是新颖的生活方式，时尚的往往也是个性的。青年追求个性自然会追逐时尚。他们用时尚、前卫和新潮来彰显自己的青春活力，宣示自己的与众不

① 《马克思恩格斯选集》第 1 卷，人民出版社 2012 年版，第 158 页。

同；他们是时尚的先锋，他们不仅追逐时尚而且还创造时尚，他们不仅自己追逐而且还引领整个社会追逐。追求名牌也是青年重要的消费取向。现代消费将消费和文化混同起来，商品承载了越来越多超越它自身使用价值的意义，商品也就变成了代表某种意义的符号，消费活动也成了创造和消费符号的过程。久而久之，人们在消费中愈来愈看重商品代表的符号意义，而作为实体的使用价值则往往被大家所忽略，这就是消费的符号化倾向。成长在现代商业社会的青年一代，深受现代消费文化的浸染，消费的符号化倾向更加明显。新潮、前卫、品牌、时尚，成了大多数青年追逐新生活的标签，也成为青年群体消费的发展趋势。在他们看来一个人地位高低、成功与否，完全可以从他消费的品牌中看出。于是，他们开始对名牌的疯狂迷恋和追逐，常常因拥有了某一名牌而欣喜若狂，又常常为不能拥有某一名牌而懊恼。在他们看来只要能拥有某一名牌，付出再多的艰辛都是值得的。"麦肯锡中国发布了基于银联奢侈品交易数据做参考的《2019 年中国奢侈品消费报告》，报告数据显示，2018 年中国人买走了全世界 1/3 的奢侈品，而以 80 后和 90 后为代表的年青一代，分别占到奢侈品买家总量的 43% 和 28%，分别贡献了中国奢侈品总消费的 56% 和 23%。"[①] 在消费的价值取向上，中年一代如同他们在社会代际结构中所处的位置一样，介乎于老年和青年之间。他们既不像老年那样过分强调实用，也不像青年那样一味追求个性、时尚。他们也强调消费的实用性，但是对个性、时尚和名牌并不排斥。他们善于在实用性和个性、时尚、名牌之间进行适当的权衡和综合的考量。

在消费原则上，老年一代深受传统消费观念的影响，秉持的是节俭的消费原则。他们主张节约，坚决反对铺张浪费，认为"该花的才花，不该花就不花""能不花就不花，能少花就少花"；他们坚持量入为出，认为有多大的能力办多大的事，对于超前消费和透支消费很难理解。与老年一代不同的是，青年在消费原则上更加随性。在他们看来挣钱就是为了消费，他们更加崇尚能挣会花。他们越来越认为消费不只是为了满足某种实际的需要，消费更是一种享受，只要精神愉悦花再多的钱都是值得的。消费中他们也考虑自己的经济能力，但绝不以此为限，在他们看来超前消费和透支消费是一种时尚，能提前获得享受何乐而不为呢。中年一代在消费原则上则更加务实，他们既不像老年一代那样恪守节俭，也不像青年那样随心所欲、随意挥洒。他们也主张适度消费，但认为"该花的还是要花"。他们也看重量入为出，但是并不排斥超前消费和透支消费，在他们看来超前消费和透支消费只要控制在自己

---

① 侯艺：《当代青年消费现状及对策研究》，《中国青年研究》2019 年第 11 期。

的还款能力范围内就是可行的。

在消费心态上，老年一代显得更加沉稳。他们坚持自己的消费原则，懂得如何抵制外界的诱惑和干扰，即便是铺天盖地的商业广告也很难调动他们的消费欲求；他们不会轻易做出某种消费的决定，所进行的消费通常都是提前规划、深思熟虑的结果；他们懂得精打细算，喜欢货比三家，他们要在力所能及的范围内确保自己的消费物美价廉。相对于老年的沉稳来说，青年在消费心态上则显得十分随性。青年对外界敏感，容易接受新事物和新观念，但也容易受到外界的诱惑和干扰。尤其在充满商业气息的现代社会里，铺天盖地的商业广告充斥在青年的身边，不断刺激着他们的消费欲求，挑动着他们的消费神经，他们很难抵制这些诱惑，消费中难免会随波逐流。而且青年的情绪容易波动，喜怒无常，而喜怒哀乐都有可能成为他们进行消费的理由，因此情绪性消费在青年中占有很大的比重。此外，青年还喜欢攀比，攀比性消费在青年消费中也占有一定比重。有时他们并不考虑消费是不是真的需要，因为"其他人都有"，因为能够"长面子""露脸"就可成为他们进行消费的充分理由和直接逻辑。而中年一代在消费心态上则显得理性。中年身心成熟、知识丰富，有较强的分析和判断事物能力，因此在消费中容易抵制外界的诱惑和干扰，做出理性的判断。而且中年是家庭的顶梁柱，他们虽然掌握着家庭消费的决策权和购买权，但深知自己肩负着维系家庭运行和发展的重任，因而在消费中也更加理性和务实。他们不会因一时的冲动而消费，更不会只顾个人的享受而不要家庭。相反，他们会因为家庭而放弃个人的一些消费，对于家庭的消费他们往往会毫不犹豫出手大方，但对于自身的消费尤其是一些高档消费，他们往往会思量再三才做决定。

2. 消费结构的差异

消费结构是在一定的社会经济条件下，人们（包括各种不同类型的消费者和社会集团）在消费过程中所消费的各种不同类型的消费资料（包括劳务）的比例关系。① 消费结构能很好地反映主体消费需求和消费水平。"吴薇等学者根据马克思的消费理论，从消费者满足需求的不同层次出发将消费分成生存型消费、享受型消费和发展型消费，居民的享受型消费特别是发展型消费所占的比例越大，就说明其消费结构越合理。"② 自改革开放以来，中国居民的消费结构发生了巨大的变化，其中最为显著的特点就是生存性消费明显降

---

① 百度百科：消费结构，http://baike.baidu.com/view/245611.htm。

② 陈建宝、李坤明：《收入分配、人口结构与消费结构：理论与实证研究》，《上海经济研究》2013年第4期。

低、享受型和发展型消费增长迅速，消费结构日趋合理。以最能反映生存性消费指数的恩格尔系数为例，2019 年全国居民恩格尔系数为 28.2%，比 1978 年的 63.9%，下降了 35.7%。① 但是具体到各代，情况则不尽相同。老年一代在消费结构上比较单一，主要以生存性消费为主。老年一代由于不再工作，社会交往也越来越少，他们的消费需求也在不断减小，越来越集中到衣、食、住、行等基本生存的需要上。一项关于"成都市老年人消费结构"的调查数据显示，成都市老年人月平均消费 2 231.11 元，其中食品支出 969.39 元，占总支出比例的 43.45%，即恩格尔系数为 43.45%。② 恩格尔系数反映的是食品占消费总支出的比重，如果加上其他的生活消费，生存性消费在总消费中的比重将会更高。老年消费结构单一化的趋势会伴随着老人年龄的增长而不断增强，很多高龄老人尤其是农村的高龄老人甚至出现了日常货币消费趋近于零的"零消费"的现象。与老年一代不同的是，青年的消费结构多元，享受型和发展型的消费比重大并呈上升趋势。青年一代处于人生发展的重要阶段，事业需要进步，知识需要增长，再加之他们的兴趣爱好广泛，社会交往频繁……由此产生的消费需求也十分多元，因而形成了多元化的消费格局。而且在青年的消费结构中享受型和发展型消费所占的比重越来越大。一项关于"上海知识青年消费结构"的调查显示上海知识青年用于基本伙食的支出占总支出比重平均为 33.29%，而学习、旅游、休闲、形象、社交、自我发展等其他消费占到了 66.71%。③ 这些都可以说明当代青年的消费结构呈多元化分布，而且在消费中享受型和发展型消费呈上升趋势。与老年和青年相比，中年一代在消费结构上虽然也呈现出多元化格局，但是占比重比较大的是家庭的支出。中年一代是社会的中坚力量，家庭的顶梁柱，一方面他们与青年一样需要发展事业，需要广泛的社会交往，也就有广泛的消费需求，所以在消费结构上仍然呈现出多元的格局。但是与青年一代不同的是青年的消费主要是用于个人消费，而中年一代的消费则主要用于家庭。尤其在家庭大额支出中如住房、汽车、家电、教育、医疗等都主要由中年来承担的，如果扣除这些大额的消费，中年用于个人的消费少之又少。在一项关于"当代中国人生活方式变迁"的调查中，当问及"如果您手头有一笔额外的钱要花，您会怎么花"

---

① 国家统计局：《中华人民共和国 2019 年国民经济和社会发展统计公报》，http://www.stats.gov.cn/tjsj/zxfb/202002/t20200228_ 1728913.html。

② 曹延雯等：《成都市老年人的消费结构分析》，《现代经济信息》2015 年第 7 期。

③ 赵菡、林梅、程毅：《上海知识青年消费结构的 ELES 模型分析》，《统计与决策》2011 年第 19 期。

时，52.8%的中年人选择了"购买实用的大件"①。

3. 消费方式的差异

当代中国的社会各代不仅在消费观念、消费结构上存在明显差别，就是在具体的消费方式上也是大相径庭。老年一代在几十年的消费实践中形成的消费习惯根深蒂固。对他们来说，那些经过长时间的实践所总结出的消费经验才是最可值得信赖的，因此虽然已经步入现代社会但他们仍然保持着传统的消费习惯。他们喜欢老牌子、老字号，年轻时代使用过的商品能唤起他们对过去的美好回忆；他们喜欢明码标价，对于你来我往的砍价还价很不适应，在他们看来无论多会砍价最终吃亏的都是买方；他们相信经验，不轻易选择不了解的商品和不熟悉的品牌；他们喜欢斤斤计较，希望每一分钱都花得明白，常常为了几分钱几毛钱争得面红耳赤；他们坚信眼见为实，认为交易就该面对面地进行，电视购物、网络购物等现代的消费方式在他们看来太过玄乎有太多的猫腻，不值得信赖。与老年一代不同，青年是现代消费方式的先行者和推动人。他们没有墨守成规的消费习惯，受传统消费观念和消费方式的影响也较小，在他们看来那些传统消费方式都太过老套已经 OUT 了。而电视购物、网络消费等新兴的消费方式的出现恰好满足了他们的需求，他们被这些消费方式所吸引，深陷其中、欲罢不能。这从青年一代对网购的迷恋中就可窥一斑。与互联网几乎共同成长的青年一代是网络的频繁使用者，也是网购的主力军，在今天网购已经成了青年重要的日常生活内容。"艾瑞咨询调研数据显示，95 后在网购人群中占据主力地位，表现在人口占比最大，黏性最高，渠道偏好最强烈：约 1/4 电商用户为 95 后；63.9%的受访 95 后每天使用电商平台；10%的受访 95 后每天都网购下单。"② 网络购物之所以受到青年的青睐，主要原因如下：其一是网络购物方便快捷，"足不出户"就能享受购物的乐趣，节约了大量的时间和精力。其二网络购物价格低廉。价格低廉对于经济能力相对弱小的青年来说，毫无疑问是一种深深的吸引。其三网络购物选择范围大，自主性强。网上的商品琳琅满目，各种类型、各种档次一应俱全，其丰富程度远超现实中的百货市场。而且买家完全可以根据自己的意愿充分比较，随意挑选。这恰好契合了青年追求自由、喜欢自主的需求。其四网络购物能体现青年的优势。网络购物是一种全新的消费方式，是互联网技术与现代商务相结合的产物，里面涉及很多新知识和新技术。而对于长期

① 刘能：《当代中国人的生活方式：多维度的解析》，《理论学刊》2003 年第 4 期。

② 《唯品会首次发布 95 后时尚消费报告 成都、重庆 95 后成"消费担当"》，《天府早报》2018 年 4 月 18 日第 8 版。

浸染在网络中的青年来说，掌握这些知识和技术并不是一件难事。因此，与现实生活中青年的知识经验相对不足形成反差的是，在网络购物方面青年的知识经验却很丰富。他们在网络购物中游刃有余，显得十分老到，也就是这份"老到"让他们找到了在中年和老年面前炫耀的资本，一种优越感和成就感油然而生。中年一代在消费方式上，既不像老年那样传统守旧，也不像青年那样前卫、新潮。中年所具有的成熟、稳重、理性的特点在消费方式上同样得到了深刻体现。传统的消费方式在他们身上虽然得到体现，但他们不墨守成规，一味遵守。对于网络消费等新兴的消费方式他们并不排斥，也在涉足，也在尝试。但是他们不会像青年那样迷恋，而是抱着谨慎的态度。对于一些价格较低的日常用品他们愿意网购，但是大额的大宗商品他们仍然会在实体店里购买。因为在他们看来，这样既能赶上现代社会的节奏，享受到网络消费的便利，又能最大限度地降低网络购物的风险。

（二）社会交往方式上的差异

社会交往是人基本的存在方式，"人们从一开始，从他们存在的时候起，就是彼此需要的，只是由于这一点，他们才能发展自己的需要和能力等等，他们发生了交往"①。因此，人类社会发展的历史同时也是一部人的交往史。"社会——不管形式如何——是什么呢？人们交互活动的产物。"② 今天，人类的社会交往发展到了一个新的历史水平，无论在交往的内容、方式、手段上，还是深度和广度上，都发生了巨大的变化。这种变化不仅体现在过去和现在的总体比较上，而且也能具体体现在社会各代的生活中。如果我们对当代中国社会各代的社会交往活动进行认真的考察，就会发现老中青三代无论在交往的动机、对象、内容还是形式上都存在较大的差异。

交往动机是刺激主体实施交往行为的主观心理因素。交往动机决定并引导着人的交往行为。交往是人的基本需求，老中青三代都需要交往，但是他们在具体的交往动机上却存在较大的差异。老年一代在交往动机上相对简单，满足精神需要尤其是情感需要是他们实施交往行为的主要动机。他们的社会交往不再是为了工作、事业等功利性的目的。他们更希望在社会交往中获得尊重和认同，得到大家的理解和关心。社会交往成了他们释放情感、排除孤独与失落的最好手段。与老年一代相比，青年在交往动机上则要复杂得多。青年是人生成长的重要时期，他们由稚嫩逐渐走向成熟，迫切需要获得社会

---

① 《马克思恩格斯全集》第42卷，人民出版社1979年版，第360页。
② 《马克思恩格斯选集》第4卷，人民出版社2012年版，第408页。

的认同，希望通过社会交往来确立自我、发展自我和完善自我。因而，在他们的交往动机中自然会有功利性的一面。有时他们把交往当工具，为了实现学习、工作、生活和自我发展中的某些利益而交往，并把有没有实现这种利益作为衡量交往成功与否的标准。但是，不可否认的是，在青年的交往动机中也有纯粹的一面，有时就是为了单纯的情感需要。而且值得注意的是这种纯粹的交往动机是青年的主要底色。在交往中"志趣相投""谈的来""感觉好"还是他们最为重要的标准和原则。因此，"一见如故""一见钟情""相见恨晚""没几天就打得火热"常常都是发生在青年的身上。相对于老年和青年，中年一代交往的功利化色彩更加浓厚。虽然他们如同老年和青年一样，需要纯粹的交往，需要获得真诚情感的抚慰。尤其面对激烈的社会竞争、繁重的工作和生活压力，他们的这种需求变得越来越强烈。但是，中年是人生负重爬坡的阶段，家庭、单位、社会发展的重任都落到他们的肩上，很多棘手的现实问题需要他们去解决，家庭需要维持、单位需要发展、个人需要进步，小孩上学、老人赡养、住房还贷……一切都扑面而来，压得他们喘不过气来。他们不得不放弃那些单纯美好的想法，去直面那些现实的利益需求，有时交往也就成了手段，成了谋取利益的手段。

交往是人与人之间的交往，有交往就有交往对象。交往对象是社会交往的重要构成要素，自然也是社会各代社会交往差异的重要考察因素。从交往对象上看，老年一代的交往对象范围狭小且较为固定。一方面，伴随着老年一代由社会的中心退向边缘，他们的社会活动愈来愈少，交往的范围也就愈来愈小。另一方面，伴随着老年一代的年龄增大，他们的行动越来越不便，这也在很大程度上限制了他们的交往。他们的活动场所越来越集中到家庭、社区等日常生活的场所，交往对象也主要是亲人、邻居、老朋友等，甚至出现了社会隔离的现象。在一项关于老年人社会隔离状况的调查中，"统计结果显示，被访人群中有34.9%的老人处于社会隔离状态，其中处于家庭隔离和朋友隔离的老年人所占的比例分别为15.2%、46.0%。上述事实说明，家庭成员是中国老年人社会网络的主要构成，他们和家庭以外的社会成员交往较少，朋友网络资源在老年人社会网络中存在很大的空缺"。"各类老年人中发生朋友隔离的情况较家庭隔离更加普遍。其中，空巢老年人中陷入家庭隔离者的比例最高。"①

与老年不一样的是，青年的交往对象广泛、易变动、圈层化。青年是人生成长的关键时期，是个体实现社会化的重要阶段，他们的社会交往愿望比

---

① 张文娟、刘瑞平：《中国老年人社会隔离的影响因素分析》，《人口研究》2016年第5期。

任何一代都要强烈。在这种强烈愿望的驱动下，他们活跃在各种社交场所，社会交往活动十分频繁，交往对象也十分广泛。青年是人的上升期，伴随着年龄的增长，他们的社会活动越来越多，交际面越来越广，昔日的交往关系尚未冲淡，新的交往关系又在建立。儿时的伙伴关系、同学关系、师生关系不会完全退出，到了中学、大学又有新的同学、朋友、师生关系，参加工作更是增添了同事关系、工作交往关系，如果加上转学、工作变动等因素，青年的交往对象将更加广泛。而且这只是现实生活中的交往情况，如果加上网络上的虚拟交往，青年的交往对象将会更加广泛和复杂。现代信息技术的发展，极大地拓展了人际交往的空间，人与人之间的交往不再受时空的限制，局限于面对面的直接交往，而是可以以网络为媒介，打破时空的界限，在虚拟世界里实现人与人之间的交往。青年毫无疑问是虚拟交往的主力军。在虚拟交往中青年交往的范围和对象都得到了极大的拓展，因为在虚拟世界里没有人数的限制，不需要真实的年龄、性别、身份等信息，交往变得更加广泛和自由，一个人不但可以同时与多个交往对象交往，而且还可以用多个虚拟的身份进行交往。比如，一个人可以有多个网名，还可以参加多个 QQ 群、微信群、论坛、贴吧。因此，广泛性是青年交往对象的突出特点。除此之外，青年在交往对象上还有一个特点就是易变动。一方面在现实交往中，由于青年还未定型，一切都处于变动之中，他们的交往理念、原则和标准容易发生变化，学习、生活和工作也容易发生变动，这些都会带来交往对象的变动。另一方面在虚拟交往中，因为交往本身的虚拟性，长期固定的交往对象并不多，交往更加随意。比如，刚才还是好友，现在就可以将他删除；随机摇出的陌生人，马上就可以聊得火热；刚才还在那个论坛发言，现在又在这个论坛讨论。此外，伴随着即时通信工具与社交网络的普及，"一些有着相似或相同兴趣或文化品位的青年群体因"趣"成圈，因相近的话语体系或表达方式等被确认为该群体成员，共同建构着群体的趣缘文化，例如亚文化体系下网络虚拟社会中的粉丝圈、二次元圈、cosplay 圈等"[1]。社会交往呈现了明显的圈层化特点。

如果要概括中年的交往对象特点，那就是广泛和稳定。中年经过青年时期的积累与准备，社会交往达到了顶峰，他们出入各种社交场所，在不同的场景扮演着各种不同的角色，与各种各样的交往对象进行着内容丰富形式多样的社会交往活动。但是与青年交往对象的广泛性不同的是，中年广泛的交往对象主要集中在现实交往中。对于虚拟世界的交往，中年也有所涉足，但

① 项久雨：《透视青年"圈层化"现象：表征、缘由及引导》，《人民论坛》2020 年第 1 期。

绝不会像青年那样迷恋。中年的成熟、理性与责任告诉他们虚拟世界的东西并不可靠，抓住眼前的东西才最重要。他们对虚拟世界总有几分戒备，通常都是浅尝辄止，不会沉迷其中，更不会把现实与虚拟相混淆。在交往对象上中年还有一个特点就是稳定。人到中年心智成熟，家庭、事业、工作、生活也都基本定型，一切都稳定了下来。因此，在交往对象上也比较稳定。尤其是经过青年时期的大浪淘沙、风雨考验，此时沉淀下来的同学关系、朋友关系、同事关系往往都最为可靠和稳定。以此为核心搭建起来的社会交往关系，也会比较稳定。

交往内容受交往动机的影响和制约。老中青三代在交往动机上差异明显，因此在交往内容上也会不尽相同。由于受交往动机单一化的影响，老年一代的交往内容也比较单一。老年一代的社会交往主要局限在日常生活领域，交流更多的是家长里短、生活经验、昨日旧事，家人的平安、自身的健康、子女的发展也很容易成为他们的中心话题。但是与老年不同的是，青年一代的社会交往内容则十分丰富。在他们的交往中既有物质的也有精神的，工作、生活、学习和情感都可以交流，国际、国内、政治、经济、文化、生态都可能涉及。尤其在虚拟交往中，更是天马行空、无所不有，在这个平台上可以提问、可以分享、可以讨论也可以围观，现实生活的一切事情都可以放到虚拟世界，虚拟世界自身的创造更是大行其道、畅游无阻。中年一代在交往内容上也很丰富。但是与青年相比，中年的交往内容显得更加实际和功利。一方面，中年的社会交往主要是在现实世界，都是围绕一些实际问题展开的面对面的交往，因此交往内容比较实际。另一方面，中年所肩负的责任、所具有的理性让他们不可能像青年那样信马由缰、随心所欲，他们必须面对现实，去获取那些看得见的实际利益，因此交往的目的性很强，交往内容的功利化色彩也较浓。

老中青三代社会交往的差异还体现在他们的交往形式的不同上。老年一代在交往形式上基本上还保持着过去的传统。他们更在乎面对面的交流，拉家常、聊天还是他们最主要的交流形式，虽然随着现代通信技术的发展，电话、手机也成了他们交流沟通的工具，但是在他们看来这些都是辅助形式，永远不能取代面对面的直接交流。与老年一代不同的是，青年一代在交往形式上呈现出了多样化、现代性和灵活性的特点。今天，网络社交、派对社交、旅游社交、公益活动社交、学习社交等新兴的社交方式异军突起，活跃在青年社交的舞台上，手机、电话、电脑都成了他们的交流工具，短信、微信、微博、QQ、E-mail是他们最为重要的交往平台。而且他们还将现实与虚拟相融合，不断创造着社交的新形式。比如，他们可以通过网络邀约不相熟识的

"驴友"去旅游；可以通过网络发起一场规模盛大的慈善募捐；可以相约去快闪，可以相约去围观。他们不受传统交往观念的束缚，不会拘泥于某种固定的交往形式，一切都很随性，只要能实现交往目的一切形式都可能被采用。比如，传统的相亲他们不会反对，电视征婚、网络征婚他们也能接受。然而，伴随着青年社会交往形式的现代化，传统社会交往形式逐渐被他们遗忘，他们对现代交往形式的依赖却在上升。今天，很多年轻人离开了网络和手机几乎不会生存，在网络上能够高谈阔论、游刃有余，回到现实却沉默不语不知如何与人交流。以至于交往的人就在眼前，交流也要通过短信、微信、QQ来完成。中国互联网络信息中心（CNNIC）发布的《2015年中国青少年上网行为研究报告》显示，截至2015年12月，青少年网民平均每周上网时长为26小时，即时通信、微博论坛、论坛/BBS使用率分别为92.4%、37.6%和18%，均高于网民总体水平；电子邮件使用率较低，为34.5%。[①]在现代交往形式的冲击下很多传统的经典交往形式都被迫退出了历史舞台。比如，今天还有多少人还在通过书信交往呢？"一封家书"成了最为稀缺的资源，让人不得不感叹"家书抵万金"。与老年和青年相比，中年一代的交往形式既不像老年那样传统单一，也不像青年那样前卫、新潮。他们不会固守那些传统的交往形式，也不会热情拥抱那些新兴的交往形式，更懂得在传统和现代之间找到平衡。比如，他们也会QQ聊天，也会发微博、微信，但不会把它作为主要的交往形式。但是在重大的社交活动中，他们还是更愿意选择传统的交往形式。

（三）话语模式上的差异

语言是人们进行社会交往的基本工具，正是有了语言，人与人之间才实现了思想的交流、感情的传递。但是"语言并非只是一种生活在世界上的人类所拥有的装备，相反，以语言为基础，并在语言中得以表现的乃是：人拥有的世界"[②]。语言能充分反映人的思想观念、生活方式和审美情趣，生动刻画社会的变迁。可以这么说，社会生活的任何变化，甚至是极其微小的变化，都会在语言中得到体现。毫无疑问，语言是最能直接体现文化差异和变迁的文化现象。不同的时代有不同的话语模式，不同的人群也有不同的话语模式。话语模式是文化差异的直观表现和客观标志。因此，社会各代的文化差异必然要体现在他们不同的话语模式上。那么，当代中国的社会各代究竟有什么

---

① 中国互联网络信息中心（CNNIC）：《2015年中国青少年上网行为研究报告》，http：//www.cnnic.net.cn/hlwfzyj/hlwxzbg/qsnbg/201608/t20160812_ 54425.htm。

② 张能为：《理解的实践——伽达默尔实践哲学研究》，人民出版社2002年版，第48页。

样的话语模式差异呢？只要我们认真加以考察就会发现，中年一代位于社会代际结构的中心位置，有得天独厚的优势，他们掌握着社会的话语霸权，主导和控制着整个社会的话语体系，因而他们的话语模式也是整个社会的主流话语模式；老年一代则始终保持着他们长久以来惯用的话语模式，没有新的语言创造，也没有十分独特的话语风格，与主流话语模式的差异并不明显；而青年一代思想活跃、个性鲜明，他们以"狂欢"的话语逻辑、前卫开放的语言姿态、搞怪诙谐的语言风格、简短的表达形式，来建构属于自己的新话语模式。因此，当代中国话语模式的代际差异主要表现为青年话语模式与中年、老年所代表的主流话语模式的差异。具体来说，与主流话语模式相比，青年的话语模式有如下几个明显特征。

第一，青年话语的简约化和符号化。当今的时代是追求快捷的时代，引领时代先锋的青年更是崇尚和追求快捷。他们对快捷的追求体现在方方面面，就连语言的交流和传播也不例外。为了实现交流和传播的快捷，简化语言就成了首要的选择。他们主张语言简洁，反对冗长和啰唆，有时甚至是惜字如金。曾经有过这样的报道，一个大学生发给家长要求汇款的短信只有两个字：汇款。因为在他看来，核心意思已经表达，多说已无意义。青年话语的简约化不仅表现在语言表达简短上，而且也体现在他们对词汇、语句的缩略上。比如，"高大上"是"高端、大气、上档次"的缩略，"白富美"是"皮肤白皙、富裕、美丽"的缩略，"高富帅"是"高大、富裕、帅气"的缩略，诸如此类的缩略还有"矮矬穷"等等。还有将上网用的 Modem 简称"猫"，将"挽救楼主尊严"简化成"挽尊"，把"冷漠，无理想，信仰缺失"缩略为"冷无缺"，而"喜大普奔"是"喜闻乐见、大快人心、普天同庆、奔走相告"的缩略，"人生已经如此艰难，有些事就不要拆穿了"居然被简化成了"人艰不拆"。除了对词汇、语句的简化和缩略之外，青年还时常用一些简单的数字、符号、字母来代替自己要表达的意思，尤其在网络聊天中，这种符号化的倾向更加明显。比如，用字母"GG""JJ""DD"来代替"哥哥""姐姐""弟弟"，用数字"88"来表示"bye-bye"，"1314"是"一生一世"的意思，"7456"是"气死我了"，而"BT"竟然是"变态"的意思。再比如，直接用"?"表示"为什么"，用"?? _ ?"表示瞪着充满疑惑的眼睛、茫然的样子，用"@_ @"代表戴眼镜的人。此外，QQ 聊天中一系列丰富的表情图形也颇受青年网民的喜爱，他们用这些形象直观的表情图形来表达他们复杂多变的心情，开怀大笑、号啕大哭、会心微笑、郁闷生气、春风得意、沮丧不堪……都可以得到生动的展现。

第二，青年对流行话语的模仿与套用。青年喜欢时尚，追赶流行。对于一切能代表时尚的元素，他们都竞相加以效仿，以此来体现自己的前卫与新潮。对流行话语的模仿与套用就是最好的例证。被青年模仿和套用的流行话语来源十分广泛，可能是某位明星的语言语调，可能是某个影视作品中的经典对白，可能是网上热炒的某句话，也可能是一句经典的广告词……比如，受港台影视作品的对白、传媒主持人发音的影响，当代青年沾染了浓郁的港台腔，明明是"你伤不伤心？"却要表达成"你有伤心吗？"；随着喜剧影片《大话西游》的走红，周星驰的"星仔腔"也随处可见，"有没有搞错！"被青年经常挂在嘴边；台湾明星林志玲发嗲的声音，超女曾轶可如同梦中呢喃的"绵羊音"，韩剧里的韩语"思密达"也被很多青年效仿。又比如，被青年广泛使用的"我的地盘我做主"是一句广告语，"我型我秀"也是某电视台娱乐节目的宣传广告，"我和我的小伙伴都惊呆了！"是网络上的流行语。而且，值得注意的是，现在青年对这些流行语的模仿，已经从一般层面上效仿发展到对流行话语的改编和套用，形成了各种各样的流行"体"。比如，聚美优品发布的由其CEO陈欧代言的广告词："你只闻到我的香水，却没看到我的汗水；你有你的规则，我有我的选择；你否定我的现在，我决定我的未来；你嘲笑我一无所有，不配去爱，我可怜你总是等待；你可以轻视我们的年轻，我们会证明这是谁的时代。梦想，注定是孤独的旅行，路上少不了质疑和嘲笑，但，那又怎样？哪怕遍体鳞伤，也要活得漂亮。我是陈欧，我为自己代言。"其句式"你有××，我有××。你可以××，但我会××……但那又怎样，哪怕××，也要××。我是××，我为自己代言！"也被青年大量改编和套用，形成了一系列的"陈欧体"，如"我是学生，我为自己代言""我是单身，我为自己代言"等等。再比如，随着电视剧《后宫甄嬛传》的热播，剧中人物文艺调十足，语调不急不缓，口气不惊不乍，从容大方的经典对白也被很多观众尤其是青年观众效仿与套用，形成了各种版本的"甄嬛体"。"甄嬛体"的特点是言必称"本宫、臣妾、嫔妾、朕、哀家、孤"，描述事物喜欢用双字，如"方才、想来、极好、左右、罢了"等。

第三，青年以谐音、误读、拼贴与生造等方式的话语创造。青年喜欢创造也善于创造，这种创造天性在他们的话语模式中更是得到了充分体现。青年不会束缚和止步于既有的话语体系，他们总是以自己的方式不断创造着新的话语体系。谐音、误读、拼贴与生造是青年进行话语创造的主要方式。谐音是青年话语创造的常用方式。他们通常把要表达的事物做谐音化的处理，从而实现一种诙谐、幽默或者嘲讽的语言效果。比如，把"版主"叫"斑竹"，把"Windows"叫"瘟到死"，把"大侠"叫"大虾"，把"有没有"说成"有木有"；而"稀饭"是喜欢的意思，"酱紫"是"这样子"，"人参公鸡"则是"人身攻击"。比如，针对 2011 年的物价上涨，青年通过一系列谐音化的短语对涨价现象进行了调侃和嘲讽，大蒜涨价叫"蒜你狠"，绿豆涨价是"豆你玩"，油价上涨是"油你涨"等等。谐音化让语言表达变得更加轻松、风趣、幽默，非常适合青年不受拘束、追求快乐的天性，因此备受青年的喜欢。除了谐音，青年还常常通过故意误读的方式来营造轻松、快乐的语言氛围。比如，把"故意卖了一个破绽"说成"故意卖了一个破定"，把"马马虎虎"故意念成"马马虚虚"，"惭愧"也不叫"惭愧"而叫"渐鬼"。语言的故意误读，往往能让紧张、严肃的气氛变得轻松和活泼起来，交流和沟通也会更加顺畅和自由。因此，语言的故意误读也常常被青年所采用。拼贴是青年话语创造的另一种方式。所谓拼贴是指"在一个总体意义系统内部，把物体重新进行排序和语境重组来传达新的意义"，是"一种即兴或改编的文化过程，客体、符号或行为由此被移植到不同意义系统与文化背景之中，从而获得新的意味"①。比如，"恐龙"原本指的是一种史前的爬行动物，但是青年则用它来指代容貌丑陋的女网友，与此对应"青蛙"则是指代容貌丑陋的男网友，显然在新的语境下"恐龙""青蛙"都已经超越了它原初的含义具有了新的意义。又比如，被青年广泛使用的"雷人""雷语"等语汇中的"雷"也不是自然现象中云层放电时发出响声的"雷"，而是指出人意料且令人格外震惊，很无语的意思。如雷人广告、雷人语录、雷人台词、雷人故事等等。诸如此类的语言拼贴现象，还有"拍砖""灌水""潜水""冲浪""沙发""板凳""地板""打酱油""俯卧撑"等。透过这些语言拼贴现象，我们会发现这些词语原本存在并不是新词语，但是在新的语境下它的含义已经发生了拓展、延伸乃至变异，从而具有了新的意义。也就是在这种语言拼贴中，青年彰显了与众不同的个性，找到了话语创造的乐趣。然而，对于这样的创造青年也似乎并不满足，他们试图以更加彻底的方式来进行话语创造，那就是生造。所谓生造就是新创造在先前的语言体系中不曾有过的字、词等。在青年的话语体系中，语言的生造现象并不少见。字的生造如"囧""槑""嘦"等，而在青年的语言生造中最为夸张和离谱的无过于火星文。火星文在字面上看就是指火星人使用的文字，究竟什么是火星文虽然还没有公认的界定标准，但"一般以简体字、繁体字、异体字、冷僻字为主体，同时掺杂了各种象形图形、注音符号、表情符号、日文假名及大量谐音字，有时可能还夹杂着方言和乱码，是一种极不规范

---

① ［美］约翰·费斯克：《关键概念：传播与文化研究辞典》，李彬译，新华出版社 2004 年版，第 31 页。

的文字符号综合体"①。如果单从字面上根本没法理解。比如，"偶ㄅ电脑坏掉ㄌ害偶一整天都粉 sad~ >"＜/苊菂电脑坏才卓叻，嗜碶(1)整忝嘟彳艮伤吣~"意思是"我的电脑坏掉了，害我一整天都很伤心~"，"1 切斗 4 幻 j，↓b 倒挖 d!"意思是"一切都是幻觉，吓不倒我的!"正是因为火星文怪异，它才备受青年的追捧。在他们看来，怪异的火星文不仅能彰显个性，显得自己很聪明很时尚，而且还有利于保护隐私。因为这些怪异的字符串犹如密码，只有真正属于他们圈内的人才能看懂，其他不了解使用规则的圈外人是根本无法看懂的。

当青年一代陶醉于自己营造的话语世界中快乐享受的时候，中年和老年一代却充满了无限的惆怅和忧虑。一方面青年对传统话语体系无情的解构、颠覆和漫无边际的语言编造，让他们不得不担心那些流传已久的经典传统文化有多少要毁在他们的手中，随心所欲的胡编乱造又将把文化带向何方？另一方面，面对青年的自说自话，中年和老年一代仿佛置身另外一个世界，他们不知道青年在说些什么，更不知道该如何与他们交流沟通，代际之间竖立着无形的语言鸿沟。语言的鸿沟无疑会影响代际之间的交流沟通，从而拉大代际之间的差距，甚至引发剧烈的代际冲突。

三、情感世界：风格迥异

人非草木，孰能无情？人是有感情的动物，没有感情人也就不成其为人。但是，由于"情感是人对客观事物态度的一种反映，其本质是人对客观事物是否符合人的需要而产生的心态体验"②。因此，不同的主体就有不同的情感需求、情感体验和情感表达，也就是有不同的情感方式。情感方式的差异不仅体现在人与人之间，也体现在代与代之间。同一代人处在同一年龄阶段，有大致相同的人生经历和成长环境，因而在情感需求、情感体验和情感表达上有很多相似之处。这些大致相似的情感需求、情感体验和情感表达也就构成了一代人特有的情感方式。不同的代就有不同的情感方式，情感方式也就成了代际区分的主要内容和重要标志。尤其在当代中国，伴随着时代的飞速发展，社会的急剧变迁，老中青三代的人生经历和成长环境相去甚远，进而导致了他们在情感方式上的差异也十分明显。

---

① 宁敏、刘俨、林巧莉：《数字时代的流行文化——以网络"火星文"为例》，《文教资料》2019 年第 12 期。

② 陈创生：《中西情感方式比较——兼论制约当代中国情感方式的社会条件》，《现代哲学》1988 年第 3 期。

（一）情感需求的差异

情感需求是人性的本真状态和直接表现。美国社会学家诺尔曼·丹森就说："人就是他们的情感"，"情感是人这个现象的核心"，"情感和心境是通向揭示人的世界的道路"。[①] 所谓情感需求"主要是指人们对某相应特定情感的缺乏、等待、期盼状态和获取特定情感的对象物以实现情感满足的强烈愿望"[②]。人的情感需求十分复杂，既需要亲情、爱情、友情的滋养，又有情感宣泄、情感呵护、情感慰藉、情感接纳等的需求。复杂多元的情感需求贯穿在人的生命始终，只要生命存在情感需求亦会存在。但是在不同的生命阶段，人的情感需求的侧重点又是不一样的。正是因为人在不同生命阶段的情感需求重点会有所不同，才构成了各代人在情感需求上的差异。

情感需求是人的基本需求，即便步入老年这种需求也不会减弱，相反到了老年物质需求在逐渐降低而情感需求则在不断上升。尤其在我国，伴随着生活水平的提高和社会保障制度的逐步完善，老年人的物质供养基本能得到满足，在物质供养得到基本满足之后，情感需求就成了最为重要的需求。在老年一代的情感需求中亲情是他们首要的情感需求。老年一代从社会的中心逐渐移到边缘，往日的喧嚣、热闹和繁忙不在，社交圈和生活圈也越来越小，家庭和社区成了他们主要的活动场所，他们容易失落也容易孤独。他们需要亲情的抚慰，需要情感的倾诉；他们并不要求子女提供太多的物质帮助，更希望他们能常常陪伴在身边，儿孙绕膝是他们最大的快乐；他们时常挂记子女，子女的平安、健康和幸福是他们最大的心愿；他们的感情十分脆弱，容易被一些负面的情绪所充斥、覆盖和吞噬，因此更希望子女通过言语和行为来关心和呵护自己。除了亲情之外，乡情也是老年重要的情感需求。伴随着年龄的增长，老年一代对故乡、故土有了更深刻的理解，更能体会故土难离，故乡的一切都是他们的牵挂和回忆。那些远离故土的老人叶落归根是他们的心愿，即便不能实现，也至少希望能回去看看。有时听到一句熟悉的乡音，看到电视里出现的故乡的某个画面，甚至是别人聊天中提到的关于家乡的事，都会让他们激动不已。

相对于老年来说，青年一代的情感需求则十分丰富和多元。青年精力充沛、朝气蓬勃、感觉灵敏，情感需求也十分强烈。他们需要亲情的呵护、爱情的滋养、友情的帮助，需要情感的宣泄，情感的尊重、接纳与认同。青年

---

① ［美］诺尔曼·丹森：《情感论》，潘泽权译，辽宁人民出版社1989年版，第4—5页。

② 徐启斌、郑爱菊、王荣军：《论人的情感需求》，《上饶师范学院学报》2008年第5期。

的情感世界异常丰富，可以说没法用语言来加以准确的描述。青年看重亲情，但更渴望爱情和友情。真挚、热烈而又浪漫的爱情是青年的向往，他们为爱努力，为爱痴狂，为爱情愿付出一切。在他们看来，没有轰轰烈烈的爱情的人生是可悲的。他们不仅沉醉在自己的爱情追求中，而且还常常对那些美丽的爱情激动万分、艳羡不已。除了爱情，友情是青年感情世界的另一根主线。青年自出生以来就包裹在浓浓的亲情之中，相比之下友情对他们更有吸引力。无论身处何方，他们都希望有自己的朋友圈，最高兴的就是高朋满座，有一群人围绕在自己的身边。他们希望有几个真正交心的朋友，"铁哥们"或"闺蜜"在他们生活中至关重要，快乐时要找他们分享，烦恼时要找他们诉说，困难时要找他们帮助，一些埋藏心底的秘密也只对他们诉说而亲人也不一定能知晓。青年情感需求的复杂性和多元性还体现在除了亲情、友情和爱情，今天有些青年还在试图寻找"第四类情感"。"第四类情感就是一种介于友情和爱情之间的模糊情感，他比一般朋友亲密些，但又比爱情疏离些，是游离于友情和爱情之间的动态情感。"① 虽然对于"第四类情感"褒贬不一、争议颇多，但是它却客观反映了青年在情感需求上愈来愈多样化。

中年一代在情感需求上也很丰富和多元，但是与青年相比无论在具体内容上，还是在关注重点上都不尽相同。亲情、友情和爱情仍然是中年情感世界的主旋律，他们同样需要亲情的抚慰、爱情的滋养、友情的帮扶。但是他们更懂得控制自己的情感需求，更能在亲情、友情和爱情之间找到平衡。人到中年，经过长年的风雨打拼，了解了世间的人情冷暖，中年一代更能体会亲情的珍贵与可靠，他们小心地呵护着亲情，并常常用它来激励自己不断前行。中年也需要爱情，但是不再渴求轰轰烈烈，他们的爱情更加务实，爱人之间的感情都凝结在日常的柴米油盐酱醋茶中，爱人更像亲人，亲情和爱情之间难以找到明确的界限。中年同样看重友情，同样需要有自己的朋友圈，朋友在他们的生活中举足轻重。但是他们更加渴望真挚的友情，奉行朋友不在多而在于交心，认为真正的朋友能有几个就已足矣。尤其在了解了社会太多的功利与世俗，经历了太多世态炎凉之后，那些没有功利的纯正的友情，那些无论得意还是失意时都能陪伴在身边的朋友，他们会倍加珍惜。他们会尽最大努力帮助朋友，但是绝不会莽撞，不会因为是朋友就贸然不顾一切。他们会冷静分析、综合判断，更懂得"该出手时才出手"。

（二）情感体验上的差异

人的情感与他的主观体验密不可分，对于同一事物不同的体验也会导致

---

① 周华珍：《青年异性交往中的"第四类情感"现象评析》，《中国青年研究》2006 年第 10 期。

不同的情感。这是人的主观能动性的具体体现。情感虽然与人对客观世界的认识相连，但是"主体对外部世界的认识，总是首先通过主体的情感体验才能折射出来"①。比如"一颗垂柳之所以看上去是悲哀的，是垂柳枝条的形状、方向和柔软性本身传达了一种被动下垂的情感表现性，而与一个悲哀人的心理结构是同形的"②。也就是说垂柳是客观存在的，但是基于不同的情感体验对垂柳产生了不同的情感。而人的情感体验是十分复杂的，它常常要受到价值诉求、人生经历、成长环境等因素影响。因此，社会各代由于在价值诉求、人生经历、成长环境等方面都存在较大的差异，因而在情感体验上也存在明显差异。

老年一代经历了人生的风风雨雨，有丰富的人生阅历和情感经历。他们对世界、社会、人生，对亲情、友情、爱情都有十分深刻的认识和体会，因而也就构成了属于他们这一代的独特的情感体验。他们喜欢怀旧，过去的峥嵘岁月，曾经的艰难困苦，过去的辉煌与荣耀，都是他们回忆的内容。通过回忆，一切仿佛又回到了昨天，也就是在对过去的回忆中，他们似乎又感受到了昔日的风采，体验到了前所未有的自豪与自信。这个过程对他们来说是一个幸福和享受的过程，他们试图把这种幸福和享受与他人尤其是年青一代分享。他们乐此不疲地诉说着过往，像祥林嫂一样喋喋不休，他们希望在不断的诉说中，年青一代能够读懂过去，找到和他们一样的情感体验。但是，往往是事与愿违，那些"父辈至今谈起仍然泪水潸潸的往事，今天的年青一代也无法分享父母对那些令人怀旧的事物所产生的种种体验"③，相反他们表现出来的更多的是不以为然甚至是厌烦。经历过人生的潮起潮落，感受了情感的浮浮沉沉，老年一代对亲情、爱情和友情的认识和体会更加深刻。对于亲情，他们越来越体会到亲情是所有感情中最为重要、最为可靠也是最为恒久的感情，他们时常为过去对亲情忽视而懊悔，为年青一代不懂得珍惜亲情而着急；对于爱情，他们越来越体会到无论再轰轰烈烈的爱情最终都得回到现实、回归平淡，踏踏实实过日子、相濡以沫、相伴终生才最为重要；对于友情，他们越来越认识到真挚的友情十分难得，朋友不在于多而在于真心。

青年一代处于人生的上升阶段，一切都还未定型。他们面向未来，对一

---

① 张西平、刘伟忠、张保全：《情感体验是主体对客体的又一层关系》，《国内哲学动态》1984年第8期。

② 谭容培：《论情感体验与情感表现》，《湖南师范大学社会科学学报》2004年第5期。

③ ［美］玛格丽特·米德：《文化与承诺——一项有关代沟问题的研究》，周晓虹、周怡译，河北人民出版社1987年版，第83页。

切都充满着好奇和憧憬，感情也自然不会例外。爱情对他们来说无疑是新鲜的和刺激的。他们对爱情有太多的憧憬和向往，唯美的爱情在他们头脑里刻画了一遍又一遍；他们相信一见钟情，期待有白马王子或白雪公主的出现；他们主张爱过就不会后悔，爱情不应该过分计较得失；他们为爱疯狂，为爱神伤，为爱甘愿付出一切。对于友情，他们有体会但还不够深刻。他们的朋友很多但变动也很大，他们可能因一些偶然的原因就结交了新朋友，但也可能因一些琐事而与"老朋友"分手。对于亲情，他们还不能深刻体会它的珍贵，只有在遭受困难和挫折时才会想起家的温暖，试图寻找亲情疗伤。在青年的情感体验中还有一个突出特点就是不稳定。由于青年的情感经历不多，情感经验并不丰富，因此在情感体验上也比较随性，很不稳定。他们时而喜欢孤独时而喜欢热闹，时而高兴时而落寞，时而欢欣鼓舞时而郁郁寡欢；前一分钟还打得火热后一分钟就可能生出怨恨，过去喜欢的现在可能不喜欢了，现在喜欢的也有可能很快就不喜欢了；痛苦时表现得痛不欲生，但是过了一段时间也就慢慢淡忘了。

告别青春，步入中年，是人生的必然规律。人到中年，虽然对青春有着太多的不舍和眷念，但是许多无情的现实都在不断提醒中年人青春已逝。他们不再像青年那样朝气蓬勃、激情澎湃，却有了更多的理性和成熟。这种理性和成熟在他们的感情上得到了充分体现。经过时间的洗礼，他们的感情愈加成熟，情感体验更加丰富、细腻和深刻。他们上有老下有小，家庭的责任让他们对亲情有了更深刻的理解和体会，他们望子成龙，期盼父母身体健康、心情舒畅，亲情是他们最为重要的情感支柱。他们的爱情不再像青年那样理想至极、浪漫至极、波澜壮阔，更多的是平淡的生活、夫妻间的默契、宽容和体谅，他们的爱情无须太多的甜言蜜语，一切都蕴含在琐碎的生活细节之中。他们对友情也有了更加深刻的理解和体会。他们珍惜友情、尊重朋友，懂得朋友之间需要真心的付出和相互的包容；他们不会轻易结交新朋友，更不会随意放弃一个老朋友；他们越来越体会到友情像陈年老酒，时间愈久愈纯愈浓，有些朋友虽然久未联系，但彼此都牵挂着对方，友情并没有因此而疏远，真正需要帮助的时候他们就会挺身而出、义无反顾。

（三）情感表达上的差异

情感是人的一种主观心理活动。这种心理活动只有通过一定的形式表现出来，才能为大家所认识和感知。将情感表现和展示出来的形式和方式就是情感表达。情感表达是情感的重要组成部分，是情感的外化和具象化，通过情感表达我们才实现了对情感的捕捉和把握。情感表达的方式是多种多样的，语言、表情、行为都可以表达感情。因为"人内心中一定的情感活动，总是同他的外部表情及表情性的动作、姿态、声音联系在一起的。当人感受到某种情感时，不单身体内器官做出相应的调节，如脉搏变化，胃的收缩，内分泌腺活动的增加，而且在外貌上也发生不由自主的变化，面部、眼神、体态、声音均可成为能够用具体可感的形式表现情感的外在根据"①。采用什么样的方式来表达感情，虽然没有固定的模式，关键取决于主体自身的选择，但是同一年龄阶段的群体却有很多共同的特点，由此也就形成了情感表达的代际差异。

内敛和含蓄是老年一代的情感表达的鲜明特点。在传统观念看来，个人的情感应该服从群体的需要，强调情理统一，以理驭情。因此，情感表达要尽可能的内敛和含蓄。能否做到这一点，是一个人是否具有良好的修为的重要标准。老年一代深受传统观念的影响，把内敛和含蓄作为情感表达的基本原则。他们把对亲人、爱人和朋友的感情都深深隐藏起来，表现得十分淡然，甚至是无动于衷。他们一般不会大喜大悲，不会说甜言蜜语，也很少有亲密的举动。有时为了隐藏自己的感情他们还不惜加以掩饰。比如，他们十分思念远方的子女，经常对着照片悄悄落泪，但是拿起电话那一刻却表现得无比坚强，他们没有要求子女回来看望自己，问的更多的是子女的身体、生活和工作，甚至自己明明在病中，却还要说自己一切都好要他们放心。比如，他们对相濡以沫的老伴有深厚的感情，但是却很难说出一句"我爱你"。再比如，一些单身的老人有了心仪的对象，但也很难像年轻人那样大胆地去追求，甚至还采用各种手段加以掩饰，生怕别人看出了什么端倪，发现了自己隐藏在内心的那份心动。老年一代默默地坚守着内敛和含蓄的情感表达原则，并且试图通过自己的身体力行来影响和带动整个社会。但现实却是残酷的，他们所倡导的内敛和含蓄并没能引起青年一代的共鸣，他们不仅没有很好地遵循而且还走了一条几乎是背道而驰的道路。

与老年一代不同的是，青年一代的情感表达直接、大胆且形式多样、新颖。青年热情、率直、敢爱敢恨，他们有爱就会大胆去爱，有恨也定会嫉恶如仇。他们不会对自己的情感做丝毫的掩饰，高兴时就要开怀大笑，悲伤时就要放声大哭，忧郁时就表现出郁郁寡欢，愤怒时就要大发雷霆，不会理会别人怎么看。他们可以在大庭广众之下求爱，可以当着很多人的面向父母撒娇，也可以直接向师长、朋友和亲人表达自己对他们的好恶。他们的情感表达形式十分丰富，一切能充分表达他们感情的形式都可能被采用。他们的情

---

① 谭容培：《论情感体验与情感表现》，《湖南师范大学社会科学学报》2004 年第 5 期。

感表达有时是一个俏皮的鬼脸，有时是一句熨帖人心的问候，有时是一条短信、一个微信、一条微博、一个电脑屏幕上闪烁的表情图像，有时还是一份精心挑选或亲手制作的小礼物。他们善于创新，绝不会拘泥于某种固定的情感表达形式。他们可以在电视上征婚，在网络上交友，甚至以打巨幅广告、在城市中心住帐篷等别出心裁的形式来寻找自己心仪的对象。为了追求浪漫，他们会给恋人制造种种意想不到的惊喜，让他（或她）感动得痛哭流涕；为了避免当面向朋友道歉的尴尬，他们不惜请专门的道歉公司来表达自己的歉意；为了宣泄自己的不满，他们可以对一些经典的作品进行肆意的恶搞。他们的情感表达通常不按常规出牌，"不怕想不到，只怕做不到"是他们奉行的律条，"出其不意，意想不到"正是他们想要追求的效果。

与老年和青年相比，中年一代的情感表达则显得更加理性和深沉。中年一代既不像老年那样传统和守旧，也不像青年那样率性和奔放，他们的情感表达透着深深的理性，显得愈加成熟和稳重。他们知道自己已过了年少轻狂的年纪，不再有疯狂随性的资格，那些大胆另类的情感表达只属于年轻人，自己再这么做就只会是笑话。但他们也不会像老年人那样刻意隐藏自己的情感，他们会选择适当的时机，以适当的方式表现出来。他们在情感表达中更懂得分寸拿捏和尺度把握。他们爱自己的子女，但绝不会表现出过分的溺爱；他们爱自己的父母，但绝不会表现出过分的依恋；他们爱自己的爱人，但绝不会像青年人那样缠绵悱恻、耳鬓厮磨；他们珍惜友情，但绝不意味着不讲原则、一味附和。中年是情感的鼎盛时期，他们的情感丰富而又细腻，像一泓深深的湖水，表面平静而内在深沉。中年强烈的情感需求、丰富的情感活动都隐藏在他们外在的平静之中，看不到它的波涛汹涌、轰轰烈烈，就连小小的涟漪也只是偶尔泛起。因为他们更懂得克制，不会让情感恣意妄行，更不会让它泛滥成灾。他们也不会轻易将自己内心情感的波动尤其是负面的情绪表现出来。因为他们是家庭的顶梁柱、单位的主心骨，任何负面的情绪都可能影响和带动一大片。因此，在困难和挫折面前，他们冷静、从容，看不出丝毫的慌乱，目的就是要以此来平复大家的不安，传递给大家更多的信心和勇气。他们把生活的苦闷、工作的焦虑都埋藏在心底，只有在找到了合适时机和对象之后才会完全释放出来。他们把对子女的疼爱、对父母的关爱、对爱人的恩爱、对朋友的关心都凝结在细微的举手投足之间，没有豪言壮语，没有夸张、做作，一切都那么平静又那么自然，但只要你细细品味就能品出其中深深的情谊。他们坚信情贵在真，用什么样的形式表达已经不再重要。他们不会去追赶时髦，花精力去制造那些矫揉造作、虚头巴脑的"浪漫"与"温馨"，在他们看来这些都是做给别人看的，情感表达实在才最重要。

第三节　当代中国社会代际文化和谐的进路

通过前边的分析，我们清楚地看到当代中国的社会各代无论在思想观念、生活方式还是情感方式上都存在着较大的差异。认识并重视这种差异固然重要，但更为重要的是如何在尊重差异的基础上构建社会各代和谐的文化关系，让整个社会成为和谐有序、充满生机和活力的有机整体。在笔者看来，应该主要从以下几方面入手。

一、进行思想观念的代际整合

观念是代文化的核心，观念的分化是代际文化差异的总根源。林林总总的代际文化差异现象，最终都可以归结为观念上的差异。因此，在社会代际文化和谐中最为关键也是最为首要的就是观念上的和谐。具体来说，就是要竭力消弭各代在观念上的对抗和冲突，由冲突走向和谐，由对立走向融合。也就是要对相互差异的代际观念进行适当整合。"在西方社会学里，社会整合被看作社会系统一体化的过程或这一过程的终极状态"①，而代际整合就是社会整合的内在要求和具体体现。在代际视野下社会是一个由各代人共同组成的有机整体，如果一个社会的各代长期处于严重的分化和激烈的对抗之中，那么这个社会也将最终走向分裂。一个处于分裂状态的社会，其应有的社会系统功能难以得到发挥，前进的步伐也必将受到阻碍。正因为此，代际整合显得十分必要。而在代际整合中最为关键和首要的就是代际观念整合。观念是内核和灵魂，只有实现了观念上的整合，各代之间其他方面的整合才能实现。否则，代际整合只能停留在表面，各代之间深层的矛盾和冲突依然得不到调和，代际分裂仍然不可能避免。代际观念整合就是要在承认并尊重各代观念差异的基础上，求同存异，凝聚共识，让各代观念和谐并存、协调有序、充满活力。具体来说，在当代中国社会各代的观念整合应从以下几方面入手。

（一）在培育和践行社会主义核心价值观中实现价值观的代际整合

在社会各代思想观念的整合中最为首要的就是价值观的整合。人是有价值的动物，人总在一定的价值观支配下行动。"对于任何社会而言，价值观都不是可有可无的东西。如果走夜路，我们往往需要靠北斗星确定我们前行的方向；如果在茫茫的大海上航行，舵手必须依靠罗盘来定方向。"而"我们社

---

① 廖小平：《代际互动——未成年道德建设的代际维度》，人民出版社 2009 年版，第 288 页。

会生活的'北斗星'和社会行动的'罗盘'就是价值观"①。但是，由于"价值观念是在对事物客观规律的认识和对人的需要、能力认识的有机整合基础上形成的实践观念"②，不同的主体在主观需求、认识能力和水平上都有所不同，因而在价值观上也会不同。也就是说，价值观的多元和分化有一定的必然性。尤其在当代中国，伴随着经济、政治、文化、社会的深刻变革以及外来社会思潮的影响，价值观更是呈现出多样和多变的特征。价值观的多元化反映到代上，就是各代的价值观差异明显，分化严重。价值观的代际分化虽然有一定的必然性，但是一味地任其发展下去，将带来观念的混乱、代际的对抗乃至社会的失序和解体。因此，凝聚各代的价值共识，在求同存异中加强价值观的代际整合十分必要也十分迫切。

那么，什么才能让各代相互差异的价值观凝聚在一起呢？那就是社会主义核心价值观。社会的价值观念是一个多元交织的网状系统，在这张网中有一个核心和中心，这个中心和核心就是核心价值观。"核心价值观是对一定社会形态社会性质的集中反映和概括，在社会思想观念体系中处于核心的地位，起主导作用，规定社会制度、社会运行机制和人们行为的基本准则，制约社会的发展方向。"它"具有强大的逻辑力量（能量），能够吸引和凝聚其他价值观念，使之紧紧围绕自己运动，形成整个社会价值观念系统"③。每个社会都有属于自己的核心价值观，在当代中国我们所要坚持和遵循的核心价值观就是社会主义核心价值观。党的十八大报告明确提出："倡导富强、民主、文明、和谐，倡导自由、平等、公正、法治，倡导爱国、敬业、诚信、友善，积极培育和践行社会主义的核心价值观。"④ 之后中共中央又印发了《关于培育和践行社会主义核心价值观的意见》，进一步明确把"富强、民主、文明、和谐，自由、平等、公正、法治，爱国、敬业、诚信、友善"这24个字确立为社会主义核心价值观的基本内容。社会主义核心价值观"蕴含着人们对世界、人生、社会等一系列重大问题的价值共识，深刻影响着每个社会成员的思想观念、思维方式、行为规范，是人们思想精神上的灵魂旗帜"⑤。它是"全社会价值观系统的核心，具有凝聚、整合和引领其他价值观念的强大功

① 韩震：《面向人类社会的理想规范——论培育和践行社会主义核心价值观》，《中国特色社会主义研究》2013年第5期。

② 方爱东：《社会主义核心价值观论纲》，《马克思主义研究》2010年第12期。

③ 陈秉公：《论支撑中华民族伟大复兴的铸魂工程——解读十八大报告提出的"积极培育和践行社会主义核心价值观"》，《中国高等教育》2013年第2期。

④ 《十八大以来重要文献选编》（上），中央文献出版社2014年版，第25页。

⑤ 王晓晖：《积极培育和践行社会主义核心价值观》，《求是》2012年第23期。

能，能够在中国特色社会主义建设中，有效引领和整合复杂的思想意识和社会思潮，形成凝聚全社会的强大精神力量"①。价值观的代际整合，就是要把各代相互差异的价值观念统一和汇聚到社会主义核心价值观上来，让社会主义的核心价值观成为各代人共同的目标诉求、价值标准和行为准则。也就是说，价值观的代际整合过程就是各代人积极培育和践行社会主义核心价值观的过程。

1. 要着眼于"富强、民主、文明、和谐"的现代国家价值目标，凝聚社会各代的国家价值共识

国家是社会发展到一定阶段的产物，自从有了国家人就有了国家的分属和烙印。国家也就成了人们价值考量中最为重要的因素之一。"建设什么样的国家，确立什么样的国家价值，历来是人类社会发展中的首要问题"，"国家的价值目标，直接决定社会的价值取向，直接影响着公民个人的价值行为"，"国家有目标，社会才有遵循，人民才有希望，这是一条历史的规律"。② 社会各代，无论他们处在哪一年龄阶段，不管彼此之间存在多大的差异，有一个事实不容改变，那就是他们生活在同一个国家。相同的国度将他们紧紧相连，因而对自己的祖国也有共同向往和美好期盼。这种共同的向往和期盼也就构成了各代人共有的国家价值观。在当代中国，"富强、民主、文明、和谐"就最能反映各代人在国家层面的愿望和诉求，是激励和凝聚各代人共同奋斗的价值力量。

"富强"是经济价值目标。我们要建设的社会主义现代化国家首先要富强。富强是国富民强，它作为国家层面的核心价值观不仅反映了各族人民深层的价值诉求，也时刻警醒大家必须将精力集中到谋求国家的发展上来，聚精会神搞建设、一心一意谋发展。只有积累起强大的物质基础，中国特色社会主义的伟大事业才能顺利推进，中华民族伟大复兴的中国梦才能实现。

"民主"是政治价值目标。社会主义现代化国家一定要民主。民主是社会主义的本质属性，是社会主义区别于其他社会形态的重要标志。没有民主，就没有社会主义。民主是我们党高扬的光辉旗帜，是中国特色社会主义的生命。只有坚定不移地发展国家民主，才能实现人民当家做主，确保国家一切权力属于人民。民主作为国家层面的核心价值观，就是要求我们不断完善社

---

① 陈秉公：《论支撑中华民族伟大复兴的铸魂工程——解读十八大报告提出的"积极培育和践行社会主义核心价值观"》，《中国高等教育》2013 年第 2 期。

② 包心鉴：《凝聚全党全社会价值共识的重要纲领——学习〈关于培育和践行社会主义核心价值观的意见〉》，《光明日报》2014 年 2 月 24 日第 1 版。

会主义的民主政治，启发人民的民主意识、培育人民的民主素质，不断推进国家治理能力的现代化，让社会主义民主焕发出强大的生命活力。

"文明"是文化价值目标。社会主义现代化国家自然是文明的国家。文明不仅指物质文明，更指精神文明。社会主义的优越性不仅体现在它能创造更高的社会生产力，更体现在它的文化更加先进。发展中国特色社会主义事业就必须发展社会主义的先进文化，建设社会主义的文化强国。具体来说，就是要不断激发全民族的文化创造活力，提升国家文化软实力，让人民的社会文化生活更加丰富，精神风貌更加昂扬，思想道德素质和科学文化素质全面提高。

"和谐"是社会和生态价值目标。"社会和谐是中国特色社会主义的本质属性，是推进国家治理能力现代化的直接目标。"① 和谐作为国家层面的核心价值观，就是要实现人与人、人与社会、人与自然以及人自身的和谐。具体来说，就是要积极化解各种社会矛盾、修复社会裂痕、倡导和谐共处，形成万众一心、众志成城、气势磅礴的中国力量；就是要积极推进生态文明建设，让天更蓝、地更绿、水更净，人与自然和谐共生、相得益彰；就是要以人为本，不断满足人民的物质需求和精神文化需求，让全体人民身心更加和谐，努力促进人的全面发展。

"富强、民主、文明、和谐"的国家价值观，反映了全国各族人民谋求经济、政治、文化、社会、生态五位一体协调发展的价值诉求，是推进国家治理能力现代化的根本价值内涵。毫无疑问也是社会各代最为重要的国家价值共识。因此，价值观的代际整合必须以这一价值共识作为核心，求同存异，相互协调，从而凝结起各代人共同推进社会主义现代化建设的强大合力。

2. 要着眼于"自由、平等、公正、法治"的社会价值取向，汇聚社会各代共同的社会价值追求

社会是人的集合，是人与人之间交互活动的产物。如果说，社会是一张网，那么每个人就是这个网上的具体纽结。没有人就无所谓社会，没有社会也无所谓人。社会是人的基本依托，身处社会中的人在不断构织社会的同时也在接受着社会的影响。因此，在人的价值追求中必须包含社会的内容。"社会充满活力、健康有序，人民才能幸福，国家才有希望，这是无数事实所昭

---

① 包心鉴：《凝聚全党全社会价值共识的重要纲领——学习〈关于培育和践行社会主义核心价值观的意见〉》，《光明日报》2014 年 2 月 24 日第 1 版。

示的真谛。"① 在今天，"自由、平等、公正、法治"就最能反映大家深层的社会价值追求，是我们推进社会治理创新、建设现代社会的根本价值遵循。

现代社会一定是自由的社会。自由是人的天性，人总是在向往和追求着自由。从某种意义上说，人类社会的发展过程就是一个不断追求自由的过程，最终的目标就是要建立"这样一个联合体，在那里，每个人的自由发展是一切人自由发展的条件"②。因而，自由理应成为当今社会重要的价值追求。当然，这里的倡导自由不是西方资产阶级意识形态的自由而是社会主义的自由。"社会主义社会的自由概念是真实的、具体的、有限制的，不是抽象的、说教的、为所欲为的"，"社会主义社会讲自由，只能讲具体的自由，不断为了人类的解放、为了更加充分的自由创造物质条件，推动自由发展"。③

现代社会应该是平等的社会。平等是人的基本权利，是处理一切社会关系的基本准则。没有平等，人类社会一切美好的设想都是空想。千百年来，人类为实现平等做出了许多艰苦卓绝的斗争甚至付出了鲜血与生命。消灭剥削，建立人人平等的社会更是社会主义重要的价值主张。社会主义的平等中蕴含着平等保护、平等生存、平等参与、平等发展等多个维度的要求，深刻反映了人在谋求全面发展中的价值需要。因而平等也就成了全体人民在社会层面的价值共识。当平等成了全社会的价值共识，就会汇集起追求平等的强大力量，一切妨碍平等实现的体制机制就会被剔除，一个人人平等自由发展的社会就一定能实现。

现代社会应该是公正的社会。公正即公平正义。公平正义是社会主义的内在本质，是社会主义优越性的重要体现。社会主义之所以比历史上的其他社会形态优越，就在于它更能彰显公平正义。因此，"实现公平正义是中国共产党人的一贯主张，是发展中国特色社会主义的重大任务"④。我们所有构建的社会主义和谐社会其内在的本质也就是公平正义，没有公平正义社会各方的利益难以得到协调、矛盾难以得到化解，也就不可能有真正的和谐。今天，公平正义已经深深熔铸到了人们的思想观念之中，成了人们最为重要的价值追求。人们不仅懂得运用公平正义来评判政府、制度和社会的优劣，还敢于对一切危害公平正义的行为说不，积极推进社会的公平正义。毫无疑问，公

① 包心鉴：《凝聚全党全社会价值共识的重要纲领——学习〈关于培育和践行社会主义核心价值观的意见〉》，《光明日报》2014年2月24日第1版。
② 《马克思恩格斯选集》第1卷，人民出版社2012年版，第422页。
③ 刘书林：《培育社会主义核心价值观的基本原则》，《思想理论教育》2013年第2期。
④ 《十七大以来重要文献选编》（上），中央文献出版社2009年版，第13-14页。

平正义已经成了全面深化改革的重要内容和强大推动力。

现代社会也应该是法治的社会。摒弃人治选择法治是人类理性的表现。基于人性的弱点，"把一个党、一个国家的稳定建立在一两个人的威望上，是靠不住的，很容易出问题"①，"必须使民主制度化、法律化，使这种制度和法律不因领导人的改变而改变，不因领导人的看法和注意力的改变而改变"②。没有法治，民主就没有保障，社会的公平正义也难以实现。因此，法治是党和国家做出的重大战略选择，是国家治理能力现代化的必由之路。伴随着法治建设的深入推进，法治逐渐深入人心，成了大家共同的价值诉求。"自由、平等、公正、法治"是全体人民在社会层面的深层价值凝练，自然也是社会各代共同的社会价值追求。因为社会各代与全体人民实际上是同一对象，全体人民的社会目标诉求也就是社会各代的社会目标诉求。基于共同社会价值诉求，相互差异的各代人就会紧密团结在一起围绕他们共同的社会目标而奋斗，即在为中国特色社会主义共同理想的奋斗中各代人的价值观念逐渐由分离走向融合、由封闭走向对话、由隔阂走向理解，在潜移默化中实现了整合。

3. 要着眼于"爱国、敬业、诚信、友善"的个人价值准则，凝聚社会各代的个人价值共识

个人是社会的细胞，离开了个人，无所谓社会也无所谓国家。个人作为一个独立的个体，有自己特定的生活方式、行为模式和思想观念。因此在价值观念体系中，不仅有国家、社会的层面的价值追求，也应有个人层面的价值关注。而且个人层面的价值观与个体的日常生活直接相关，更具有广泛性、渗透性和大众性。"无数事实表明，一个人具有什么样的价值理念，不仅直接决定着他自己的生活方式、处事行为及其社会效果，而且直接影响着一定范围乃至整个社会的风气状态，甚至有可能影响到国家行为。"③ 个人层面的价值观虽然存在较大的个体差异，但是在一定的国家和社会中，基于目标诉求、生存环境等方面的共同性，也必然存在着一些为大家所共同认同的通约性的个人价值观。这些价值观就是个人层面的核心价值观。在当代中国，"爱国、敬业、诚信、友善"就是最能反映全体人民在个人层面的价值共识，是大家必须一以贯之的个人价值准则。

---

① 《邓小平文选》第 2 卷，人民出版社 1993 年版，第 325 页。

② 《邓小平文选》第 2 卷，人民出版社 1993 年版，第 333 页。

③ 包心鉴：《凝聚全党全社会价值共识的重要纲领——学习〈关于培育和践行社会主义核心价值观的意见〉》，《光明日报》2014 年 2 月 24 日第 1 版。

　　"爱国"是现代公民的基本要求。每个人都有自己的祖国，没有人能离开国家而存在，基于个人和国家的血肉联系，热爱自己的祖国是每一个公民起码的价值遵循。爱国主义是中华民族生生不息的强大精神动力，千百年来无数的中华儿女心系国家安危为祖国的独立、统一、尊严和发展奔走呼号、抛头颅洒热血，谱写了一部部感天动地的爱国主义诗篇。今天，肩负实现中华民族伟大复兴的中国梦的当代中国人，更应该把爱国作为自己最为重要的价值遵循，让爱国主义在新的时代条件下进一步发扬光大，使之成为全面建设小康社会和实现中华民族伟大复兴中国梦的强大精神动力。

　　"敬业"是现代公民应该具有的职业道德。人生的价值需要在工作岗位上得以展现。只有怀着对职业的忠诚和热爱，在平凡的工作岗位上勤勤恳恳、兢兢业业、恪尽职守，生命的宽度和厚度才能得到极大的延展，人生的意义才能得到最好的诠释。尤其在当代中国，我们还处在并且将长期处在社会主义初级阶段，无论是全面小康还是中华民族伟大复兴的中国梦的实现，都需要全体中华儿女立足本职、踏实工作、开拓创新来推进，因此敬业更应该成为当代中国人自觉的价值遵循。

　　"诚信"是现代公民应该具有的个人品德。"人无信不立"，诚信是一个人基本的道德素养，也是人与人之间交往的基本条件。一个人只有讲诚实守信用才能获得别人的信任和支持，否则将会被社会孤立和抛弃。尤其在现代社会，人与人之间交往的频度、广度和深度都在不断加深，坚守诚信的道德底线显得尤为重要。一旦丧失了诚信的道德要求，在利益的诱惑下坑蒙拐骗、见利忘义的行径就会大行其道，人与人良好的互信就会缺失，充满生机和活力的和谐社会也根本不可能构建起来。

　　"友善"是现代社会交往的应有准则。友善是中华民族的传统美德，是衡量一个人是否具有良好的修养的重要标准。中华民族历来注重友善，要求尊重和善待周围的一切人和物，并把它作为最为重要的伦理规范。比如，在儒家思想中不仅强调"仁者爱人""仁爱之心"人皆有之，把"仁"作为最高的道德原则，而且还有一系列关于实现"仁"的具体伦理要求，如"入则孝，出则悌""己所不欲，勿施于人""己欲立而立人，己欲达而达人"等。在今天，友善更是沟通心灵的桥梁、联结情感的纽带、增强团结的基石和孕育和睦的襁褓。在错综复杂的人际交往中，友善带来的是人与人之间的理解、尊重、包容，是社会的和睦之风和勃勃生机。因此，友善理应成为每一个中国人自觉的价值追求。"爱国、敬业、诚信、友善"是全体人民共同的价值准则，针对的是全体中国人民而不是某些人或某个群体，因此也是社会各代必须遵循的价值准则。社会各代，无论处在哪一年龄段，无论有多么不同的思想观念、生活方式，这些价值准则都是基本的起码的，不能动摇也不容动摇。

凝聚各代的价值共识，形成对社会主义核心价值观的普遍认同，是培育和践行社会主义核心价值观的先决条件和思想基础。社会主义核心价值观的本质是实践，它在实践中生成、在实践中发展、在实践中检验，它巨大的精神引擎作用只有在实践中才能得到充分的展示。因此，社会各代不仅要凝聚共识，将社会主义核心价值观内化于心，更要立足实践，将它外化于行。也就是"要把社会主义核心价值观与人们日常生活紧密联系起来，在落细、落小、落实上下功夫"，"让它像空气一样无所不在、无时不有"①。其中，最为重要的是要引导青年一代尤其是青年大学生"勤学、修德、明辨、笃实，身体力行社会主义核心价值观"②，不仅要做社会主义核心价值观的践行者，更要做社会主义核心价值观的倡行者。

其原因在于，一是倡行凸显了社会主义核心价值观的实践本质，是更高层面的践行。"倡行"是"倡"和"行"二者的有机结合，"倡"是"行"的目标，而"行"则是"倡"的基础。所谓"行"就是要求青年尤其是青年大学生要深刻把握社会主义核心价值观的精神实质并在日常的生活、工作、学习中切实加以践行，而所谓"倡"就是要在自身践行的基础上，率先垂范引领和带动其他社会成员全面践行科学理论。由此可看出，无论"倡"还是"行"都蕴含着非常深刻的实践本质，离开了实践也就无所谓"倡行"了。

二是倡行增强了青年在社会主义核心价值观培育中的主体地位。社会主义核心价值观是全社会的价值共识，求取的是全体社会成员的最大公约数。因此，在社会主义核心价值观的培育和践行中，青年是不可或缺的重要主体。只有充分发挥他们的主体作用，社会主义核心价值观才能落到实处，蔚然成风。"倡行者"的角色定位明确昭示了在社会主义核心价值观的培育中，青年尤其是青年大学生不是简单地被动接受理论灌输的客体，而是主动参与其中，自觉领会精神，全面加以践行，并积极引领其他社会成员的重要主体。"倡"是青年来"倡"，"行"是青年来"行"，"倡行者"的实现过程，完全是大学生自觉能动的过程。这样的角色定位密切了大学生同社会主义核心价值观之间的关系，极大地调动了青年领会和践行社会主义核心价值观的积极性、主动性和创造性。

三是倡行增强了青年的历史使命感。青年是祖国的未来，民族的希望，

---

① 中共中央宣传部：《习近平总书记系列重要讲话读本》，学习出版社、人民出版社 2016 年版，第 192 页。

② 《习近平谈治国理政》第 1 卷，外文出版社 2014 年版，第 172—174 页。

肩负着实现中华民族伟大复兴的历史使命。这一伟大历史使命的实现，就要求我们大学生必须有高度的使命感。而这种使命感并非一朝一夕能形成的，也非水到渠成的自然天成，而是需要我们在日常的点滴生活中不断加以培育。而社会主义核心价值观"倡行者"的角色定位有利于培育大学生的历史使命感。"倡行者"的目标定位不仅要求青年要有践行社会主义核心价值观的自觉，更要有积极引领和推动全社会成员领会和践行社会主义核心价值观的使命和担当。倡行社会主义核心价值观的过程，也就成了锤炼和强化青年使命意识的过程。在社会主义核心价值观的不断倡行中，青年的历史使命感不断增强，在使命感的感召下，必将汇集起广大青年实现中华民族伟大复兴的磅礴力量。

（二）在对优秀传统观念的传承中实现观念的代际整合

任何一代思想观念的形成都要受到传统观念的影响，最多不过在程度大小上有所不同而已。人类的代际传承规律告诉我们，每一代人都只能在前人已经给定的物质和文化条件下生存和发展，我们一出生就生活在前人所创造的文化之中，那些传统的思想观念悄无声息地浸润在我们骨子里挥之不去。试图将它们统统剔除，与过去来一个彻底的决裂，只能是一种徒劳。我们每一次所做的找寻它们并意图加以剔除的努力，实际上都强化了对它的理解和记忆。因此，传统观念影响是客观的，是不以人的主观意志为转移的。在场的社会各代都要受到传统观念的影响，谁也不能逃脱，最多在受影响程度高低上有所不同。既然在各代观念的形成中传统观念的影响不可避免，那么观念的代际整合中必然蕴含着对传统观念的整合。

首先，要凝聚各代人对传统思想观念的理性共识。社会各代虽然共处同一社会，但是对待传统思想观念的态度却大相径庭。一方面基于成长环境、身心特点和知识经验上的差异，社会各代对传统思想观念的理解和认识上不尽相同；另一方面由于进场的时间不同，受传统文化浸染的时间长短也不一致。这些都会影响他们对传统思想观念的态度。于是，我们看到社会各代对待传统思想观念的态度分化严重，差异十分明显。这种差异又主要集中体现在青年一代与中年、老年的分歧上。成长在新时代的青年一代，对传统观念有一种天然的排斥，在他们看来新的时代条件下传统思想观念很难有用武之地，甚至还会变成阻碍，因此他们往往将传统与落后、守旧画等号，急欲摆脱它的束缚，撇清与它的关系。而对于中年、老年尤其是老年一代来说，他们受传统观念浸染的时间较长、体会较深，因此有较强的认同感和天然的亲和力，相反对社会生活中出现的一些新思想、新观点却难以接受，他们不仅自觉接受和践行着传统观念，有时还会摆出捍卫者的姿态。社会各代对传统思想观念的不同态度，决定了他们受传统思想观念的影响程度各不相同，进而也就造成他们在观念上的分化。因此，在传统观念的代际整合中首先要对他们的态度进行整合。当然，此处的整合不是简单地用某代人的态度去取代其他代的态度，而是要凝聚社会各代对传统思想观念的理性共识。具体来说，一是要认识到传统观念的影响客观存在，传统无法割裂。二是要认识到传统观念的复杂性，传统观念中既有精华也有糟粕，既不能一味肯定也不能一味否定。

其次，要形成各代传承优秀传统思想观念的自觉。正如前边所述，人只要生活在社会中就不可能摆脱传统的影响，社会各代无论是老年、中年还是青年都不会例外。但是人是自由自觉的主体，不能被动地接受传统观念的影响，而是要主动面对、认真筛选、批判地加以吸收和传承。也就是要形成传承优秀传统思想观念的自觉。具体来说这种自觉应包含以下内容：一是正视传统思想观念的自觉。传统客观存在，它的影响不知不觉潜移默化。无论是对它置若罔闻还是消极的逃避都改变不了这一事实。我们只有正视它，以一种积极主动的姿态去迎接它，才能更好地减少它的负面影响，发挥它的积极作用。二是甄别传统思想观念的自觉。传统思想观念作为一种观念体系，其构成十分复杂，既有精华也有糟粕。那些流传千百年仍经久不衰、充满生机的优秀思想是人类文化的精神瑰宝，它们不仅对今天有重要的现实意义，就是在将来也仍然会熠熠生辉。相反那些落后的腐朽思想则会阻碍文化的发展和人类的进步。因此，当我们面对传统思想观念的时候应该自觉地对其加以筛选和甄别。筛选和甄别的标准就是要看它是否符合文化的发展规律，是否有利于促进人类社会的发展。对于精华我们要大胆地加以吸收，对于糟粕我们要坚决地予以摒弃。三是传承优秀传统思想观念的自觉。优秀的传统思想观念是人类宝贵的精神财富，我们不仅要充分吸收其养分，还要将它传递下去让我们的后代亦能受到它的滋养。在传统社会里，这种传承自然而然天经地义，每一代人毫不怀疑地继承着传统的文化，然后又主动将它传递给下一代人。但是在现代社会，这种天然的传承机制遭到了严重的破坏，当代人对传统提出了质疑、否定，甚至还有抛弃，以至于那些优秀的传统思想观念也面临着传承断裂的危险。因此，生活在现实社会中的每一代人都应该担负起传承优秀传统思想观念的使命，让它们在人类发展的历史长河中绵延不绝、经久不衰。当然这种传承，不是简单的复制和直接的继承。"传统并不完全是静态的，因为它必然要被从上一时代继承文化遗产的每一新生代加以再创造。"① 否则文化的发展就变成了单纯的复制，哪还有文化的进步和人类的进步。因此，对优秀传统思想观念的传承，是一种创造性的传承，不仅要将它与现实相结合，让它在新的时代条件下发出耀眼的光芒，还要在实践中与时俱进不断丰富其内容，让它充满生机和活力。

（三）在对优秀的外来思想观念的理性借鉴中实现观念的代际整合

在当今社会各代思想观念的形成中，外来的思想观念无疑是其中一个来源。当今的时代是一个开放的时代，伴随着经济全球化的深入推进，国与国之间的联系越来越紧密，文化的交流也越来越广泛和频繁。在广泛的文化交流中，异域的思想观念以各种各样的形式悄无声息地影响着人们的思想观念。就像全球化本身不可阻挡一样，异域思想观念的影响同样无法阻挡。只要你生活在这样的时代，不管你是否承认，这种影响都会客观存在。也就是说，社会各代都在接受异域思想观念的影响，谁也不能逃脱，所不同的只是受影响的程度不一样而已。但是也就是这种影响程度上的差异，一定程度上造成了社会各代在思想观念上的分化。因此，在观念的代际整合中必然包含着对异域思想观念的整合。

首先，要形成社会各代对待异域思想观念的理性共识。共处全球化的时代，面对同样开放的社会环境，但是社会各代对待异域文化的态度却迥然不同。青年一代崇尚开放，认为开放是青年应有的品格，因此对待异域文化也是彻底开放的姿态，不会有任何的戒备。再加之青年求新求异，异域文化又正好满足了他们的需求。因为，相对于熟悉而又传统的本土文化来说异域文化无疑是新鲜的和刺激的，他们更容易接受异域文化，试图通过对异域文化的模仿和吸收来彰显自己的与众不同，甚至认为了解和模仿越多就越能体现自己的个性。因此，在对待异域文化的态度上青年一代往往带有一些非理性或情绪化的色彩。与青年一代不同的是，中年和老年尤其是老年一代对待异域文化却有一种天然的排斥，在他们看来异域文化是本土文化的最大威胁，对异域文化的亲近就是对本土文化的疏离，因此对异域文化常常有一些怀疑和戒备，总是保持着一定的距离。在日益开放的今天，文化的交流已十分频繁，在此种背景下他们的态度有所改变，但是潜意识里的戒备仍未改变，他们不会主动走近一种异域文化，即便是走近了也不会轻易接受，如果要接受

---

① ［英］吉登斯：《现代性的后果》，田禾译，译林出版社 2011 年版，第 33 页。

也一定要经历排斥、怀疑、选择等一系列复杂的过程。社会各代对待异域文化的不同态度，决定了他们受异域文化的影响也各不相同，由此也在一定程度上造成了他们在思想观念上的分化。因此，在思想观念的代际整合中凝聚社会各代对异域文化的理性共识十分必要。其实，无论对异域文化热情的拥抱还是无情的拒绝都是一种错误。当今的时代是开放的时代，任何一个国家任何一种文化都不可能在自我封闭中发展，吸收和借鉴异域文化不仅是时代的要求也是文化发展规律的要求。任何一种文化只有以开放包容的姿态来对待其他文化，大胆吸收其他文化的有益养分才能获得长足的发展，生命之树才会常青。当然，此处的吸收和借鉴，不是不假思索的照搬，更不是用异域文化来取代本土文化，而是"以我为主，为我所用"的吸收，是他山之石可以攻玉的借鉴。

其次，要形成社会各代理性借鉴异域优秀思想观念的自觉。具体来说，一是要形成对异域思想观念批判的自觉。社会各代要辩证地看待异域的思想观念，要分清其中的精华与糟粕。那些符合人类社会发展规律，具有通约性可为人类共享的优秀思想观念要大胆地借鉴。而那些腐朽落后的思想观念，尤其是西方敌对势力用以诋毁和消解我们的思想意志的价值观念，我们要坚决地予以抵制。在今天，文化渗透的形式和手段愈来愈丰富，很多敌对的思想观念都常常掩藏在漂亮的外衣之下，更需我们保持警惕、擦亮眼睛、分清是非。美国中央情报局的一份行动纲领就赤裸裸地指出："一定要尽一切可能做好宣传工作，包括电影、书籍、电视、无线电广播，只要他们向往我们的衣、食、住、行、娱乐和教育方式，就是成功了一半。"[1] 因此，提高社会各代尤其是青年一代鉴别异域思想观念的能力，显得十分重要和迫切。因为青年是祖国的希望，民族的未来，是未来传承中华文化的主要力量，但是由于"青年的社会生活经验不足，对历史了解不多，对社会主义与资本主义的本质缺乏认识。一些青年往往以好奇的心态，不加分析鉴别地对待西方文化，甚至对自己接近与熟悉的民族文化缺乏兴趣。这种在西方文化与民族文化上的亲近与疏离、认同与排斥现象，如果超过了一定的限度，就会威胁到我国的民族文化安全"[2]。"这时正需要对青年进行思想引领，我们要帮助青年在对立的思辨中提高鉴别社会思潮的能力，科学地、批判地分析错误思潮的本质，

---

[1]　俞可平：《全球化与政治发展》，社会科学文献出版社2005年版，第219页。

[2]　郑永廷：《郑永廷文集》，中山大学出版社2013年版，第54页。

引导他们的思想转向积极、正确的方向。"① 二是要有"为我所用"的自觉。批判是为了吸收,对异域思想观念的批判正是为了更好地吸收其优秀的养分。邓小平同志就曾指出:"社会主义要赢得与资本主义相比较的优势,就必须大胆吸收和借鉴人类社会创造的一切文明成果。"② 吸收和借鉴异域优秀的文化成果是一个民族应有的文化自觉。只有有了这种自觉民族的文化才可能充满生机、经久不衰。也就是说吸收异域优秀的文化成果,目的是发展自身的文化。因此,在对异域文化的吸收中社会各代都要有"为我所用"的高度自觉。把能不能促进自身文化的发展,作为是否吸收、吸收多少、如何吸收的重要依据。三是要有超越的自觉。吸收优秀的异域文化成果,是一种借鉴,更是一种超越。这种吸收不是简单的模仿或移植,而是在有机融合中的升华,是对这些优秀的文化成果的不断超越。因此,社会各代不仅要有吸收借鉴人类一切优秀文化成果的气度,更要有推进文化发展超越既有人类文明成果的勇气、信心和魄力。并且把这种勇气、信心和魄力转化为内在的行动自觉,不断把中国特色社会主义的文化建设推向前进。

二、构建良好的代际沟通

代际文化和谐彰显的是各代文化之间平衡、协调、适中的美好状态。要将相互差异的各代文化协调起来,达到平衡和适中,代际沟通无疑是最有效的方式。只有加强沟通,才能增进了解,消除隔阂,化解冲突;只有加强沟通,才能取长补短,良性互动;只有加强沟通,才能凝聚共识,形成合力。代际沟通就是要在充分的交流沟通中,构建社会各代优势互补、协调平衡、共同进步的和谐关系。

(一)代际沟通的必要性

哈贝马斯将沟通界定为:"至少两个以上具有言语和行动能力的主体之间的互动,这些主体使用(口头或口头之外的)手段,建立起一种人际关系。行动者通过行动语境寻求沟通,以便在相互谅解的基础上把他们的行动计划和行动协调起来。"③ 在他看来,沟通尤其是生活世界的沟通是"市民社会活

---

① 林泰:《问道——改革开放以来的社会思潮与青年思想政治教育研究》,中国社会科学出版社2013年版,第612页。

② 《邓小平文选》第3卷,人民出版社1993年版,第373页。

③ 〔德〕哈贝马斯:《交往行为理论》第1卷,曹卫东译,上海人民出版社2004年版,第84页。

力的根源和保障"①。沟通不仅是人与人之间交往的基本形式，也是代与代之间互动的有效方式。社会各代的和谐，尤其是在文化层面的深层和谐，更有赖于良好的代际沟通。

首先，代际沟通是人社会化的需要。一方面人是社会的人，人在本质上是社会关系的总和，人总是处在现实的人与人的交往之中。社会各代都是现实存在着的人，他们之间的交往不可避免。可以说，没有代际交往的人际交往是没法想象的。而代际交往的核心就是沟通，是社会各代在思想、情感、生活方式等方面的信息交互。没有沟通，就没有信息的交互，也就无所谓代际交往。另一方面，人一出生就有一个社会化的问题，即从自然人转变为社会人的过程。这个过程就是文化濡化的过程，是人适应并习得社会文化的过程。在文化濡化中，代际传承无疑是最为直接和基础的方式。我们早期的语言、生活经验，关于身份角色、社会、世界等很多问题的基本认识都是在上辈人那里习得的。这种习得是依靠代与代之间的交流和沟通来完成的。如果没有沟通，就没有代与代之间的信息交互，没有信息交互，原本为上代人所掌握的知识经验就不可能到达下一代，下一代人是否接受了上代人传递的文化，接受得怎么样也无从知道。因此，文化的代际传承过程实际上是代与代之间进行文化信息沟通的过程。

其次，代际沟通是消除代际隔阂的需要。社会各代的差异有一定的客观必然性，代与代之间因成长环境、身心特点、知识经验的差异就会导致他们在思想观念、生活方式、情感方式的差异。但是差异并不意味着冲突，差异只是冲突的基础，而代际差异之所以演化成代际冲突，其中有一个很重要的原因，就是代与代之间缺乏有效的沟通，没有沟通差异就会变成隔阂，隔阂最终导致了冲突。如果老年一代站在自己的立场，以本代人的价值标准、知识经验、生活方式来看待年轻人的，在这种视角下他们看到的就是年轻人的种种不是，不免发出九斤老太的"一代不如一代"的感叹。面对老年一代的指责，年青一代往往又会站在自己的立场上反唇相讥："在今天这个世界上，我是年轻的，而你却从未年轻过，而且永远不可能再年轻。"② 代际之间的隔阂由此形成，代际冲突因此发生。加强代际沟通，消除代际隔阂，是走向代际和谐的必由之路。

---

① 夏昌奇：《公共领域的论理与生活世界的沟通——哈贝马斯市民社会理论的两个基本进路》，《国外社会科学》2008 年第 2 期。

② ［美］玛格丽特·米德：《文化与承诺——一项有关代沟问题的研究》，周晓虹、周怡译，河北人民出版社 1987 年版，第 74 页。

（二）代际沟通的可能性

从上边的分析可知，缺乏有效的代际沟通，社会各代的隔膜就会越来越深，最终将演化成剧烈的代际冲突。相反，良好的代际沟通则会增进各代的理解和互信，横亘在代际间的隔膜就会因此消失，代际关系也会变得愈加和谐。那么代际沟通是否能实现呢？答案是肯定的。

首先，社会各代有进行沟通的基础。在人类社会的发展中代际分化不可避免，从某种意义上说代际分化是人类社会进步的标志，没有代际分化就没有人类社会发展。社会各代的分化体现在方方面面，从内在的思想观念到外在的生活方式处处都在体现差异。但是代际分化不是本质上的对立，而是在根本利益和基本原则一致基础上的分歧。金克木先生在谈到代沟时，就曾形象地指出："无论多深的沟，最下面总是两边相连的，不然便不是沟而是分成两半了。"① 社会各代共处同一时空，虽然有很多的差异但共同的东西更多。社会各代无论有多大的差异，但他们都是人，因此作为人所具有的一切属性他们都应该具有；社会各代是现实存在着的人，是生活在同一片蓝天下的共同体，为了生存和发展他们必须相互联系彼此相依；社会各代处在同一时代，生活在相同的自然和社会环境中，面临着很多共同的发展难题，如生态问题、经济增长、人口危机等，为了致力于这些问题的解决，他们不得不相互协作携手并进；社会各代无论如何分化，但总会存在一些共同的价值需要和起码的伦理规范，这是社会各代共同的社会根基，没有它们人就不成其为人，社会也就不成其为社会了。这些共同之处就是社会各代进行交流和沟通的基础。

其次，由分化走向融合是代际发展的应有趋势。人类社会总处在代际分化和融合的交替之中，俗话说"分久必合，合久必分"，代际分化达到一定的程度必然要走向融合，而在融合中又会孕育出新的分化，也就是在代际分化和融合的不断交替中社会得到了发展。因此，代际分化不是绝对的，分化最终将会走向融合。这是因为人是自由自觉的动物，懂得按照自己的追求去进行关系修补和行为的调节。当代与代之间的分化十分严重的时候，社会各代就会主动调整自己的行为，致力于和谐关系的构建，以避免代际的断裂和社会的停滞。正是因为有了这样的自愈力，社会各代的冲突才没有严重到导致社会分裂的程度。当然这种自愈力不是天然的，而是人能动自觉的结果。于是，我们经常看到，一些代际冲突似乎已经到了关系崩溃的临界点了，但是最后的发展却并没有走向崩溃，而是走向了相反方向的融合之中。从总体来

① 金克木：《代沟的底层——读温源宁〈一知半解〉》，《读书》1989年第6期。

看，今天社会各代由分化走向融合自觉性更强，趋势更加明显。就其原因来说，一方面是时代发展的客观要求。时代发展到今天，人类社会的发展面临着很多前所未有的难题，这些问题需要社会各代共同面对协力解决。另一方面是因为人的代际意识的觉醒。在人类社会的发展中代是一种客观存在，但是这并不意味着人从一开始就意识到了代。代际意识的觉醒是社会发展到一定阶段的结果，是人类进步的表现。而且这种自觉会伴随着人类社会的发展而不断增强。时代发展到今天，人们的代际意识更加自觉，大家越来越懂得正确认识代，辩证地看待代沟，有效地化解代际矛盾。正是有了这种自觉，代际融合的趋势越来越明显。比如，今天追求时尚已不再是青年一代的专利，很多中年和老年也在逐渐向时尚靠拢。老年人不再像过去那样守旧，穿红戴绿不是什么稀奇事，一些高档的名牌商品逐渐为他们所青睐，甚至一些主要在青年群体中流行的网络热词也会偶尔出现在他们的话语中。今天的社会各代越来懂得将不同代的文化糅合在一起。青年的摇滚乐在老年的广场舞上出现，老年人擅长的太极拳成了青年街舞的元素，原本在青年中流行的迪斯科又被改造成适合老年人的"老年迪斯科"。这些都足以说明，社会各代正在逐渐走向融合。既然代际融合是一种趋势，那么在这一趋势的引领下社会各代的沟通将更加深入和广泛。

（三）构建平等、互信、宽容的代际沟通模式

通过上边分析可知，在社会代际文化和谐的构建中代际沟通不仅必要而且可能。那么如何才能进行有效的代际沟通呢？关键在于构建平等、互信、宽容的代际沟通模式。

平等是代际沟通的前提。"真正的交流是一种对话"[①]，代际沟通的实质就是社会各代之间的对话。而对话的前提是平等。对话是一种相对于"独白"，以自由表达、相互听说为原则的商谈型交流模式。这一交流模式要求用交互原则取代主从原则，用"主－主"模式取代"主－客"模式。因为"'主－客'二分的机械对立关系中，'我'与他人相互被客体化、手段化，'我'与他人建立的是物化的关系"[②]。最后的结果是人与自然、人与社会以及人自身的异化。因此，为了弥合人与自然、社会和自身的分裂，实现他们之间的共生共存。就必须改变"主－客"二分的思维方式，构建"主－主"平等、对话交互的"主体间性"交往模式。因为"人与人的关系不应是单纯的

---

① ［美］玛格丽特·米德：《代沟》，曾胡译，光明日报出版社1988年版，第78页。

② 张耀灿、刘伟：《思想政治教育主体间性涵义初探》，《学校党建与思想教育》2006年第12期。

主客体关系，而应是'主体—主体'或'主体—客体—主体'关系的统一，而且正是在主体与主体的交往中形成了主体间的关系，并由此衍生出主体的交互主体性"①。也就是说，交往的双方应该是平等的，不存在中心，也不存在主次。真正的对话必须在平等的基础上展开。具体到代际沟通中，社会各代要展开真正的对话，平等就是首要的。"如果说在一般的文化对话中，文化强势一方往往对对方表现出文化霸权主义的不平等，那么这种不平等更容易表现在代际关系中。"② 一方面，在客观上社会各代在知识、经验、地位、权利等方面本身就存在差异，学者周怡曾形象地把它称为拥有性代沟③。从社会拥有的层面看，中年一代的优势显然十分明显，他们掌握着社会的话语主导权、制度安排权和资源控制权处于强势，相反青年和老年尤其是青年一代则处于弱势，社会拥有的强弱对比在很大程度上影响了代际交往的平等性。另一方面，在中国长幼尊卑的观念十分浓厚，"长者在互动中处于主导地位，带有完整的既定互动计划和策略，引导并制约着代沟的发展方向及其量值。晚辈处于从属地位，没有明确的互动目的，尽管其亚文化具有较大的新颖性或创造性，但在代际互动中会自觉、不自觉地顺从长辈，使中国的代沟现象极富情感和理性色彩"④。于是，在代沟现象中我们看到更多的是老年对中年、青年的指责或中年看不惯青年。因此，要进行良好的代际沟通，就必须破除一切妨碍社会各代平等对话的障碍，真正实现社会各代的良性互动。具体来说，首先要破除"以我为主"的本代中心主义。社会各代是现实存在着的人，是社会共同体的有机组成部分，不存在所谓的中心，也没有高低贵贱之分，只有平等交互方能和谐共生。如果，社会各代都仅从本代出发，一切为了本代，旨在建构以本代作为中心的社会交往关系，最终结果将是各代的自说自话甚至是代际间的对立、决裂。其次，要打破长者本位。"在中国传统社会，甚至在计划经济时期，与宗法血缘关系、自然经济和计划经济相关联的长者本位（特别是老年本位）和尊老传统、长者统治，是传统社会的典型特征。"⑤ 长者本位强调长者至高无上，年青一代只能服从、顺从，如有一丝的怀疑和异议，就会被扣上"目无尊长""忤逆不孝"的罪名。在这样的理念支配下，代际交往也成了长者主导下的单向交往，根本不可能有真正意义上

① 张耀灿、刘伟：《思想政治教育主体间性涵义初探》，《学校党建与思想教育》2006年第12期。

② 廖小平：《代际互动——未成年道德建设的代际维度》，人民出版社2009年版，第306页。

③ 周怡：《代沟与代差：形象比喻与性质界定》，《社会科学研究》1993年第6期。

④ 周怡：《代沟现象的社会学研究》，《社会学研究》1994年第4期。

⑤ 廖小平：《代际互动——未成年道德建设的代际维度》，人民出版社2009年版，第288页。

的对话。然后，社会各代要彼此尊重。尊重是平等的应有之意，缺乏尊重不可能有平等。因为尊重意味着对交往对方的主体性认同，缺乏尊重本质上就是缺乏足够的主体认同。没有足够的主体认同，平等的对话不可能展开。因此，社会各代要展开平等的交流对话，相互尊重至关重要。青年一代要尊重中年和老年，要体谅他们的苦心，要意识到他们的很多经验到今天仍然有用，不能简单地把他们当作顽固守旧的代表来一味地加以排斥和否定；中年和老年也要尊重青年，不能只站在自己的角度戴有色眼镜看待青年，要承认并尊重他们独立的主体地位，给他们足够自由的空间，让他们的青春活力得到彻底的释放。

互信是代际沟通的基础。代际沟通是代与代之间的信息交互，目的是加强了解，增进互信，凝聚共识。互信是联结各代的纽带，是代际沟通的基础。一方面因为互信代与代之间的沟通才愿意进行能够进行。另一方面，互信又是代际沟通的检验标准。有效的代际沟通必定能增进各代的互信，相反不能增进互信的代际沟通也必定是无效的沟通。那么，如何才能增进社会各代的互信呢？首先，要加强了解。了解是信任的前提，有了解才能理解，有理解才有信任。如果社会各代都封闭在自己的代文化中，完全按照本代的价值观念、思维方式行事而对其他代的文化一无所知，那么带来的将是相互的猜忌和彼此隔阂。实践证明，很多代际冲突都是因为信息不对称，相互不理解造成的。因此，社会各代必须彻底打破自我封闭的壁垒，以开放的心态对待其他代。只要社会各代相互走近，充分了解彼此的观念和行为，很多成见都会放下，很多误会也会消除，互信和谐的代际关系也会油然而生。其次，要尊重差异。互信是理解基础上的信任，是求同存异的结果。因此，互信蕴含着尊重差异的要求。因为有差异，才需要互信。没有差异，代与代之间都走向了同一，也就无所谓互信了。真正的互信应该建立在承认并尊重各自差异基础之上，"不是用一种观点反对另一种观点，更不是将一种观点强加于另一种观点之上，而是改变双方的观点，达到一种新的融合境界"①。老年、中年和青年无论在成长环境、知识经验、思想观念还是生活方式上都存在差异，这是人类发展的客观规律。因此，代际交往中社会各代都不要试图去改变对方，而是要在尊重差异的基础上，凝聚彼此的共识。然后，要相互倾听。真正的交流是对话，对话的前提是倾听。没有倾听，不知道对方在说什么，对话也就无从进行。在今天，导致代际沟通障碍的一个重要原因就是缺乏相互的倾听。每一代人都在强调自己的话语权，都想不断地说，却很少有耐心倾听对

---

① 廖小平：《代际互动——未成年道德建设的代际维度》，人民出版社 2009 年版，第 306 页。

方在说什么，只留下"自说自话"的喧嚣。米德在《代沟》一书的结尾就曾呼吁："我们总是不停地说，不停地写，仿佛每个人都在听似的。现在的要求则是，让每一个人都听，同时也要听每一个人在说什么，这就是我们这个充满危险的，但有潜在的自愈力的世界的希望。"①

宽容是代际沟通的要求。宽容是"一种具有普遍价值向度的道德态度和文化态度，即：在人格平等的与尊重的基础上，以理解宽谅的心态和友善和平的方式，来对待、容忍、宽恕某种或某些异己行为、异己观念，乃至异己者本身的道德与文化态度、品质和行为"②。代际沟通中更需要宽容。没有宽容，没有海纳百川的胸襟，看到的都是对方的种种不是，除了埋怨和指责，哪还有平和的对话和深入的交流。因此，宽容是社会各代应有的胸襟和态度。首先，要换位思考。宽容是一种美德，是一种良好的修为。这种修为需要在设身处地的换位思考中练就。只要学会换位思考，设身处地地为他人着想，宽容之心就会油然而生。具体到社会各代，老年和中年要为青年着想，要多想想他们的年龄阶段、身心特点、时代环境与人生的阅历，要多想想自己也曾年轻过，他们所犯的很多错误自己在年轻时也曾犯；青年一代也要多为老年和中年考虑，中年肩负家庭、社会、事业的多重压力实属不易，要多体谅他们，老年虽已淡出历史的舞台但他们为社会的发展做出过重要的贡献，值得尊敬，他们的经验和知识是宝贵的财富，而且青年要多想想自己以后也会像他们一样到中年到老年，他们的今天便是自己的未来。其次，要包容差异。"宽容是一个与差异（包括异己、异端等）孪生的概念，没有差异就不需要宽容，宽容往往因差异而变得重要和必要"③，宽容就是要包容差异，即使是对那些异己的观念和行为也要耐心公正地容忍。因此，代际沟通中社会各代不仅要承认和尊重差异，更要容忍差异。老年、中年、青年由于成长的时代环境不同，在思想观念、生活方式等方面必然有所不同。包容差异，就是要求社会各代理性看待这一事实，并在此基础上接纳彼此的差异。当然，接纳并不等于赞同，接纳是承认差异的理性和容许异己存在的气度。具体来说，老年、中年要有足够的耐心去倾听、理解和包容青年的言行，不能一味地指责他们任性、叛逆，因为在那些任性和叛逆中还蕴含着很多难能可贵的创造；青年也不能一味地否定中年和老年，嘲笑他们落伍、守旧，因为在那些看起来落伍和守旧的东西中凝结着很多中年、老年长久积累下来的深刻认识和成

① ［美］玛格丽特·米德：《代沟》，曾胡译，光明日报出版社1988年版，第152页。
② 万俊人：《寻求普世伦理》，商务印书馆2001年版，第508页。
③ 廖小平：《代际互动——未成年道德建设的代际维度》，人民出版社2009年版，第310页。

功经验，它们会给青年的成长带来十分重要的启示。如果社会各代都能包容彼此差异，和谐的代际关系就一定能形成。然后，中年、老年要占主动。宽容是相互的，在代际交往中社会各代都要宽容。但是，其中最为重要的又是中年、老年对青年的宽容，就是说在宽容关系的建构中中年、老年尤其是中年要占主动。因为"宽容必须是来自多数派、主流派方面不是相反。多数派、主流派的人们所持有的价值已经长久地被纳入其社会体系中，持有不同价值的少数派对之不会产生任何威胁"①。在社会代际结构中，中年和老年尤其是中年无疑有先天的优势，因为他们掌握着社会的话语权、资源控制权、制度安排权，处于强势，相较而言青年则处于弱势。宽容也主要是处于强势一方的中年、老年对弱势一方的青年的宽容。

三、加强文化反哺

当今的时代是一个急剧变迁的时代，其变迁的深度、广度和速度都超过了历史上的任何一个时期。在激烈的社会变迁中，年青一代表现出了比年长一代更强的接受和适应能力。这就有必要让年青一代将他们所掌握的新知识、新文化传递给年长一代，不断增强年长一代的社会适应能力，从而在文化反哺中构建和谐的代际关系，形成推动社会发展的代际合力。

（一）文化的代际传承模式和文化反哺

说到文化反哺就必须论及文化的代际传承模式。传承性是文化的重要属性，"传承性，是就代代相继、绵延不绝的人群共同体即代际成员而言的，传承不仅使得人类的创造物能够代代相传，而且使得每一代都能够在前人的基础上改造文化"②。那么，在人类社会的发展中文化究竟是以怎样的方式进行代际传承的呢？著名的文化人类学家米德从文化的传承方式出发，将整个人类的文化划分为了三个基本类型：前喻文化、并喻文化和后喻文化。"前喻文化，是指晚辈主要向长辈学习；并喻文化，是指晚辈和长辈的学习都发生在同辈人之间；而后喻文化，则是指长辈反过来向晚辈学习。"③前喻文化是原始社会甚至是一切传统社会的基本特征。在传统社会里，社会生产力低下，人们缺乏变革社会的物质手段，社会发展十分缓慢。在这样的社会里，"人们从未奢望，也根本不可能设想自己的生活能和父辈、祖辈的生活有什么不同，

---

① ［日］大庭健：《共生的强制疑惑宽容、市场与所有》，《现代思想》1994 年第 4 期。

② 周晓虹：《文化反哺与器物文明的代际传承》，《中国社会科学》2011 年第 6 期。

③ ［美］玛格丽特·米德：《文化与承诺——一项有关代沟问题的研究》，周晓虹、周怡译，河北人民出版社 1987 年版，第 27 页。

在他们眼里生活的意义是既定的，前辈的过去就是他们的未来"①。因而，文化的传承也主要是晚辈向长辈学习的前喻方式。长辈是社会公认的楷模，更是青年的楷模。他们将基本的生存技能、生活的理解、公认的生活方式以及简拙的价值观念都原封不动地传递给了下一代，而下一代则完全沿袭着长辈的生活道路，也就"只能是长辈肉体和精神的延续，只能是他们赖以生息的土地和传统的产儿"②。

伴随着社会的发展，"年青一代所经历的一切却完全不同于他们的父母、祖父母，以及社会中的其他年长者"，既然"他们的先辈都无法提供符合时代要求的全新的生活模式。他们必须根据自己切身的经历创造全新的生活模式，并使之成为同辈追求的楷模"③。这就产生了文化传承的并喻方式。但是并喻文化是短暂的，从根本上说是一种过渡性质的文化。伴随着社会进一步发展，"人类已经将自己熟知的世界抛在身后，开始生活在一个完全陌生的新时代中"④，"不仅父辈已不再是人生的向导，而且根本不再存在向导，无论是在自己的祖国还是整个世界，人们都无法找到指引人生的导师"⑤。但是，新生活的挑战却激发了青年一代前所未有的活力，"他们准备通过一种社会推土机式的行动，为新生事物开辟前行的道路——即像推土机那样，以摧枯拉朽之势，彻底清除大地上的树木和废墟，为建设新的社会创造条件。"⑥青年成了社会发展的希望，文化传承方式也变成了崭新的长辈向后辈学习的后喻文化，"因为在这一文化中，代表着未来的是晚辈，而不是他们的父辈和祖辈"⑦，"只有通过年青一代的直接参与，利用他们广博而新颖的知识，我们才能建立

---

① ［美］玛格丽特·米德：《文化与承诺——一项有关代沟问题的研究》，周晓虹、周怡译，河北人民出版社 1987 年版，第 7 页。

② ［美］玛格丽特·米德：《文化与承诺——一项有关代沟问题的研究》，周晓虹、周怡译，河北人民出版社 1987 年版，第 8 页。

③ ［美］玛格丽特·米德：《文化与承诺——一项有关代沟问题的研究》，周晓虹、周怡译，河北人民出版社 1987 年版，第 54 页。

④ ［美］玛格丽特·米德：《文化与承诺——一项有关代沟问题的研究》，周晓虹、周怡译，河北人民出版社 1987 年版，第 10 页。

⑤ ［美］玛格丽特·米德：《文化与承诺——一项有关代沟问题的研究》，周晓虹、周怡译，河北人民出版社 1987 年版，第 85 页。

⑥ ［美］玛格丽特·米德：《文化与承诺——一项有关代沟问题的研究》，周晓虹、周怡译，河北人民出版社 1987 年版，第 91 页。

⑦ ［美］玛格丽特·米德：《文化与承诺——一项有关代沟问题的研究》，周晓虹、周怡译，河北人民出版社 1987 年版，第 93 页。

一个富于生命力的未来"①。后喻文化是一种与前喻文化完全相反的文化传递方式，它不是由长辈将知识文化传递给晚辈而是由晚辈将知识文化传递给长辈。这一方式社会学家称之为"反向社会化"，"而从文化传递的角度来看，则和'嗷嗷林鸟，反哺于子'的生物现象十分相似"②，因此将其称为"文化反哺"。具体来说，"它是在疾速的文化变迁时代所发生的年长一代向年青一代进行广泛的文化吸收的过程"③。

（二）当代中国加强文化反哺的必要性

通过前边的分析可知，社会变迁是文化反哺的内在根据。伴随着社会的急剧变迁，年长一代仅凭原有的知识经验很难适应新时代的变化，为了跟上时代发展的步伐向更能适应时代变化的晚辈学习新时代的知识十分必要，文化反哺由此产生。而当代中国无疑正处在这样的变迁之中，文化反哺十分必要。

首先，当今时代空前的社会变迁需要文化反哺。人类社会的发展是以加速度前行的，体现在社会变迁上就是越来越剧烈。因此，时代发展到今天，社会变迁的速度、深度还是广度都超过了历史上的任何一个时期。当今的时代，以日新月异的科学技术为动力，以日益发达的社会生产力为基础，在全球化和信息化的推波助澜下，世界正在发生着空前的变革，并且呈现出高度的时空压缩特点。"社会变革使现行文化和社会经济基础结构在一代人时间里就发生引人注目的变化，其变化之快至少相当于以往一个世纪。技术、教育、旅行和现代通信之间的相互作用彻底改变了时间和距离的含义，而且使主观范畴内的社会道德标准和客观范畴内的社会环境都发生着迅速的变化。"④ 面对激烈的时代变迁，社会各代的感受和适应能力却不尽相同。对于中年和老年来说，他们经历的是他们的先辈们在同样的时间段内从来没有经历过的变化，很多东西超乎了他们的想象，曾经的经验出现了某种失灵，面对未来他们不禁有些慌乱。而对于青年来说，过去的时代离他们十分遥远，新时代才是他们熟悉的现实世界，身处其中他们没有半点的不适应。再加上青年求新好奇、思维活跃，他们更能跟上时代变化的节奏，善于掌握新的知识和技能，

---

① ［美］玛格丽特·米德：《文化与承诺——一项有关代沟问题的研究》，周晓虹、周怡译，河北人民出版社 1987 年版，第 98 页。

② 周晓虹：《试论当代中国青年的文化反哺意义》，《青年研究》1988 年第 11 期。

③ 周晓虹：《试论当代中国青年的文化反哺意义》，《青年研究》1988 年第 11 期。

④ ［美］兹比格涅夫·布热津斯基：《大失控与大混乱》，潘嘉玢、刘瑞祥译，中国社会科学出版社 1995 年版，第 219 页。

因此在激烈的时代变迁中他们显得得心应手、游刃有余。代际之间出现了反差。这样一来，时代变迁越激烈，代际分化就越严重，而且这种分化越来越表现为老年和中年尤其是老年对新时代的不适应上。为了让年长一代跟上时代的步伐，避免代沟的扩大，就应该加强文化反哺，用年青一代所掌握的新知识、新观念去影响年长一代，不断提升他们的社会适应能力。

其次，中国的社会转型更需要文化反哺。当代中国不仅处在社会急剧变迁的时代之中，而且自身也在发生深刻的转型，这种转型无疑又加剧了中国社会的变迁速度、广度和深度。因为，"社会转型就是社会结构的一种非常规的变迁，是从一种社会结构向另一种社会结构的变迁或转变"①。而且"社会转型不是简单的某一社会现象的变化，而是包含着社会各个方面，即政治、经济、文化、思想观念等方面整体、全面的发展和变迁，一种具有战略性的、影响社会全局的社会大变革"②。著名的社会学家郑杭生对当代中国社会转型的特征做出过十分经典的概括：资源配置从计划到市场；所有制从单一公有制到以公有制为主体多种所有制共同发展；分配方式从平均主义的直接分配向市场机制为基础的按劳分配体系转变；社会功能结构从同质性转向异质性；社会阶层结构从等级身份转向平等契约；社会政治与公共生活从集权到分权、从伦理到法理转变；社会精神文化生活从大一统到多样化；城乡结构从隔绝到融通、从二元到多元。③ 总体来说这种转型，是以改革开放为动力，从传统到现代、一元到多元、保守到开放的社会转变，直到今天这种转变仍在进行之中。中国的社会转型带来了代际关系的深刻变化。在改革开放以前的中国社会，由于社会发展速度缓慢，年长一代具有至高无上的权威，他们的知识经验是年青一代学习的主要对象，文化传递是典型的前喻文化模式，如果不能服从长者权威，掌握好他们传递的知识经验就很难获得发展。伴随着社会的转型，长者本位的社会被打破，年长一代的知识经验难以发挥原有的传喻价值，而年青一代的作用和影响却越来越凸显。以市场经济为例，年轻人不仅是市场经济的主体，更是市场消费的上帝，市场经济主要以年轻人为主角来展开，可以说市场经济就是年轻人的经济。而在文化领域，青年以其鲜明的开放意识、创新思维更是在社会文化生活中独领风骚。可以说，在整个社会的经济、政治、文化生活中，青年都充当着改革开放的先锋。在这样一个

---

① 廖小平：《代际互动——未成年道德建设的代际维度》，人民出版社2009年版，第153页。

② 廖小平：《代际互动——未成年道德建设的代际维度》，人民出版社2009年版，第153-154页。

③ 郑杭生等：《转型中的中国社会和中国社会的转型——中国社会主义现代化进程的社会学研究》，首都师范大学出版社1996年版，第168页。

"青年本位"的社会里，代表未来的是青年，因而占主导地位的文化传承模式也不再是晚辈向长辈学习的前喻文化，而是长辈向晚辈学习的后喻文化。这就需要深入推进文化反哺，让年长一代向年青一代进行广泛的文化吸收，从而不断增强他们适应新时代的能力。

（三）当代中国加强文化反哺的进路

通过前边的分析可知，文化反哺是现代社会重要的文化特征，是人类文化演进的必然结果。而当代中国正处在深刻的社会变迁之中，文化反哺显得尤为重要。那么，如何才能深入推进文化反哺呢？

首先，文化反哺中年长一代要主动请教年青一代。文化反哺是文化传递的反向社会化。在这里，教育者和受教育者的位置发生了颠倒，需要接受教育的不是年青一代而是年长一代。因此，文化反哺要得以深入推进，就必须要求年长一代放下"架子"，摆正自己的位置，虚心向年青一代求教。具体来说，一是要肯定青年文化在新时代的价值。文化反哺的内在根据就在于在疾速的文化变迁中，年长一代的文化逐渐失去了传喻价值，而年青一代的文化则显示出了强大的生命力。承认并正视这一现实是文化反哺得以进行的前提。如果年长一代仍以教化者的身份自居，竭力维护自己的长者权威，企图重建前喻文化的辉煌，那么无疑是掩耳盗铃，只会被时代发展的洪流抛得更远。因此，年长一代应该充分肯定青年文化在新时代的进步意义，"如果无视他们的新知识（对世界来说是新的，对我们来说也同样是新的知识），那些受过教育、经验丰富的长者们在寻求新世界的答案时势必会困难重重"[1]。比如，在信息技术方面"年轻人是富裕者，而年老人是匮乏者"[2]，青年一代对新媒体的了解和应用能力远超过年长一代是不争的事实，某种意义上他们就是 E 时代文化的引领者，年长一代要掌握新媒体的技术和知识，跟上 E 时代的步伐，就必须肯定青年并虚心向他们学习。二是要占据主动。文化反哺是年长一代向年青一代的文化吸收，在这里需要获得知识、接受教育的是年长一代不是年青一代。因此，在文化反哺中年长一代应该是主动的。他们不仅要主动配合年青一代的知识传递，更需要占据主动积极思考自己需要学习什么以及如何才能更好地学习。也就是说文化反哺能否进行以及效果如何完全取决于年长一代是否能占据主动。其实，文化反哺只是文化濡化的一种形式，与其说年长一代在向年青一代学习还不如说年长一代在向新的知识学习。因为文化

---

① [美] 玛格丽特·米德：《文化与承诺——一项有关代沟问题的研究》，周晓虹、周怡译，河北人民出版社 1987 年版，第 98 页。

② [美] 尼葛洛庞帝：《数字化生存》，胡泳等译，电子工业出版社 2017 年版，第 201 页。

濡化是人社会化的过程，当社会发生了变化，人就应该主动学习新知识以适应这种变化。因此文化濡化贯穿人的一生，只要生命不息文化濡化就会不止，向年青一代学习只是他们更早地适应了社会的变化，掌握了新时代的知识而已。三是要广泛。文化反哺是"广泛的文化吸收"。这就意味着年长一代向年青一代的学习应该是全方位的，而不是局部的。在激烈的社会变迁中，青年一代不仅在知识、观念上有一定的优势，就是在日常的生活技能和社会交往方式上也有很多可取的地方。比如，在虚拟社交、网络购物等方面年青一代的优势就十分明显。因此，文化反哺应该是全方位的，年青一代拥有的一切符合时代发展要求而又为年长一代所欠缺的观念、知识、生活方式都值得年长一代学习。

其次，文化反哺中年青一代要耐心细致、不遗余力。文化反哺是年长一代和年青一代的双向互动过程。虽然在这一过程中年长一代应该占据主动，但是年青一代作为互动主体的另一方，其作用仍然不可低估。在这一场互动中，年青一代是新知识的拥有者，年长一代究竟获得多少知识，很大程度上要取决于年青一代能给予多少。因此，要加强文化反哺就必须强化年青一代在文化反哺中的角色意识，承担起文化传递的责任。具体来说，一是要充分理解年长一代。在激烈的社会变迁中，年长一代的思维不再像青年那么活跃，观念显得很陈旧，应对各种社会问题也显得十分笨拙。但是年青一代一定要理解和体谅他们。这是文化变迁的结果，是人生存发展的必然规律。在今天略显笨拙的年长一代，曾经是新世界的开拓者，他们也曾有过像今天的年青一代一样的辉煌。而伴随着人类社会的发展，在今天占据优势的年青一代又会逐渐变为中年、老年，他们的地位又必将被新的年轻的一代所取代。因此，年青一代不必嘲笑年长一代的落伍与笨拙，而是要积极帮助他们，携手走向新的未来。二是要有足够的耐心。在文化反哺中，与年青一代在新知识上的"满腹经纶"相比，年长一代则是"一窍不通"。而且由于年龄的原因，他们的反应变得迟缓，动作变得笨拙，很多看似简单的东西也要重复好几遍才能领会。这时候就要求年青一代要有足够的耐心，能够不厌其烦地解释、辅导，甚至还要手把手地教。其实，要知道年长一代也曾经这样不厌其烦地教过年青一代。如果没有他们的耐心教导，年青一代连基本的生存技能都不会，更谈不上对新知识的理解和掌握了。三是要倾尽所有。在文化反哺中，年青一代要毫无保留地将自己掌握的新知识、新观念传递给年长一代，让他们能从容地应对新时代的变化。一方面这是人类社会整体发展的要求。人类社会的发展是社会共同体整体的发展，年长一代作为社会共同体重要的组成部分，没有他们的发展，也就没有人类社会的发展。在社会变迁中，年长一代的思想观念、知识出现了滞后，为了谋求人类社会的发展，已经掌握新观念、新知识的年青一代有责任和义务帮助他们迎头赶上，共赴共同的未来。另一方面，文化反哺也是年青一代向年长一代曾经给予的教益的回馈。之所以称之为文化反哺，这就意味着过去年长一代曾经给予过年青一代很多的教益，今天需要年青一代用自己所掌握的新知识、新观念来予以回馈。过去年长一代曾毫无保留地将自己所有的知识、经验传递给了年青一代，今天年青一代也应倾尽所有，尽最大可能地引导帮助年长一代。

　　再次，社会要为文化反哺创设条件。文化反哺虽然发生在年青一代和年长一代之间，但实质上它是全社会的事。没有深入的文化反哺，就没有和谐的代际关系，没有和谐的代际关系，也就没有社会的和谐与发展。因此，全社会都应该重视文化反哺，为文化反哺营造氛围、提供条件、搭建平台。一是要积极营造文化反哺的良好氛围。文化反哺是现代社会的特征，是文化发展的必由之路。文化反哺不仅有利于文化的和谐发展，也有利于构建和谐的代际关系，凝聚各代协力推进社会发展的合力。因此，全社会要理解和尊重文化反哺，鼓励和支持年长一代向年青一代学习，积极营造浓郁的文化反哺氛围。二是要为文化反哺创设条件、搭建平台。文化反哺不同于正式的学校教育，它不是通过正规途径的教育来完成，而是蕴含在日常的生活中，需要在日常生活的点滴中完成。这就需要社会积极创设有利于文化反哺的条件。比如，单位和社区要尽可能提供一些能让年长一代和年青一代交流互动的平台，让文化反哺在潜移默化的交流互动中得以实现；高校也应当组织一些青年志愿者到社区为老年人提供文化反哺类的服务；各行各业都要提供专门解答年长一代尤其是老年疑惑的服务，在耐心的解答释疑中教给他们一些新的生活知识。再比如，我们可以借助现代的传媒手段，通过网络、电视、报纸等媒介，宣传文化反哺的典型事例，搭建文化反哺的平台，让文化反哺更加及时、广泛和便捷，力求文化反哺的效果最大化。只要全社会都理解、重视和支持文化反哺，和谐的代际文化关系就一定能够形成，由此也必将能够形成社会各代协力推动社会发展，共赴美好明天的磅礴力量。

家庭代际文化和谐：
亲子关系为主轴的文化和谐

家庭是社会的基本细胞，也是人类代际关系的基础。人类的代际关系首先表现在家庭之中，家庭总是由具有亲缘关系的不同的代组成，无数个家庭中不同的代构成了社会各代，社会各代是在场的本代人，他们与退场的前代人和未出场的后代人一起又构成了人类社会整体意义上的类代际关系。因此，家庭是代际关系的微观领域，是构建和谐的代际文化关系的基本立足点。没有家庭代际文化和谐，就没有社会代际文化和谐，更不可能有人类整体的代际文化和谐。在当代中国，伴随着激烈的社会变迁，家庭也发生了重大的变化，这种变化对家庭代际文化和谐提出了新的挑战。如何积极应对这些挑战，构建和谐的家庭代际文化关系，是当前代际文化和谐建构中现实而又迫切的重大课题。

第一节　家庭代际文化和谐的特征

家庭代际文化和谐是代际文化和谐的微观领域，是以家庭为场域的代际文化和谐观照。它与类代际文化和谐和社会代际文化和谐相比，有如下几个突出特征。

一、微观性

与类代际文化和谐、社会代际文化和谐相比，家庭代际文化和谐无疑是微观的。它的微观性具体体现在以下几方面：一是视域微观。类代际文化和谐是人类社会整体视域下的代际文化和谐观照，社会代际文化和谐是把在场的各代人作为对象的代际文化和谐考察，而家庭代际文化和谐关注的仅是家庭内部各代的文化和谐，视域上明显要微小得多。二是对象范围相对狭小。家庭代际文化和谐在视域上的微观性，决定了它所考察的对象范围相对狭小。类代际文化和谐的考察对象包含了全人类，是人类的过去、现在和未来三个维度的统一，因此在对象范围上最为宽广；社会代际文化和谐的考察对象包含了在场的所有人，是根据不同的年龄段所做的代际划分，如老年、中年、青年等，因而每一代人就是同一年龄段的所有人的集合，包含的人数众多；而家庭代际文化和谐以家庭为场域，是家庭内部的代际关系考察，这种代际关系的实质是以血缘为纽带的辈分关系，因此家庭中每一代的人数十分有限，尤其是伴随我国计划生育政策的深入推进，独生子女越来越多，有时候家庭中的一代人仅为一人。三是作用的基础性。由于家庭代际文化和谐在视域上微观、对象范围上狭小，因而在作用上也十分有限。类代际文化和谐事关人类社会的可持续发展，社会代际文化和谐事关现实社会的整体和谐，而家庭代际文化和谐主要在家庭这一社会的微观领域发生作用。但是这并不意味着家庭代际文化和谐就不重要。相反，家庭代际文化和谐是代际文化和谐的基石，没有家庭代际文化和谐就没有社会代际文化和谐，也就没有人类整体的代际文化和谐。

既然微观性是家庭代际文化和谐的显著特征，那么在家庭代际文化和谐的探讨中就应该深刻领会并牢牢抓住这一特性。否则，家庭代际文化和谐的一切探讨都会因缺乏针对性而变得没有意义。那么，如何才能抓住家庭代际文化和谐的微观性呢？一是要牢牢抓住家庭这一微观场域。家庭代际文化和谐，指明了它的场域是家庭。一切探讨都应立足这一场域，否则探讨将无从进行。立足家庭场域，就是要立足现实的家庭生活，要在客观真实的家庭生活中发现问题、分析原因、寻找答案。一旦回归现实的家庭生活，代际文化和谐的探讨就会变得生动而又具体。俗话说，"开门七件事：柴米油盐酱醋茶""清官难断家务事"，家庭生活平凡而又琐碎。家庭代际文化和谐正是要在平凡琐碎的家庭生活中，找到代与代之间和谐的文化根基。二是要深刻把握家庭代际文化和谐与社会代际文化和谐、类代际文化和谐的辩证关系。完整的代际文化和谐系统由家庭代际文化和谐、社会代际文化和谐、类代际文化和谐三个层次共同组成，家庭代际文化和谐是其中的微观层次。这就要求我们在家庭代际文化和谐的考察中，必须坚持系统的视域，既要看到它与社会代际文化和谐、类代际文化和谐的有机联系，找准它在整个代际文化和谐中的方位，又要看到它与社会代际文化和谐、类代际文化和谐的区别，在特殊性中寻找属于它自身的规律。家庭是社会的细胞，家庭各代同时又是社会中的代、人类社会发展中的代，他们不仅深刻体现着家庭之代的特点，而且也全息反映着社会之代、类之代的特点。因此，社会各代的文化关系状况，人类各代的文化关系状况，都会在家庭中得到全面而生动的反映。但是我们不能将这种反映，理解为机械的折射和简单的缩影。家庭的场域是微小的，它毕竟不同于完整的社会领域和宏大的人类社会整体，我们不可能直接用社会代际文化和谐、类代际文化和谐的标准去衡量和考察家庭，也不可能简单套用社会代际文化和谐、类代际文化和谐的方法去建构家庭各代的文化和谐。而是要深入家庭内部，在现实的家庭生活中观察、分析各代的文化关系，并在此基础上探索到适合家庭代际文化和谐建构的有效路径。这就是家庭代际文化和谐的存在意义和探讨旨趣。

二、血缘性

血缘性是家庭代际文化和谐的另一个显著特征。家庭代际关系是"建立在血缘的基础上、由共同生活的几代人构成的重要的家庭关系。即由夫妻关系派生出来的基本的亲子关系（父母与子女的关系），以及与夫妻关系、亲子关系密切相关的婆媳关系，或隔代血缘关系——祖孙关系"[1]。家庭各代依血缘而划分，因血缘而发生关系。家庭代际关系实质上是以血缘为纽带的辈分关系。没有血缘，无所谓辈分，也就无所谓辈分关系。这与社会代际和类代际完全不同。社会代际的划分主要以年龄作为界定标准，处于同一年龄层的人属于同一代人，不同的年龄层构成不同的代，代与代之间并不存在血缘关系。类代际的划分以是否在场作为标准，在场的是本代人，已经退场的是前代人，还未出场的是后代人，前代、本代和后代之间也不存在血缘关系。而在家庭代际中不仅存在血缘关系，而且这种血缘关系还具有天然性。所谓天然性，就是指血缘关系是在人类的繁衍中自然形成的。在人类社会的发展中，为了种的延续就必须生育，只要发生了生育的客观事实，血缘关系就自然形成了。而且这种关系一旦形成就无法更改，即便从社会文化和法律意义上可以对父辈与子辈的关系做出某种了断，但是作为生物学意义上的血缘关系却无法割断。费孝通先生就指出："世界上最用不上意志，同时在生活上又是影响最大的决定，就是谁是你的父母。谁当父母，在你说，完全是机会，且是你存在之前的既存事实。"[2] 正因为血缘关系的天然性，家庭的形成也是天然的，有血缘关系的几代人生活在一起就形成了家庭，家庭在本质上就是血缘共同体。甚至在"现实中就有即便认为对方和自己完全是陌生人，但只要有

---

① 潘文岚：《家庭代际伦理的现实问题》，《社会》1999 年第 1 期。
② 费孝通：《乡土中国 生育制度》，北京大学出版社 1998 年版，第 69—70 页。

血缘关系存在，实际上就被认为是家庭成员的情形"①。

既然血缘是家庭代际关系的基础，那么关于家庭代际文化和谐的一切探讨都应考虑血缘性。发生在家庭各代之间的很多文化现象，都需要用血缘来诠释。比如，家庭中的父母为了孩子不惜一切，花费大量的时间照顾他们的饮食起居；不遗余力地创造有利于他们成长进步的条件；把全部的财产和最无私的爱都给了他们。父母对孩子的这种不计成本的绝对利他行为，与他们社会领域的利己主义形成鲜明的对比。如果根据社会通用的等价交换的原则难以对此做出解释，但是一旦回到血缘关系上一切就会明了。父母与孩子之间不是陌生的交往主体，是血脉相连的两代人，父母对孩子的养育和关爱是基于血缘关系的天然义务，也就是在这一义务的履行中他们得到了精神和情感上的满足。这份满足无法用金钱来衡量。同样的，子女对父母的依恋、服从和孝顺，也不可能用一般的社会规则和普通的权威理论来加以解释。血缘才是其内在的根源，依恋、服从和孝顺都是天然的，因为父母给了自己生命，彼此之间血脉相连，所以有了依恋、服从和孝顺。亚里士多德就说："生养者把子女作为自身的一部分，照拂备至，子女则把双亲当作自己存在的来源。……生育者把后代当作自身来爱（他们是出于自身，是与自身相分离的另外自己）。孩子们爱双亲则把他们当作自身的来源。……由此人们说：血脉相通，骨肉相连等等。"②

家庭各代的冲突与和谐，也需要从血缘关系的深处做出理性的评判和准确的把握。家庭是人最微观也是最真实的生活世界。在这个世界里，长期生活在一起的家庭各代，常常会因生活琐事、价值观念、情感表达等发生冲突，而且这些冲突与社会领域的代际冲突相比显得更加直接和剧烈。尤其在现代社会，这种现象越来越明显，越来越突出。但是我们不能因家庭各代之间发生了某种剧烈的冲突，就简单地认为这是代际决裂、家庭解体的信号。"家庭成员之间的相互关系，肯定会主要通过友爱和关照而区别于没有（血缘）关系的人们的交往。"③ 家庭各代血脉相通，我们不仅要看到家庭各代外在的冲突，更要看到他们内在的血缘关系和情感纽带，所谓"打断骨头还连着筋"，他们之间虽然发生了某种冲突，但是斩不断的血缘关系又会让他们化解矛盾重归于好。家庭代际文化和谐正是要抓住家庭各代共同的血缘关系，在深化

①　[日]上野千鹤子：《近代家庭的形成和终结》，吴咏梅译，商务印书馆2005年版，第4页。
②　苗力田：《亚里士多德选集》（伦理学卷），中国人民大学出版社1999年版，第195-196页。
③　廖申白、孙春晨：《伦理新视点——转型时期的伦理与道德》，中国社会科学出版社1997年版，第95-98页。

家庭各代的血缘认同中化解矛盾、凝聚共识，构建家庭各代相互理解、彼此尊重、同心协力的和谐关系。

三、明晰性

所谓明晰性是指家庭各代的代际关系十分清晰，没有歧义，也不会产生混淆。在家庭之中父辈与子辈、祖辈与孙辈的界限十分明晰，不会有任何的歧义。究其原因来说，是源于家庭代际关系的血缘性，可以说明晰性是血缘性的必然结果。血缘是家庭的基础，家庭代际就是对同一血缘关系的辈分划分。人类为了繁衍就会生育，在生育中生者和被生者的关系十分确定，因此"在人类谱系上，和其他生物一般，从生育关系上，可以很清楚地划出一代又一代，不相混淆"，"借用生物学的名词是 F1—F2，凡是同一父母所生的属于同一代"[①]。以此推演，一个三世同堂的家庭代际构成可表示为 F1—F2—F3，四世同堂的家庭代际构成表示为 F1—F2—F3—F4。之所以能做出如此明晰的代际划分，就是因为生者和被生者的关系十分确定。无论多么复杂的家庭，在本质上也就是一对对相互衔接的生者和被生者的关系而已，也就是我们所说的父生子、子生孙、孙又生子……继替顺序十分明了，代际关系十分清晰。

然而，在类代际和社会代际，尤其是社会代际中，我们却很难进行这样明晰的代际划分。在类代际中前代、本代和后代的划分以是否在场作为标准，代际划分似乎颇为清晰。但是实质上人类社会的代际更替是持续不断的过程，每时每刻都在发生代的进场和退场，只有找到某一确定的时间节点，我们才能做出代在场、退场、未出场的判断，前代、本代和后代的范围也才能确定。但是事实上这样的时间节点很难精确或者说根本就不可能精确，由此所做的前代、本代和后代的划分也只能是大致划分。而在社会领域代际划分就更为模糊。一方面社会各代的划分虽然以年龄作为界限，但是这种划分更带有抽象主义或印象主义的色彩，很难找到一个精确的年龄界限。另一方面，社会各代的代际划分虽然以年龄作为基础，但是文化才是其实质。一旦加入文化的要素，社会各代的划分就变得更加模糊，因为从文化的角度看，有些人虽然属于某一年龄层，但在文化上却与同代人有较大差异，存在"跨代""滞代"和"模糊代"的现象，这让社会代际的划分变得更加艰难和复杂，要想找到一个精确的界限全无可能。

家庭代际关系的明晰似乎可以让家庭代际文化和谐的探讨变得简单。但事实上却并非如此。家庭代际文化和谐的探讨虽然没有代际关系难以理清的

---

① 费孝通：《乡土中国 生育制度》，北京大学出版社 1998 年版，第 234 页。

困惑，但却有家庭结构、家庭文化复杂多变的烦恼。首先，家庭类型十分复杂。按照代际结构划分，家庭的类型既有几代同堂的联合家庭，也有父母与一对已婚子女生活在一起的主干家庭，还有夫妻和未成年子女组成的核心家庭。在不同类型的家庭中，代际结构、代际关系的内容都会不同。而且这样家庭结构并不是一经确立就固定不变的，而是处在不断的变动之中。三世同堂的联合家庭中可能因孙辈结婚独立成家而变成主干家庭，主干家庭又会因孙辈的出现而变成联合家庭，同样在核心家庭中伴随着子女的成长结婚，核心家庭又会变成主干家庭。家庭代际结构的变动性让家庭代际文化和谐的探讨变得复杂和艰难起来。

其次，家庭的姻缘关系让代际关系变得复杂。血缘是家庭的基础和纽带，但是在家庭的形成中婚姻同样不可或缺。人类为了繁衍就要生育，而生育的一般前提是夫妻双方缔结婚姻关系。因此，在人类社会种的延续中血缘和姻缘相生相伴不可或缺。家庭也就是在生育和婚姻的两大合力作用下的结果。因而在家庭中不仅有血缘的纽带，而且还有姻缘的联结。在血缘的纽带上基于生育的事实一代一代的关系十分明晰，但是一旦加入姻缘的关系，家庭各代的关系就变得复杂起来。婚姻把没有血缘关系的人纳入家庭之中，使之成了家庭的成员，形成了姻缘关系。基于姻缘关系的家庭成员之间本身并不具有血缘意义上的代际关系，但是伴随着婚姻的缔结和长期的家庭生活，缔结婚姻关系的双方不仅获得了家庭成员身份，而且还获得了与对方相同的家庭代际地位。儿媳获得与儿子相同的代际地位，女婿的代际地位与女儿一致，这样原本没有血缘关系的婆媳、翁媳、翁婿之间也就有了类似于血缘关系中的代际关系。这样的代际关系不仅明晰了非血缘关系的家庭成员之间的辈分，而且也让他们在家庭中的角色和功能明晰起来。儿媳和儿子在家庭中的代际地位相同，就应该同儿子一道完成赡养父母、抚育孩子的任务。女婿和女儿的代际地位相同，他在家庭中的权利和义务就应该与女儿大致相同。因此，在家庭代际文化和谐探讨中非血缘的代际关系无疑是不可或缺的重要内容。而且就现实来看，非血缘关系的婆媳、翁媳、翁婿之间更容易产生矛盾和冲突，是影响家庭和谐的主要因素。因此，从深层次的文化上构建和谐的婆媳、翁媳、翁婿关系，对于实现家庭的代际和谐来说，显得更加现实和迫切。

再次，家庭文化的复杂性让家庭代际文化关系变得更加复杂。家庭是社会的细胞，也是社会的缩影。社会领域的诸多文化现象在家庭中都能得到反映。同时，家庭作为人最基本的寓所，作为血缘和姻缘结合的共同体又有着属于自身的特定文化。因此，在家庭这一微观的场域中，人类的文化、社会的文化以及家庭自身的文化都在这里上演，而且它们还常常交织在一起难以分离。家庭文化的复杂性让家庭各代的文化关系也变得十分复杂。比如，在一个三世同堂的联合家庭中，年轻的孙辈属于青年，他的父辈属于中年，而他的祖辈则属于老年，在他们身上不仅有与社会领域的其他老年、中年、青年一样的文化特点，而且还有家庭代际角色赋予他们的特定文化特点。当他们之间发生了某种冲突，我们很难说明冲突的根源是社会原因还是家庭原因，通常情况下都是相互交织综合作用的结果。任何试图对它们进行机械剥离和刻意限制的努力都是徒劳的。家庭代际文化和谐正是要充分认识家庭各代文化的综合性和复杂性，在纷繁复杂的家庭生活中找到各代和谐并存、协调互补的文化根脉。

第二节　家庭的现代变迁及其对代际文化和谐的影响

家庭是社会的细胞，是人最基本的生活单位，它全息地反映着社会的变迁。因此，在当代中国激烈的社会变迁中家庭也在发生深刻的变动。今天的中国家庭无论在规模、结构、功能还是文化生态上都与传统意义上的家庭相去甚远。认识并把握这些变化，是构建家庭代际文化和谐的前提和关键所在。只有把握住了这些变化，才能找准制约当代中国家庭代际文化和谐的真问题，在此基础上的一切设想和方案也才会科学有效。但是，要真正把握住这些变化绝非易事。家庭的现代变迁不仅是全方位的而且还是持续不断的，要想对这种变迁做全面而又精准的描述，几乎是不可能的。因此，本文选取了以下对家庭代际文化和谐产生深刻影响的现代变迁做分析。

一、家庭结构的小型化、核心化及其影响

在中国家庭的现代变迁中，家庭结构的小型化和核心化无疑是最为显著的特点之一。家庭结构的小型化和核心化带来的不仅是家庭规模、构成、功能上的变化，它也深刻地影响着家庭各代的关系，尤其是文化关系。

（一）中国家庭结构及其小型化、核心化趋势

家庭是社会的细胞，是人们最基本的生活单位。但就其构成、范围和具体内容来说，中国和西方社会之间存在十分明显的差异。"应当说，中国人最基本的生活单位是'家'，它并不完全等同于西方社会学中所说的 family"，"family 作为社会学的概念，只指夫妻及其未婚子女所形成的集团。在欧美现代社会里它是一个基本的生活单位，这种单位也被称为'核心家庭'"，而中国的家庭是"'扩大了的家庭'（Extended family），意思是中国的'家'是在

核心家庭基础上扩大的团体，它是中国人经营共同生活的最基本的社会团体"。① 因此，中国的家庭无论在构成、范围还是内容上来说都远比西方的核心家庭要复杂得多。

费孝通先生对复杂的中国家庭进行过颇为深入的研究，他对中国家庭结构的四个类型的划分无疑为我们找到了了解和分析中国家庭的钥匙。在费孝通先生看来，"家庭结构是指一个家庭里包括哪些成员和他们之间的关系"②。基于这样的认识，他在《论中国家庭结构的变动》中把中国的家庭从结构上做了四个类型的划分："（I）是不完整的核心家庭，指核心家庭中原有配偶中有一方死亡或离去，或是父母双亡的未婚儿女。（II）是指一对夫妻和其未婚的子女所构成的生活单位，即相当于西方的核心家庭，在中国一般称'小家庭'。（III）是核心家庭之外还包括其他成员，这些成员都是不能独自生活的人，大多是配偶死亡后和其他已婚子女共同生活的鳏夫或寡母，也有些是其他较远的亲属，甚至没有亲属关系的人。（IV）是联合家庭，就是儿女成婚后继续和父母在一个单位里生活，即上面所说的两代重叠的核心家庭；如果兄弟成婚后都不独立成家，那就成了同胞的核心家庭的联合的单位。"③ 很显然，费孝通先生对中国家庭结构的分类是以西方社会的核心家庭作为参照，按照家庭中有无夫妇所形成的核心以及有多少个核心所进行的划分。其中，I类家庭没有核心，II类家庭只有一个核心，III类家庭也只有一个核心但还有其他家庭成员，IV类家庭有多个核心。这样的分类方法虽然强调了夫妇核心是家庭的基础，但是没能突出中国传统家庭以亲子作为主轴的特点。因此，费孝通先生经过充分的考量，在《三论中国家庭结构的变动》中对中国家庭结构的类型划分进行了修正。在修正中，主要是对 IV 类家庭进行了细分，在 IV 类家庭中有多个核心，但是多个核心既可以是纵向上的两代重叠的多核心，也可以是横向上的同胞多核心，为了对两种不同的多核心家庭加以区分，费孝通先生把"两代重叠的多核心家庭合并在 III 类例，而称之为主干家庭。联合家庭或大家庭则保留给原来 IV 类里的同胞多核心家庭"④。

至此，费孝通先生关于中国家庭结构四个类型的划分已经十分明晰。I 类家庭是残缺家庭，即夫妇核心中因一方或双方死亡或离去而残缺的家庭；II 类家庭是核心家庭，即一对夫妇核心及其未婚子女组成的家庭；III 家庭是主

---

① 费孝通：《论中国家庭结构的变动》，《天津社会科学》1982 年第 3 期。
② 费孝通：《三论中国家庭结构的变动》，《北京大学学报（哲学社会科学版）》1986 年第 3 期。
③ 费孝通：《论中国家庭结构的变动》，《天津社会科学》1982 年第 3 期。
④ 费孝通：《三论中国家庭结构的变动》，《北京大学学报（哲学社会科学版）》1986 年第 3 期。

干家庭,即一对夫妇与一个已婚的子女组成的两代重叠的多核心家庭;IV类家庭是联合家庭,即多个子女成婚后的不独立成家与父母同住形成的同胞多核心家庭。费孝通先生对中国家庭结构的分类不仅为我们提供了认识中国家庭的基本框架,而且在分类中所强调的两个理念也给了我们深刻的启示。这两个理念就是,一是中国的家庭不同于西方社会的家庭,是"扩大了的家庭";二是亲子关系是中国传统家庭的主轴。这样的认识,抓住了中国传统家庭的核心特点,是我们考察中国家庭现代变迁的参照依据。有了这样的依据,我们才能做出当代中国的家庭结构是否发生了变迁,以及发生了什么变迁的判断。

按照费孝通先生关于中国家庭四个类型的划分,在传统社会里第IV类型的家庭即联合家庭占有相当大的比重。中国人有深厚的家庭情结,这样的情结不是对小家庭的热衷而是对大家庭的向往。在传统社会里,但凡有条件,直系亲属、同胞兄弟都会居住在一起。在大家看来,世代同堂、兄弟共居是一个家庭兴旺发达的标志,共居的代数越多、人数越多就越能显示家庭的兴旺。相反,世代单一、人丁稀少则是一个家庭衰败的表现。因此,大家都纷纷致力于大家庭的建设,家庭规模成了重要的攀比指标,家庭结构呈现扩大化趋势。但是伴随着中国社会由传统到现代的变迁,家庭结构格局发生了深刻的变化。昔日世代同堂、兄弟共居的联合家庭逐渐走向分离,家庭结构呈现出小型化和核心化趋势。2000年全国第五次人口普查的数据显示,全国家庭户每户的平均人数为3.46人,其中乡村每户3.68人,城市每户3.03人;一代户为73 892 669户占21.7%,二代户201 964 085户占59.3%,三代户62 122 440户占18.2%,四代户2 508 466户占0.73%,五代户及五代以上户3537户占0.001%。[①] 通过这些数据,我们可以清晰地发现无论从人数上来看还是从代际构成来看,中国家庭结构的小型化和核心化特点已十分鲜明。而且通过与2010年的全国第六次人口普查相关数据的对比,我们还会发现这一趋势仍在不断扩大。全国第六次人口普查的数据显示,全国家庭户每户的平均人数由2000年的3.46人下降到了3.09人,其中乡村由每户3.68人下降到了3.34人,城市由每户3.03人下降到了2.71人;从代际构成来看,从2000年到2010年一代户的比重由21.7%上升到了34.8%,二代户的比重从59.3%下降到了47.83%,三代户的比重从18.2%下降到了17.31%,四代户的比重

---

① 国家统计局:《全国第五次人口普查数据》,http://www.stats.gov.cn/tjsj/pcsj/rkpc/5rp/index.htm。

由 0.73% 下降到了 0.69%，五代户及五代以上户的比重更是由 0.001% 下降为 0.000 7%。[①] 由此可见，中国家庭结构的小型化、核心化仍然呈扩大化趋势。

中国家庭结构的变动为什么会呈现小型化和核心化的趋势，就其原因来说十分复杂。但是，以下几个因素尤为突出。首先，人口出现低增长。人口是家庭的基础，人口不仅直接决定着家庭的规模，也影响着家庭的组成方式。而在中国社会从传统到现代的变迁中，人口的低增长无疑是最为突出的特点。20 世纪 60 年代我国开始提倡计划生育，70 年代开始强力推进，在严格的计划生育政策下人口增长迅速减少。20 世纪 60 年代以及 70 年代初期，全国每年出生人数基本都在 2 500 万人以上，而进入 21 世纪后已基本稳定在 1 500 万、1 600 万人左右。[②]"从整个人口转变的过程来看，我国仅用 30 年左右的时间，就完成了多数发达国家百年左右时间才完成的人口转变。"[③] 而且在社会竞争、生活压力等社会经济因素的综合作用下，人们逐渐出现了晚婚化、晚育化甚至是非婚化、非育化，又在一定程度上加剧了人口的低增长。"《中国统计年鉴 2016》数据显示：2015 年的总和生育率更是仅为 1.047，这一数据甚至不及人口世代更替水平的一半。中国在 2010、2011、2012、2013 年的总和生育率仅有 1.18、1.04、1.26、1.25。研究发现，妇女未婚比例不断提高和一孩生育水平不断走低是 20 多年来中国低生育进程的特征。"[④] 与此同时，它还会带来家庭结构的核心化。一方面，人口的低增长，尤其是大量独生子女的出现排除了几个同胞兄弟共同居住在一起组建联合家庭的可能性。另一方面，伴随人口增长的减少，家庭中每一代的人数也在减少，有时家庭中一代人仅为一人，如果仅为一人的这代人独自成家或外出就业、求学等，原有的三代户家庭就会变成二代户，二代户又会变成一代户即我们说的"空巢"家庭。

其次，现代社会家庭生产功能弱化。在传统社会家庭不仅是一个生活单位还是一个生产单位。传统的农耕生产是以家庭为单位，家庭成员在有经验的家长的带领下有计划、有组织地分工协作、共同经营生产。这样的生产方式不仅促进了家庭成员间的联系与配合，而且还在一定程度上促进了家庭规模的扩大。因为，在家庭作为基本的生产单位的前提下，家庭规模直接决定

①　国家统计局：《全国第六次人口普查数据》，http：//www.stats.gov.cn/tjsj/pcsj/rkpc/6rp/indexch.htm。

②　王桂新：《我国"潜在"的人口危机及其应对之策》，《学术前沿》2012 年第 4 期。

③　王桂新：《我国"潜在"的人口危机及其应对之策》，《学术前沿》2012 年第 4 期。

④　穆光宗：《中国的人口危机与应对》，《北京大学学报（哲学社会科学版）》2019 年第 5 期。

着家庭的生产经营能力，家庭规模越大家庭的生产能力也就越强。但是，伴随着中国社会的现代变迁，家庭的生产功能逐渐萎缩，家庭变成了纯粹的生活单位。在现代社会，工业化和市场经济的生产模式是以个人而非家庭为单位，家庭原有的生产组织价值大大削弱。今天，不仅城市家庭不再有生产经营的功能，就是在农村家庭的生产功能也被严重削弱。一方面，伴随着农村大量剩余劳动力向城市转移，家庭生产的非农化趋势越来越明显，原有的以农业生产作为核心内容的家庭生产的地位和功能也被大大削弱。另一方面，伴随着农业生产技术和经营方式的现代化，农业生产也从原始的对家庭规模的依赖转向对先进技术和经营理念的依赖，家庭在现代农业生产中的地位和作用不断降低。这在一定程度上促进了中国家庭结构的小型化和核心化。

再次，家庭成员独立自主意识增强。在中国家庭结构小型化和核心化的过程中，家庭成员独立自主意识的增强是其不可忽视的重要动因。主体的自由和独立是现代社会的重要标志。因此，在中国社会从传统到现代的变迁中，必然带来人们独立自主意识的增强。人们的独立自主意识贯穿在各个领域，体现在方方面面，家庭生活也不会例外。人们越来越希望摆脱传统家庭观念的束缚，建立属于自己的领地，过不受他人干涉的无拘无束的生活。尤其是改革开放以来，伴随着收入水平、住房条件等生活水平的提高，独立成家的物质条件不断改善，人们渴望独立生活的愿望更是不断增强。不仅年青一代希望单过，就是很多老年人也有这样的愿望。由于在思想观念、生活方式等方面存在差异，为了避免与年青一代发生矛盾，只要还有独立生活的能力，很多老年人都愿意与子女分开单独居住。人口普查数据显示，"2010 年 65 岁以上老年人与已婚子女同住所形成的直系家庭占比第一次跌破 50%，成为一个重要转折，两类单独生活老年人合计为 41.747%。老年人单独居住成为一种重要的居住方式"①。伴随着家庭成员要求独立成家的愿望不断强化，家庭的分化在所难免。这也就在一定程度上促进了中国家庭结构的小型化和核心化。

（二）家庭结构小型化、核心化对代际文化和谐的影响

家庭结构的变动必然带来家庭代际关系的变动，或者说家庭代际关系变动本身就蕴含在家庭结构的变动之中。因此，在中国家庭结构小型化和核心化的变迁中，家庭代际关系的变动不可避免。那么，在这一变迁中家庭代际

---

① 石金群：《独立与依赖：转型期的中国城市家庭代际关系》，社会科学文献出版社 2015 年版，第 64 页。

关系究竟会产生什么样的变动？这样的变动又会对家庭代际文化和谐产生什么样的影响呢？笔者试图对此做出分析。

中国家庭结构小型化和核心化变迁，不仅改变了家庭的构成方式，也重塑了家庭各代的关系尤其是深层的文化关系，从而对家庭代际和谐提出了新的挑战。从表面上看，家庭结构的小型化和核心化，缩小了家庭的规模，简化了家庭成员的关系，减少了代际之间的直接交往，这样的家庭结构模式似乎更利于家庭代际和谐的构建。但事实却并非如此。家庭代际关系因血缘和姻缘而产生，家庭结构的小型化和核心化只是减少每一代成员的数量，改变了代际成员的组成方式而已，但是代际成员间的血缘和姻缘关系并不会因此而改变，以此为基础的代际关系内容也不会因此而减少。如果要说有所不同的话，就是原本发生在家庭内的代际关系，因家庭结构的小型化和核心化，不得不延伸和拓展到家庭之外，由家内关系变成了"家际"关系。代际关系的"家际"化发展，让代际交往变成了家际交往，由此必然会带来交往观念、内容、方式上的变化，从而深刻影响家庭代际文化和谐。具体来说，集中体现在以下几方面：

第一，家庭观念由家庭本位向个体本位转变，削弱了代际凝聚力。代际凝聚力是家庭代际文化和谐的核心和标志。有了强大的凝聚力，家庭各代就能差异并存、协调互补、共同发展。而这种凝聚力来源于家庭各代对家庭的认同。有学者甚至认为家庭认同意识是家庭成立的必备条件，"与其说'家庭'存在于现实中还不如说更多地存在于人们的意识之中"[1]，"现实中就有即便认为对方和自己完全是陌生人，但是只要有血缘关系存在，实际上就被认为是家庭成员的情形。但是只要当事人本人没有意识到，这个'家庭'的实体是不存在的"[2]。在一个家庭中"如果家庭成员丧失了'家'的意识的话，'家'就崩溃了"[3]。因此，家庭意识是家庭代际凝聚力形成的前提和保证。有什么样的家庭意识，就会有什么样的家庭代际凝聚力。家庭意识浓厚，代际凝聚力就强；家庭意识薄弱，代际凝聚力就弱。以此观照我们就会发现，伴随着中国家庭结构小型化和核心化的变迁，中国人的家庭观念逐渐由家庭本位向个体本位转变，这样的转变必然会削弱家庭的代际凝聚力。

在传统社会，家庭是个人存在和发展的根基，个人的成长发展、责任义务都与家庭紧密相连，"个人被嵌入在家庭之中，追求家庭的团结和共性是个

①　[日] 上野千鹤子：《近代家庭的形成和终结》，吴咏梅译，商务印书馆 2005 年版，第 5 页。
②　[日] 上野千鹤子：《近代家庭的形成和终结》，吴咏梅译，商务印书馆 2005 年版，第 4 页。
③　[日] 上野千鹤子：《近代家庭的形成和终结》，吴咏梅译，商务印书馆 2005 年版，第 6 页。

人在家庭中的目的"，"个人必须服从家庭的整体安排，以利他主义为主导原则，为了家庭，个人的某些需要可以暂时妥协"①。因此，家庭本位是每个个体行动的基本逻辑和指导原则。一旦违背了这样的原则，将会面临舆论谴责甚至是被社会抛弃的危险。久而久之，家庭本位主义成了全社会最稳固的思想观念和最为重要的行动律条。

但是，伴随着家庭结构的小型化和核心化的变动，家庭的中心地位被逐渐削弱，家庭本位主义逐渐被个体主义所取代。一方面，家庭结构的小型化和核心化本身就反映了家庭成员的个体主义的倾向。如果说，人口的低增长是导致家庭结构小型化和核心化的客观原因，那么谋求个体的独立与自由就是其内在的主观动因。在家庭的分化中，无论是成年子女结婚后要求分家，还是父母不与已婚的子女同住希望单过，均反映了他们试图摆脱大家庭的束缚过独立自由的生活的诉求。这是促进家庭结构分化的重要推动力量。从这个意义上说，家庭结构的小型化和核心化就是家庭成员谋求独立自由的结果。家庭成员的个体化倾向愈强烈，家庭结构的小型化和核心化趋势就愈明显。另一方面，家庭结构的小型化和核心化又会加剧家庭成员的个体化。中国传统社会的家庭本位主义是以大家庭为本，是对世代同堂、兄弟共居的大家庭范式的崇尚。但是，伴随着家庭结构的小型化和核心化，原有的大家庭被解构，传统的家庭观念也被颠覆。家庭的分化让原有的大家庭变成了多个小家庭，大家将更多的精力放在了小家庭的建设上，无暇顾及小家庭以外的其他亲属。久而久之，传统大家庭观念被小家庭意识所取代。如果说，今天大家对家庭还有高度的认同的话，那针对的也是小家庭而不是大家庭。在这样的家庭意识的支配下，超越小家庭范围以外的代际交往无论在频度还是内容上都会逐渐减少，原本亲密的代际关系变得日益松散，代际凝聚力受到极大的削弱。而且在小家庭内部代际凝聚力也同样面临着威胁。伴随着家庭结构的小型化和核心化，家庭的成员不断减少，家庭的约束力量也在不断减弱，家庭成员的地位越来越趋于平等，客观上为家庭成员的个体化提供了条件，个体逐渐成了家庭关系的中心。而个体主义是家庭代际凝聚力的天敌，"个体主义价值在解放了人性的同时也削弱了人的家庭责任感和合作精神，使得家庭成为缺乏亲情依靠、冷漠分裂的空间结构体，导致了家庭成员的相互对立乃至对抗的倾向"②。

第二，家庭功能的"外化"，削弱了代际整合力。家庭作为社会的细胞，

---

① 朱静辉：《当代中国家庭代际伦理危机与价值重建》，《中州学刊》2013年第12期。

② 刘汶蓉：《家庭价值的变迁和延续——来自四个维度的经验证据》，《社会科学》2011年第10期。

必然有社会赋予它的特定功能，这是家庭的存在依据和使命。所谓家庭功能"就是在家庭与社会的联系和作用中，所具有的满足人类生存的各种需要，以及适应和改变社会环境的功用和效能"①。家庭作为社会的基本单位，其功能十分繁多，从大的类型上划分大致可以分为三类：本原功能、经济功能、衍生功能。本原功能是人类自身的生产功能，这是家庭最自然和首要的功能，其中包含生育、养育、赡养、情感支持等功能；经济功能是由人的生产所衍生出来的物质生产和消费的功能；衍生功能是由经济功能所派生出来的组织人们社会生活的功能，包括管理、权力、文娱、信仰、情感等。② 其中本原功能是基础和核心，经济功能和衍生功能都是以此为基础的延伸。结构决定功能，家庭结构与家庭功能之间联系密切。家庭结构的变动必然带来家庭功能的变迁。因此，在中国家庭结构小型化和核心化的现代变迁中，家庭功能的变迁不可避免。当然变迁不是丧失，只要家庭存在，只要它作为社会细胞的属性没有改变，就必须承担起社会赋予它的功能。因此，家庭功能的变迁是转化、调整，是功能转移，"即一个单位的某些功能'丧失'的时候，它可能意味着转变为其他功能，因此，这不仅仅是'丧失'而是一种'自然'的转移"③。那么，在中国家庭结构小型化和核心化的现代变迁中，家庭功能究竟发生了什么样的转化和调整呢？

首先，家庭的原生功能发生了外化。在传统社会，家庭是扩大了的家庭，在大家庭的结构模式下抚养、赡养、情感支持等家庭原生功能都是在家庭内部完成的。但是伴随着家庭结构的小型化和核心化，家庭的原生功能无法在家庭内部完成，不得不向家外转移由多个家庭甚至是社会来完成。一方面，在家庭结构的小型化和核心化中，传统意义上的大家庭分立成了多个小家庭，有血缘关系的代际成员分属不同的家庭，要完成像抚养、赡养、情感支持等家庭原生功能，就需要跨出小家庭的范围与有血缘关系的多个家庭之间发生交往来完成。正是基于此，王跃生先生认为在现代中国家庭代际关系应该在家际的互动中来考察，并将家庭分成了三个层级：个体家庭、网络家庭、亲属圈家庭。个体家庭是具有血缘、姻缘和收养关系成员所组成的生活单位，个体家庭的特点是同吃、共住、同收入④；网络家庭是"指在父系（或母系）

---

① 丁文：《家庭学》，山东人民出版社1997年版，第327页。

② 刘茂松：《论家庭功能及其变迁》，《湖南社会科学》2001年第2期。

③ ［美］J. 罗斯·埃什尔曼：《家庭导论》，中国社会科学出版社1991年版，第14页。

④ 王跃生：《个体家庭、网络家庭和亲属圈家庭——历史与现实结合的视角》，《开放时代》2010年第4期。

之下，具有赡养和继承关系成员所建立的生活单位相对独立的两个及以上单元家庭形成的家庭组织"①；而亲属圈家庭是"指有血缘关系（包括父系和母系）、姻缘关系，且具服属关系近亲成员所形成的家庭群体"②。个体家庭是家庭的存在基础和最基本的生活单元，网络家庭是有血缘关系的个体家庭的集合，而亲属圈家庭则是网络家庭的扩大。在家庭结构的小型化和核心化中，个体家庭的代数和人数都在缩减，家庭抚幼养老的原生功能变成了抚幼为主，养老的功能则在个体家庭以外进行。而且此处抚幼也主要是生活照料和基本生活经验的传递，至于文化熏陶、技术知识习得也需要依靠学校等社会机构来完成。另一方面，家庭结构的小型化和核心化与人口的低增长和老龄化相联系，在这样的背景下，靠个体家庭的力量已无法完成像养老这样的功能，于是不得不将这一功能外移，交由社会来完成。由于人口的低增长，再加之平均预期寿命的延长，老年人口的比重不断增大，中国迅速步入老龄化社会，老龄化程度不断加深。国家统计局的统计数据显示，2000 年，我国 65 岁及以上人口比重达到 7.0%③，2019 年年末全国内地总人口140 005万人，60 岁及以上人口为 25 388 万人，占 18.1%，65 岁及以上人口为 17 603 万人，占 12.6%④。在人口老龄化的背景下家庭的养老压力不断增大，有学者预计 2010—2040 年间，20%~30%的老年人口将是独生子女的父母，而子女的养老人均负担将从目前的 1/4~1/5 左右上升到 1/2 甚至更高⑤。有的学者更是指出："随着老龄化现象的加剧，家庭当中会遗留更多的老年个体，'被抚养者'和'抚养者'的比例甚至可以变化为 6∶2，甚至更高。"⑥ 这样，养老交由个体家庭来独自承担几乎没有可能。而且伴随着人口低增长，网络家庭不断缩小，亲属圈家庭没有了存在可能，养老也无法在网络家庭和亲属圈家庭中进行。因此，原本由家庭承担的养老功能不得不推向社会，交由社会来完成。

---

① 王跃生：《个体家庭、网络家庭和亲属圈家庭——历史与现实结合的视角》，《开放时代》2010 年第 4 期。

② 王跃生：《个体家庭、网络家庭和亲属圈家庭——历史与现实结合的视角》，《开放时代》2010 年第 4 期。

③ 国家统计局：《人口总量平稳增长 人口素质显著提升——新中国成立 70 周年经济社会发展成就系列报告之二十》，国家统计局网站，http://www.stats.gov.cn/ztjc/zthd/sjtjr/d10j/70cj/201909/t20190906_ 1696329。

④ 国家统计局：《中华人民共和国 2019 年国民经济和社会发展统计公报》，国家统计局网站，http://www.stats.gov.cn/tjsj/zxfb/202002/t20200228_ 1728913. html。

⑤ 黄彦萍：《积极人口老龄化研究》，《人口与计划生育》2008 年第 7 期。

⑥ 陈雯：《"四二一"家庭结构假设与家庭养老压力事实》，《华中师范大学学报（人文社会科学版）》2012 年第 5 期。

今天，家庭养老虽然还是最主要的方式，但是社会养老的趋势也越来越明显，很多老人面对"养儿不能防老"的现实，逐渐接受了在养老院、福利机构安度晚年的社会化的养老模式。其次，家庭经济功能发生了外化。在传统社会，家庭不仅是生活单位，而且还是生产单位，社会的生产、分配、交换和消费基本上都是以家庭为单位进行的。但是，伴随着生产的社会化，家庭的生产功能不断萎缩，尤其在不断小型化和核心化的家庭结构下，家庭在社会生产中所能发挥的作用越来越小，家庭逐渐变成了单纯的消费单位。个人对家庭的经济依赖程度也不断降低，不可预测的市场风险、激烈的社会竞争都主要靠自己去应对。再次，家庭衍生功能也发生了外化。在传统社会，家庭是个人生存和发展的依靠，个人的一切活动都是依托家庭来展开的。因此，家庭不仅有抚幼养老的原生功能、家庭生产的经济功能，还有在此基础上衍生出来的管理、权力、文化娱乐等功能。但是，伴随着家庭结构的小型化和核心化的变迁，家庭原有的原生功能、经济功能都发生了外移，以此为基础的衍生功能也必然外移。在小型化和核心化的家庭结构模式下，家庭成员的数量很少规模很小，再加之少了复杂的家庭生产，家庭管理愈加简单，家庭权威也逐渐失去了存在价值，家庭的管理功能和权力功能严重弱化。至于文化娱乐功能更是有限。在现代社会，人的精神文化需求在不断攀升，但是家庭所能提供的精神文化资源却十分有限，因此要真正满足精神文化需求只能超越家庭的范围在更广阔的社会中去寻找资源。

　　家庭功能的外化导致的最深刻的影响就是家庭代际整合力的削弱。家庭功能是家庭存在的依据和价值，也是将家庭各代整合在一起的客观力量。在传统社会里，一家一户，分工协作，同居共财，共担风险，共享天伦，家庭功能十分完整。强大的家庭功能将家庭各代整合在一起，结成了不可分割的共同体。正如学者刘茂松所描述的一样："在家庭这个小天地里，社会经济关系和家庭血缘结合在一起，生产和消费结合在一起，物质生产和人口生产结合在一起，形成了一个难以解体的自然经济共同体。"[1] 但是，伴随着家庭的现代变迁，尤其是家庭结构的小型化和核心化加剧，传统的家庭功能发生了萎缩和外移，家庭各代也就缺少了整合在一起的重要纽带。在人的生存和发展中，当家庭所能提供的资源和条件越来越有限，家庭代际成员对家庭代际共同体的认同和依赖都会不断减弱，取而代之的是代际成员的个体化。而个体化一旦成为主导，分立的各代要整合在一起，结成密不可分的共同体，难度不言而喻。

---

① 刘茂松：《论家庭功能及其变迁》，《湖南社会科学》2001 年第 2 期。

第三，代际交往的减弱，疏离了代际情感。家庭是避风的港湾，是获得精神慰藉的寓所。浓烈的亲情将家庭各代凝聚在一起构成了亲密无间的家庭共同体。因此，情感是联结家庭各代的精神纽带，是化解代际矛盾促进代际和谐的黏合剂。某种意义上，情感就是家庭代际和谐与否的标志。亲情浓郁的家庭，代际成员的关系也一定和谐融洽；相反，感情淡漠的家庭，代际成员之间多半是矛盾重重。而良好的代际情感关系不可能凭空产生，它需要在家庭各代的交往互动中形成。在传统社会，家庭既是生活单位又是生产单位，社会的主要功能都要依靠家庭来实现，个人的大多数活动都集中在家庭，代际交往十分频繁。在频繁的交往中，增进了各代的了解和沟通，也加深了相互间的感情。但是，伴随着家庭结构小型化和核心化的现代变迁，代际的交往互动减少，代际情感也逐渐走向疏离。首先，家庭结构的小型化和核心化影响了代际交往的频度。一方面，伴随着家庭结构的小型化和核心化，传统意义上应共同生活在一起的家庭代际成员分属到了不同的家庭，他们既不一起生活更谈不上一起生产，交往的频度自然会降低。另一方面，就是在小家庭内部代际交往的频度也在不断降低。家庭结构的小型化以及现代的一人一居室的居住模式客观上为家庭成员营造独立的生活空间提供了可能，家庭各代虽然共同生活在一起，但是又都有属于自己的空间，大家将更多的时间放在了自己的小空间上，除了必要的生活需要代际的交往互动并不多。其次，家庭结构的小型化和核心化影响了代际交往的内容。在传统社会，家庭各代的交往是全方位的，既有生产的又有生活的，既有物质的又有精神的。但是在小型化和核心化的家庭结构模式下，与家庭功能的萎缩相适应，代际交往的内容也在不断萎缩。一方面，工业化和市场经济的生产模式以个人而非家庭作为单位，个人更多的活动都在社会中进行，代际交往的内容越来越局限于家庭生活的范围。另一方面，个体的时间和精力是有限的，在有限的时间和精力中，工作和家庭就成了两个相互竞争的领域。面对激烈的社会竞争，成年的家庭成员不得不把主要精力放在工作中，从而减弱了代际的交往，尤其是情感的交流沟通。有些老人虽然和子女居住在一起，但是交流沟通并不多，甚至说话都很少，即便偶尔有些对话，子女也表现得很不耐烦。至于没有共同居住在一起的各代之间交往的内容就更为单一，主要是关于老年一代的赡养问题而且主要是物质供给，其他方面的交流则很少，似乎觉得没什么交流的必要和价值。再次，家庭结构的小型化和核心化影响了代际交往的方式。在传统社会，家庭各代的交往就蕴含在日常的生活和生产中，在潜移默化中代际交往就已完成。但是，在小型化和核心化的家庭模式下，原来的家庭各代分属不同的家庭，缺少了共同生活的前提，代际交往变成了独立于家庭生活的专门活动，不仅客观上制约了交往的频度和内容，而且也改变了交往的方式。共同生活在一起的家庭各代的交往是面对面的直接交往，交往及时而且深入。但是代际交往一旦超越家庭的范围，缺少了日常生活的依托，交往方式就会越来越趋于间接，如果再加上空间距离的阻隔，代际交往就会变得更加稀少和间接。比如，父母和成年子女分隔两地的代际交往，往往只能通过电话、短信等方式进行，制约了交往的内容也影响了交往的效果。代际交往的减弱直接影响到代际情感，当情感需求难以在代际成员间得到及时的回应和满足，代际关系将不断疏离甚至引发冲突。比如，"中国城市里的很多空巢老人在物质上并不欠缺，他们需要的是子女对他们的情感和精神慰藉，而情感关怀上的缺失正是父母对子女不满意的一个主要原因"①。

二、代际重心下移及其影响

代际重心下移是中国家庭现代变迁的另一个突出特点。中国的传统社会是一个讲究长幼尊卑的社会，"几千年来维持中国社会安宁的就是尊卑大小四字"②。在家庭中长者为尊，长辈具有不可撼动的至高无上的地位，晚辈要无条件地服从和服务于长辈。这是中国传统家庭最基本的伦理规范和最重要的代际关系维系力量。但是，伴随着家庭的现代变迁，这种格局发生了变化。家庭中长辈的权威逐渐衰落，长辈不再是家庭的中心，取而代之的是家庭中年龄最小的孩子，出现了"尊老不足，爱幼有余"的代际关系重心下移现象。代际关系重心下移打破了传统家庭平衡的代际关系，颠覆了传统的家庭观念和代际伦理，让家庭代际文化和谐的建构面临诸多新的挑战。

（一）家庭代际重心下移及其表现

"尊老不足，爱幼有余"是对家庭代际重心下移的形象概括，究其实质来说是家庭代际关系的失衡。这种失衡归纳起来主要如下：

第一，家庭中长辈权威的衰落。在传统社会，长者权威与"长幼尊卑"的伦理意识互为支撑。"长幼尊卑"的伦理意识为长者权威找到了依据，而长者权威又强化了大家的"长幼尊卑"意识。在长者权威与"长幼尊卑"的伦理意识的双重互动下，家庭中的长辈始终处于强势地位而晚辈则处于弱势。但是，伴随着社会的现代变迁，长辈的强势地位日渐衰落，以至于发生了长辈与晚辈之间强弱对比关系的颠倒。

①　朱静辉：《当代中国家庭代际伦理危机与价值重建》，《中州学刊》2013 年第 12 期。
②　梁漱溟：《中国人：社会与人生——梁漱溟文选》，中国文联出版公司 1996 年版，第 22 页。

一是长辈失去了对家庭的控制。在讲究长幼尊卑的传统社会，长辈不仅以年龄优势占据了家庭中的高位，更重要的是还以此为依据成了一家之主。俗话说"家有千口，主事一人"，当长辈成了一家之主，家庭的资源控制权和话语权都牢牢掌握在了长辈的手中，晚辈只能无条件地服从。但是，在家庭的现代变迁中，家庭的生产功能不断萎缩，家庭收入主要靠家庭成员通过个体的劳动从社会中去谋取，长辈也就逐渐失去了管控家庭经济资源和收入的内在根据，长辈在家庭中的经济地位不断下降。尤其在农村，伴随着家庭经济的非农化转移，家庭收入主要是青壮年的外出务工所得，老年一代对这样的收入基本无法染指，更是强化了他们在家庭经济中的弱势地位。与长辈经济地位的下滑形成鲜明对比的是晚辈尤其是成年晚辈经济地位的上升，经济上的强弱地位发生了颠倒。当长辈在经济上不再占优势，他们所拥有的家庭中的资源控制权和话语权也因缺乏经济支撑而不断减弱。

二是长辈的知识经验不再具有优势。在传统社会，长辈的权威除了因为他们掌握和控制着家庭的资源有绝对的话语权外，还有一个重要原因就是他们拥有晚辈所不具有的丰富的经验和知识。传统的农耕时代，经验在农业生产中占有举足轻重的地位，而长者在长期的劳作中积累了比晚辈更加丰富的生产经验和娴熟的劳动技能，并完全熟知乡土社会的运行规则和生存法则，自然会成为晚辈的楷模，受到晚辈的尊敬。晚辈的社会化完全是在长辈的严格控制下进行的，"老一代传喻给年青一代的不仅是生存技能，还包括他们对生活的理解、公认的生活方式以及简拙的是非观念"①。但是伴随着社会的现代变迁，尤其是工业化和城市化的兴起，长辈所拥有的知识经验难以解决新时代的问题，逐渐失去了传喻价值。而年轻的晚辈更能捕捉时代的变化，学会新时代所需的技术、知识和生存法则，反而具有优势。这样，长辈所拥有的知识经验不但没能成为他们赢得晚辈尊敬的资本，反而成了晚辈嘲笑他们落伍了的累赘和包袱。当长辈不再拥有家庭的资源控制权，不再具有知识经验上的优势，权威也就衰落了。

第二，代际互动关系失衡。家庭代际关系是家庭各代的双向互动关系。但是在中国家庭的现代变迁中，代际互动出现了"单向性"甚至是"逆向性"，影响了代际关系的和谐。

一是经济互助上的"单向性"和"逆向性"。费孝通先生指出中国传统家庭的经济互动关系是"甲代抚育乙代，乙代赡养甲代，乙代抚育丙代，丙

① 赵爽：《农村家庭代际关系的变化：文化与结构结合的路径》，《青年研究》2010年第1期。

代又赡养乙代，下一代对上一代都要反馈的模式，简称为代际反馈模式"①。按照这样的模式，人的一生可以分成三个时期："第一期是被抚育期，第二期是抚育子女期，第三期是赡养父母期。"② 子女年幼时应该由父母来抚育，经济关系的流向是由父母流向子女；而在父母年老后应该由子女来赡养，经济关系的流向是由子女流向父母，这是对父母养育应有的回馈。父母和子女之间形成了双向的经济互助关系。但是，伴随着家庭的现代变迁，这种双向的互助关系发生了改变，变成了单向甚至有时还是逆向。按照经济互助双向流动的要求，父母在年老以后应该从子女那里获得经济资助，经济资助的流向应该是子女流向父母。但是，今天的事实却是父母从子女那里获得的经济资助并不多，即便有一些资助也是象征性的，并不能真正满足养老的需要。之所以出现这样的情形，一方面是基于父母对子女的体谅，只要自己能过得去，父母并不想给子女增添太多的负担。另一方面是因为在住房、医疗、教育等生活消费不断高涨的今天，大多数成年子女在满足自己基本的生活开销后已所剩无几，能够提供给父母的资助更是少之又少。这样，原本应该由子女流向父母的经济资助并未能真正展开，双向的经济互助变成了单向。而且在成年子女收入较少生活拮据的情形下，父母不仅没有从子女那里获得经济资助，反而还要从自己的收入中拿出一部分甚至是全部来贴补子女的家用，经济资助出现了逆向流动。比如，为了解决子女购房、购车，孙子女就学高额的消费，父母把终生的积蓄都贡献了出来；子女没有收入或收入较少时，父母不得不将自己的收入分出一部分来养活子女；和父母居住在一起的成年子女生活开销全部由父母承担，或者已经分开居住的子女经常到父母那里蹭吃蹭喝，即我们所说的"啃老"现象等情形，都是子代与亲代在经济资助上逆向流动的具体表现。

二是生活照料上的单向性和逆向性。年老的父母理应获得子女对自己生活上的照料，这是代际反馈模式的内在要求。这种生活照料包含日常家务帮助、生活起居服务以及生病时的护理。但是，事实上今天子女对父母的生活照料并不多。一方面，在家庭结构小型化和核心化背景下，成年子女与父母通常是分开过，由于没有共同居住在一起，客观上制约了子女对父母的生活照料。另一方面，大多数父母认为只要生活能够自理，就没有必要给子女添

---

①　费孝通：《家庭结构变动中的老年赡养问题——再论中国家庭结构的变动》，《北京大学学报（哲学社会科学版）》1983年第3期。

②　费孝通：《家庭结构变动中的老年赡养问题——再论中国家庭结构的变动》，《北京大学学报（哲学社会科学版）》1983年第3期。

太多的"麻烦",让子女将更多的精力放在工作、事业和自己的生活上。而且,更多的情形是年老的父母不仅没能获得子女的照料,反而还要反过来照顾子女的生活。比如,很多与成年子女生活在一起的老年父母,只要身体还行,买菜、做饭、洗衣、打扫房屋、看管孙子女等主要的家务都是由他们承担的。在成年子女外出务工的农村家庭,很多老年父母甚至还要代替子女承担生产耕种、教育孙子女等事务。生活照料在子代和亲代之间发生了逆转。

三是精神支持上的单向性和逆向性。成年子女对老年父母的反馈和回报,不仅包含经济上的资助、生活上的照料,而且还包含精神上的支持。但是,在今天老年父母从子女那里获得的精神支持却并不多。一方面是受分开居住、工作繁忙、空间阻隔等客观因素的影响,子女没有太多的精力和条件来陪伴父母倾听他们的诉说、消解他们的孤独。另一方面是子女对父母情感需求的忽视,在他们看来父母只要身体"健康"、衣食无忧就可以了。与之形成鲜明对比的是父母对子女的牵挂和在乎却是有增无减相伴终生。无论子女相隔有多远,无论他们的年龄有多大,父母对他们的牵挂和在乎都从来没有改变过。他们始终没有停止过对子女的嘘寒问暖、精神鼓励和情感抚慰。从这个意义上讲,在情感支持上父母对子女的付出远远超过了子女对父母的付出。

第三,孩子地位的中心化。与家庭中长辈权威衰落形成鲜明对比的是家庭中年龄最小的孩子的地位不断上升,逐渐成了家庭的焦点和中心。具体来说,一是孩子集所有长辈的宠爱于一身。在严格计划生育政策下,人口的出生率不断降低,出现了越来越多的独生子女,与以前的多个孩子相比,一个孩子显得弥足珍贵。他(她)不仅是父母的心头肉,还是祖父母(外祖父母)的小心肝、小宝贝。所有长辈和亲属都争相宠爱着他们,他(她)俨然成了家庭中的"小公主""小皇帝"。他们的一举一动都左右着长辈的视线,一有风吹草动所有的长辈就会立马出现集体上阵。尤其是对于年迈的祖父母、外祖父母来说,照顾年幼的孙子(女)就是他们最重要的事业;他们以此为乐并且乐此不疲。二是孩子成了家庭事务决策的首要考量因素。一切为了孩子,是大多数家庭的基本理念和行动逻辑。在家庭所有重大事务的决策中孩子是首要的考量因素。比如,买房要买学区房,便于孩子就读;买车是为了接送孩子方便;为了孩子的学习和"成长"可以举家搬迁甚至是背井离乡;还有的父母干脆辞掉工作干起了专职"陪读"。在家庭消费中孩子的中心地位就更加突出。一方面,孩子的消费在家庭消费中的比重不断增大。这既有生活、教育、医疗费用不断增加的客观因素,也有长辈希望给孩子提供尽可能好的生活和成长条件的主观原因。"苦自己也不能苦了孩子","不要让孩子输在起跑线上"是大多数家长的重要信念。另一方面,孩子的消费需求一般都能得到满足。大多数家长认为"挣钱就是要给孩子花的，现在的孩子又不多，能满足的一定要满足"。因此，孩子提出的消费要求只要不是太过分，家长只要有能力一般都会满足。甚至出现了家长虽没有经济实力，但是为了满足孩子，不惜省吃俭用、竭尽所有来给孩子消费的情形。于是，我们经常看到这样的场景，父母节衣缩食、省之又省，用的都是老掉牙的东西，而子女则出手阔绰，吃穿用度都是高档的名牌产品。三是孩子在家庭中的主动权和决策权提升。在传统社会，家庭的决策权牢牢掌握在一家之主的长辈手中，其他家成员只能服从，更不要说年幼的孩子。但是，今天这样的情形发生了改变，在家庭事务的决策中不仅要听取孩子的意见，而且孩子还是影响决策重要的因素。这不仅体现在有关孩子的事务主要由孩子说了算，而且还体现在买房、购车、旅游、人情往来等家庭的其他重大事务的决策中孩子的意见成了重要的左右因素。

（二）家庭代际重心下移对代际文化和谐的影响

家庭代际重心下移是家庭代际关系失衡的具体表现，当代际关系出现了失衡，其内核的文化和谐也必将受到影响。

第一，代际重心下移会削弱代际和谐的文化力量。支撑代际和谐的内在力量是文化的力量、精神的力量。家庭代际文化和谐，就是要用文化的力量去整合和平衡家庭各代的关系，让家庭各代的关系处于平衡适中、协调互补的完美状态。而家庭代际重心的下移，是代际关系失衡的具体表现，其本身就说明了代际关系的不和谐。如果说，传统社会的长辈中心主义维系了家庭各代的关系，让各代"和平共处""相安无事"达成某种"和谐"的话，那也只是表面的伪装的和谐。因为在这样的文化主导下，家庭成员的个性被泯灭，主体性被忽视，家庭发展缺乏应有的生机和活力。但是，当家庭的重心转移到下一代，长辈的中心地位被年幼的孩子所取代，也只是用"新的"中心取代了"旧的"中心而已，并不能带来代际关系的和谐。相反，将年纪尚幼、心智尚不成熟的孩子置于家庭的中心位置，一切以他们为重，过分倚重他们的意见，更容易破坏和谐的代际关系，导致家庭畸形发展。真正和谐的家庭代际关系，是"去中心化"的代际关系，家庭之中没有中心也不存在中心，家庭各代应该地位平等、和睦相处、分工协作、各尽所能、共谋发展。与之相适应的文化，也应该是倡导家庭各代民主、平等、自由、互爱的文化，只有在这样的文化感召下和谐的家庭代际关系才能形成。无论是以长辈为中心还是以孩子为中心都是对这一文化的极大破坏。

第二，代际重心下移会削弱代际责任感。中国家庭父母抚育子女，子女赡养老人的代际反馈模式，不仅说明了亲代和子代之间双向互动的基本逻辑，而且也明确了亲代与子代之间的责任。亲代的父母有抚育子女的义务，子女成年后同样有赡养父母的责任。这是中西方文化在亲子关系上的差别，"赡养老人在西方并不成为子女必须负担的义务，而在中国却是子女义不容辞的责任"①。当父母与子女之间"互为责任""彼此支撑"，亲代和子代之间也就实现了和谐。而责任的自觉履行是以强烈的责任感为前提的，尤其是亲代和子代之间的责任，更需要强烈的责任感来维系。因为亲代与子代之间的责任是建立在血缘和亲情基础上的责任，是先赋性的责任，根本没法用市场经济的逻辑去解释，也没法按照市场交易的规则去运行。但是，在家庭代际重心的下移中代际责任感受到了很大的影响。一方面，责任感和责任履行互为表里、相互支撑，责任感推动责任的履行，在责任的履行中又会增强责任感。当家庭代际重心发生了下移，亲代和子代之间双向的互动关系变成了亲代流向子代的单向关系。虽然发生此种情形的原因有很多，既有父母体谅子女的原因，也有子女自身能力不足的因素，但客观上都是子代并没有实际履行回馈亲代的责任。当这样的情形经常发生，子代就会因缺少责任履行的体验而逐渐淡忘自己肩负的赡养父母的责任。至于在子女"啃老"的逆向流动中，子代更是将自己的养老责任完全抛在了脑后。另一方面，伴随家庭代际重心下移，孩子成了家庭的中心，全家人的精力和注意力都放在了孩子身上，根本无暇顾及家中的老人。长久以后，就会导致敬老、养老观念的淡漠，甚至还会将老人当成包袱来加以嫌弃。

第三，代际重心下移会影响孩子的社会化。人在出生之后有一个不断适应社会，由生物性转化为社会性的过程，即人的社会化。而家庭是人社会化的初始地，人基本的生活技能、最早的知识启蒙、朴素的道德意识等都是在家庭中完成的。因此，家庭在人的社会化中占有十分重要的地位，它所产生的影响不仅深刻而且久远，几乎是相伴终生。因此，中国自古以来就有"三岁看大，七岁看老"的说法。这就要求家庭要营造良好的文化氛围，创造有利的条件，切实推进小孩的社会化。以此观照，以孩子为中心的家庭文化并不利于孩子的健康成长，甚至可以说是孩子社会化的阻碍。首先，不利于孩子自立自强。一方面，孩子集万千宠爱于一身，衣来伸手饭来张口，一切都有人操心，一切事务都由长辈包办。他们就像温室里的花朵，完全在长辈的庇护下成长。在这样的环境下成长起来的他们，没有自立自强的独立意识，

---

① 费孝通：《家庭结构变动中的老年赡养问题——再论中国家庭结构的变动》，《北京大学学报（哲学社会科学版）》1983 年第 3 期。

却有强烈的依赖思想。当他们离开家庭走向社会，独立面对激烈的社会竞争和林林总总的困难挫折，就会无所适从、茫然不知所措，进而产生悲观、失望的情绪。另一方面，长辈对孩子的过分关爱中，爱得过度，也爱得独裁，在浓浓的爱意背后往往隐藏着长辈尤其是父母的意志。他们为孩子付出的一切，表面看来是"利他"但更多的是"利己"，在"甘愿成为孩子们生活上的保姆、学习上的陪读、经济上的支柱背后，隐含着的是一种爱的交换。即爱的高期望值背后的高附加值——让子女以杰出的学习成绩作为对自己全身心付出的爱的交换"①。因此，在浓浓的"爱意"包裹下，父母长辈掌控了孩子的一切，一切皆按他们的意愿在进行，而孩子的独立性、自主性、创造性则被泯灭了。其次，容易导致极端的利己主义。"一切为了孩子，孩子就是一切"，当这样的理念成了主导，孩子在家庭中的中心位置就不可撼动了。全家人都在围绕孩子转，最好的东西给孩子，孩子的需求就是家庭的首要需求。长辈乐意付出，孩子也接受得理所当然。长久以后，就会助长孩子的自我中心意识，甚至发展成为"一切皆从自己出发，一切只为自己考虑"的极端利己主义。再次，容易导致责任感的缺失。权利和义务一致，索取和付出对等，这是社会交往的基本要求和基本原则。然而，在孩子为中心的家庭中，双向的对等关系变成了单向，孩子只享受权利而不承担义务，只管索取而不管付出。家庭运转、生活琐事都由父母长辈搞定，经济的压力、生活的重担都与自己无关。他们感受不到任何责任和压力，似乎责任都是别人的，权利才是自己的。长此以往，就会导致责任感的缺失。而责任感是责任担当的内驱力，责任感一旦缺失，面对国家、社会、集体、家庭和他人就只有索取没有担当，而且索取一旦没有得到满足，就会变成无尽的抱怨甚至是仇视，从而影响社会的和谐、进步与繁荣。

三、家庭代际人口流动及其影响

代际人口流动加剧是中国家庭现代变迁的又一个突出特点。中国改革开放40多年来，中国社会最大的变化之一，就是人口的大规模流动。人口的大规模流动，改变了家庭的结构和功能，也深刻地影响着家庭代际成员的思想观念、生活方式和情感体验，让家庭代际文化和谐面临着诸多新的挑战。

（一）家庭代际人口流动的现状及其动因

人口流动也就是人口迁移，"是指人口在地理位置上的变动，即人口从一

---

① 潘文岚：《家庭代际伦理的现实问题》，《社会》1999年第1期。

个地区流向另一个地区的迁移"①。人口流动具体到家庭就是家庭代际人口的流动。在血缘和地缘合一的传统社会，"'生于斯、死于斯'把人和地的因缘固定了"，"自给自足的乡土社会的人口是不需要流动的。②"一方面，传统社会是农业社会，"以农为生的人，世代定居是常态，迁移是变态"③。另一方面，在传统的农业社会，"家庭是基本的经济单位，分工和交换往往只发生在家族和村落内部，人们无须或者很少需要进行跨区域的交往，村落之间甚至形成了'鸡犬之声相闻，老死不相往来'的状况，构建了一个基于血缘家族关系的熟人社会"④。在改革开放以前很长的一段时期，由于我们实行高度的计划经济，采用城乡二元分割的户籍制度，农民被固定在土地上，不能随意改变职业、身份与居住地，人口流动也很少。改革开放以后，伴随着社会逐步由封闭走向开放，人口流动尤其是农村人口向城市流动的大门逐渐开启，"使数十年来受计划经济体制及城乡分割制约所形成、积聚起来的人口迁移势能得到释放，掀起了区域人口迁移特别是城乡人口迁移的大潮"⑤。改革开放以后的人口流动可以分为两个阶段：90 年代以前主要是"离土不离乡"的就地流动，"这一时期的人口流动以短距离迁移为主，长迁移尚不多见，省际年间迁移人数及迁移率分别在 100 万人和 1‰ 以下"⑥；90 年代后"新一轮改革开放，初步打开了农村人口迁入城市的大门，人口迁移进入高度活跃期。1995 年总迁移人口大致为 1 300 多万人，省际迁移人口为 350 多万，2000 年二者分别增加到 3 200 多万人和 1 000 多万人，分别增长了约 1.89 倍和 2.41 倍"⑦。直到今天，大规模的人口流动仍在持续。国家统计局网站公布的数据显示：2019 年全国人户分离的人口 2.80 亿人，其中流动人口 2.36 亿人；全国农民工总量 29 077 万人，外出农民工 17 425 万人⑧。

中国改革开放以来，尤其是 90 年代以后，为什么会发生大规模、跨区域的人口流动？其原因十分复杂，但主要原因如下。首先，农村大量剩余劳动力的出现和工业化、城市化的推进是人口流动的客观条件。改革开放以后，

①　毛况生：《人口学原理》，中国财政经济出版社 1989 年版，第 57 页。

②　费孝通：《乡土中国　生育制度》，北京大学出版社 1998 年版，第 70 页。

③　费孝通：《乡土中国　生育制度》，北京大学出版社 1998 年版，第 7 页。

④　章辉美、何芳芳：《论社会结构变迁中"差序格局"的解构》，《湖南师范大学社会科学学报》2007 年第 4 期。

⑤　王桂新：《迁移与发展——中国改革开放以来的实证》，科学出版社 2005 年版，第 52 页。

⑥　王桂新：《改革开放以来中国人口迁移发展的几个特征》，《人口与经济》2004 年第 4 期。

⑦　王桂新：《新中国人口迁移 70 年：机制、过程与发展》，《中国人口科学》2019 年第 5 期。

⑧　国家统计局：《中华人民共和国 2019 年国民经济和社会发展统计公报》，国家统计局网站，http://www.stats.gov.cn/tjsj/zxfb/202002/t20200228_ 1728913.html。

伴随着农村改革的深入推进，尤其是农村家庭联产承包责任制的实施，农民的生产积极性不断提高，再加之农业生产技术的革新，农业的劳动生产率大大提高，从而导致了农村大量剩余劳动力的出现。农村大量剩余劳动力的出现，客观上要求农村人口必须进行非农化的转移。而就在此时，工业化和城市化迅速推进，需要大量的劳动力。工业化过程是工业扩张的过程，工业扩张需要大量的劳动力作为支撑。而一个社会劳动力的总量是恒定的，要满足工业化的劳动力需求就必须将大量的农业人口转变为工业人口。列宁就曾指出："大机器工业必然造成人口流动性。"①城市化又是和工业化相生相伴的，大量的工业主要集中在城市，工业的扩张必然带来城市的扩张；而城市扩张又为工业的发展提供了条件和资源。在工业化和城市化的双重互动下，农村大量的剩余劳动力纷纷涌向城市。其次，基于利益比较的理性选择是主观原因。人是有理性的动物，人具有理性的一个重要表现，就是人懂得趋利避害、择优而从。改革开放以来的中国人口流动，不仅是农村改革、工业化和城市化合力推进的结果，而且还是个体理性选择的结果。"作为每一个理性的个体，都有自主选择幸福生活的权利。从经济落后的欠发达地区迁往经济繁荣的发达地区，从简单质朴的乡村生活过渡到舒适快捷的都市生活，成为城市化进程中每一个追求现代生活个体的理性选择。"② 中国尚处在社会主义的初级阶段，发展还很不平衡，地区之间、行业之间、城乡之间存在较大的差别。以人均收入为例，2019 城镇居民人均可支配收入 42 359 元，村居民人均可支配收入 16 021 元③，两者之间相差约 2.64 倍。如果加上福利、公共服务等因素相差将会更大。俗话说："人往高处走，水往低处流"，基于城乡之间、地区之间、工业和农业之间的差别，经过理性的比较，农民自然会做出离开土地进城务工的选择。再次，市场经济兴起和户籍管理松动是政策条件。改革开放以前，我国实行的是高度的计划经济，包括劳动力在内的一切资源都是按照政府的计划和指令来配置的，客观上取消了人口自由流动的可能。尤其在农村，"队为基础，三级所有"的所有制结构，更是将农民固定在作为最基本的经济单位的生产队之中，离开了这样的单位依托个体寸步难行。再加上严格实行城乡二元分割的户籍制度，农村人口自由流动的大门被彻底堵死了。

① 《列宁全集》第 3 卷，人民出版社 1984 年版，第 501 页。

② 姚从容：《流动的中国人口与空间集聚——简论主体功能区的代际伦理》，《江西社会科学》2013 年第 10 期。

③ 国家统计局：《中华人民共和国 2019 年国民经济和社会发展统计公报》，国家统计局网站，http://www.stats.gov.cn/tjsj/zxfb/202002/t20200228_1728913.html。

改革开放以后，在经济发展中我们逐步确立社会主义市场经济体制，市场经济的运行模式打破了计划经济造成的封锁与分割，从而为人口的自由流动提供了可能。因为市场经济本质上是市场在资源配置中起决定性的作用，而市场机制要发挥作用，就要求包括劳动力在内的一切生产要素都处于流动之中。与此同时，户籍管理政策也出现了松动，自由流动的壁垒不再那么坚实，农民虽然还不能从根本上改变自己的身份，但至少获得了进城就业的机会，大规模的人口流动潮因此而形成。

（二）代际人口流动对家庭代际文化和谐的影响

人总属于一定的家庭，社会人口的流动实质上也是家庭人口的流动。当一个家庭的人口发生了流动，它不仅会引起家庭的代际结构和功能的变动，而且还会对家庭各代的思想观念、生活方式、情感产生深刻的影响，从而影响家庭代际文化和谐。由于人口的主要流向是农村流向城市，因此接下来的探讨主要针对人口发生流动的农村家庭，即我们通常所说的农村留守家庭。留守是流动的另一面，家庭成员外出形成流动，与之相对应的没有外出的家庭成员就是留守。农村留守家庭是对发生人口流动的农村家庭的另一种表述。

第一，代际人口流动容易导致家庭代际关系失衡。家庭代际关系的实质是不同代的家庭成员间频繁互动的人际关系。家庭成员的代际如何构成以及相互间如何互动，都将影响到家庭代际关系的内容和效果。而家庭代际人口的流动改变了原有的家庭代际结构，破坏了代际成员的角色分工和交往互动，代际关系呈现失衡的状态。

首先，人口流动导致家庭代际结构失衡。家庭是由代际成员构成的共同体，家庭结构的完整首先体现在代际成员的完整上。但是代际人口的流动，却在一定程度上导致了家庭的代际成员缺损。这如同在搭建好的积木上抽去了其中的一层，原本的稳定性必然遭到严重的破坏。尤其在广大农村，外出务工的家庭成员以青壮年的男性居多。一方面他们是家庭的顶梁柱，父母的赡养、子女的抚育都要靠他们来完成。另一方面他们还是家庭关系的黏合剂，家庭成员间的分歧主要靠他们来消弭，家庭的合力主要靠他们来凝聚。他们的缺损必然导致家庭代际结构的失衡。尤其对于夫妻同时外出务工的农村家庭来说，由于整整缺损了一代，家庭代际结构发生的不是一般的变化，而是颠覆性的变化。此种情形下，一个三代户主干家庭会变成两代户，而且还是祖辈与孙辈组成的隔代型两代户；两代户家庭又会变成一代户；如果是一对夫妻与未成年子女构成的核心家庭的两代户，夫妻的同时缺位实际上导致的是家庭的解体。结构决定关系，家庭代际结构的失衡必然带来代际关系的失衡。

其次，人口流动导致家庭代际角色混乱。家庭是家庭成员间互动的有机体，家庭的功能的发挥需要家庭成员之间的分工协作和密切配合。这就意味着在家庭的结构中，每一个家庭成员都有特定的分工，都有属于自己的角色，扮演好自己的角色，发挥好自己的功能，是家庭正常运转的前提。这就像一部钟表，它的准时与否，完全取决于每一个齿轮是否能正常运转。但是在代际成员流动的家庭中，因为流动的家庭代际成员长期处于缺位的状态，原本应由他们承担的角色功能无法得到充分发挥，要维持家庭的正常运转，只能将他们的角色功能交由其他家庭成员来代为行使。这样原本有序的角色分工被打破，家庭代际成员的角色分工陷入混乱之中。比如，在儿子长期外出打工的三代户家庭中，儿媳不仅要扮演原本属于自己的媳妇、妻子、母亲的角色，还要代外出的丈夫承担作为儿子、父亲的职责，她不仅要相夫教子、照料公婆，还要一人扛起原本由夫妻双方共同担负的生产劳动、事务决策、对外交往、情感抚慰等家庭责任。长此以往，不仅使儿媳的角色识别发生紊乱，而且也为家庭关系的紧张埋下了伏笔。因为，一方面在"儿子"儿媳"丈夫"妻子"父亲"母亲多重角色的扮演下，儿媳已不堪重负，这不仅使代为行使的角色职责难以完成，就是原本属于自己的角色功能也势必受到影响。另一方面，儿媳代为行使的只是作为儿子、丈夫、父亲所应承担的部分职责而不是全部，毕竟"代为"不是"取代"，家庭成员的角色分工具有天然性，不能取代也不容取代。而在儿子、儿媳长期外出打工的三代户家庭中，留守的是年迈的祖辈和年幼的孙辈。由于子辈的长期缺位，原本应该颐养天年的祖辈，不得不重操旧业担负起维持家庭运转的重任，而且还要代外出的儿子、儿媳承担起与他们的年龄、知识、精力极不相称的照顾孙辈生活并管教他们学习的责任。这样无疑会让和谐有序的家庭角色分工遭到严重破坏，角色识别严重混乱。尤其在祖辈身体多病、年事已高的留守家庭中，年幼的孙辈有时还要代外出的父母担负起照料祖辈的责任。

再次，人口流动导致家庭代际互动的复杂化。在传统的三代户家庭中，虽然由三代人组成，但代际关系并不复杂，其核心是两对亲子关系，即祖辈与子辈的亲子关系和子辈与孙辈的亲子关系，而祖辈与孙辈之间虽然共同生活在一起，但是直接的互动并不多，发生冲突的可能性也不大。但是在农村留守家庭中，由于中间一代家庭成员部分或全部缺位，改变了原有的代际结构，也改变了原有的代际互动。一是增大了家庭各代成员间的直接互动。正如前述，在传统的完整的三代户家庭中代际互动主要发生在有亲子关系的两代人之间，隔代直接互动的情形并不多。但是在农村留守家庭中，由于作为中间一代的家庭成员部分或全部缺位，隔代直接互动率大为增加。二是扩大了家庭各代的互动内容。在传统完整的三代户家庭中代际关系主要由两对亲子关系组成，而且在互动内容上也各有侧重，祖辈与子辈的互动主要集中在老人的赡养上，子辈与孙辈的互动主要集中在孩子的抚育上。但是在农村留守家庭中，由于中间一代的部分或全部缺位，原本应由他们承担的角色功能只能交由留守的家庭成员来承担，从而使各代之间的互动内容变得日益复杂。为了维持家庭的正常运转，赡养、抚育、生产、对外交往、情感抚慰等都可能成为代际互动的内容，而且它们还常常交织在一起，让代际关系变得十分复杂。

第二，人口流动容易导致家庭代际观念冲突。家庭代际成员的流动，在改变了家庭原有的代际结构和关系的同时，也在深刻改变着家庭各代的思想观念，甚至引发冲突。具体来说，一是消费观念上容易产生冲突。在农村留守家庭中，经济条件不宽裕是共同特点，但凡经济宽裕一些，谁也不会选择背井离乡外出务工。因此，如何花钱消费的问题始终是这些家庭关注的核心问题。但是在如何消费的问题上，家庭各代的差异却很大，甚至形成了剧烈的冲突。以三代户家庭为例，作为年迈的祖辈提倡节俭，以少消费或不消费为好，在他们看来大手大脚花钱是败家的表现；作为年青一代的子辈来说，他们虽然也主张量入为出，但认为该消费就要消费，而且在外长期务工受城市消费观念的影响深刻，对适当的超前消费也并不排斥；作为年幼的孙辈来说，生活的艰辛、挣钱的不易对他们来说体会并不深刻，因此在消费上他们更喜欢追求现代和时尚，喜欢攀比，往往把拥有同辈人喜欢的时尚品牌作为炫耀的资本。二是养老观念上的冲突。养老是家庭的重要功能，但是在养老的观念上，各代人之间却存在较大的差异。尤其在成年子代长期外出务工的农村留守家庭中，各代的养老观念分歧更大。祖辈一代中"养儿防老"的观念根深蒂固，他们把养老的希望完全寄托在儿子的身上，希望儿子和儿媳能长期陪伴在自己的身边悉心照料自己的生活，喜欢儿孙绕膝的感觉。但是残酷的现实却是他们不但不能得到儿子、儿媳的照料，相反还要承担家庭生产、照顾孙辈的重任。在巨大的心理落差下，他们不禁会对晚年的生活产生担忧，这些担忧又不免会累积成对儿子、儿媳的抱怨。而作为子辈的儿子来说，他们虽然认同对父母的养老责任，但是他们更多地将这种责任理解为经济帮助，认为只要保障父母的生活供给，让父母衣食无忧，也就尽到了自己的责任。甚至认为自己外出打工就是为了给父母、家庭提供更好的生活，某种意义上是更大的尽孝。三是教育观念的冲突。重视晚辈的教育是当下家庭代际成员的共识。而且对于很多外出务工的家庭来说，给孙辈提供更好的教育往往还是他们外出务工的重要动因。但是祖辈和子辈对于孙辈教育的理解却存在很大的差异。作为年老的祖辈来说，他们虽然很重视孙辈的教育，但是由于受知识水平、精力的限制，往往心有余而力不足，能给孙辈提供的学习上的帮助十分有限。而且认为儿子、儿媳长期不在身边对孙辈已是一种亏欠，不忍心对孙辈的学习进行严苛的管理，往往认为只要过得去就行了，甚至认为照料孙辈的生活更为重要，学习主要靠孙辈自己。而作为长期在外务工的子辈来说，他们将希望寄托在了孩子的身上，他们望子成龙，迫切希望孩子通过努力学习来改变家庭的命运。他们的这种愿望直接变成了对孩子优异成绩的渴望，因此他们对孩子教育的关注也往往只是对学习成绩的关注，而对孩子的身心健康、道德品行却无暇顾及。只要孩子的学习成绩不好他们就会对孩子进行严厉的责骂，甚至责怪父母不尽责，从而导致家庭关系的紧张。

第三，人口流动容易导致家庭代际成员在生活方式和情感需求上的冲突。长期外出的家庭代际成员，经常生活在外地，异乡的生活方式潜移默化地影响着他们，他们的生活方式明显不同于留守家庭成员，进而容易引发各代在生活方式上的冲突。以三代户家庭为例，作为留守的祖辈来说，他们长期生活在农村，农村的生活经验和方式是他们最大的资本，他们希望在熟悉的故土以平静、稳定的生活方式颐养天年。都市生活对于他们来说十分陌生，也十分遥远，不会去追求也不想去追求。而作为子辈来说，由于长期在外务工，都市的生活深深吸引着他们，甚至把过上城里人的生活作为自己的奋斗目标。于是在都市生活的长期浸染中，悄然无息地改变着自己的生活方式，力图消弭自己与城里人的差距。久而久之，都市生活成了他们熟悉的生活方式，乡村的生活却变得陌生了，偶尔一次的回乡也会惊奇地发现自己已经很难适应乡村的生活了。而这种不适应在留守的祖辈看来是一种忘本的表现，不免会心生抱怨。而对于年幼的孙辈来说，现代的生活方式对他们影响十分深刻，祖辈和父辈的生活都不是他们所想要的，他们追求时尚和现代，喜欢过充满刺激、挑战和个性的生活。对他们来说，祖辈的唠叨、父母的管束都是极大的羁绊，他们试图通过自己的叛逆来对抗祖辈和父辈，从而导致了家庭代际的冲突。

家庭是情感交流的场所，亲情的抚慰往往是我们直面困难、勇往直前的无穷动力。但是在人口流动的家庭中，家庭代际成员长期缺位，很难进行及时有效的代际情感互动，容易引发代际情感冲突。这种冲突的实质是家庭代际成员间情感需求和供给之间的矛盾。以农村三代户留守家庭为例，对于留守的老人来说，伴随着年龄的增大他们越来越需要子女的情感抚慰，尤其在今天农村的温饱已经解决，他们的衣食基本无忧，情感需求超过了物质需求，成了第一位的需求。他们需要向子女进行倾诉，更需要子女的嘘寒问暖。但是由于子辈的长期外出，这种需求却难以得到满足，从而造成了留守老人的精神孤独。对于留守的妻子来说，由于夫妻的长期分居，很难进行及时有效的沟通，夫妻之间的感情容易疏远。尤其在繁重的家庭责任下，留守的妻子迫切需要作为家庭顶梁柱的丈夫的安慰和鼓励，但是却很难得到及时的回应，常常处于孤立无援的境地，久而久之，容易产生对丈夫的失望和抱怨，从而影响夫妻的感情、婚姻的稳定。对于留守的儿童来说，父母是他们最大的精神支柱，他们既需要父爱也需要母爱。费孝通先生就曾指出："人类似乎找到了一个比较上最有效的抚育方式，那就是双系抚育。"① 但是在农村留守家庭中，原本的双系抚育变成了单系抚育、隔代抚育，甚至还是其他亲属看管。在这一情形下，留守儿童对父母的情感诉求很难得到满足，他们常常处于对父母的思念之中，久而久之，容易造成性格的孤僻和心理的自卑，甚至产生对父母的怨恨。而对于外出务工的家庭成员来说，他们同样处于情感的饥渴状态。他们背井离乡，客居他乡，一方面对家人怀着深深的思念，另一方面在生活的重压下又有着向家人倾诉情感，寻求精神抚慰的需求。但这一切，都因距离的阻隔变得难以实现。

第三节　当代中国家庭代际文化和谐的建构进路

在传统到现代的变迁中，中国家庭呈现出结构小型化和核心化、代际关系重心下移、代际人口流动频繁等新特点。中国家庭的这些新变化，改变了传统家庭的结构和功能，也深刻改变了家庭各代的思想观念、生活方式和情感体验，家庭代际文化和谐面临着诸多新的挑战。正视并积极应对这些挑战是当下家庭代际文化和谐建构的关键所在。正是基于此，笔者试图立足中国家庭现代变迁的新特点和新挑战，对当代中国家庭代际文化和谐的建构做如下探索。

一、在孝文化的现代重塑中构筑家庭各代共有的精神家园

家庭代际文化和谐是家庭各代在文化上的和谐，其目的在于为家庭代际和谐提供思想保证和精神动力。因此，家庭代际文化和谐的建构过程就是构筑家庭各代共有的精神家园的过程。而和谐的家庭观念无疑是家庭各代共有的精神家园的内核。家庭观念蕴含着家庭各代对家庭这一代际共同体的心理

---

① 费孝通：《乡土中国 生育制度》，北京大学出版社 1998 年版，第 167 页。

认同、意志、情感和态度，是最深层的家庭文化。家庭各代在家庭观念上的和谐不仅是家庭各代求同存异、和睦相处的保证，而且还是家庭的凝聚力和创造力迸发的源泉。然而，在中国家庭的现代变迁中，伴随着传统的家庭观念的解构，家庭观念的代际分化十分严重，甚至出现了紧张和对抗。家庭观念的代际分化，破坏了家庭代际和谐，损害了家庭的凝聚力和创造力。可以说，今天家庭各代出现的种种不和谐的现象很大程度上都是由家庭观念的分化引起的。因而，进行家庭观念的代际整合势在必行。那么，如何才能将各代相互差异的家庭观念整合在一起呢？那就是要构建既继承传统又立足现实且面向未来的现代家庭观，并让现代家庭观成为家庭各代的共识和准则。现代家庭观不是彻底抛弃传统家庭观念，另起炉灶构建崭新的家庭观，而是要在新的时代条件下对传统家庭观念进行改造和升级，使之更能符合时代发展的要求。而孝文化是传统家庭观念的内核和支柱。改造和升级传统家庭观念，实质在于改造和升级孝文化。

（一）充分认识孝文化在当代意义

"孝是中国文化原发性、综合性的首要文化观念，是中国文化的鲜明特点。"[1] 在传统社会，孝不仅是家庭的最高伦理，而且还是"中国社会一切人际关系得以开展的精神基础和实践起点"[2]。中国的孝文化源远流长，历经千年而不衰，它不仅是传统社会的精神支柱，也是当今社会宝贵的精神资源。当今的社会发生了深刻的变革，伴随着科学文化的发展和人民民主意识的觉醒，孝文化不再具有统领社会、国家的特殊地位，但这并不意味孝文化失去了存在的意义和价值。至少在家庭的层面，孝文化仍然是家庭各代和谐相处的精神来源和维系力量。

第一，孝文化作为中国人最深层的文化基因不能斩断也无法斩断。文化是历史的积淀，文化只能在继承前人的基础上发展，任何妄图斩断文化根基的文化新建都是一种徒劳，除了导致文化的断裂之外，于文化的发展无任何裨益。传统和现代有机互动是文化发展的基本条件。这就意味着文化的发展离不开对传统文化的追寻。具体到家庭文化，伴随着时代的发展，家庭发生了深刻的变迁，需要构建与之相适应的新的家庭文化。但是，新的家庭文化不可能凭空产生，它需要从传统文化资源中吸取养分。而孝文化无疑是最为重要的传统文化资源。孝文化作为中华文化的原点，不仅是维系家庭关系的

---

① 肖群忠：《孝与中国国民性》，《哲学研究》2000年第7期。
② 肖群忠：《孝与中国国民性》，《哲学研究》2000年第7期。

最高伦理规约，也是中华民族最为质朴、自然、美好和深重的人伦情感。在几千年的历史演进中，它深深熔铸在中国人的思想观念、行为和情感之中，化育着中国人的性格和品质，铸就了中华民族敬老爱老的优秀传统美德。孝文化成了中华民族区别于其他民族的重要精神标志，梁漱溟先生就说："说中国文化是'孝的文化'，自是没错。"[①] "要了解中国文化，要读懂中国百姓，不读懂孝文化是不行的"[②]，试图将它从中国人的文化基因中剔除更是妄想。

第二，孝文化的存在依据和基本逻辑在今天依然存在。《孝经》中说："夫孝天之经也，地之义也，人之行也"，"天地之性，人为贵。人之行，莫大于孝"。在传统观点看来，孝是天经地义的事，百善孝为先，在人的行为中没有比孝更为重要的了。那么为什么孝是天经地义的事呢？我们似乎可以从"孝"的词源中获得解读。"商代卜辞中已有'孝'字，一说是老人扶子的形象，一说是孝字上面是'爻'字，即'交'，下面从'子'，大意是父母交媾生子，点出了人子对父母行孝的根本原因是报答父母养育之恩。"[③] 孝缘起于血缘亲情。孝道的实质是"伴随人类自身再生产而自然产生的亲亲之情"[④]。那么有血缘关系的子女和父母之间为什么要发生孝呢？一方面是子女对父母养育之恩的报答。父母养育了子女，子女就应该报恩，这是合乎人性的公平逻辑。乌鸦反哺，羔羊跪乳，动物尚且如此，何况于人。另一方面是父母年老后的需求。生老病死是自然规律，人总是要步入老年的，当人进入老年之后，行动不便，生活能力也在逐渐丧失，这时只有得到他人的帮助方能安度晚年。而承担这一义务的人就是子女。因为子女是在父母的养育中成长的，接受过他们的馈赠，父母年老之后，子女理应善事父母。"孝"字的"老""子"组合构造就十分生动地说明了这一点。从这一点上看，孝蕴含着现实主义的"人本"意义。时代发展到今天，人类社会发生了翻天覆地的变化，但是孝文化的存在依据和运行逻辑却没有改变。只要人类社会存在，为了种的延续就会生育，基于养育的事实，子女对父母报恩的孝就理应产生。因此，从某种意义上说，孝具有超时空性和超阶级性，任何时代、任何阶级都应该讲孝。

第三，孝文化的缺失是当代家庭代际冲突的重要根源。孝文化的辉煌伴

---

① 梁漱溟：《中国文化要义》，学林出版社 1987 年版，第 307–308 页。

② 李仁君：《弘扬传统孝德文化 守望共有精神家园——读〈中国孝文化概论〉有感》，《社会科学研究》2014 年第 3 期。

③ 钟克钊：《孝文化的历史透视及其现实意义》，《江苏社会科学》1996 年第 2 期。

④ 康学伟：《先秦孝道研究》，吉林人民出版社 2000 年版，第 17 页。

随着封建社会的寿终正寝而逐渐衰落，尤其到了现代社会，"在破旧立新的口号下，把'传统'和'现代化'对立在一起，把中国传统文化当作了现代化的敌人"①。孝文化容易被作为"落后"文化的代表，为大家所鄙夷和抛弃。再加之"从'熟人社会'到'半熟人社会'的演变，乡土社会从聚居的大家庭格局到离散型小家庭结构的变迁，不仅抑制了家庭的传统养老功能，而且也导致传统养老方式和孝道内核的结构性变迁"②。孝文化出现了某种缺失。

孝文化的缺失，导致的是家庭伦理的失序，代际关系的紧张，甚至是剧烈的冲突。孝文化是家庭代际关系的伦理规约和精神支撑。孝文化所强调的子代善事父母的义务，是基于血缘亲情的逻辑，父母养育子女付出了巨大的牺牲，子女就应该对父母尽孝。而孝文化的缺失，却否定了血缘亲情产生子代义务的逻辑。一旦缺少了这样的逻辑，子代对父代的义务也就失去了天然性。于是，我们看到在当下一些子女不愿意赡养父母，因为在他们看来赡养父母是强加给自己的义务，是多余的负担。还有一些子女把赡养父母的义务做市场化的考量，完全遵循等价交换的原则，父母给予和付出的多赡养就多，父母给予和付出的少赡养就少，如果认为父母没什么付出就不赡养。这样原本充满温情的赡养变成了功利性的互惠交换，强制性的义务变成了契约性的选择，和谐的代际关系必然遭到严重的破坏。今天，家庭中出现的子女不尽赡养义务甚至是虐待老人的情形，以及大量存在的"尊老不足，爱幼有余"的现象，都与孝文化的缺失有深刻的关联。

（二）辩证取舍传统孝文化，取其精华去其糟粕

时代发展至今，孝文化仍然没有失去它的存在意义和价值。它仍是家庭代际和谐不可或缺的精神力量。因此，在家庭代际文化和谐的当代建构中必然蕴含着传承传统孝文化的要求。但是对传统孝文化的传承不是一味拿来，而是要做取其精华去其糟粕的辩证取舍。传统的孝文化内容丰富、层次多重，其中有不少精华，亦有不少糟粕。我们只有以理性的态度，明辨其中的真伪，批判地加以继承，才能发挥孝文化的当代价值。

第一，大胆吸收传统孝文化的精华。孝文化作为中华文化的原点历经几千年而不衰，显示了强大的生命力。其之所以有如此强大的生命力，就在于它蕴含着许多符合人类社会发展规律的真理，这些真理性的东西是传统孝文化的精华，它具有永不褪色的时代价值，在任何时代都有意义。简单归纳起

① 费孝通：《文化与文化自觉》，群言出版社2016年版，第401页。
② 米莉、顿德华：《传统孝文化的时代价值及实现机制》，《人民论坛》2020年第4期。

来，这些精华大致如下：一是倡导养老敬老。善事父母、尊老敬老是传统孝文化的核心思想，孝文化后来所发生的一切衍生都是以此为基础的。关于孝最早的解释就是善事父母，并且认为这是人之善行的根源，百善孝为先，"孝悌也者，其为仁之本与"①，"不孝乎亲，不可以为子"②，"夫孝，德之本也，教之所有生"③。子女对父母有天然的尽孝义务，而在尽孝中物质赡养是起码的要求，发自内心的尊敬才是孝的精髓。孔子说："今之孝者，是为能养。至犬马皆能有养，不敬，何以别乎？"④ 若没有恭敬之心，即便养活父母，那跟养狗、养马有什么区别呢？因此，"孝之至，莫大于尊亲"⑤。尊敬才是最高的孝。传统孝文化所倡导的养老、敬老的思想，符合人类发展的规律，对于促进家庭和谐、社会进步具有十分重要的意义。父母养育子女，子女赡养父母，父母和子女在人生的不同阶段互帮互助，生命得到了保证，亲情得到了深化，社会也因此而进步。尤其对于已经步入老龄化社会的当代中国来说，把善事父母作为应尽的义务，形成全社会尊老敬老的良好风气，更具有现实意义。二是要求父慈子孝。孝文化最早的涵义中，除了有子女对父母行孝的要求，还有"父义母慈"的要求。"慈"与"孝"相对应，如果说"孝"是子女的义务，那么"慈"就是父母的义务。父慈子孝，以朴素的方式表达了权利和义务要一致的平等观。父母享受子女孝的同时要对子女仁慈，子女在尽孝的同时也可以享受父母的仁爱。孝不是单方面的，也不是无条件的，孝应该是权利和义务的统一，只有父母和子女互敬互爱，孝才能长久维持，父代和子代的关系才能和谐。三是允许"以义谏亲"。孝文化中还包含有"以义谏亲"的要求，认为子女对父母盲从不是孝，"从义不从父"，使父母不离善道才是真正的孝。但是在等级森严的封建社会"以义谏亲"几乎是无法实现的，但是其倡导的思想则是可取的。一方面孝不能没有是非，孝应该合乎正义，没有正义的孝将父母陷于不义是伪孝。另一方面，孝不应该抹杀父母与子女的地位平等，真正的孝应该建立平等的基础上，父母可以批评教育子女，子女也可以"谏亲"，帮助父母纠正错误。只有父母和子女进行了平等的互动、彼此的匡正，父代和子代才会在相互促进、共同进步中实现和谐。

第二，坚决摒弃传统孝文化中的糟粕。兴盛于封建时代的孝文化，与封

① 《论语·学而》
② 《孟子·离娄上》
③ 《孝经》
④ 《论语·为政》
⑤ 《孟子·万章上》

建政权之间有深刻的关联，是维护封建统治的精神力量。因此，它带着深刻的封建印记，有很多糟粕。一是顺乎亲意，将孝绝对。传统的孝文化将孝和顺联系在一起，只有顺乎亲意，才能尽孝。子女对父母绝对服从成了孝的重要律条，即便父母有错也只能委婉奉劝。不仅父母在世时不能违背父母的意志，就是父母去世后也要坚持，"父在观其志，父没观其行，三年无改于父道，可谓孝矣"①。孝一旦变成了子女对父母的绝对服从，子女的主体性就被抹杀了。"孝道似乎建立在无条件的服从上，不必有理性的基础。这样的孝道对维护家族制度是有功的，却不容易培养出独立自尊的人格。"② 而且在绝对服从的律令下，不管是非对错都一概服从，孝就变成了愚孝。当愚孝大行其道，孝的价值也就大大贬损，不再是社会进步的动力，而是一种阻碍。二是移孝于忠，将孝的功能泛化。孝原本是代际关系的准则，家庭伦理的规约。但是在与封建统治的互动中，孝被逐渐放大，由家而社会至天下，家国同构，移孝于忠，孝发生了异化。当孝与忠发生了结合，孝文化不只是齐家之理，而且还是治国、平天下的基础，"以孝治天下"成了孝的最高境界。整个社会关系简化成了"君君臣臣，父父子子"，按照绝对服从的孝逻辑，"父有不慈，子不可以不孝；君有不明，臣不可以不忠"，"君要臣死，臣不得不死；父叫子亡，子不得不亡"。孝被封建统治所绑架，成了封建统治阶级制造顺民的工具。吴虞就曾一针见血指出："他们教孝，所以教忠，也就是教一切人恭恭顺顺地听他们一干在上的人愚弄，不要犯上作乱，把中国弄成一个'制造顺民的大工厂'。孝字的大作用便是如此。"③ 在顺民的时代，人所具有的批判性和创造力被扼杀了。三是惜身、传宗、扬名，将孝庸俗化。传统孝文化中有一系列具体的约束规则，这些规则以孝的名义将人的思想和行为局限在狭小的范围之内，从而将孝的内容狭隘化和庸俗化。比如爱惜身体是正当的，但是与孝结合变了味，"身体发肤，受之父母，不敢毁伤，孝之始也"，爱惜身体不是为了自己而是为了父母。人类社会的发展需要种延续，但是一旦与宗法制度相结合，尤其是以尽孝来强制，宣称"不孝有三，无后为大"，自然的繁衍变成了传宗接代，而且局限在家族男性的接续上，代际延续不再具有自然性，从而导致人自身生产的失衡。人存在的意义和价值也仅仅局限在为家庭做贡献上，一生奋斗就是为了扬名显亲、光宗耀祖，更高层面的为国家、社会、人类做贡献的崇高追求则被消解了，从而导致了价值观的扭曲。

---

① 《论语·学而》
② 韦政通：《儒家与现代中国》，上海人民出版社 1990 年版，第 144 页。
③ 赵清等：《吴虞集》，四川人民出版社 1985 年版，第 173 页。

（三）改造和提升传统孝文化，彰显其当代价值

我们不仅要对传统文化做辩证的取舍，吸取精华去其糟粕，更要结合时代的特征和要求，对它进行现代的改造和升级，丰富它的内涵，提高它的价值。

第一，让孝回归家庭，合理定位孝文化。孝缘起于家庭，是代际关系的伦理规约。但是，在后来的演进中，孝逐渐与宗法制度、封建统治相结合，成为封建统治的精神力量和舆论工具，孝发生了异化。而孝文化的原初精神恰好是精华部分，于今天仍有十分重要的价值，而那些与封建宗法、统治结合的部分则具有腐朽性和落后性，是糟粕部分。因此，在今天要发挥孝文化的现代价值，就应该剥去那些强加给孝文化的不能承受之重，让孝文化回归家庭，回归其养老扶幼、养亲敬亲、父慈子孝的原点精神，真正成为维系代际和谐、家庭和睦的元文化和元道德。今天对孝文化的倡导，绝不是要将孝推到"孝治天下"神坛，利用人们的孝心去为政治服务。而是要去除强加给它的"神性"，让它回到家庭的原点，展示其本来面目和应有的价值。

第二，用代际民主、平等取代绝对服从。传统孝文化蕴含着尊老敬老、知恩感恩、和谐仁爱等积极的价值追求，但是由于受封建时代条件的约束，这些追求又不免受局限、狭隘和片面。传统的孝道，把孝极端化为子女对父母的单边义务，过分强调子女对父母的顺从。父母与子女之间被一道无形的等级屏障所阻隔，不仅扼杀了子女独立自由的个性，也阻断了两代人之间应有的双向互动。现代社会是追求平等和民主的社会，今天平等和民主成了全社会的基本共识和共同追求。平等和民主的要求应该是全方位的，不仅在社会上要讲平等和民主，就是在家庭中也应坚持平等和民主的原则。父母和子女都是独立的个体，双方的人格是平等的，子女无须依附父母而存在，自然也不是父母的私人物品。承认并尊重彼此的主体性，是两代人之间交往互动的前提。因此，现代社会的孝是以代际平等和代际民主为基础的孝。孝不是父母对子女的严格掌控，也不是子女对父母的绝对服从。孝是两代人之间彼此尊重、互敬互爱、互相包容的和谐氛围，是父慈子孝、权责统一的双向互动，是血缘亲情的自然流淌。

第三，赋予孝文化新的时代内涵。孝文化在发展中有一个与时俱进的问题，唯有与时俱进才能充满生机活力。时代发展，斗转星移，今天的物质文化条件已经完全不同于孝文化兴盛的封建时代。孝文化要在新的时代条件下深深扎根，焕发生命活力，就必须紧跟时代的步伐，吸收时代的精华，按照时代发展的要求，不断丰富自己的内涵，提升自己的价值。一是要创造适合

时代要求的孝文化形式。在传统孝文化中，不仅有一系列复杂的孝行规范，而且还有一系列具体的行孝形式。"生，事之以礼，死，葬之以礼，祭之以礼"①，生养、死葬、祭祀都有烦琐的礼节和具体的形式要求。时代发展至今，大多数烦琐的甚至是不近情理的行孝礼节被自然淘汰了，但是拘泥于具体的行孝礼节的思想并没因此而消失。在一些人的头脑中始终把孝和孝的礼节等同起来的，认为没有严格遵循这样的礼节就是没有尽孝。其实，孝是人性的自然要求，行孝不在于形式而在于内容。在现代社会，不应拘泥于具体的行孝形式，一切有利于养老敬老的行孝方式都可以采用，当面的关切是行孝，通过电话、电子邮件、QQ、微信的嘘寒问暖也是行孝。只要表达了发自心底的真情，行孝的目的也就达到了。二是要提升孝文化的价值。孝应该立足于家庭，不能孝敬父母，对他人对国家的大爱就是空谈。但是孝又不能局限于家庭，只是对父母尽孝，而不顾他人、集体和国家，是狭隘的孝，是落后的家族意识。因此，当代社会的孝，应该从爱自己的双亲做起，然后推己及人，逐步推演到爱天下的父母，爱天下人，让"老吾老以及人之老，幼吾幼以及人之幼"成为全社会的共同理念和自觉追求。三是要使之具有社会主义的属性。我们是社会主义国家，我们所要建设的文化是中国特色社会主义文化。孝文化作为中国特色社会主义文化的组成部分，理应具有社会主义属性。一方面我们要以马克思主义和中国化的马克思主义为指导，对传统孝文化进行筛选、提炼和升华，使之更能体现人类社会发展的规律，更能彰显社会主义的价值诉求。另一方面要与中国特色社会主义建设的伟大实践相结合，立足实际，根植实践，不断丰富孝文化的内涵，实现对自身的不断超越。从而让孝文化成为中国特色社会主义文化的重要内容和标志之一，为中国特色社会主义建设提供精神动力和思想保证。

二、在家庭功能的现代提升中增强代际凝聚力

家庭代际文化和谐的目的在于增强家庭的代际凝聚力。而代际凝聚力与家庭功能之间联系紧密，是正相关关系，家庭功能强家庭的感召力和吸引力就强，代际关系紧密，代际凝聚力就强；家庭功能弱家庭的感召力和吸引力就弱，代际关系松散，代际凝聚力就弱。在家庭的现代变迁中，家庭功能呈现萎缩和外化的趋势，在很大程度上削弱了代际凝聚力，影响了家庭各代的和谐。因此，当下的家庭代际文化和谐建构必须积极应对家庭的现代变迁，对家庭功能做现代的改造和提升。其中最为重要的又是对养老、抚育、情感

---

① 《论语·学而》

抚慰等家庭原生功能的提升。因为原生功能是家庭功能的基础和核心，没有原生功能的强化，其他功能的提升无从谈起。

（一）改造和提升家庭的养老功能

养老是家庭的重要功能。基于生育的事实，父代与子代之间产生了天然的血缘关系，父代生育了子代就应该承担起养育子代的义务，而父代年老后子代也应该承担赡养父代的责任，这就是中国家庭养老的内在逻辑和基本模式，费孝通先生将它称为代际反馈模式。然而，在中国家庭的现代变迁中代际反馈模式遭到了严重的挑战，尤其是伴随人口老龄化、家庭结构的小型化和核心化的加剧，养儿已经无法防老，家庭养老功能的萎缩和外化趋势愈来愈明显。面对这样的变迁，家庭将在未来的养老中扮演什么样的角色，如何才能发挥家庭的养老功能，成了全社会共同关注的重大问题。对于此，笔者的建议如下：

第一，增强赡养老人的代际责任意识。在家庭的现代变迁中，家庭养老功能的萎缩和外化是不争的事实，但是不是就意味着家庭将逐步退出养老，子女的养老责任也将逐渐免除呢？答案是否定的。在新的时代条件下，我们更应该增强赡养老人的代际责任意识，形成赡养老人的责任自觉。这是因为，首先，赡养父母是不可推卸的天然责任。父代养育子代，子代赡养父代，这一代际反馈模式，不仅蕴含着代际互惠的公平逻辑，而且彰显了父代与子代的血缘亲情。在这一模式中，血缘关系是其内在根据。因为生育，父代与子代之间形成了天然的血缘关系，因为有血缘父代与子代之间才产生了一系列的权利和义务，其中最核心的就是父代要养育子代，子代要赡养父代。也就说，子代赡养父代的责任具有天然性，只要血缘关系存在，赡养父代的责任就不应该解除。伴随时代的发展，家庭虽然发生了剧烈的变迁，但是人类种的繁衍仍在继续，因生育而必然发生的血缘关系依然存在，因血缘关系而产生的赡养父代的责任也不应该消除。其次，今天家庭养老仍然是主要模式。在人口低增长和老龄化的背景下，家庭的养老压力不断增大，养老由家庭走向社会是大趋势。但是，这绝不意味着家庭退出养老。一方面，养老由家庭走向社会是迫于无奈的选择，不是家庭不应承担养老，而是家庭无法承担养老。因此，在养老责任承担中家庭仍然是首选，社会是家庭无力承担下的补充和保障。另一方面，我国是典型的"未富先老"的国家，无论从经济实力还是养老服务水平来看，将养老的主要责任交由社会完成还很不现实，更多的养老责任还要靠家庭来完成。面对这样的现实境遇，晚辈更应该形成赡养老人的责任自觉，把赡养老人作为自己义不容辞的责任。

第二，强化家庭在多元化养老体系中的作用。伴随着中国人口老龄化的加剧，单靠家庭的力量已无法承担养老的责任，家庭的养老功能必须由家庭向外扩展，构建由家庭、社区、政府、其他组织和个人共同参与的多元化养老体系。多元化的养老体系旨在解决家庭力量难以承担养老重任这一现实矛盾，但是并不是要弱化家庭的养老职能，让家庭退出养老。相反，家庭更应该充分发挥自己在多元化的养老体系中的主干和核心作用。一是要坚持家庭养老的主体地位。家庭养老是我国沿袭了几千年的养老模式，它在促进代际和谐和社会稳定方面发挥了重要的作用，表现出了强大的生命力和优越性。尽管今天，家庭养老面临着诸多巨大的挑战，但是对于大多数老人来说家庭养老仍是他们的首选。家庭对大多数老人来说不仅是解决生活来源的保障，更是获得心里安宁的重要寓所。"在家庭中所滋生的血亲价值与亲情的力量是社会养老方式难以比拟的。"[1] 这样的环境是其他养老机构和场所所不能提供的。养老是要让老人老有所养、老有所乐，这自然包含着充分尊重他们的意愿要求。因此，强调家庭养老为主，是对大多数老人渴望家庭养老的回应。而且，就中国目前的情况来看，无论是经济发展水平、社会保障制度还是养老服务体系都很薄弱，把社会化养老作为主要模式在条件和时机上都还不成熟。选择家庭养老为主，更具有现实合理性。二是要强化家庭在社会化养老中的作用。当家庭的力量难以完成养老的责任，转而寻求政府、社会等力量的支持，将养老社会化，是理性而又现实的选择。但是养老的社会化并不能成为家庭推卸养老责任的理由。社会化养老只是其他主体帮助分担了家庭无力承担的部分养老责任而已，绝不等于把老人推向社会，用家庭以外的力量去取代家庭。今天，像这样对社会化养老误读的情形并不少见。有些人认为赡养老人是政府的事、社会的事，和自己无关，摆出一副你们看着办的架势；有些子女认为只要把老人送到养老院、敬老院、社区等养老机构，找到一个能让他们生活的地方就尽了养老责任，对老人长年累月不管不问。其实，养老是人类社会赋予家庭的一项特殊职能，是家庭存在的内在根据和重要标志。家庭在养老中所担负的很多职能具有天然性，不能取代也无法取代。养老的经济来源可以由家庭以外的主体来提供，生活照料也可以交由其他机构和个人来代为行使，但是精神慰藉却是其他机构和个人难以提供的。因此，在社会化养老中，不应弱化家庭的地位和作用，相反要强化家庭的基础作用，让家庭与其他力量分工协作、密切配合，真正让老人"老有所养、老有所医、

① 黄健元、贾林霞：《家庭养老功能的变迁与新时代家庭养老功能的发挥》，《中州学刊》2019年第12期。

老有所学、老有所为、老有所乐"。子女要把养老作为自己的不可推卸的职责来看待，要意识到其他力量的介入是对自己责任的分担而不是取代，因而要对父母尽自己力所能及的责任。即便囿于精力和能力的限制，大部分的责任只能交由其他机构和个人来代为履行，但是像生活照料、精神慰藉等深含亲缘属性的责任最好还是由子女来完成。因此，即便在社会化的养老模式中家庭也不应退出养老，相反更应发挥自己无可取代的独特的作用，从而在这些作用的发挥中将家庭各代凝聚在一起形成强大的代际合力。

（二）加强家庭的文化濡化功能

人是文化的人，人出生之后有一个习得文化，完成生物性向社会性转变的过程，即文化濡化的过程。由于文化是不断变迁的，因此习得文化的濡化过程也是连续不断的，只要生命不止文化濡化就会不断。在时代变迁缓慢的传统社会，文化濡化主要在家庭中进行，生产和生活技能、社会规则、处事方式等一系列的文化知识的获得都主要靠父母的传递来完成的。但是，在现代社会，文化变迁加剧，社会分工愈来愈细，文化习得由家庭走向社会，越来越趋于专门化，家庭的文化濡化功能日渐萎缩。但是，这并不意味着家庭可以退出文化濡化。在激烈的社会变迁中，我们更应该结合时代的要求，充分发挥家庭应有的文化濡化功能。

第一，正确认识家庭的文化濡化功能。家庭是人社会化的初始地，人最基本的生存技能、最早的语言、情感体验、朴素的道德都是从家庭获得的。可以说，文化濡化是人类社会赋予家庭的一项基本职能，也是特殊职能。人出生之后，家庭是他存在的第一个场域，父母是他最先接触到的人，文化濡化别无选择，只能从家庭开始，由父母首先传递。离开了父母悉心的文化传递，且不说复杂知识的获得、社会交往的进行，就是连最基本的生存都将难以为继。费孝通先生就曾指出："人类抚育作用有两个特性：一是孩子需要全盘的生活教育；二是这教育过程相当地长。孩子所依赖父母的，并不是生活的一部分，而是全部。"[1] 只要家庭作为人生存的第一场域的事实不改变，家庭的文化濡化责任就不可能解除。但是，在今天却存在着把文化濡化推向社会，试图用专门的机构来取代家庭的倾向。比如，孩子刚出生家长已经做好了送他进各种培训班的准备，巴不得把孩子成长的一切都交由专门的培训机构来完成。但是，事实上家庭根本不可能退出文化濡化。一方面，无论社会化的教育多么专门和精细，始终不能代替家庭、父母来完成人的初始化的启蒙

---

① 费孝通：《乡土中国 生育制度》，北京大学出版社 2005 年版，第 122 页。

教育，若能代替也就意味着家庭失去了存在的必要。另一方面，文化濡化是全息的也是潜移默化的，人只要生活在家庭中必然要受到家庭文化的熏陶，文化濡化已不可避免地发生了。因此，我们要认识到家庭文化濡化的天然性和必要性，自觉担负起教育子女的责任，充分发挥家庭应有的文化濡化功能。

第二，改变文化濡化中重智轻德的倾向。在今天的家庭教育中还有一种明显倾向，那就是重智轻德。究其原因来说，一方面与激烈的社会竞争有关。当今的社会是充满竞争的社会，人的生存在社会上如逆水行舟，不进则退。而人与人之间的竞争的核心又是以知识为基础的能力较量，知识的多寡往往成了能力强弱的直接标准。基于这样的社会评价标准，父母自然会将精力和重心放到孩子的智力培育上。另一方面与德育的潜隐性有关。相对于知识尤其是专业知识来说，德行产生的效用并不那么明显。尤其在成功的衡量标准越来越趋向物化的今天，德行的作用更是有限。基于功利的选择，父母对孩子的教育，自然会放到更能带来效益的知识教育上。于是，我们看到父母将所有关注都放到了孩子的学习成绩上，至于孩子的思想品德已无暇顾及。在他们看来，所谓"一俊遮百丑"，只要成绩好，其他的都是小问题。殊不知，文化濡化的实质在于促进人的社会化，让人更能适应社会发展的要求。而社会对人的首要要求就是良好的德行，所谓"人无德不立"，没有德行人将寸步难行，更不要说适应复杂的社会变迁。因此，我们必须改变重智轻德的畸形教育观，让家庭教育回归"德智并重，以德为先"的正确轨道上来，从而把孩子真正培养成健全的人。

第三，既要注重言教更要注重身教。家庭的文化濡化不同于专门的学校教育，它贯穿在日常的家庭生活之中，主要通过家庭中的长辈尤其是父母的言传身教来完成。也就是说，父母是子女的第一任教师，在文化濡化中负有"首闻首见"的责任。英国的教育学家彼得斯就说："儿童居住的世界主要是一个由角色、规则、活动和其父母关系构成的社会世界，它将充满其父母的道德。"[①] 父母的言行举止对子女产生的影响不仅巨大而且久远，往往会相伴终生。因此，父母不仅要确保传递给子女的内容正确，更要身体力行，用实际行动来做引领、做示范。但是，今天的家庭教育却存在着重言教而轻身教的现象。在很多家长看来，只要向孩子表达了正确的东西，教育子女的任务就完成了，至于自己能否做到那只是自己的事情，与子女教育无关。自然将身教从家庭教育中剔除出去，生动具体的家庭教育变成了空洞抽象的说教。而且有时还将言教和身教对立起来，说一套做一套，让孩子陷入深深的困惑

---

① ［英］彼得斯：《道德发展与道德教育》，邬冬兴译，浙江教育出版社 2000 年版，第 173 页。

之中，不知何去何从。比如，父母要孩子举止文明，而自己却随地吐痰、乱扔垃圾、脏话连篇；要孩子诚实守信，自己却背信弃义；要孩子遵守纪律，自己却迟到早退；要孩子热爱集体，自己却假公济私、多吃多占。如此这般，无论说教多美好最终都会被这些反面的言行举止所抵消，甚至产生更坏的影响。因此，在对子女的文化濡化中，父母要将言传和身教有机结合起来，不仅要说到更要做到，用言教引领身教，用身教支撑言教，从而让子女在潜移默化中道德得到提升、眼界得到开阔、知识得到丰富。

（三）强化家庭的情感支持功能

家庭是情感的寓所，人最真挚、最纯洁、最深厚的感情都主要集中在家庭。浓烈的亲情不仅是联结家庭各代的纽带，也是化解家庭矛盾的润滑剂。在家庭亲情的沐浴下，人的精神得到放松，心灵得到净化，境界得到提升，从而对家庭产生着强烈的归依感。然而，在家庭的现代变迁中，由于受家庭结构、居住方式、人口流动等多方面的影响，家庭各代的情感逐渐变得疏远，家庭的情感支持功能呈弱化趋势。因此，积极应对家庭现代变迁带来的挑战，有的放矢地强化家庭的情感支持功能，十分必要。

第一，加强代际情感交流。家庭代际情感是血缘亲情，具有天然性。但是亲情如同其他的情感一样，同样需要精心的呵护、辛勤的培育。而交流沟通就是最重要的情感培育方式。情感交流蕴含着相互信任、坦诚和尊重，实质是情感的互动和支持。情感交流的基本方式是诉说和倾听。诉说是将自己内心的苦闷、快乐、悲伤和盘托出，以期得到对方的理解、分享或抚慰。而倾听则是耐心地聆听他人的情感倾诉，让他人的情感得到释放或获得某种支持。因此，家庭各代要有情感交流的自觉，既要毫无保留地倾吐自己内心的情感，也要耐心仔细地聆听其他家庭成员的情感倾诉。年轻的子女不要嫌年老的父母啰唆，只要耐心地倾听，父母的情感就会得到满足，精神就会得到愉悦；也不要认为自己所讲的东西父母听不懂，只要大胆地说出来，情感就会得到释放，而且父母是最为忠实的支持者，他们即便不能提供有效的解决方案，也能给你最强有力的精神鼓励和安慰。尤其在社会竞争加剧、工作和生活压力日趋沉重的当代社会，把家庭作为避风的港湾，及时进行积极的代际情感交流，更是确保身心和谐、从容应对挑战的精神保障。

第二，增进各代的相互理解和彼此包容。情感需要理解和包容，只有在理解和包容中，情感才能生成和持续。血缘纽带将家庭各代紧密地联结在一起，形成了天然而又亲密的血缘亲情。但是家庭各代毕竟是独立的个体，有各自不同的思想观念、情感、工作和生活方式。这就需要各代之间要尊重差异，学会相互理解和包容。只有这样，血缘亲情才会稳固和持久。俗话说"血浓于水"，共同的血缘亲情为家庭各代的理解和包容奠定了良好的基础。家庭各代更要学会理解和包容，要把最深刻的理解和最大限度的宽容给予对方，让血缘亲情在相互的理解和包容中茁壮成长。年轻的子女要理解老年父母内心的孤独，包容他们的喋喋不休；老年父母也要理解年轻子女的压力和苦闷，包容他们的叛逆与任性。有了理解和包容，亲情得到了滋养，浓郁的亲情就会将家庭各代凝聚在一起，形成强大的生命力、凝聚力和创造力。

　　第三，改进代际情感表达。情感需要表达，情感"不仅指内在的心理状态，身体的感觉，更是文化和社会意义的表达"[1]。亲情作为人最为重要的情感更需要表达，只有通过情感表达，家庭各代才能感受到亲情的温暖和魅力，形成稳定而深沉的亲情体验。而且与其他情感相比，亲情的表达方式更为广泛。一个关切的眼神，一句问候，甚至是特定情形下的沉默都有可能是亲情的表达方式。以什么样的方式表达亲情，并没有固定的模式，但是一定要保证情感表达真实有效。不恰当的情感表达方式可能导致情感表达失真，甚至产生与预期相反的效果。今天，家庭中存在的代际情感疏离现象原因十分复杂，但是情感表达欠缺至少是其中的一个重要原因。因此，我们必须结合时代的变化，加强和改进家庭各代的情感表达。一是要大胆表达亲情。亲情是天然的情感，但是亲情同样需要表达。父母对子女的爱，子女对父母的爱，都需要大胆地表达出来。一方面，亲情是天底下最真实、自然、纯洁的情感，无须任何的隐藏。另一方面，当今的时代是一个情感外化的时代，主张所有的情感都要大胆地表达出来，亲情自然不应例外。二是选择符合家庭语境的表达方式。"情感表达是高度语境化的行为"，"个人的情感只有在符合语境需要的前提下，才能产生预期的交际价值"[2]。亲情存在于家庭，是特定的有血缘关系的各代人之间的特殊情感。亲情的表达更应该符合特定家庭的语境。一旦脱离了特定的语境，亲情表达就会失真甚至产生相反的效果。比如，将情人之间的情感表达方式移植到亲情中效果自然不会理想；由于东西文化的差异，在重阳节问候年迈的父母就比父亲节或母亲节的祝福要好。总之，亲情的表达一定要符合特定家庭的传统、习惯、语言风格和生活方式等文化情境。三是要适当借用现代的情感表达方式表达亲情。现代社会，人们的情感表达方式越来越趋于多样和现代。亲情是发自心底的自然流露，无须跟风，

---

　　① 张慧：《情感人类学研究的困境与前景》，《广西民族大学学报（哲学社会科学版）》2013年第6期。

　　② 何刚：《情感表达——文化语境与行为》，《外语学刊》2003年第1期。

追逐时尚。但是现代情感表达的一些载体和形式，仍然可以大胆地借用过来，以促进亲情的交流与互动。比如，分居两地的亲人之间难以直接表达感情，但是借助现代的通信手段如电话、短信、电子邮件、QQ、微信等就能缩短空间距离，实现情感的及时传递。总之，适当借用现代情感的表达方式，既是亲情表达与时俱进的要求，也是增强亲情互动、凝聚亲情共识、深化亲情体验的有益补充。

三、多渠道破解人口流动引发的家庭代际文化冲突

人有流动和迁徙的自由，合理的人口流动是一个社会充满活力的表现。相反，一个人口流动阻滞的社会，一定是死水微澜缺乏活力的社会。因而，人口流动是社会发展应有的常态。从此种意义上说，今天中国的人口流动有一定的必要性。但是，就其流动的模式来看却很不合理，今天的人口流动不仅只是农村流向城市的单向流动，而且还是以青壮年劳动力为主的流动。农村青壮年劳动力的长期外出，不仅改变了农村家庭原有的结构和功能，也深刻改变着家庭各代的思想观念、生活方式和情感，家庭代际文化和谐面临诸多的挑战。因此，积极应对这些挑战，多渠道破解人口流动带来的代际文化冲突问题，势在必行。

（一）促进人口流动的家庭化

大量农民进城务工所导致的家庭代际成员的两地分居，是农村人口流动家庭代际文化冲突的总根源。因此，解决农村人口流动家庭代际文化冲突最好的方式就是结束代际成员两地分居的状态，让家庭生活回归正常。那么如何才能结束家庭代际成员的两地分居呢？促进人口流动的家庭化，就是其中重要的方式。所谓人口流动的家庭化基本含义有两个："一是未婚流动人口在流动过程中组织家庭；二是某些家庭中由一个或部分家庭成员的流动转变为整个家庭流动，即流动者由个体转变为家庭。"[①] 本书所指的显然是第二种情形，即举家迁移。因为未婚流动人口组建新的家庭有一定的必然性，它与流动行为本身无直接的因果关系，而且组建新的家庭是原家庭的分化，对原家庭结构和功能的恢复并无帮助。而举家迁移的人口流动模式，不仅能满足农民进城务工的需求，又能避免家庭成员两地分居，无疑是很好的人口流动模式。但是，举家迁移受经济能力、社会环境、政策条件等方面因素的制约。

---

① 陈卫、刘金菊：《人口流动家庭化及其影响因素——以北京市为例》，《人口学刊》2012 年第 6 期。

因此，促进人口流动的家庭化，关键在于创造有利于农民工举家迁移的积极条件和良好环境。

第一，要破除对农民工的身份歧视。农民工是现代城市发展中不可或缺的建设者，他们为城市的建设和发展付出了辛劳，贡献了力量。但是他们却没能得到应有的尊重，常常受到不公正的身份歧视。首先，农民工在城市里主要从事一些城里人不愿做的"脏、乱、苦"的体力劳动工作，对于讲究"体面"的城里人来说这样的职业无疑是低贱的，于是农民工常常因此而受到歧视。其次，大多数农民工长期生活在农村远离都市文明，对城市的生活方式和社会交往规则十分陌生，再加之受经济条件的制约，他们的衣食住行、言行举止都带有浓郁的乡土气息，与城市"文明"格格不入，也常常因此而受到歧视。然后，在很多城里人看来，大量农民工进城，抬高了生活物价，挤占了公共资源，打破了他们平静的生活，从而对农民工心生抱怨。基于这样的身份歧视，农民工虽然为城市发展做出了积极的贡献，但仍然还是城市的"二等公民"、弱势群体，很难真正融入城市。当长期生活在城市的他们都常常遭受歧视，随迁的家人更容易受到歧视，因而在举家迁移的决策中，他们不得不把身份歧视作为重要的考量因素。因此，在人口流动家庭化的推进中，必须破除世俗的偏见，打破身份的歧视，从内心真正接纳农民工及其家人，并积极帮助他们融入城市生活。其实，身份没有高低，职业没有贵贱，打破身份歧视，积极接纳农民工及其家人，不仅是现代文明的体现，也是构建社会主义和谐社会的应有之义。

第二，要深化户籍制度改革，促进农民工市民化。长久以来，户籍制度成了阻碍人口流动家庭化的制度壁垒。推进人口流动家庭化，就必须深化户籍制度改革，促进有能力在城镇稳定就业和生活的农民工有序实现市民化，稳步推进城镇基本公共服务常住人口全覆盖。一是要有序推进农民工落户城镇。我们要严格落实国务院印发的《国务院关于进一步推进户籍制度改革的意见》，全面放开建制镇和小城市落户限制，有序放开中等城市落户限制，合理确定大城市落户条件，有序推进符合条件的农民工本人及其共同居住生活的配偶、未成年子女、父母等落户城镇，为农民工家庭流动提供户籍保障。二是要积极推行居住证制度，保障农民工的基本权益。我们要按照国务院印发的《关于进一步推进户籍制度改革的意见》，积极帮助符合条件的农民工申请办理居住证，以居住证为载体，建立健全与居住年限等条件相挂钩的基本公共服务提供机制。让"居住证持有人享有与当地户籍人口同等的劳动就业、基本公共教育、基本医疗卫生服务、计划生育服务、公共文化服务、证照办理服务等权利；以连续居住年限和参加社会保险年限等为条件，逐步享有与当地户籍人口同等的中等职业教育资助、就业扶持、住房保障、养老服务、社会福利、社会救助等权利，同时结合随迁子女在当地连续就学年限等情况，逐步享有随迁子女在当地参加中考和高考的资格"①。并不断扩大公共服务的范围。

第三，积极创设人口流动家庭化的资源和条件。"从世界范围看，流动人口的流动大致有三个阶段：一是先锋阶段；二是家庭化阶段；三是大众化阶段。"② 目前，我国的人口流动就正处于先锋流动向家庭流动转化的特定阶段。这就要求政府和社会必须做好最充分的准备，积极迎接家庭化流动的到来。一方面，要正视家庭化流动，做好最充分的思想准备。先锋流动迈向家庭化流动是必然趋势，我们不应回避，也无法回避，更不能试图加以阻挡。相反，我们要以积极理性的态度来看待人口流动的家庭化，既要看到它的好处，又要看到它的弊端，因势利导、因地制宜，积极推进家庭化人口流动的科学化和规范化。另一方面，要积极创设农民工举家进城的资源和条件。人口流动家庭化的实质是农民工举家进城。这就意味着城市人口会急剧增加，人口的增加必然会带来教育、医疗、住房、交通、就业岗位等资源的紧张，也会增加城市的管理难度。这就要求我们积极接受考验，多途径、多渠道提升城市的发展潜力和容纳能力，创造尽可能多的教育、医疗、住房、交通、就业岗位等资源，以满足农民工举家进城的需要。同时还要创新社会治理，积极应对人口流动家庭化带来的各种社会问题，让农民工及其随迁家属融入城市生活与城市原住民和睦相处、协调互补、共同进步。

(二) 吸引农民工回流

农民工回流是结束农村人口流动家庭代际成员两地分居的另一种重要方式。农民工回流是指已经外出务工的农民结束"候鸟式"的迁徙，重新回到输出地就业或创业的人口流动现象。农民工回到家乡在"家门口"就业或创业，既能解决家庭的经济收入问题，又能很好地照顾家庭，家庭各代也能够进行及时的沟通、有效的互动，避免了因异地分居而产生的各种冲突，无疑会极大促进家庭各代的和谐，增强家庭的凝聚力。但是，农民工回流需要一定的条件，只有相应的条件具备了农民工的回流才能形成。因为，对于大多数农民工来说，如同当初选择进城务工一样，选择回乡同样需要认真权衡和综合考量。在他们的权衡和考量中一个最实际也是最重要的标准就是回乡发

---

① 《国务院关于进一步推进户籍制度改革的意见》（国发〔2014〕25号），中国政府网，http://www.gov.cn/zhengce/content/2014-07/30/content_8944.htm。

② 段成荣：《我国人口流动趋向家庭化》，《南方农村》2003年第6期。

展的机会和收入要高于或者至少不低于外出务工。有学者就曾运用唐纳德·博格的"推—拉"理论对此做过十分深入的分析，指出农村人口的转移流动是农村推力和拉力、城市推力和拉力 4 种力量相互作用的结果。如果（农村推力－农村拉力）＋（城市拉力－城市推力）>0，农村人口就会从农村转移到城市，出现"民工潮"；反过来，如果（农村推力－农村拉力）＋（城市拉力－城市推力）<0，与"民工潮"相反的农民工回流现象就会发生。[①] 因此，促进农民工回流，关键在于增强回流地"拉力"而减少"推力"即增强"净拉力"，当回流地的"净拉力"超过了流入地的"净拉力"，农民工自然会选择回流。那么，如何才能增强回流地的"净拉力"呢？笔者认为以下几方面尤为重要。

第一，增强农村的容纳力和吸引力。农村无疑是容纳回流农民工的重要空间。但是农民工回农村取决于两个条件，一是愿意回，二是能够回。所谓"愿意回"是指农村具备了新的优势对农民工产生了吸引，所谓"能够回"是指农村能够提供相应的就业岗位。当初农民之所以选择背井离乡进城务工，就是因为农村既缺乏容纳力更缺乏吸引力。因此，促进农民工回流，需要不断激发农村的发展潜力，提升农村的发展空间，增强农村的容纳力和吸引力。具体来说，一是要发展现代农业。发展现代农业不仅会促进农业产业结构优化，拓展农业发展空间，从而为农民工返乡提供新的就业机会。而且还会提升农业的竞争力和附加值，从而增强农业对农民工返乡的吸引。二是要增强政策吸引。政策是农民工回流的重要考量因素，政策的吸引力深刻地影响着农民工的回流决策。党和国家历来重视农村工作，改革开放以来多年的中央 1 号文件都将三农问题作为主题，近年来更是出台了一系列的惠农政策，加大了对农村发展的支持力度。比如，全面取消农业税；保证粮食收购价格、粮食直补；全面实行九年义务教育；加大农业投入和农村基础设施建设等。这些惠农政策对背井离乡的农民工来说无疑是一种吸引，应该说今天出现的农民工回流很大程度上就是国家实施惠农政策的结果。但是，我们也必须看到由于我国农村的覆盖面广、农业基础还很薄弱，三农问题不可能在短期内解决，相应的惠农政策仍需加大力度。

第二，推进人的城镇化。农村是容纳农民工回流的重要空间，但不是唯一空间。而且从现代化发展的要求来看，农村人口向城镇化转移是必然趋势。因此，促进农民工回流，不仅要激发农村的发展潜力和活力，让外出的农民

---

① 邹新树：《农民工向城市流动的动因："推—拉"理论的现实解读》，《农村经济》2005 年第 10 期。

工愿意回农村、能够回农村，更要拓展农村以外的发展空间，推进返乡农民工的非农化转移。实质就是要推进回流地的城镇化建设，实现人的城镇化。城镇化是世界性的经济现象，是工业化和现代化的必然要求，走适合中国国情的新型城镇化道路是中国社会主义现代化建设的必由之路。新型城镇化的本质是人的城镇化，直接目的就是"加快和促进农民工的市民化进程和农业人口的有序转移，实现富裕农民和造福人民"①，"城镇化的本质可概括为四个字：农民进城"②。农民进城，不仅指进大城市、中等城市，也指进小城镇。而且小城镇的生活成本低，离家又近，如果能在自己家附近的小城镇就业，对大多数农民来说无疑是最理想的选择。因此，在推进人的城镇化中，要着力推进农业人口向小城镇转移。具体来说，一是要让农民工进得来。这就需要我们一方面要不断激发小城镇的发展潜力和活力，提供更多的满足农民工进城镇的就业岗位。另一方面，要全面放开小城镇的户籍限制，不仅能让进城务工的农民落户，而且能让随迁家属落户。二是要让农民工住得下。所谓住得下就是要促进农民工的市民化，让农民工能够享受与城镇居民同等的福利待遇、社会保障、权利义务。三是要让农民工过得好。所谓过得好，一方面要解决进城农民的后顾之忧，让他们房有所住、老有所养、病有所医、子女有学上；另一方面要不断满足农民工及其家属的精神文化需求，着力提高他们的思想道德素质和科学文化素质，为他们的全面发展创造条件。

第三，鼓励和支持农民工返乡创业。对大多数外出务工的农民来说，创业尤其是返乡创业是他们的强烈愿望。一方面长期在城市打工，他们深刻感受到了创业的魅力，不禁心向往之；另一方面，经历了长久漂泊，体会了为他人打工的辛酸，他们更希望稳定下来，自己为自己打工。因此，回乡创业无疑对外出的农民工产生着深深的吸引。但是，创业毕竟是艰难的，它要受到政策、资金、技术、经验、知识等条件的制约。这就需要我们积极回应农民工返乡创业的诉求，努力创造有利的条件和宽松的环境，吸引、鼓励和支持他们回乡创业。具体来说，一是要积极引导。外出务工的农民大多都有返乡创业的意愿，我们要进一步激发他们的创业热情，坚定他们的创业信念，让创业在农民工中蔚然成风；要引导他们认清国际国内的经济形势和本地区的经济运行特点，结合自身的优势，选择适合的创业领域，科学创业，理性创业；要引导他们诚实守信、遵纪守法、吃苦耐劳、顽强拼搏，以高扬的斗志和积极的心态创业。二是要加强培训。创业不同于就业，它对创业者的素

① 姚毓春：《人的城镇化：内在逻辑与战略选择》，《学习与探索》2014年第1期。
② 肖金成：《人的城镇化：新型城镇化的本质》，《探索与争鸣》2013年第1期。

质提出了更高的要求。对于大多数返乡创业的农民工来说，他们虽然有丰富的工作经验，但是在文化知识、管理经验、专业技术等方面还比较欠缺，难以满足创业的需求。这就需要我们对他们进行专门的培训，弥补他们的不足。在培训中，不仅要提高他们的文化水平，还要对他们进行有针对性的政策辅导、经营理念提升、组织管理能力提高和专业技能培训，增强他们的创业适应能力，激发他们的持续发展潜力。三是要推进帮扶。农民工返乡创业的道路无疑是艰难的，他们常常要面临着资金不足、技术短缺、人才匮乏、场地紧缺等诸多问题的困扰。而且这些问题，单靠他们自身的力量根本无法解决。这就需要我们给他们提供切实的帮助，帮助他们走出困境，渡过难关。具体来说，既要在政策上给予专门优惠和倾斜，为农民工创业提供尽可能多的便利；又要从资金、技术、人才、服务等方面给予实际的帮助，为农民工创业提供强有力的保障。

（三）增进农村留守家庭的代际沟通

结束家庭代际成员两地分居的状态，让家庭生活回归正常，无疑是解决农村人口流动家庭代际文化冲突最为理想和有效的方案。但是，由于我们还处在社会主义的初级阶段，工业化和城市化任重而道远，城乡差别、区域差异短期内不会消除，由此而产生的农民大规模、跨区域的流动不会在短期内消失，这就意味着家庭代际成员两地分居的农村留守家庭也将在一定范围内长期存在。那么对于无法结束家庭代际成员两地分居状态的农村留守家庭，究竟该如何消除因此而产生的代际文化冲突呢？笔者认为，增进代际沟通，尤其是增进外出务工人员和留守成员的沟通，是消弭农村留守家庭代际文化冲突最为重要的方式。

农村留守家庭的代际文化冲突是家庭代际成员两地分居所造成的冲突，这种冲突并非本质上的对立，而是在根本利益和基本原则一致基础上的分歧。俗话说："打断骨头还连着筋"，家庭各代之间有斩不断的血缘纽带、共同的情感基础和目标追求，这已为代际冲突的弥合提供了前提和基础。在此基础上，各代之间只要加强沟通、增进互信，再大的分歧都可以弥合，再大的矛盾都可以化解。增进农村留守家庭的代际沟通，关键在于遵循平等、民主、互信的代际沟通原则。

第一，坚持家庭代际平等。沟通的实质是对话，而对话的前提是平等，没有平等沟通无法进行，具体到家庭中亦是如此。这就要求农村留守家庭，一是要破除男尊女卑、父权夫权的传统思想。男尊女卑、父权夫权是封建等级意识在家庭中的反映，是腐朽落后的家庭文化。在现代社会男尊女卑、父权夫权的主要内容和具体形式已经不复存在，但是这样的思想观念还依稀存在于人们的头脑之中，尤其在农村家庭还能隐约发现它的影子。因此，在农村留守家庭的代际沟通中必须毫不犹豫地破除这样的观念，否则沟通将无法进行。二是要破除狭隘的经济决定论。经济基础决定上层建筑是社会运行的规律，但不能把它机械地运用到家庭之中。家庭是血缘共同体，是以血缘为纽带的家庭成员的天然集合，家庭成员之间地位的平等也是天然的，不能用也无须用经济利益来加以考量。家庭中无论谁创造的财富都是家庭共同的财产，不存在谁创造得多，谁的地位就高的逻辑。具体到农村留守家庭，货币化的经济收入主要由外出务工的代际成员创造，但绝不代表他们的家庭地位就高。一方面他们只是货币化的收入上占优势，如果将家庭留守成员创造的财富转化为货币，他们不一定占优势。另一方面，没有留守家庭成员对家庭运转的维系，他们无法外出务工创造货币化的收入。因此，无论留守还是外出家庭各代的地位都应该是平等的。

第二，促进家庭代际民主。民主是人类社会文明的标志，它不仅是对国家、社会的要求，同样也是对家庭的要求。在今天，民主已经成了衡量家庭的文明程度和代际关系健康与否的标志和尺度。因此，进行有效的代际沟通，必须坚持代际民主。具体到农村留守家庭，一是要尊重各代的话语权。家庭各代都是家庭共同体的成员，都是家庭的主人，对家庭的大小事务都有充分表达自己意见的权利。也就是说，无论家庭代际成员留守还是外出，他们的话语权都不会因此而改变。因此，农村留守家庭的代际沟通蕴含着充分尊重家庭各代话语权的要求。我们必须改变过去"一人当家、独揽大权、自说自话"的家长制作风，充分尊重家庭成员的主体地位，让每一个家庭成员都能充分、自由地表达自己的意见。二是要加强家庭事务的协商决策。民主不仅要求每个主体充分表达自己的意见，更要求在相互的意见表达中，凝聚共识。也就是说民主蕴含着协商，没有协商就没有民主。家庭各代的民主亦是如此，它意味着家庭的大小事务都应在听取家庭各代意见的基础上通过协商形成决策。农村留守家庭代际成员两地分居给协商带来了一定的障碍，但我们不能因此而取消协商。正因为家庭代际成员的两地分居，协商才显得更为重要。因此，农村留守家庭的各代成员要克服困难，利用各种形式加强协商，尤其要加强重大事务决策的协商。现代通信技术为交流带来了便利，分居两地的家庭代际成员应该充分利用这些便利促进协商。

第三，增进代际互信。沟通只是手段，互信才是目标。代际沟通的过程，是各代之间加深了解、增进互信的过程。今天，农村留守家庭发生的代际文化冲突，在很大层面上，都是家庭成员间缺乏了解和信任造成的。因此，消弭农村留守家庭的代际文化冲突，必须增进家庭成员间的了解和互信。一是要加强了解。了解是互信的前提，没有了解就不会有互信。尤其是农村留守家庭的各代相隔遥远，各自的生活环境、工作内容、困难问题都不一样，如果没有了解就无法理解，没有理解就无法信任。因此，农村留守家庭的各代要主动学会了解，了解家庭成员各自的工作、生活、学习、思想动态、喜怒哀乐，在了解中增进理解，在理解中形成互信。二是要换位思考。这就要求家庭的各代之间，要抱着"设身处地"的态度来看待彼此的观念和行为。不能先入为主，以己推人。具体来说，留守家庭成员要想想外出务工人员背井离乡、漂泊在外的艰辛，外出务工人员要体谅留守家庭成员独自面对烦琐的家庭事务、艰难维持家庭运转的不易。只要站在彼此角度上换位思考，不能理解的言行变得能理解了，彼此的隔阂和误会也就消除了。三是要学会宽容。宽容就是要容纳差异，即使是对那些异己的观念和行为也要耐心公正地容忍。家庭的各代由于在年龄、知识、阅历、成长环境上都存在较大的差异，因而在思想观念、生活方式、情感表达上必然存在差异。尤其对于农村留守家庭的各代来说，长期的两地分居，更是拉大了他们彼此之间的差异。因此，他们之间更需宽容，以宽容的心态来对待家庭各代的言行。具体来说，一方面要以理性的态度来对待差异，要有勇气承认差异；另一方面，要学会包容，容忍不同于己甚至是"过激"的言行的存在。学会了宽容，也就增进了理解，增进了理解就会产生互信，有了互信，农村留守家庭各代的隔阂和误会都会消除，和谐的代际关系就一定能形成。

结　语

　　文化即人化，文化是人的文化，人是文化的人。文化与人同在，文化的发展就是人的发展，而人的发展也必然意味着文化的发展。所以，所有关于文化的探讨都不能离开人，一旦离开了人，文化就成了空有躯壳的文化具象，以此为基础的探讨也只能是文化表层的言说，无法触及文化的本质。而要谈到人，就必须论及代。因为，人是历史的、发展的，而世代更替、生生不息正是人类社会不断发展的生动展现和最好证明。因此，离开了代，根本无法洞悉文化的本质和内在的演进规律。据此，关于文化和谐的探讨也自然离不开代际层面的观照。文化和谐是纵向和横向两个维度的统一，横向的文化和谐是同时存在的不同文化样态之间的和谐，而纵向的文化和谐则是在文化发展中不同代文化之间的和谐即代际文化和谐。纵向的文化和谐则是历史的、动态的，不易为大家所察觉，所以常常被忽视。今天，一谈到文化和谐，大家就会不约而同地将目光集中到横向的不同文化形态之间的和谐上，而纵向的代际文化和谐则容易被大家忽视。正因为此，本文将文化和谐的目光聚焦，从一般的横向层面转到了纵向的代际观照上，目的就是要进一步探寻文化和谐的深层规律，建构人与文化协同并进的文化和谐。

　　本书关于代际文化和谐的研究，是以代际为主轴，以文化为对象，以和谐为目标，并将当代中国作为基本场域所进行的研究。本书首先探讨了代际文化和谐的涵义、功能和相关理论支持，勾勒了代际文化和谐的基本轮廓，搭建了代际文化和谐的基本分析框架，为代际文化和谐研究的深入展开奠定了基础。然后，从宏观、中观和微观三个层面对当代中国的代际文化和谐进行了系统的考察。

　　类代际文化和谐是宏观层面的代际文化和谐，是人类整体视域观照下的代际文化和谐，具体来说就是前代、本代和后代的文化和谐。类代际文化和谐把人类社会当作一个有机的整体来看，强调不仅关注人的现在，还要关注人的过去和未来，其实质是要遵循文化传承的代际规律，让前代、本代和后代的文化兼容互补、协调有序、充满活力，进而形成推进人类社会发展的文化合力。但是，从类代际文化和谐的角度来看，当代中国存在着对前代的文化挖掘和传承不足，本代文化创新不够，对后代的文化权利忽视等困境。我们要沿着树立文化发展的代际自觉，走中国特色社会主义文化道路，推进文化综合创新的进路，实现类代际文化和谐。

社会代际文化和谐是中观层面的代际文化和谐，是以在场各代人为对象的代际文化和谐观照，具体来说主要是老年、中年和青年的文化和谐。社会代际文化和谐是共时性的文化和谐，是对同一时空下不同年龄群体文化关系的关注。处于不同年龄段的老年、中年、青年虽然共场但由于在成长环境、知识经验、社会阅历存在差异，因此他们在思想观念、生活方式、情感方式等方面存在明显的差异，在当代中国剧烈的社会变迁中这些差异不断扩大，甚至形成某些方面的文化鸿沟。因此，构建当代中国的社会代际文化和谐，要在培育和践行社会主义核心价值观、传承优秀的传统思想观念、借鉴优秀的外来思想观念中进行观念的代际整合；要构建平等、互信、宽容的代际沟通模式，在代际沟通中增进了解，消除隔阂，凝聚共识；要深入推进文化反哺，增强年长一代的社会适应能力，让老年、中年、青年携手并进共赴美好明天。

家庭代际文化和谐是微观层面的代际文化和谐，是以血缘为纽带，以家庭作为场域的代际文化和谐观照，具体来说就是以亲子关系为主轴的代际文化和谐。家庭是社会的细胞，是人最基本的生活单位，它全息地反映着社会的变迁。伴随着当代中国激烈的社会变迁，中国的家庭呈现出结构小型化和核心化、代际重心下移、人口流动频繁等新变化和新特点，这些新变化和新特点改变了家庭的结构、功能和关系，也深刻影响着家庭各代的思想观念、生活方式和情感，给家庭代际文化和谐提出了新的挑战。针对这些新挑战，我们要在孝文化的现代重塑中整合各代的家庭观念；要在家庭功能的现代提升中增强家庭的代际凝聚力；要通过人口流动的家庭化、农民工回流、增进代际沟通等方式破解因人口流动带来的家庭代际文化冲突。

本书的研究，把文化和谐的关注从横向引向纵向，拓展了文化和谐研究的视域，并本着探寻文化和谐的本质和规律的目标，将理论与实际相结合，对代际文化和谐的一般理论、基本现状和建构进路进行了较为系统的分析，提出了一些观点和建议。这些研究成果不仅能丰富文化建设的相关理论，也必将对文化建设的实践提供有益的借鉴和参考。但是，由于本课题的研究是一次艰难的尝试，不免存在很多疏漏。文化包罗万象、无处不在、无时不在又无影无踪，文化本身的复杂性已经决定了文化研究的艰难性。而且，本文的研究并不是对文化现象做一般性的描述，而是要透过文化表象，以代际为主轴，探索纵深层面的文化和谐规律，这是一次全新的尝试，也必定是一次艰难的尝试。

学术研究应该是开放的，任何课题的研究都只有起点而没有终点。正是在研究不足的不断反思和弥补中，课题的生命力才得到了延续，课题的价值才得到了体现。本课题的研究亦是如此。本文关于代际文化和谐研究的尝试，虽然拓展了文化和谐研究的视域，取得了一些初步成果，但也只是迈出了本课题研究的第一步而已，后续研究的道路还很漫长，还有很多问题需要深入研究。比如，如何才能将后代人的文化发展权落到实处？如何才能形成老年、中年、青年代际沟通的自觉？如何平衡家庭传统文化与现代家庭观念的关系？等等。这些问题的存在，恰好让本课题充满了无穷的魅力，吸引着我不断向课题的纵深走去。我也真诚希望我的研究能抛砖引玉，吸引更多的学者关注、讨论、研究代际文化和谐，形成更多更优的学术成果。

参考文献

一、经典文献

[1]《马克思恩格斯全集》第 1 卷，人民出版社 1956 年版。

[2]《马克思恩格斯全集》第 2 卷，人民出版社 1979 年版。

[3]《马克思恩格斯全集》第 3 卷，人民出版社 1960 年版。

[4]《马克思恩格斯全集》第 4 卷，人民出版社 1958 年版。

[5]《马克思恩格斯全集》第 20 卷，人民出版社 1975 年版。

[6]《马克思恩格斯全集》第 23 卷，人民出版社 1975 年版。

[7]《马克思恩格斯全集》第 30 卷，人民出版社 1995 年版。

[8]《马克思恩格斯全集》第 42 卷，人民出版社 1979 年版。

[9]《马克思恩格斯全集》第 46 卷，人民出版社 1979 年版。

[10]《马克思恩格斯选集》第 1-4 卷，人民出版社 2012 年版。

[11]《马克思恩格斯文集》第 1-4 卷，人民出版社 2009 年版。

[12]《1844 年经济学哲学手稿》，人民出版社 1979 年版。

[13]《列宁选集》第 3 卷，人民出版社 1975 年版。

[14]《列宁全集》第 3 卷，人民出版社 1984 年。

[15]《列宁全集》第 23 卷，人民出版社 2017 年版。

[16]《列宁全集》第 55 卷，人民出版社 1995 年版。

[17]《毛泽东选集》第 2 卷，人民出版社 1991 年版。

[18]《毛泽东选集》第 3 卷，人民出版社 1991 年版。

[19]《毛泽东文集》第 3 卷，人民出版社 1996 年版。

[20]《毛泽东文集》第 5 卷，人民出版社 1996 年版。

[21]《毛泽东文集》第 7 卷，人民出版社 1999 年版。

[22]《毛泽东文集》第 8 卷，人民出版社 1999 年版。

[23]《邓小平文选》第 1 卷，人民出版社 1994 年版。

[24]《邓小平文选》第 2 卷，人民出版社 1994 年版。

[25]《邓小平文选》第 3 卷，人民出版社 1993 年版。

[26]《江泽民文选》第 2 卷，人民出版社 2006 年版。

[27] 江泽民：《论党的建设》，中央文献出版社 2001 年版。

[28]《胡锦涛文选》第 1-3 卷，人民出版社 2016 年版。

[29]《习近平谈治国理政》第 1 卷，外文出版社 2014 年版。

[30]《习近平谈治国理政》第 2 卷，外文出版社 2017 年版。

[31]《习近平总书记系列重要讲话读本》，学习出版社、人民出版社 2016 年版。

[32]《习近平关于全面深化改革论述摘编》，中央文献出版社 2014 年版。

[33]《十七大以来重要文献选编》（上），中央文献出版社 2009 年版。

[34]《十八大以来重要文献选编》（上），中央文献出版社 2014 年版。

[35]《十九大以来重要文献选编》（上），中央文献出版社 2019 年版。

[36]《建党以来的重要文献选编》（第 15 册），中央文献出版社 2011 年版。

[37]《邓小平年谱（1975—1997）》（上），中央文献出版社 2004 年版。

二、著作类

[1] 费孝通：《文化与文化自觉》，群言出版社 2016 年版。

[2] 陈先达：《处在夹缝中的哲学》，北京师范大学出版社 2013 年版。

[3] 林惠祥：《文化人类学》，商务印书馆 2011 年版。

[4] 廖小平、孙欢：《国家治理与生态伦理》，湖南大学出版社 2018 年版。

[5] 廖小平：《价值观变迁与核心价值体系的解构和建构》，中国社会科学出版社 2013 年版。

[6] 石金群：《独立与依赖：转型期的中国城市家庭代际关系》，社会科学文献出版社 2015 年版。

[7] 袁贵仁：《马克思主义人学理论研究》，北京师范大学出版社 2017 年版。

[8] 衣俊卿、胡长栓：《马克思主义文化理论研究》，北京师范大学出版社 2017 年版。

[9] 周晓虹：《文化反哺：变迁社会中的代际革命》，商务印书馆 2015 年版。

［10］刘汶蓉：《反馈模式的延续与变迁：一项对当代家庭代际支持失衡的再研究》，上海社会科学院出版社 2017 年版。

［11］张江：《建设新时代社会主义文化强国》，中国社会科学出版社 2017 年版。

［12］杨宝忠：《社会主义和谐文化研究》，人民出版社 2019 年版。

［13］肖贵清：《道路 理论 制度 文化——中国特色社会主义论》，人民出版社 2018 年版。

［14］郭德君：《传统孝道与代际伦理——老龄化进程中的审视》，中国社会科学出版社 2018 年版。

［15］陆玉林：《当代中国青年文化研究》，人民出版社 2009 年版。

［16］杨晶：《演进·迭代·反哺——青年文化的当代阐释》，中国传媒大学出版社 2018 年版。

［17］林泰：《问道——改革开放以来的社会思潮与青年思想政治教育研究》，中国社会科学出版社 2013 年版。

［18］郑永廷：《郑永廷文集》，中山大学出版社 2013 年版。

［19］陈秉公：《主体人类学原理："主体人类学"概念提出及知识体系建构》，中国社会科学出版社 2012 年版。

［20］孙其昂：《思想政治教育学前沿研究》，人民出版社 2013 年版。

［21］方克立：《中国文化的综合创新之路》，中国社会科学出版社 2012 年版。

［22］邱柏生、董雅华：《思想政治教育学新论》，复旦大学出版社 2012 年版。

［23］林伯海等：《思想政治教育的人学取向》，现代教育出版社 2011 年版。

［24］李鹏程：《当代文化哲学沉思》，人民出版社 2008 年版。

［25］廖小平：《代际互动——未成年道德建设的代际维度》，人民出版社 2009 年版。

［26］廖小平：《伦理的代际之维——代际伦理研究》，人民出版社 2004 年版。

［27］张耀灿、郑永廷等：《现代思想政治教育学》，人民出版社 2006 年版。

［28］陈秉公：《思想政治教育原理》，高等教育出版社 2006 年版。

［29］王桂新：《迁移与发展——中国改革开放以来的实证》，科学出版社 2005 年版。

[30] 张能为：《理解的实践——伽达默尔实践哲学研究》，人民出版社2002年版。

[31]《张闻天选集》，人民出版社1985年版。

[32]《胡适文集》第5卷，北京大学出版社1998年版。

[33] 许苏民：《文化哲学》，上海人民出版社1990年版。

[34] 李道忠：《和谐社会理论学习读本》，中国法制出版社2008年版。

[35] 陶国相：《科学发展观与新时期文化建设》，人民出版社2008年版。

[36]《梁漱溟全集》1-3卷，学林出版社1987年版。

[37] 梁漱溟：《中国人：社会与人生——梁漱溟文选》，中国文联出版公司1996年版。

[38] 梁漱溟：《中国文化要义》，学林出版社1987年版。

[39] 费孝通：《乡土中国 生育制度》，北京大学出版社1998年版。

[40] 厉以宁：《经济学的伦理问题》，三联书店1995年版。

[41] 廖申白、孙春晨：《伦理新视点——转型时期的伦理与道德》，中国社会科学出版社1997年版。

[42] 康学伟：《先秦孝道研究》，吉林人民出版社2000年版。

[43] 潘允康：《社会变迁中的家庭》，天津社会科学院出版社2002年版。

[44] 万俊人：《寻求普世伦理》，商务印书馆2001年版。

[45] 夏征农等：《大辞海》（哲学卷），上海辞书出版社2015年版。

[46] 苗力田：《亚里士多德选集》（伦理学卷），中国人民大学出版社1999年版。

[47] 郑杭生等：《转型中的中国社会和中国社会的转型——中国社会主义现代化进程的社会学研究》，首都师范大学出版社1996年版。

[48] 郗正：《当代人与文化》，吉林教育出版社1998年版。

[49] 刘远传：《社会本体论》，武汉大学出版社1999年版。

[50] 丁文：《家庭学》，山东人民出版社1997年版。

[51]［德］卡尔·曼海姆：《卡尔·曼海姆精粹》，徐彬译，南京大学出版社2002年版。

[52]［古罗马］西塞罗：《论老年 论友谊 论责任》，徐奕春译，商务印书馆2017版。

[53]［古希腊］亚里士多德：《政治学》，吴寿彭译，商务印书馆1996年版。

[54]［美］玛格丽特·米德：《文化与承诺——一项有关代沟问题的研究》，周晓虹、周怡译，河北人民出版社1987年版。

［55］［美］玛格丽特·米德：《代沟》，曾胡译，光明日报出版社 1988 年版。

［56］［美］J. 罗斯·埃什尔曼：《家庭导论》，中国社会科学出版社 1991 年版。

［57］［美］成中英：《文化、伦理与管理——中国现代化的哲学省思》，贵州人民出版社 1991 年版。

［58］［美］戴维·L. 德克尔：《老年社会学》，沈健译，天津人民出版社 1986 年版。

［59］［美］约翰·费斯克：《关键概念：传播与文化研究辞典》，李彬译，新华出版社 2004 年版。

［60］［美］加里·斯坦利·贝克尔：《家庭论》，王献生、王宇译，商务印书馆 2009 年版。

［61］［日］上野千鹤子：《近代家庭的形成和终结》，吴咏梅译，商务印书馆 2005 年版。

［62］［美］克利福德·格尔兹：《文化的解释》，韩莉译，译林出版社 2008 年版。

［63］［英］吉登斯：《现代性的后果》，田禾译，译林出版社 2011 年版。

［64］［美］赫尔曼·E. 戴利、肯利思·N. 汤森，《珍惜地球：经济学、生态学、伦理学》，马杰等译，商务印书馆 2001 年版。

［65］［美］爱蒂丝·布朗·魏伊丝：《公平地对待未来人类：国际法、共同遗产与世代间衡平》，汪劲、于方、王鑫海译，法律出版社 2000 年版。

［66］［美］本尼迪克特：《文化模式》，王炜译，社会科学文献出版社 2009 年版。

［67］［美］布莱克：《现代化的动力》，段小光译，四川人民出版社 1988 年版。

［68］［美］梅萨罗维克等：《人类处于转折点》，梅艳译，三联书店 1987 年版。

［69］［美］诺尔曼·丹森：《情感论》，潘泽权译，辽宁人民出版社 1989 年版。

［70］［英］弗朗西斯·培根：《人生论》，王义国译，金城出版社 2019 年版。

［71］［英］乔治·拉伦：《意识形态与文化身份：现代性和第三世界的在场》，戴从容译，上海教育出版社 2005 年版。

［72］［美］爱德华·W. 萨义德：《东方学》，三联书店 2007 年版。

［73］［英］彼得斯：《道德发展与道德教育》，邬冬兴译，浙江教育出版社 2000 年版。

［74］［美］P. K. 费耶阿本德：《告别理性》，陈健、柯哲译，江苏人民出版社 2002 年版。

［75］［德］奥斯瓦尔德·斯宾格勒：《西方的没落》，张兰平译，陕西师范大学出版社 2008 年版。

［76］［瑞士］索绪尔：《普通语言学教程》，高明凯译，商务印书馆 2017 年版。

［77］［美］摩尔根：《古代社会》（上册），杨东莼等译，商务印书馆 1997 年版。

［78］［德］马克斯·韦伯：《新教伦理与资本主义精神》，三联书店 1987 年版。

［79］［美］尼葛洛庞帝：《数字化生存》，胡泳等译，电子工业出版社 2017 年版。

［80］［美］罗尔斯：《政治自由主义》，译林出版社 2011 年版。

［81］［美］罗尔斯：《正义论》，何怀宏等译，中国社会科学出版社 2009 年版。

［82］［美］菲利普·巴格比：《文化：历史的投影》，夏克、李天纲、陈江岚译，上海人民出版社 1987 年版。

［83］［美］C. 恩伯、M. 恩伯：《文化的变异》，杜杉杉译，辽宁人民出版社 1988 年版。

［84］［美］威廉·A. 哈维兰：《文化人类学》，瞿铁鹏、张钰译，上海社科院出版社 2006 年版。

［85］［美］马林诺斯基：《文化论》，费孝通等译，商务印书馆 1946 年版。

［86］［德］恩斯特·卡西尔：《人论》，甘阳译，上海译文出版社 2013 年版。

［85］［美］亨廷顿：《文明的冲突与世界秩序的重建》，新华出版社 2010 年版。

三、论文类

［1］秦宣：《共同价值：打造人类命运共同体的价值观基础》，《中国特色社会主义研究》2017 年第 4 期。

［2］王跃生：《直系组家庭：当代家庭形态和代际关系分析的视角》，

《中国社会科学》2020 年第 1 期。

［3］林宝、谢楚楚：《应对低生育率问题的国际经验及启示》，《北京工业大学学报（社会科学版）》2019 年第 4 期。

［4］高景柱：《论代际正义视域中人类命运共同体的构建》，《国外理论动态》2018 年第 11 期。

［5］周裕琼：《当老龄化社会遭遇新媒体挑战 数字代沟与反哺之学术思考》，《新闻与写作》2015 年第 12 期。

［6］王玉香：《当代青年与长辈"代沟"的新表现》，《人民论坛》2018 年 8 月（上）。

［7］陶东风：《论当代中国的审美代沟及其形成原因》，《文学评论》2020 年第 2 期。

［8］王敬、海莉娟：《传统与现代之间：代际失衡、青年妇女夺权与家庭养老弱化》，《中国青年研究》2019 年第 3 期。

［9］何倩倩：《城镇化、家庭再生产压力与代际关系重构——以北方农村"老人不老"现象为例》，《学习与实践》2019 年第 12 期。

［10］马知遥、常国毅：《非物质文化遗产教育性保护的方法论与道路探究》，《民族艺术研究》2019 年第 6 期。

［11］陈曙光、李娟仙：《西方国家如何通过文化殖民掌控他国》，《红旗文稿》2017 年第 17 期。

［12］韩升、毕腾亚：《大众文化发展的"泛娱乐化"倾向及其批判》，《思想教育研究》2020 年第 2 期。

［13］李永胜、张紫君：《文化自觉、文化自信、文化创新与文化自强》，《北京工业大学学报（社会科学版）》2019 年第 6 期。

［14］傅才武、何璇：《四十年来中国文化体制改革的历史进程与理论反思》，《山东大学学报（哲学社会科学版）》2019 年第 2 期。

［15］方克立：《"马魂、中体、西用"是习近平文化思想的宗纲》，《思想理论教育导刊》2015 年第 5 期。

［16］项久雨：《品读"00 后"大学生》，《人民论坛》2019 年第 9 期。

［17］闫方洁、周颖嘉：《从"网红"与"网黑"的变奏曲看青年个性发展态势》，《思想理论教育》2019 年第 5 期。

［18］黄英：《改革开放 40 年青年价值观变迁轨迹及特征》，《中国青年研究》2019 年第 12 期。

［19］佘双好：《"90 后"大学生价值观念发展特点的多元透视》，《青年探索》2013 年第 2 期。

［20］侯艺：《当代青年消费现状及对策研究》，《中国青年研究》2019 年第 11 期。

［21］田丰：《"中年危机"的蔓延与应对》，《人民论坛》2019 年第 8 期。

［22］曹延雯等：《成都市老年人的消费结构分析》，《现代经济信息》2015 年第 7 期。

［23］项久雨：《透视青年"圈层化"现象：表征、缘由及引导》，《人民论坛》2020 年第 1 期。

［24］穆光宗：《中国的人口危机与应对》，《北京大学学报（哲学社会科学版）》2019 年第 5 期。

［25］王桂新：《新中国人口迁移 70 年：机制、过程与发展》，《中国人口科学》2019 年第 5 期。

［26］米莉、顿德华：《传统孝文化的时代价值及实现机制》，《人民论坛》2020 年第 4 期。

［27］黄健元、贾林霞：《家庭养老功能的变迁与新时代家庭养老功能的发挥》，《中州学刊》2019 年第 12 期。

［28］姚毓春：《人的城镇化：内在逻辑与战略选择》，《学习与探索》2014 年第 1 期。

［29］安学斌：《21 世纪前 20 年非物质文化遗产保护的中国理念、实践与经验》，《民俗研究》2020 年第 1 期。

［30］郑祥福：《全球文化霸权和中国文化自强》，《浙江社会科学》2018 年第 3 期。

［31］包心鉴：《凝聚全党全社会价值共识的重要纲领——学习〈关于培育和践行社会主义核心价值观的意见〉》，《光明日报》2014 年 2 月 24 日第 1 版。

［32］韩震：《面向人类社会的理想规范——论培育和践行社会主义核心价值观》，《中国特色社会主义研究》2013 年第 5 期。

［33］王晓晖：《积极培育和践行社会主义核心价值观》，《求是》2012 年第 23 期。

［34］刘书林：《培育社会主义核心价值观的基本原则》，《思想理论教育》2013 年第 2 期。

［35］王硕、艾斌：《西藏城市老年人社会交往结构研究》，《云南民族大学学报（哲学社会科学版）》2012 年第 4 期。

［36］王韬洋：《正义的共同体与未来世代》，《华东师范大学学报（哲学

社会科学版）》2010 年第 5 期。

［37］方爱东：《社会主义核心价值观论纲》，《马克思主义研究》2010 年第 12 期。

［38］费孝通：《反思・对话・文化自觉》，《北京大学学报（哲学社会科学版）》1997 年第 3 期。

［39］费孝通：《家庭结构变动中的老年赡养问题——再论中国家庭结构的变动》，《北京大学学报（哲学社会科学版）》1983 年第 3 期。

［40］费孝通：《论中国家庭结构的变动》，《天津社会科学》1982 年第 3 期。

［41］费孝通：《三论中国家庭结构的变动》，《北京大学学报（哲学社会科学版）》1986 年第 3 期。

［42］费孝通：《对文化的历史性和社会性的思考》，《思想战线》2004 年第 2 期。

［43］费孝通：《文化自觉的思想来源与现实意义》，《文史哲》2003 年第 3 期。

［44］陈秉公：《论支撑中华民族伟大复兴的铸魂工程——解读十八大报告提出的"积极培育和践行社会主义核心价值观"》，《中国高等教育》2013 年第 2 期。

［45］刘魁立：《论全球化背景下的中国非物质文化遗产保护》，《河南社会科学》2007 年第 1 期。

［46］刘魁立：《保护好我国非物质文化遗产》，《中国人大》2012 年第 11 期。

［47］刘魁立：《非物质文化遗产的共享性本真性与人类文化的多样性发展》，《山东社会科学》2010 年第 3 期。

［48］刘魁立：《论全球化背景下的非物质文化遗产保护 》，《河南社会科学》2007 年第 1 期。

［49］段成荣：《我国人口流动趋向家庭化》，《南方农村》2003 年第 6 期。

［50］方克立：《关于文化体用问题》，《社会科学战线》2006 年第 4 期。

［51］车吉心、葛玉莹：《金融危机与文化创意产业》，《山东社会科学》2011 年第 1 期。

［52］陈建宝、李坤明：《收入分配、人口结构与消费结构：理论与实证研究》，《上海经济研究》2013 年第 4 期。

［53］陈卫、刘金菊：《人口流动家庭化及其影响因素——以北京市为

例》，《人口学刊》2012 年第 6 期。

[54] 陈雯：《"四二一"家庭结构假设与家庭养老压力事实》，《华中师范大学学报（人文社会科学版）》2012 年第 5 期。

[55] 何刚：《情感表达——文化语境与行为》，《外语学刊》2003 年第 1 期。

[56] 贾凤兰：《文化创意产业的由来与发展》，《求是》2009 年第 24 期。

[57] 寇东亮：《世代间公平与可持续发展》，《延安大学学报》2002 年第 4 期。

[58] 刘桂莉：《眼泪为什么往下流——转型期家庭代际关系倾斜问题探析》，《南昌大学学报（人文社会科学版）》2005 年第 6 期。

[59] 刘茂松：《论家庭功能及其变迁》，《湖南社会科学》2001 年第 2 期。

[60] 刘卫先：《对跨代共同体学说的几点质疑——以否定"后代人的权利"为视角》，《太平洋学报》2010 年第 9 期。

[61] 刘汶蓉：《家庭价值的变迁与延续——来自四个维度的经验证据》，《社会科学》2011 年第 10 期。

[62] 彭兆荣、Nelson Graburn、李春霞：《艺术、手工艺和非物质文化遗产：动态中操行的体系》，《贵州社会科学》2012 年第 9 期。

[63] 谭容培：《论情感体验与情感表现》，《湖南师范大学社会科学学报》2004 年第 5 期。

[64] 王桂新：《改革开放以来中国人口迁移发展的几个特征》，《人口与经济》2004 年第 4 期。

[65] 王桂新：《我国"潜在"的人口危机及其应对之策》，《学术前沿》2012 年第 4 期。

[66] 王春光：《中国职业流动中的社会不平等问题研究》，《中国人口科学》2003 年第 2 期。

[67] 王跃生：《农村家庭代际关系理论和经验分析——以北方农村为基础》，《社会科学研究》2010 年第 4 期。

[68] 王跃生：《中国家庭代际关系内容及时期差异——历史与现实相结合的考察》，《中国社会科学院研究生院学报》2011 年第 3 期。

[69] 王跃生：《个体家庭、网络家庭和亲属圈家庭——历史与现实结合的视角》，《开放时代》2010 年第 4 期。

[70] 朱静辉：《当代中国家庭代际伦理危机与价值重建》，《中州学刊》2013 年第 12 期。

[71]肖金成：《人的城镇化：新型城镇化的本质》，《探索与争鸣》2013年第1期。

[72]辛鸣：《文化体制改革中三大关系辨析》，《人民论坛》2011年第30期。

[73]易小明：《民族文化综合创新的应有视角》，《齐鲁学刊》2012年第5期。

[74]苑申成：《引领：先进文化建设的路径选择》，《社会主义研究》2012年第1期。

[75]云杉：《文化自觉 文化自信 文化自强——对繁荣发展中国特色社会主义文化的思考》（上），《红旗文稿》2010年第15期。

[76]云杉：《文化自觉 文化自信 文化自强——对繁荣发展中国特色社会主义文化的思考》（中），《红旗文稿》，2010年第16期。

[77]张慧：《情感人类学研究的困境与前景》，《广西民族大学学报（哲学社会科学版）》2013年第6期。

[78]张文娟、刘瑞平：《中国老年人社会隔离的影响因素分析》，《人口研究》2016年第5期。

[79]张西平、刘伟忠、张保全：《情感体验是主体对客体的又一层关系》，《国内哲学动态》1984年第8期。

[80]章辉美、何芳芳：《论社会结构变迁中"差序格局"的解构》，《湖南师范大学社会科学学报》2007年第4期。

[81]赵爽：《农村家庭代际关系的变化：文化与结构结合的路径》，《青年研究》2010年第1期。

[82]钟克钊：《儒家孝文化的现代审视》，《学海》1996年第3期。

[83]周华珍：《青年异性交往中的"第四类情感"现象评析》，《中国青年研究》2006年第10期。

[84]金克木：《代沟的底层——读温源宁〈一知半解〉》，《读书》1989年第6期。

[85]周晓虹：《文化反哺与器物文明的代际传承》，《中国社会科学》2011年第6期。

[86]周晓虹：《试论当代中国青年的文化反哺意义》，《青年研究》1988年第11期。

[87]周怡：《代沟现象的社会学研究》，《社会学研究》1994年第4期。

[88]周怡：《代沟与代差：形象比喻与性质界定》，《社会科学研究》1993年第6期。

［89］葛道顺：《代沟还是代差——相倚性代差论》，《青年研究》1994 年第 7 期。

［90］潘文岚：《家庭代际伦理的现实问题》，《社会》1999 年第 1 期。

［91］邹新树：《农民工向城市流动的动因："推—拉"理论的现实解读》，《农村经济》2005 年第 10 期。

［92］王岳川：《文化创新与新世纪中国价值》，《天津社会科学》2008 年第 3 期。

［93］王岳川：《新世纪文化创新与大国形象确立》，《杭州师范学院学报（社会科学版）》2007 年第 6 期。

［94］肖群忠：《孝与中国国民性》，《哲学研究》2000 年第 7 期。

［95］赵汀阳：《共在存在论：人际与心际》，《哲学研究》2009 年第 8 期。

［96］陈超群：《"文化"新解与文化的社会和谐功能》，《上海行政学院学报》2011 年第 9 期。

［97］陆建松：《关于我国博物馆学研究及其学科建设的思考》，《东南文化》2009 年第 6 期。

［98］白友涛：《文化人类学的社会功能》，《贵州民族研究》2003 年第 4 期。

［99］左亚文：《"和谐"与"矛盾"的关系辨析》，《光明日报》2007 年 3 月 20 日第 11 版。

［100］李忠杰：《论建设和谐文化》，《光明日报》2006 年 10 月 9 日第 6 版。

［101］汤一介：《"文明冲突"与"文明共存"》，《北京大学学报（哲学社会科学版）》2004 年第 6 期。

［102］王安宁：《浅议华夏文化的"和谐"观》，《探索》1997 年第 5 期。

［103］张士英：《中国古代的和谐思想及现代教育价值》，《教育探索》2006 年第 5 期。

［104］吴祖春：《和谐内涵析论》，《社科纵横》2009 年第 8 期。

［105］罗超：《文化结构与中国文化本体》，《殷都学刊》2004 年第 2 期。

［106］唐大斌：《试论文化结构》，《江汉论坛》1987 年第 6 期。

［107］刘敏中：《文化结构论》，《学术交流》1990 年第 1 期。

［108］庞朴：《文化结构与近代中国》，《中国社会科学》1986 年第 5 期。

［109］庞朴：《文化的民族性与时代性》，《北京社会科学》1986 年第

2 期。

[110] 何晓明：《中华文化结构论》，《中州学刊》1994 年第 1 期。

[111] 孙卫卫：《文化生态——文化哲学研究的新视野——兼论当代中国文化生态及其培育》，《江南社会学院学报》2004 年第 3 期。

[112] 沈汝发：《我国"代际关系"的研究述评》，《当代青年研究》2002 年第 2 期。

[113] 盛国军：《代际伦理的求证与实现》，《山东工商学报》2006 年第 3 期。

[114] 关颖：《改革开放以来我国家庭代际关系的新走向》，《学习与探索》2010 年第 1 期。

[115] 周敦耀：《试论代际正义》，《广西大学学报（哲学社会科学版）》1997 年第 3 期。

[116]［俄］利索夫斯基：《论"代"的五种涵义》，德兴译，《现代外国哲学社会科学文摘》1999 年第 8 期。

后　记

这部专著是在我博士论文修改、提炼、完善的基础上诞生的。付梓在即，没有如释重负的释然，却多了几分忐忑，生出了万千的感慨。忐忑大抵是"丑媳妇怕见公婆"的惶恐，而感慨则是对"养孩子"着实不易的深深感叹。

研究代际文化和谐是极富挑战性的工作。罗尔斯在谈到代际正义的研究时，就曾指出："不用说，这个问题是困难的。它使各种伦理学受到了即使不是不可忍受也是很严厉的考验。"① 而代际文化和谐的研究，还是对代际关系中最为复杂的文化关系做研究，其难度可想而知。课题的研究中首先要面对的是命题是否成立的诘难。通常我们讨论文化和谐都是在共时的前提下，对横向的文化关系做探讨。而代际文化和谐则是要对历时性的文化关系做探讨。不在同一时空，历时的文化之间是否存在和谐的问题呢？这是代际文化和谐必须面对的考验。求证这一问题，的确艰难。但是，回答却是肯定的。因为，如果我们把文化比作一棵树，共时性的文化和谐就是树干的一个横截面的和谐，而历时性的代际文化和谐就是树干整体的和谐，树干由相互联系的各个横截面组成，无数个横截面的和谐构成了树干的和谐，而横截面的和谐又必须在树干的整体和谐之中。因此，代际文化和谐不仅是必要的而且是必需的。当然，把文化和谐的研究从共时转向历时，从横切改为纵贯，不只是视角的转化，更是对文化的整体性、系统性、规律性的深刻把握，难度可想而知。在研究中，我沿着这一方向，对前人的研究成果做了艰难的爬梳，对现实做了尽可能的审视，力图在理论与现实的结合中，让代际文化和谐变得愈加清晰。研究取得了一些成果，但是受知识水平、思维视野、时间精力的局限，

---

① ［美］罗尔斯：《正义论》，何怀宏等译，中国社会科学出版社 2009 年版，第 224 页。

挖掘还不够深入，思考还不尽周全，难免会挂一漏万。弥补这些不足，正是我需要努力的方向，也是支撑我继续推进本课题研究的强大动力。

如此艰难的课题能够完成，完全得益于导师林伯海教授的悉心指导。没有导师渊博的知识和敏锐的学术洞察力，论文选题无法形成。在选题确定后的一系列工作中，更是凝结着导师的心血和智慧。从文献资料收集到提纲的拟定，从内容到格式，从原则到方法，从理论到表述，甚至是最细微的标点符号的运用，导师都做了最悉心的指导。在指导中，导师不只是提出建议，有时还亲自动笔修改，目的就是要让我领悟其中的道理，切实提高我的治学能力。导师渊博的知识、缜密的思维、严谨的治学态度、敏锐的学术眼光以及甘为学生阶梯的师者风范，深深感染着我，让我获益匪浅。尤其是，恩师的"读博士不掉层皮是不行的""学术要耐得住寂寞，抵得住诱惑""不要光说不做，要在战争中学会战争""世上无易事，条条蛇都咬人"等教诲不仅是我完成博士论文的精神支撑，而且已然成了我最宝贵的精神律条，它将鞭策和鼓励我在人生的道路上不畏艰辛、勇敢前行、不断超越。在此，谨向恩师致以最崇高的敬意和最诚挚的感谢。同时也要感谢师母周克群老师，师母如沐春风的鼓励，生活上的嘘寒问暖，缓解了博士生活的紧张，让我在温馨、宽松的氛围中坚定了前行的信心和决心。

专著还是西南交通大学马克思主义学院各位导师对我悉心教诲、辛勤培育的结晶。鲜于浩教授、苏志宏教授、王顺洪教授、何云庵教授、杨先农教授、刘占祥教授、肖平教授、严冰教授，不仅在课堂上用他们渊博的知识、独到的见解、严谨的治学、不懈努力的学术追求感染和教诲着我，更是用实际的行动对我论文的选题、架构、具体撰写等给予了悉心的指导，提出了很多真知灼见，在此谨向各位导师表示诚挚的感谢！读博期间我还得到了西南交通大学马克思主义学院田永秀教授、许义文教授、胡子祥教授、方钢副教授、傅芸老师、周小曼老师、詹凯老师以及文科建设处的张雪永处长、雷斌副处长等领导和老师的亲切关心和大力帮助，在此也向他们表示感谢。

我也要感谢给予我鼓励和帮助的同学们。他们是廖冲绪、李堂、李保国、彭晓伟、赵晓波、李玮、贺妍、崔克锐、李菁、戴剑飞、张永刚、刘莹、周至涯、黎兵等，他们的鼓励给了我动力，他们的见解给了我灵感。

最后，我要感谢我的家人。在艰难的读博期间，家人的陪伴和关怀给了我无限的温暖和无穷的动力。父母的牵挂让我不敢懈怠，哥哥姐姐的问候让我感到温馨，妻子在生活上的悉心照料和精神上的安慰鼓励助推我走出困境、勇往直前，岳母对家务的料理解决了生活琐事对我的烦扰。还有更多亲人以他们的方式默默鼓励和支持着我。我更加深刻地体会到，家是避风的港湾，家是温暖的寓所。在此，我衷心祝愿我的家人健康、平安、幸福永远！

"善于始者，必慎其终"，"慎终追远"是中国传统的做人要求，也是学术研究应有的境界和情怀。专著不是本课题研究的完结而是新的开始，课题中还有很多问题需要进一步探究。我已做好了迎接一切困难和挑战的准备，决定将本课题研究深入地推进下去，力图为文化规律的探索，为中国特色社会主义文化繁荣兴盛尽学术上的绵薄之力。

李学勇

二〇二〇年四月于成都